教育部高等学校电子商务类专业教学指导委员会规划教材

电子商务管理

E-Commerce Management

张润彤　石声波　朱晓敏　编著

高等教育出版社·北京

内容提要

电子商务的出现，极大地改变了传统的经营管理理论，形成了一个新的管理学模式——电子商务管理。电子商务管理在横向层次上可以分为微观——电子商务系统管理、中观——企业电子商务管理、宏观——电子商务趋势管理。电子商务管理在纵向层次上可根据研究对象不同分为电子商务物流管理、电子商务商流管理、电子商务信息流管理、电子商务资金流管理等。本书系统全面地介绍了电子商务管理的系统框架及其涵盖的主要内容，使读者在阅读此书后对电子商务管理的内容、理论、方法与应用有一个清晰完整的了解。本书在每章配有大量的复习思考题和丰富的国内、国外案例。

本书可作为高等院校电子商务、信息管理、企业管理、经济贸易、工商管理等专业高年级本科生和研究生的教材，也可作为相关领域高级管理人员的参考用书或培训教材。

图书在版编目（CIP）数据

电子商务管理 / 张润彤，石声波，朱晓敏编著. -- 北京 : 高等教育出版社，2020.11
ISBN 978-7-04-054241-7

Ⅰ. ①电… Ⅱ. ①张… ②石… ③朱… Ⅲ. ①电子商务-经济管理-高等学校-教材 Ⅳ. ①F713.36

中国版本图书馆CIP数据核字(2020)第102557号

Dianzi Shangwu Guanli

策划编辑 刘 艳　责任编辑 武林晓　封面设计 李卫青　版式设计 马 云
插图绘制 李沛蓉　责任校对 窦丽娜　责任印制 刘思涵

出版发行 高等教育出版社
社 址 北京市西城区德外大街4号
邮政编码 100120
印 刷 北京玥实印刷有限公司
开 本 787mm×1092mm 1/16
印 张 18.5
字 数 400千字
购书热线 010-58581118
咨询电话 400-810-0598
网 址 http://www.hep.edu.cn
http://www.hep.com.cn
网上订购 http://www.hepmall.com.cn
http://www.hepmall.com
http://www.hepmall.cn
版 次 2020年11月第1版
印 次 2020年11月第1次印刷
定 价 40.00元

物 料 号 54241-00

教育部高等学校电子商务类专业教学指导委员会规划教材编写委员会

前言

电子商务是各种具有商业活动能力和需求的实体（生产企业、商贸企业、金融企业、政府机构、个人消费者……）为了提高商务活动效率，而采用计算机网络和各种数字化媒体技术等电子方式实现商品交易和服务交易的一种贸易形式。电子商务的发展得益于全球经济一体化的迅速发展，也得益于信息处理技术和通信技术的迅速发展和成熟。同时，商业企业管理信息系统、金融自动服务系统、物流智能系统的形成和不断完善也为电子商务的形成奠定了扎实的基础，并为电子商务的进一步发展创造了更加有利的条件。电子商务已成为21世纪人们的主要商务模式和用来推动社会、经济、生活和文化进步的重要动力和工具。全球性的电子商务正在逐渐渗透到每个人的生活空间，已经并将继续对人们的工作方式、日常生活、商业关系和政府作用等方面产生重要、深远的影响。

电子商务无论对国家、企业还是个人，都带来了新的机会。电子商务为每一个社会实体提供了虚拟的全球性贸易环境，促进了商务经营向异地化和多元化的发展。新型的商务通信渠道将重新定位每一个实体，并制定全球经济新的生存规则。因此，正视个人、企业和政府在电子商务时代的位置，抓住电子商务这一契机，促进经济的腾飞和社会的发展，是每个政府工作者和企业经营者不可回避的现实。

基于这种对电子商务重要性的理解，许多国家与国际组织根据自身的特点制定了电子商务发展战略和对策。如何开发电子商务技术和应用，研究探讨政府、企业、公众在电子商务发展过程各阶段的作用，研究电子商务对社会、经济、法律的影响，总结其发展的规律和得失，研究电子商务对企业的潜在冲击，制定各发展阶段的不同对策，如何对电子商务的活动进行管理、如何构建电子商务管理体系等，都是电子商务时代的管理学领域中非常重要的研究课题。

“管理”步入电子商务时代，结合电子商务的有关特性，已形成了一种全新的管理模式——电子商务管理。电子商务管理是指从事电子商务活动的各个实体为了有效地实现预期的目标，遵循一定的原则，运用一定的方法，利用计算机技术、网络技术、通信技术和计划、组织、领导、控制等基本功能，针对企业电子商务活动组织中物流、商流、信息流、资金流等进行管理，使以电子商务企业为代表的社会各界能得到更有效率的产出，以取得最佳经济效益的一系列活动的总称。

电子商务管理主要从电子商务的研究对象、职能、构成与定义来探讨电子商务组织的管理机制、组织结构、运营模式、运作流程。电子商务管理的内容主要包括与从事电子商务活动的组织有关的人、财、物、时间、信息、技术、环境、客户等要素系统组成的信息流、资金流、商流、物流管理等内容。电子商务管理方法是实现企业电子商务有效管理的重要工具与手段。因此，我们需要从电子商务的核心内容来探讨电子商务管理的技术和方法，以达到深化电子商务组织管理的目的。

为满足电子商务管理快速发展的需要，我们编写了本书。本书可作为高等院校电子商务、信息管理、经济贸易和工商管理等专业高年级本科生和研究生的教材，也可作为相关领域高级管理人员的参考用书或培训教材。

本书主要从电子商务管理体系的现状来探讨和研究电子商务管理体系的构建。电子商务管理在横向层次上可以分为微观——电子商务系统管理、中观——企业电子商务管理、宏观——电子商务趋势管理。电子商务管理在纵向上的研究对象包括电子商务的基本因素——物流、商流、信息流、资金流等。

本书共分 10 章，以电子商务横向与纵向交叉而成的有机脉络为基本结构，系统全面地介绍了电子商务管理的整体框架及其涵盖的主要内容，使读者在阅读此书后对电子商务管理内容、理论、方法与应用有一个清晰完整的了解。

本书强调相关概念、理论的成熟性和系统性，使其可以反映教材特点；强调研究成果的先进性，力图反映出电子商务管理的发展趋势。此外，配有大量的复习思考题和丰富的国内、国外案例也是本书的特点之一。

本书由张润彤、石声波、朱晓敏编著。本书引用了相关领域一些最新研究成果和参考文献，在此谨向被参考的文献著（作）者表示真诚的谢意。

电子商务管理是一门随着电子商务和管理学的发展而兴起和成熟的学科，它的理论、技术和应用都是在不断发展和变化中得以逐渐成熟与完善的，加之这是一个由信息技术、管理、法律等众多学科高度交叉而形成的全新的科学领域，电子商务管理的许多未知领域尚待进一步开发与探索。在此竭诚希望广大读者对此教材不吝提出宝贵意见，以期不断改进。

编著者

2020 年 7 月 30 日于北京

目录

第一章

电子商务管理概述

本章学习目的

1. 了解和掌握电子商务和电子商务管理

2. 了解和掌握电子商务管理思想

3. 了解和掌握电子商务管理的内容和范畴

4. 了解和掌握电子商务管理的职能和对象

5. 了解和掌握电子商务管理的特点和意义

第一节 电子商务与电子商务管理

电子商务是一种以新型企业为主要推动力、以争夺全球市场为目标、以网络技术为手段而演化出来的新的竞争模式。电子商务的出现和发展极大地改变了企业的经营管理方式和全球市场竞争格局。因此，电子商务管理的目的就是使企业和组织利用信息化技术改善企业的相关管理，促进全球经济的快速发展。

一、电子商务与电子商务管理的定义

（一）电子商务的定义

在过去的20余年里，电子商务从出现到迅速发展，已经极大地改变甚至颠覆了现代人们的生活理念和生活方式，改变了现代政府和企业的管理与经营方式，促进了全球化竞争市场的形成。但是，到目前为止还没有一个较全面、具有权威性的能够为大多数人广为接受的电子商务的准确定义。不同的行业，不同的专家学者，不同国家的政府按照各自对电子商务的理解为电子商务加上了各种解释。这些定义各有不同的出发点、侧重点与含义。同时，随着技术的发展和电子商务应用的不断深入，电子商务的内涵和外延也不断得到补充和扩展。

从宏观角度来说，电子商务（electronic commerce，EC）是计算机网络的第二次革命，是通过电子手段建立一个新的经济秩序，它不仅涉及电子技术和商业交易本身，而且涉及诸如金融、税务、教育等社会其他层面；从微观角度说，电子商务是指各种具有商业活动能力的实体（生产企业、商贸企业、金融机构、政府机构、个人消费者等）利用网络和先进的信息技术进行的各项商业贸易活动。一次完整的商业贸易过程是复杂的，包括交易前了解商情、询价、报价，发送订单、应答订单，发送接收送货通知、取货凭证、支付汇兑过程等，此外还有涉及行政过程的认证等行为。电子商务涉及资金流、物流、信息流、商流的流动。严格地说，只有上述所有贸易过程都实现了无纸化，即全部非人工介入，使用各种电子工具完成，才能称之为一次完整的电子商务过程。

从微观角度来说，电子商务不仅包括企业间的商务活动，还包括企业内部的商务活动，如生产、经营、管理、财务等，它不仅仅是硬件和软件的结合，更是把买家与卖家、厂家与合作伙伴按一定的管理方式和电子化手段融合起来，重塑各类业务流程，实现信息化、电子化、网络化、智能化的运营方式。从这个意义上讲，电子商务所指的商务不仅包含交易，而且涵盖了贸易、经营、管理、服务和消费等各个业务领域，其主题是多元化的，功能是全方位的，涉及社会经济活动的各个层面。从最初的电话、电报，到电子邮件以及40多年前就开始应用的电子数据交换技术（electronic data interchange，EDI），都可以说是电子商务的某种形式。发展到今天，人们提出了通过网络实现包括从原材料的查询、采购、产品的展示、订购到产品制造、储运以及电子支付等一系列贸易活动在内的完整电子商务的概念。

一般而言，电子商务应有以下几层含义：采用多种电子方式，特别是通过Internet

和其他先进的信息技术；实现商品交易、服务交易（其中含人力资源、资金、信息服务等）；包含企业间的商务活动，也包含企业内部的商务活动（生产、经营、管理、财务等）；涵盖交易的各个环节，如询价、报价、订货、售后服务等；采用电子方式是形式，跨越时空、提高效率是主要目的。

综合以上分析，我们为电子商务作出如下定义：电子商务是各种具有商业活动能力和需求的实体（生产企业、商贸企业、金融企业、政府机构、个人消费者等）为了跨越时空限制，提高商务活动效率，而采用计算机网络和各种先进的信息技术等电子方式实现商品交易和服务交易的一种贸易形式。

（二）电子商务管理的定义

管理的定义自古即有，但到底什么是“管理”，从不同的角度出发，可以有不同的理解。从“管理”两字的字面上看，管理有“管辖”“处理”“管人”“理事”等意，即对一定范围的人员及事务进行安排和处理。但是这种字面的解释是不可能严格地表达出管理本身所具有的完整含义的。综合国内外研究学者对“管理”的研究和理解，可以对“管理”作如下定义来较全面地概括管理这个概念的内涵和外延：管理是指一定组织中的管理者，通过实施计划、组织、领导、控制等职能来协调他人的活动，使别人同自己一起实现既定目标的活动过程。

当“管理”步入电子商务时代，结合电子商务的有关特性，形成了一种全新的管理模式——电子商务管理。电子商务管理是指从事电子商务活动的各个实体为了有效地实现预期的目标，遵循一定的原则，运用一定的方法，利用计算机技术、网络技术、通信技术等技术和计划、组织、领导、控制等基本功能，针对企业电子商务活动组织中物流、商流、信息流、资金流等进行管理，使以电子商务企业为代表的社会各个领域得到更有效率的产出，以取得最佳经济效益的一系列活动的总称。

在上述定义中，首先强调了电子商务管理的计划、组织、领导和控制职能。目的在于说明电子商务管理是对企业管理人员而言的，并且是企业中一个综合的管理职能。在具体企业中，可能有专门的电子商务管理部门，也可能没有专门的电子商务管理部门而是由多个部门共同履行电子商务的一般管理职能。同时，电子商务管理也有着不同的层次管理职能。目前，企业电子商务管理已不仅是运作层面的管理，更重要的是战略层面的管理。其次，强调了计算机技术、网络技术和通信技术等技术在电子商务管理中的应用。电子商务本身就是商务与相关技术的融合，这也是电子商务管理区别于传统商务管理的地方。最后，定义中强调了对电子商务活动中“四流”的管理。电子商务“四流”管理的协同是电子商务管理的重要方面，也是电子商务管理的重要特点。

二、电子商务管理的性质

电子商务管理实际上就是管理学的一个重要分支。对于一般的管理，我们认为它既有同生产力、社会化大生产相联系的自然属性，又有同生产关系、社会制度相联系的社会属性。电子商务管理也是一样，所不同的是其管理过程是建立在现代科技发展的基础上，对信息技术的要求也更高一些。

电子商务管理的自然属性和社会属性是相互联系、相互制约的。一方面，电子商务管理的自然属性不可能孤立存在，它必须存在于一定的社会制度、生产关系之中；其社会属性不可能脱离自然属性而存在，否则就会成为没有内容的形式。另一方面，这两个属性是互相制约的。电子商务管理的不断发展和革新要求具有一定社会属性的组织形式和生产关系与其相适应；电子商务管理的社会属性必然对具体管理的方法和技术产生影响。因此，电子商务管理的性质是建立在一定的生产关系和社会制度基础之上的，通过对参与电子商务活动的各种具体要素进行规范和整理，使电子商务的信息流、物流、资金流、商流——“四流”达到协同和和谐的状态，从而推进电子商务活动产生具体的经济效益，推动整个社会经济的发展。

（一）电子商务管理的自然属性

电子商务管理是现代电子商务活动运行的基本要求，它渗透电子商务活动的“四流”——资金流、信息流、物流、商流相互协同和和谐的过程的每个细节和过程，是现代电子商务活动运行不可或缺的一项规则。电子商务管理之所以必要，是由电子商务的迅猛发展，电子商务技术不断演化、商务模式不断创新、商务内容不断扩张、商务区域全球化发展变革所决定的。它是电子商务在全球范围内得以顺利进行的必要条件，而且，随着新技术的不断运用、经济水平的不断发展、信息的不断膨胀，电子商务管理的作用就显得越来越重要。

电子商务管理对于现代电子商务活动具有特殊作用；只有通过电子商务管理，把电子商务活动中的各种要素，包括电子商务的技术核心、电子商务的应用基础、电子商务的活动对象、电子商务的交易内容等要素组合起来，使各种要素协调地发挥各自的功能和作用，才可能使电子商务活动产生强大的经济活力，才能为社会创造更大的财富和价值。

（二）电子商务管理的社会属性

管理的社会属性体现在管理作为一种社会活动，它只能在一定的社会历史条件下和一定的社会关系中进行。管理具有维护和巩固生产关系、实现特定生产目的的功能。管理的社会属性与生产关系、社会制度紧密相连。那么，电子商务管理也不能脱离管理的基本范畴，虽然它是一种新兴的管理类别，所管理的对象是更抽象的信息以及不显现为具体经济形态的生产方式，但这些项目的产生仍然是建立在现有的生产关系和社会制度基础之上的。无论经济形态如何变更、生产方式如何更替、交易方法如何多样化，它都必须统一在一个具体的社会制度之下，而不可能凌驾于基本的社会制度，诸如法律法规、经济分配、政治制度之上。电子商务管理的社会属性就是其作为一种具体经济活动的管理方式，本质上与一个国家或者一个社会所奉行的社会经济制度、法律制度、政治制度是内涵一致的，都旨在维护经济活动更好地运行和发展。

第二节 电子商务管理思想

纵观几千年的管理发展史，管理思想的发展与社会生产力和社会经济的发展状况密切相关，生产力的每一次突飞猛进无不促进了管理思想的迅速成熟和飞跃发展。在当生产力的发展使人类进入电子商务时代时，首先表现的也是生活和生产方式的转变，从而形成可适应于电子商务时代的管理思想——电子商务管理思想。

一、电子商务管理思想概述

电子商务管理的对象是电子商务活动，而电子商务活动概括来讲就是由信息流、物流、商流、资金流“四流”循环运作而形成的动态体，如图 1-1 所示。因此，电子商务管理思想也就是电子商务的主体对其对象电子商务活动的四大要素即“四流”的看法的总和。因此，电子商务管理思想实际上就是指导电子商务活动中“四流”协同的管理思想，即整合与协调各个流程、资源的思想，其关键不是实现“四流”的简单合一，而是“四流”的协同与和谐。所以我们认为，电子商务管理思想的实质是实现电子商务活动中以信息流为主导的资金流、物流、商流的协同与和谐。这一思想就其外延而言，是极其广泛的，如融合互补、动态协作、精益生产、知识创新等思想，它们是围绕“四流”的协同与和谐而进行的细化和扩展，而且处在不断充实、发展和完善中。

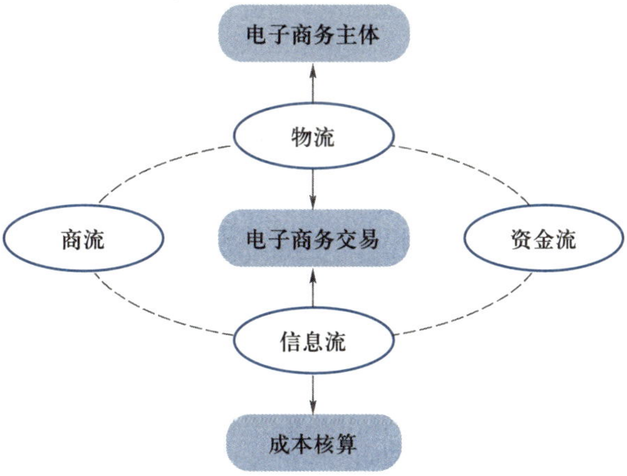

图 1-1　电子商务活动

二、萌芽期的电子商务管理思想和理论

虽然电子商务的发展是近 20 余年的事，但电子商务管理思想却可以追溯到计算机技术和信息技术发展的早期。电子商务管理思想是在信息技术迅猛发展和应用、社会经济管理模式不断变革的过程中产生的，它的产生没有一个明显的时间界限，但根据信息技术和经济发展状况以及管理理论和思想成果，我们大致可以将这一时期划定为 20 世纪六七十年代到 20 世纪末期。

（一）形成的背景

20 世纪 60 年代以来，计算机技术及通信技术进一步发展，它们的结合又产生了计算机网络。其后，Internet 以及基于它的电子商务的出现和迅速普及成为此时期最显著特征。Internet 和基于 Internet 的电子商务，对整个社会的经济活动产生了直接、深刻的影响，对管理也提出了全方位的挑战。总而言之，Internet 和基于 Internet 的电子商务改变了从开发到生产，到流通，到消费，到金融运作的整个经济过程，正在变革、刷新管理观念、理论与方法，并且变革按照如下逻辑传递着：生产力—生产关系—上层建筑—文化、观念。

（二）有关管理理论和思想

信息技术和商务活动不断融合而产生的电子商务给社会经济活动带来了翻天覆地的变化，这些变化又对传统管理理论和思想提出了挑战。通过不断研究总结，人们取得了丰富的理论和实践成果。

1. 关于电子商务或网络环境下的管理理论研究

从总体上看，电子商务环境下新型管理理论框架初步形成，一种以信息流为直接管理对象，以高效率、低成本、高质量为目标的管理理念逐渐成熟。统观国内外学术界的研究情况，目前正在研究和已经取得部分成果的关于电子商务管理的研究体系主要包括以下几个方面：电子商务环境下的物流与供应链管理方法、营销管理方法与策略、企业战略管理方法、金融业务创新和金融风险管理方法、客户关系管理、人力资源管理、资金流管理、信息流管理、财务管理、知识管理、信用管理、安全管理、风险管理等。

2. 集中体现电子商务管理思想的软件生产与应用的逐渐成熟

企业管理软件是管理思想和管理模式的最好载体。成熟的软件已经凝聚了本行业中先进的管理思想、管理方法和管理经验。随着电子商务的不断发展，各种集中体现电子商务管理方法、理念及思想的软件不断被生产和应用。如企业资源规划（enterprise resource planning，ERP）系统软件、客户关系管理（customer relationship management，CRM）软件、供应链管理（supply chain management，SCM）软件、大数据（big date）应用软件等。这些软件在不少企业应用取得成功，但同时也有失败，它们的成败又反过来不断检验管理理论的正确与否。这些都为电子商务管理思想的发展提供了实践基础。电子商务管理软件已经成为支撑企业和组织电子商务运行的重要工具，同时，在实践应用中，软件功能和作用随着企业的需求不同而形成不同的定制化服务。

3. 电子商务管理的核心理论

2000 年前后，有关电子商务管理的成果开始涌现。如美国学者 Ravi Kalakota，Andrew B. Whinston 所著的《电子商务管理指南》从理论和实践两个角度来指导企业怎样从事电子商务活动，而程大为的《电子商务管理》又从经济学的角度阐述了电子商务管理理论。2002 年，美国学者 Martin V. Deise 等所著《电子商务管理者指南：从战术到战略》从管理者的角度出发，论述了各个层面的管理实践操作。同年，由王学东主编的《企业电子商务管理》第一次论述了电子商务的组织形态、组织结构与管理体制、运营模式和运作平台等理论。2005 年，由杜江萍主编的《电子商务管理》更是全面地提出了电子商务管理的“四流”思想。近年来，随着企业信息系统与电子商务应用的普及，电子商务的重心已经由构建企业电子商务转向如何通过电子商务为客户提供更好的服务。在管理方面，也由企业战略决定企业信息化发展转变为由信息化带动企业管理变革。对于电子商务管理的研究也从理论研究逐渐上升为应用实战。

总之，在电子商务管理理论不断被梳理和完备的同时，其核心思想——协同与和谐的根源理论也不断被挖掘，电子商务管理思想初成体系。

三、发展期的电子商务管理思想和理论

电子商务管理思想发展时期的主要特征是虚拟组织和协同商务理论研究的逐步深入和整个电子商务学科体系的建设完善。这一时期主要从20世纪末开始的，随着时间的推移，其实践和理论还将不断发展和完善。

（一）发展的背景

步入21世纪，电子商务模式和电子商务技术都得到了创新发展。新的技术促进了新的电商模式，新的电商模式又进一步促进技术的研发和应用。在正反馈效应下，电子商务得到了蓬勃的发展，成为全球经济贸易中重要的一环。具体来说，电子商务的新模式和新技术发展主要体现在：

1. 电商模式的新发展

随着电子商务发展的不断深入，电子商务模式得以不断演变。特别是在“互联网+”“大众创业，万众创新”的背景下，电子商务得以迅速发展，并形成了新的电商模式：

（1）O2O模式。O2O即online to offline，是指将线下的商务机会与互联网结合，让互联网成为线下交易的前台，这个概念源于美国。O2O的概念非常广泛，只要产业链中既可涉及线上，又可涉及线下，就可通称为O2O。O2O的发展已经经过了四个阶段，分别是：

① 1.0版本阶段。O2O线上线下初步对接，主要是利用线上推广的便捷性等把相关的用户集中起来，然后把线上的流量导到线下，其主要表现领域集中在以美团为代表的线上团购和促销等领域。其特点是：单向性、黏性较低；平台和用户的互动较少，基本上以交易的完成为终结点；用户更多是受价格等因素驱动；购买和消费频率等也相对较低。

② 2.0版本阶段。O2O基本上已经具备了目前大家所理解的要素。这个阶段最主要的特色就是升级为服务性电商模式：包括商品（服务）、下单、支付等流程，把之前简单的电商模块转移到更加高频和生活化场景中来。由于传统的服务行业一直处在一个低效且劳动力消化不足的状态，在新模式的推动和资本的催化下，出现了O2O的狂欢热潮，于是上门按摩、上门送餐、上门生鲜、上门化妆、打车等各种O2O模式开始层出不穷。在这个阶段，由于移动终端、微信支付、数据算法等环节的成熟，加上资本的催化，用户出现了井喷，使用频率和忠诚度开始上升，O2O开始和用户的日常生活融合，成为生活中密不可分的一部分。但是，在这中间，看似繁荣的需求是由于资本的大量补贴造成的，虚假的泡沫掩盖了真实的状况。有很多并不是刚性需求的商业模式开始浮现，如按摩、洗车等。

③ 3.0版本阶段。O2O的发展开始了明显的分化，一个是专注深化垂直细分领域

的一些公司开始凸现出来。比如专注于快递物流的速递易，专注于高端餐厅排位的美味不用等，专注于白领快速取餐的速位。另外一个就是垂直细分领域的平台化模式发展。由原来的细分领域的解决某个痛点的模式开始横向扩张，覆盖到整个行业。

④ 4.0 版本阶段。在经历垂类覆盖、拓展市场、去团购化几个阶段后，商户赋能成了 O2O 新的增长引擎。商户赋能，简言之就是为商户提供从精准营销到运营管理的一揽子解决方案，针对商户的痛点，以技术创新的成果来赋能商户，助力商户实现效率全面提升。

（2）众筹模式。众筹（crowd funding），原是艺术创作者们为创作筹措资金的手段。随着互联网技术的不断发展，传统的众筹与互联网思维相融合，形成了现代众筹模式。一般来说，现代众筹模式是社会大众通过互联网为企业和个人发起的项目进行小额投资的一种新模式，其往往由筹款人、投资人和平台构成。与传统众筹相比，现代众筹具有低门槛（对筹款人和投资人无身份、地位、职业、年龄、性别等诸多限制）、多样性（众筹的项目不再局限于艺术作品，往往涉及多个领域）、依靠大众力量（支持者通常是普通的草根民众，而非公司、企业或是风险投资人）、注重创意（筹款人必须先使自己的创意达到可展示的程度，以通过平台的审核）等特性。

典型的众筹电商模式是美国的 Kickstarter 网站。2009 年 4 月，三位合伙人 Yancey Strickler、Charles Adler 和 Perry Chen 在美国纽约创立了 Kickstarter 网站。Kickstarter 网站致力于支持和激励创新性、创造性、创意性的活动。通过网络平台面对公众募集小额资金，让有创造力的人有可能获得他们所需要的资金，以便使他们的梦想实现。随着众筹与电子商务的进一步融合，众筹模式也在不断细化演进，具体可以分为产品众筹、股权众筹、债权众筹等。

① 产品众筹。产品众筹是指投资人将资金投给筹款人用以开发或实现某种产品（或服务），待该产品（或服务）开始对外销售或已具备对外销售的条件时，筹款人按照约定将开发或实现的产品（或服务）无偿或以低于成本的方式提供给投资人的一种众筹方式。产品众筹的商业逻辑是建立在以客户为中心的基础上的。客户需求成了价值链上的第一环，并驱动价值链后续环节的展开。通过产品众筹，筹款人可以直接了解目标客户的真实需求，有针对性地逐步改进产品（或服务），直到产品（或服务）被目标客户接受，并愿意在产品（或服务）生产前预先支付购买的款项。从本质上来说，产品众筹是一种团购 + 预售模式。典型的产品众筹网站有京东众筹、淘宝众筹和苏宁众筹等。

② 股权众筹。股权众筹是指筹资人通过互联网渠道面向普通投资人出让一定比例的股份；投资人则通过出资入股，获得未来收益的一种众筹模式。股权众筹的另一种解释就是“私募股权互联网化”。从股权众筹是否担保来看，股权众筹可分为两类：无担保股权众筹和有担保股权众筹。无担保股权众筹是指投资人在进行众筹投资的过程中没有第三方提供相关权益问题的担保责任。有担保股权众筹是指股权众筹项目在进行众筹的同时，由第三方公司提供相关权益的固定期限的担保。目前国内基本上都是无担保股权众筹。典型的股权众筹有京东东家、蚂蚁达客等。

③ 债权众筹。债权众筹是投资人和筹资人双方按照一定的利率和必须归还本金等

条件出借货币资金的一种众筹模式。债权众筹的典型模式就是通过 P2P 借贷平台，使多位投资人对 P2P 网站上的项目进行投资，按投资比例获得债权，并获取未来利息收益和收回本金。典型的债权众筹有人人贷、陆金所等。

（3）共享经济模式。共享经济术语源于美国得克萨斯州立大学社会学教授马科斯·费尔逊（Marcus Felson）和伊利诺伊大学社会学教授琼·斯潘思（Joel Spaeth）于 1978 年发表的论文（*Community Structure and Collaborative Consumption: A Routine Activity Approach*）中提出的：整合线下的闲散物品或服务者，让他们以较低的价格提供产品或服务。共享经济的本质是弱化"拥有权"，强调"使用权"。共享经济关键是要有一个由第三方创建的、以信息技术为基础的市场平台。在该模式下，产品所有者和消费者通过互联网平台进行"连接"，通过互联网个人物品使用权暂时发生转移进而实现合作或互利消费。共享经济的本质是去中介化和再中介化的过程。

① 去中介化。共享经济的出现，打破了劳动者对商业组织的依附，他们可以直接向最终用户提供服务或产品。

② 再中介化。个体服务者虽然脱离商业组织，但为了更广泛地接触需求方，他们接入互联网的共享经济平台。共享经济将成为社会服务行业内最重要的一股力量。在住宿、交通、教育服务以及生活服务及旅游领域，优秀的共享经济公司不断涌现：从宠物寄养共享、车位共享到专家共享、社区服务共享及导游共享。新模式层出不穷，在供给端整合线下资源，在需求端不断为用户提供更优质体验。

2. 电商技术的新发展

（1）大数据技术与个性化推荐。大数据技术是对海量数据进行存储、计算、统计、分析处理的一系列处理手段，处理的数据量通常是太字节（TB）级，甚至是拍字节（PB）或艾字节（EB）级的数据，这是传统数据处理手段所无法完成的，其涉及的技术有分布式计算、高并发处理技术、集群技术等。大数据技术在电子商务领域的典型应用是个性化推荐。个性化推荐系统是互联网和电子商务发展的产物，它是建立在海量数据挖掘基础上的一种高级商务智能平台，向顾客提供个性化的信息服务和决策支持。

（2）人工智能技术与智能化交互。人工智能（artificial intelligence），英文缩写为 AI。它是研究、开发用于模拟、延伸和扩展人的智能的理论、方法、技术及应用系统的一门新的技术科学。人工智能是计算机学科的一个重要分支，其核心目的是使用机器模拟人的思维过程，进而代替人完成相应的工作。该领域的研究包括知识处理、模式识别、语言识别、图像识别、机器学习、专家系统、自然语言处理、博弈论、智能机器人等。人工智能在电子商务领域的典型应用是智能交互，如智能语音交互。智能语音交互是人工智能的分支，相当于语音助手，是一种智能型的交互应用，通过即时问答的智能交互，帮助用户解决问题，典型的如百度度秘、苹果 Siri、微软 Cortana 等。

（3）增强虚拟现实技术与扩展式体验。增强虚拟现实技术，简称增强现实（augmented reality，AR）技术，是根据信息技术发展和实际应用需要而出现的一种将真实世界信息和虚拟世界信息"无缝"集成的新技术。AR 技术利用计算机系统产生现实环境中并不存在的虚拟信息，这些虚拟信息可被用户以视觉、听觉、触觉、嗅觉等各种方式感知，成为周围真实环境的组成部分，被人类感官所感知，从而达到超越现实的感官体验。真实的环境和虚拟的物体实时地叠加到了同一个画面或空间。增强现实技术应用在电子商务领域主要能增强用户的扩展式体验，如天猫的在线化妆、宜家的 IKEA Place、京东试衣镜等。

（4）物联网技术与敏捷智能物流。物联网就是“物物相连的互联网”。物联网技术是基于互联网以及信息技术，通过各类传感装置、条码技术、射频识别技术（RFID）、EPC 编码、红外感应器、全球定位系统、激光扫描器等信息传感设备，按约定的协议，实现人与人、人与物、物与物在任何时间、任何地点的连接，以实现智能化识别、定位、跟踪、监控和管理的智能网络系统。物联网技术在电子商务领域可实现物流配送网络的智能化，带来敏捷智能的供应链变革，带来物流系统中物品的透明化与实时化管理，实现重要物品的物流可追踪管理。

（5）区块链技术与物品可追溯。区块链技术是利用块链式数据结构来验证与存储数据、利用分布式节点共识算法来生成和更新数据、利用密码学的方式保证数据传输和访问的安全、利用自动化脚本代码组成的智能合约来编程和操作数据的一种全新的分布式基础架构与计算范式。区块链技术并不是全新创造出来的单一信息技术，而是基于现有信息技术的积累，加以组合创新，从而呈现出一些新的技术和业务特性。区块链技术不仅能够对大量的数据信息进行存储，还能用去中心化的特质简化办事流程，实现数据的可追溯。区块链技术在电子商务领域可以实现电商产品的可追溯，进而减少假冒伪劣产品，构造电子商务领域的安全信用平台。

（二）有关管理的思想和理论

1. 虚拟企业理论

虚拟企业理论最初由美国里海大学（Lehigh University）的雅柯卡（Iacocca）研究所和通用电气公司（GE）共同在《振兴与发展美国制造企业的战略——灵捷制造》中提出。简言之，虚拟企业理论是指核心企业为满足市场上的特定需求，依据需求的特点由合适的合作伙伴组成虚拟体，将各方的核心能力集合在一起，共同参与竞争。但集中核心能力绝不同于运用供方的产品或零部件。随着各种能力的丰富结合，企业能够获得更多的利益，创造更多的复杂产品和劳务。如果市场需求消失，那么，虚拟体也将解体，虚拟企业的各个成员将重新去寻找合作机会。虚拟企业理论包含两个重要的观点：动态和跨企业。由虚拟企业理论的两大观点引出了当前非常时髦的两大应用：动态观点直接衍生出了动态企业模型的理论；跨企业观点直接催生了供应链理论。

2. 协同商务理论

协同商务最初由 Gartner Group 于 1999 年提出，其定义为：“一种激励具有共同商业利益的价值链上的合作伙伴的商业战略，其主要通过信息共享来实现。”事实上，协同商务是电子商务管理发展的一个新阶段，其内涵是指在全球经济一体化的背景下，利用以 Internet 等新兴技术为实现手段，在企业的整个供应链内及跨供应链进行的各种业务合作，最终通过改变业务经营的模式与方式达到充分利用资源的目的。它继承了 20 世纪 90 年代初虚拟企业的观点，有两层含义，即企业内部协同和企业间协同。企业内部协同主要目标是整合企业内部资源，排除信息孤岛，沿着企业既定的战略方向运作。企业间协同是指对各企业间的信息共享以及各个企业间相关业务流程的整合，使得企业的所有规划与运作都不再单单从本企业自身的角度出发，而要兼顾整个协同体的最优化。协同商务模式需要进行能力集成和协调，信息、知识的交流和共享是关键因素。

3. 敏捷管理

敏捷管理与传统管理的着力点是有所不同的。敏捷管理的支点是充分利用“机遇、人员和信息”的杠杆作用，其主要特点体现于管理职责、管理目标和管理手段的某些变化中。敏捷管理将围绕顾客机遇以各种灵活的方式组织起来，加上其他企业补充的竞争力，这些竞争力的组合便是方案产品产生的“素材”。所以，敏捷管理最基本的职责是处理好现有的由市场拉动的竞争力储备，保证企业具备或通过联合能够直接获得所需的资源，从而使积极地利用顾客机遇成为可能。

4. 数据化管理

数据化管理是运用各种分析工具对客观、真实的数据进行科学分析，并将分析结果运用到生产、销售等环节的一种管理方法。数据化管理根据管理层次可以分为业务指导管理、营运分析管理、经营策略管理、战略规划管理四个由低到高的层次。根据业务逻辑可以分为销售中的数据化管理、商品中的数据化管理、财务中的数据化管理、人事中的数据化管理、生产中的数据化管理、物流中的数据化管理等。数据化管理流程主要包括需求分析、数据收集、数据整理、数据分析、数据可视化、应用模板开发、分析报告形成、数据模型应用等。

四、电子商务管理思想对电子商务的影响

随着电子商务管理思想的不断发展，电子商务在此思想的指导下必将更加充满活力，它必然促进电子商务更加稳健地发展，从而呈现出以下发展趋势：

（1）随着技术的进步和社会环境的完善，新一代的电子商务管理应用必将快速、健康地发展，一批新兴的相关企业将迅速崛起，从而逐步形成良性的电子商务生态链。

（2）电子商务活动将以物流、资金流为基础，以信息流为主导，强调物流、资金流、信息流和商流的有机整合和统一，实现“四流”协同与和谐。

（3）电子商务管理思想将指导面向电子商务的综合集成理论、技术与策略充分吸收计算机技术、信息科学、系统科学、管理学思想，并将数据工程、物联网工程、信息工程、知识工程和系统工程的相关理论和方法引入电子商务理论和模型的构建。

（4）电子商务学科建设和人才培养的模式和竞争将进入更高的层次，不断走向专业化、多层次、多模式、国际化和本地化相结合的格局，以适应社会和经济不断发展的需要。

第三节 电子商务管理的内容和范畴

明确了电子商务管理思想后，为了进一步推动电子商务管理的发展，还必须明确电子商务管理的内容和范畴。本节介绍电子商务管理的主要内容和范畴。

一、电子商务管理的主要内容

大部分企业的管理者可能都认为电子商务是一种工具，一种让企业尽快地为人所熟知，尽快地收获订单，降低企业成本的工具。从这些角度来看，电子商务确实是一种好工具，但是，这只是电子商务的基本功能，电子商务更应该是一种管理理念的体现。我们应该把电子商务作为一个学科来进行研究。电子商务由物流、资金流、信息流、商流四个结构体系组成，学习和研究电子商务可以从这四个方面入手。而在这四个方面，每一方面都可以作为一门独立的学科。所以，电子商务不是简单的一个工具，而是一门涉及非常广泛的综合性学科。

电子商务管理内容是电子商务管理研究的核心，它主要包括与从事电子商务活动的组织有关的人、财、物、时间、信息、技术、环境、客户等要素系统组成的信息流、资金流、物流的资源管理等内容。概括而言，如图 1-2 所示，对电子商务管理的研究主要包括以下几个方面。

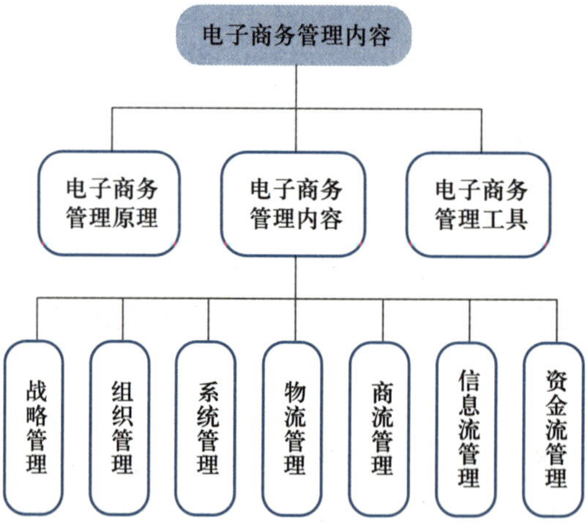

图 1-2　电子商务管理的主要内容

（一）电子商务管理原理研究

电子商务管理原理主要从电子商务管理的研究对象、职能、构成与定义来探讨电子商务组织的管理机制、组织结构、运营模式、运作流程，认清电子商务组织管理的内涵和规范要求。电子商务管理原理应包括如下内容。

1. 电子商务管理的对象与职能

电子商务管理的对象与职能主要包括电子商务管理的构成、电子商务活动组织、电子商务活动、电子商务活动的范围与任务、电子商务管理的对象、电子商务管理的职能等内容。

2. 电子商务管理的意义和特点

电子商务管理的意义和特点主要是探讨电子商务管理的必要性和其不同于传统商务的管理特点，从而对电子商务管理原理可以有更深层次的认识。

3. 电子商务运作流程

电子商务运作流程是电子商务活动的程序规范。要从电子商务活动的各个环节，来探讨各环节中的运行平台、操作技巧，实现运行管理的科学规范要求。电子商务运作流程主要包括信息流网络平台、知识流网络平台、资金流网络平台、物流网络平台、安全信用网络平台、电子商务网络运作模型与模式、企业流程重组的含义及内容等。

（二）电子商务管理内容研究

电子商务管理主要包括如下内容：

1. 电子商务战略管理

电子商务战略管理是企业战略管理的延伸。本书在分析了电子商务企业管理大环境的前提下，首先对电子商务企业发展战略的制定进行了剖析，之后分别对电子商务系统管理战略和电子商务文化管理战略进行了分析和总结。其中电子商务系统管理战略与电子商务组织管理和电子商务系统管理息息相关。

2. 电子商务组织管理

在电子商务管理组织的基础上，分析电子商务组织管理体制与传统企业组织管理体制的联系与区别，确立电子商务组织的管理机制以及与管理机制相统一的管理制度。电子商务组织的管理体制主要包括电子商务组织与管理体制的关系、意义和优化标准，电子商务组织结构模式与组织发展，企业电子商务组织的管理机制，电子商务的人事管理制度、财务管理制度、生产与物流管理制度、营销管理制度等内容。

3. 电子商务系统管理

电子商务系统管理广义上是指对支持电子商务活动的电子技术手段的应用与管理；狭义上指在 Internet 和其他网络的基础上，以实现企业电子商务活动为目标，满足企业生产、销售、服务等管理的需要，支持企业的对外业务协作，从运作、管理和决策等层次全面提高企业信息化水平，为企业提供商业智能计算机系统的管理。因此要掌握电子商务系统管理，就要了解电子商务系统的相关理论，包括网络、业务环境、相关架构和技术、系统评价以及解决方案等内容。

4. 电子商务物流管理

物流是支撑电子商务活动的运动基础，是物质实体从供应者向需求者的物理流动过程。对这一过程的管理是电子商务管理的基本内容。因此，要认识物流的组成与功用，了解物流的运动过程，学习物流运动过程中的管理模式方法。电子商务物流管理主要包括物流的内容及其地位与作用、电子商务物流运作模式、第三方物流业、企业自营物流、第四方物流业等方面的内容。

5. 电子商务商流管理

商流是电子商务活动的重要一环。在电子商务环境下，商流与物流之间有着分离统一的关系。电子商务商流管理主要包括商流、商品流通渠道、商流管理、电子商务商流、电子商务商流管理内容、电子商务市场管理、电子商务消费者管理等内容。

6. 电子商务信息流管理

信息流是电子商务活动的神经系统，是电子商务管理的核心。要认识信息、信息流和信息源的形成。电子商务信息流管理主要包括企业信息化的含义、企业信息化过程、企业信息化目标、信息和信息流的概念、信息源的概念、信息源的属性、信息源的类型、电子商务信息流、电子商务信息流管理系统、电子商务生态信息系统、大数据与电子商务等内容。

7. 电子商务资金流管理

资金是企业生产与经营不可缺少的条件，也是企业电子商务活动的支柱。对资金的综合管理是电子商务活动管理的本质内容。因此，要从认识资金流在企业电子商务活动中的地位来探讨资金流的运行过程及网上运行形式和资金流的运行程序及规范。电子商务资金流管理主要包括企业资金流的构成、电子商务对资金流管理的影响、企业资金流管理体系建设、电子商务资金筹集平台和支付平台的建设管理等。

（三）电子商务管理工具

电子商务管理工具是实现企业电子商务活动有效管理的重要工具与手段。因此，我们要从电子商务活动的核心内容来探讨电子商务管理的系统方法，从资源管理角度来认识和运用ERP管理系统；从电子商务活动整体角度来认识和运用供应链管理系统、客户关系管理系统；从电子商务项目运作的角度来理解项目管理工具；从电子商务数据分析与应用的角度来理解大数据工具，并在此基础上整体评价电子商务活动成效，以达到深化电子商务活动组织管理的目的。电子商务管理工具主要包括如下内容。

1. 企业资源系统（ERP）方法

企业资源系统（ERP）方法是一种科学管理思想的计算机实现，它强调对产品研发与设计、作业控制、生产计划、产品采购、市场营销、销售、库存（投入品、半成品、成品）、财务和人事等方面进行集成优化的管理。ERP系统方法主要包括ERP系统方法的形成与发展、ERP的模块结构、生产控制（计划、制造）、物流管理（分销、采购、库存管理）和财务管理（会计核算、财务管理）、ERP的功能与局限等内容。

2. 供应链管理（SCM）方法

供应链管理（SCM）是指在生产及流通过程中，为将货物或服务提供给最终消费者，联结上游与下游企业创造价值而形成的组织网络，是对商品、信息和资金在由供应商、制造商、分销商和顾客组成的网络中的流动进行的管理。对公司内和公司间的商品、信息、资金的流动进行协调和集成是供应链有效管理的关键。供应链管理（SCM）方法主要包括供应链的组成、供应链的特点与功用、供应链管理（SCM）含义、供应链管理（SCM）层次、供应链管理（SCM）原则、供应链管理（SCM）步骤与技术支持等内容。

3. 客户关系管理（CRM）方法

客户关系管理（CRM）方法是以客户需求为中心来组织推动整个企业的经营，其主要功能是记录客户与企业的交往和交易，并将有可能改变客户购买行为的信息加以整理和分析，同时进行商业情报分析，了解竞争对手、市场和行业动态。客户关系管理（CRM）方法主要包括客户类型、客户满意与客户忠诚度衡量、客户关系管理作用、客户关系管理系统结构、客户关系管理系统功能、客户关系管理系统实现技术等内容。

4. 项目管理工具

近年来，随着客户对于各领域项目需求的不断提升与变化，传统项目管理中的瀑布阶段式开发方法已跟不上需求。取而代之的是基于迭代、增量开发的敏捷项目管理方法。敏捷项目管理作为新兴的项目管理模式，简化了传统项目管理的烦琐流程和文档。以 Scrum 为代表，欢迎需求变更，在客户需求不明确的时候，以在较短的周期内开发出可用的软件为目标，来帮助客户描述自己的需求。迭代过程中的需求变更会加入到项目继续迭代需求池，丰富项目的产品功能。

5.（大）数据管理工具

（大）数据管理工具主要包括各种数据分析工具和数据可视化工具等。通过（大）数据管理工具，实现数据分析、数据展示和数据应用，从而实现电子商务环境下企业的数据化管理。从某种意义上来说，数据管理工具贯穿在 ERP、SCM 和 CRM 应用之中。

二、电子商务管理的范畴

电子商务管理的范畴可以分为四个层次，分别是宏观层次电子商务外部环境管理、中观层次电子商务企业级管理、微观层次的电子商务“四流”管理、应用层次的工具管理，如图 1–3 所示。本书以企业为主题，针对其中的中观、微观层次和应用工具进行分析与讲解。

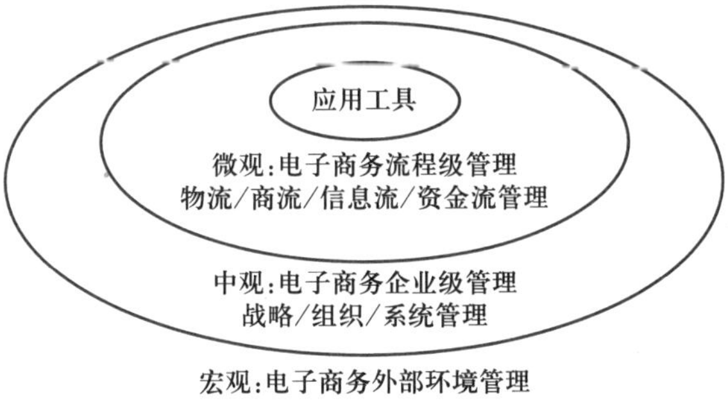

图 1–3　电子商务管理的范畴

（一）宏观层次——电子商务外部环境

电子商务环境是以企业为中心的电子商务的一种基本形式。从系统角度看电子商务是一个庞大、复杂的社会经济、技术系统。一个系统的运行必然受到环境的影响和制约。电子商务发展的环境是多方面的，主要包括技术环境、经济环境、法规环境、政策环境等。

（二）中观层次——电子商务企业级管理

电子商务企业级管理主要包括电子商务战略管理、组织管理和系统管理三个方面，是从整个企业的角度去考察电子商务管理。

1. 电子商务战略管理

传统的公司管理中，电子商务没有一席之地。然而，随着信息技术和互联网技术的发展，电子商务的作用日益增强，它几乎可以从价值链的各个环节增强企业的竞争优势。电子商务战略已经作为公司战略的一个重要组成部分登上了历史舞台，成为企业管理层必须高度关注的一个战略性问题。电子商务战略管理就是企业利用互联网或其他通信网络开展业务活动的规划与执行管理。当企业确定实施电子商务战略时，电子商务战略定位就成为战略分析的另一项核心任务。企业必须在公司整体战略体系下制定符合自己特点的电子商务战略，经过合理的论证，发现并规避潜在的风险，以在复杂的竞争中获胜。

2. 电子商务组织管理

电子商务的组织管理和系统管理都是围绕着整个企业的战略管理建立的。电子商务活动中信息流向等特点给传统企业的组织结构带来了很大的冲击。并且这种商务活动不仅仅是在单个企业内部实现，很多情况下有多家企业参与一项商务活动，这样，单个企业的组织结构和跨企业的组织结构在电子商务环境下都会发生变化。电子商务组织管理的作用就是在电子商务环境下对企业组织结构进行改进或重组，进一步适应企业电子商务发展的需求。

3. 电子商务系统管理

电子商务系统管理是企业应用电子商务的重要环节，是一个包括商务、技术、支付、物流等许多角色与要素的系统工程。在开始建设电子商务系统之前，必须充分研究涉及电子商务系统的所有因素，全面分析、统筹规划，形成尽可能完善的电子商务系统设计方案，在此基础上有条不紊地进行电子商务系统建设。电子商务系统是商务与技术结合的产物，所以在电子商务应用的全过程中，都必须充分兼顾商务和技术两个方面的因素，以科学、合理的程序展开系统设计、建设和应用工作。

（三）微观层次——电子商务流程级管理

从微观层次来看电子商务管理，可以将电子商务管理再划分为电子商务物流管理、电子商务商流管理、电子商务信息流管理以及电子商务资金流管理这四个平行的方面。

1. 电子商务物流管理

在电子商务改变着传统产业结构的同时，物流业也不可避免地受到影响。时至今日，电子商务与物流的关系日益密切。一方面，电子商务对物流活动产生了重大影响。在电子商务形势下，物流管理必须采取新的发展战略。另一方面，物流对电子商务的影响更是不可忽视。可以说，物流是电子商务管理的一个支点。没有物流，电子商务将只是一张空头支票。因此，在电子商务环境下，物流管理的特点是需要特别研究的新领域。本书主要探讨物流和物流管理、电子商务物流、电子商务物流运作和组织模式、电子商务物流管理的内容与目标、电子商务物流系统、电子商务供应链管理、电子商务物流解决方案。

2. 电子商务商流管理

电子商务的发展对传统的商品流通领域形成了巨大的冲击，商务电子化使商品流通效率得到很大的提高，商流信息传递更为快捷。与传统经济条件下相比，商务电子化增加了客户与商家之间信息的可获取性，消除了交易双方之间的信息不对称性，因而可以大量节省客户与商家之间的交易费用。电子商务条件下，网络的高速发展在给商流运行带来便利的同时，也带来了许多新的变革。本书主要探讨商流和商流管理、电子商务与商流、电子商务商流管理、电子商务商流管理系统、电子商务市场营销管理、电子商务消费管理。

3. 电子商务信息流管理

随着社会经济的发展和科学技术的进步，特别是电子商务的广泛开展，评价企业成功与否，一个简易的办法就是看其商流、物流、资金流和信息流这“四流”的运行情况。其中，信息流又是其中最关键的一环。这是因为商流、物流和资金流在企业的“生命活动”中无不是最终以信息流的“高级形式”展现的，就像生物体的所有活动都是基于神经系统传递的生物电信号一样。因此，深入认识信息流，将开启企业管理的新视角。本书主要探讨信息流和信息流管理、电子商务与信息流管理、电子商务与企业信息化、电子商务生态信息系统、电子商务与大数据等。

4. 电子商务资金流管理

在现代市场经济条件下，资金就如同企业的血液，是企业从事生产经营活动所必不可少的基本条件。资金是企业构成的支柱，没有资金，企业的生存和发展就无从谈起。无论是在传统企业管理的三大对象——人、财、物中，还是现代企业管理的五大要素——人力、物力、财力、信息和时间中，资金都占有极其重要的地位。对资金的综合管理是企业的本质活动之一。当前，随着电子商务在全球范围内的迅猛展开，加强资金流管理对企业生存和发展都有重要意义。本书主要探讨资金流和资金流管理、电子商务与资金流、电子商务资金流管理、电子商务支付、电子商务筹资平台等。

（四）应用层次——电子商务应用工具

1. 电子商务企业资源管理

ERP 概念和产品进入中国已有很长的时间，电子商务的出现则要稍晚一些。当两者同时应用于企业的时候，由于管理环节有相融的部分，因此很多人经常将两者作比较：是信息化大还是电子商务大？是否信息化主内、电子商务主外？这从一个侧面反映了两者是很有关联的。事实是，信息化及其重要组成部分 ERP 与电子商务关系密切。 关于两者的关系可以归纳为三点：基于供应链的兼容性一个企业有三条供应链，即物资供应链、资金供应链和信息供应链，ERP 系统就是对企业的物流、资金流和信息流实施优化管理。而电子商务主要涉及的是采购与销售业务，实质是网上电子采购和网上电子销售，它们只是使企业原有物流和资金流分别增加了一个入口和出口，并成为新物流与资金流的一部分而已。ERP 系统作用于企业的整个业务流程，其应用层次分为三层：决策层的数据查询与综合分析、中间层的管理与控制、作业层的业务实现。而电子商务主要在于作业层的业务实现。由于电子商务与 ERP 之间存在种种密切的联系，我们不能再把它们简单地看作独立的两个对象，而应该用联系的观点去认识和研究它们。

2. 电子商务客户关系管理

电子商务和客户关系管理（CRM）是业界必须探索的话题。客户关系管理是利用现代技术手段，使客户、竞争、品牌三要素协调运作并实现整体优化的系统，其目标是提升企业在市场中的竞争能力、支持长期客户关系、不断挖掘新的销售服务机会，使企业最终实现销售收入、利润及股东价值的持续增长。可以说，电子商务的出现催生了真正意义上的CRM，CRM又成就了真正意义上的电子商务。CRM很重要，但可能在管理电子商务的业务中，它才是最重要的。事实上，在信息科技和网络技术持续发展的情况下，厂商功能作业面的信息化全面地改善了内外部信息沟通的效能和传递速度，有助于CRM的建立与运作。而CRM系统的运作和其潜在效益，也是对企业信息化一个强而有力的支持。换句话说，这两种经营哲学和技术是相辅相成的。先进的客户关系管理应用系统必须借助互联网工具和平台，实现与各种客户关系、渠道关系的发生同步化、精确化，符合并支持电子商务的发展战略，最终成为电子商务实现的基本推动力量。

3. 电子商务供应链管理

电子商务环境下的供应链管理（SCM）要求突破传统的采购、生产、分销和服务的范畴和障碍，把企业内部及供应链节点企业之间的各种业务看做一个整体功能过程，通过有效协调供应链中的信息流、物流、资金流，将企业内部的供应链与企业外部的供应链有机地集成起来管理，形成集成化供应链管理体系，以适应新竞争环境下市场对企业生产管理提出的高质量、高柔性和低成本的要求。电子商务的应用，能有效地将供应链上各个业务环节连接起来，使业务和信息实现集成和共享。在交易的同时，电子商务只有进一步做好物流管理，大量缩减供应链中物流所需的时间，使物流管理符合信息流管理和资金流管理的要求，才能真正建立起一个强大的、反应迅速的供应链管理体系。

4. 电子商务项目管理

电子商务项目，是指在电子商务过程中，为了达到所需的绩效目标，在一定的期限内，依托一定的资源，而进行的一系列活动。这一系列活动的过程有其丰富的内容，构成了许许多多、大大小小的项目。电子商务项目管理不仅仅是简单地建立一个系统，而是要将科学、合理的管理宗旨融入具体的项目实施之中，运用信息技术、互联网思路进行流程化、程序化、规范化经营与运作，使电子商务的管理模式更高效、更优化。项目管理已经具备了在电子商务管理中的应用基础和条件，对有效提高企业在电子商务模式下的运营效率、经济效益和企业的长远发展极为有利。“互联网+”时代下电子商务项目管理模式与传统的项目管理模式有所不同，会突破传统项目管理模式的局限性，在时间、空间、灵活性和地域等方面广范围应用，是一套科学、合理、完善的管理方法。

5. 电子商务大数据工具管理

大数据时代的到来也为电子商务带来观念的转变以及对数据的新管理模式使得数

据的实际应用更能与企业运营结合，促使服务模式的革新。因为大数据的重要趋势就是数据服务的变革，针对消费者的特性提供相应的个性化服务。庞大的消费数据量为电商企业提供了把握用户消费模式的基础，电商企业通过大数据应用，可以进行个性化、精确化和智能化的广告推送服务，创立更有趣和有效的服务模式。同时，电商企业也可以通过对大数据的把握，寻找更多、更好的增加用户黏性、开发新产品和新服务、降低运营成本的方法和途径。

第四节 电子商务管理的职能和对象

电子商务管理的职能和对象与传统商务管理有类似的地方，但也有自己独特的方面。本节主要介绍电子商务管理的职能和对象。

一、电子商务管理的职能

和传统的管理一样，电子商务管理的职能仍然具有计划、决策、组织、领导、控制、创新等职能。

（一）计划

一般说来，计划是指人们为了实现某种目的而对未来的行动所作的设想和部署。它是人们在多领域、多层次上使用的一种自觉的行为。在任何领域、任何层次上完整的计划，都必须具备目标、时限和主体三大要素。计划是管理的一项重要职能，也是管理的一种重要手段。由于计划职能反映了管理者的决策意图，决定着管理行为的方向，制约和决定着其他管理职能，因而被人们视为经济管理的首要职能。在电子商务时代，计划仍是管理的一般职能，是一个广泛中性的概念，普遍存在于不同社会制度和不同管理体制的国家之中，因而有无计划不是区别社会制度和经济社会属性的标准。

（二）决策

决策是指“管理者识别并解决问题以及利用机会的过程”（Lewis，1998）。管理者在决策时离不开信息，信息的数量和质量直接影响决策水平。这要求管理者在决策之前以及决策过程中尽可能地通过多种渠道收集信息，作为决策的依据。但这并不是说管理者要不计成本地收集各方面的信息。在传统管理中，决策者往往要考虑可行性和经济性而只能获取“适量”的信息，而在电子商务管理的决策中，决策者可以通过基于全球计算机信息网络的决策软件进行信息收集、市场调查、数据整理等来进行决策，这对于传统的管理来说，不能不说是一个大的进步。

（三）组织

组织是指“确定所要完成的任务、由谁来完成任务以及如何管理和协调这些任务的过程”（Lewis，1998）。组织职能的实现包括组织设计、人力资源管理、组织变革与组织文化这几个方面的内容。管理者必须把工作小组和组织中的成员组织起来，以便使信息、资源和任务能够在组织内顺畅流动。组织文化和人力资源管理对这一职能至关重要。最重要的是，管理者必须根据组织的战略目标和经营目标来设计组织结构、配备人员和整合组织力量，以提高组织的应变力。在组织活动中，组织者可以通过决策目标将适当的人员安排在适当的岗位上，用制度规定各个成员的职责和上下左右的相互关系，形成一个有机的组织结构，使整个组织协调地运转。随着电子商务的不断发展，出现了更多的非实体性质的虚拟组织，因此，对虚拟和联合企业进行有效的组织活动就更显得重要。当然，电子商务条件下，也引发了传统组织手段的变革。通过企业内网、企业外网和Internet等网络环境，企业组织内部和企业间能实现更广泛的信息共享，并通过信息共享发布组织命令，促进了电子商务环境下组织手段的创新。

（四）领导

领导是指激励和引导组织成员以使他们为实现组织目标做贡献。领导既可以指一种类型的管理人员，也可以是作用于被领导者的一种活动，可见，领导和管理有着密切的关系。同时，它们也有本质上的区别。管理是建立在合法的、有报酬的和强制性权力基础上的对下属命令的行为；领导则可能建立在合法的、有报酬的和强制性的权力基础上，也可能更多的是建立在个人影响权和专长权以及模范作用的基础上。在领导中，管理者通过指导人们的行为，沟通人们之间的信息，增强相互的理解，统一人们的思想和行动，激励每个成员自觉地为实现组织目标共同努力。管理者必须具备领导其工作小组成员朝着组织目标努力的能力。为了使领导工作卓有成效，管理者必须了解个人和组织行为的动态特征、激励员工以及进行有效的沟通。在当今的经营环境中，有效的领导者还必须是富有想象力的——能够预见未来，使他人也具有这种想象力以及授权员工去使想象变成现实。只有通过卓有成效的领导，组织的目标才有可能实现。在电子商务环境下，市场环境瞬息万变，竞争对手不断涌现，因此，作为肩负企业和组织领导职能的管理层更要通过网络手段在纷繁复杂的信息中寻找有利信息，切实完成领导的职责功能。

（五）控制

控制是根据计划的要求，设立衡量绩效的标准，然后把实际工作结果与预定标准相比较，以确定组织活动中出现的偏差及其严重程度，在此基础上，有针对性地采取必要的纠正措施，以确保组织资源的有效利用和组织目标的圆满实现。控制的过程包括三个基本环节：确立标准、衡量绩效、纠正偏差。在电子商务管理活动中，管理者通过计算机信息网络控制系统使实践活动符合于计划，控制是电子商务管理过程中不可或缺的一种职能，有了它的存在，才可以确保组织朝向其目标迈进。

（六）创新

组织、领导与控制从某种意义上来说，它们同属于管理的“维持职能”，其任务是保证系统按预定的方向和规则运行。但是管理是在动态环境中生存的社会经济系统，电子商务管理尤其如此，因此仅有维持是不够的，必须不断调整系统活动的内容和目标，以适应环境变化的要求，这就是电子商务管理的创新职能。

创新就是改变现状。电子商务的出现本身就是创新的结果。电子商务活动中的创新包括目标创新、技术创新、制度创新、组织机构和结构创新、环境创新等，其中技术创新是电子商务管理中最突出的一个职能。电子商务的基础技术发展是与计算机技术、软件技术、网络技术开发和创新分不开的。发生变化的和新兴的标准，快速的技术应用场景，处理、存储数据资源不断提高的要求以及电子商务的发展，都要求技术不断推陈出新。

由于电子商务管理仍然具有计划、决策、组织、领导、控制、创新等职能，因此，也可以从电子商务职能角度来理解电子商务管理的对象。简单地说，电子商务在计划中，可以更快速地收集相关信息进行计划和规划；在决策中，决策者可以通过基于全球计算机信息网络的决策软件进行信息收集、市场调查、数据整理等来进行决策；在组织活动中，组织者可以通过决策目标将适当的人员安排在适当的岗位上，用制度规定各个成员的职责和上下左右的相互关系，形成一个有机的组织结构，使整个组织协调地运转；在领导中，领导者通过指导人们的行为，沟通人们之间的信息，增进相互的理解，统一人们的思想和行动，激励每个成员自觉地为实现组织目标共同努力；在控制中，管理者通过计算机信息网络控制系统使实践活动符合于计划；创新职能，特别是技术创新是电子商务管理中最突出的一个职能，电子商务的基础技术发展是与计算机技术、软件技术、网络技术开发的研制和创新分不开的，技术的创新带来了电子商务应用各层级的创新，促使电子商务不断演变且富有生命力。

二、电子商务管理的对象

电子商务是以信息技术为基础的商务活动，包括生产、流通、分配、交换和消费等环节中连接生产和消费的所有活动电子信息化处理。电子商务是网络经济时代兴起的一种新的商务活动形式，代表了商务运作发展的主流方向，使传统的商务活动的内容也发生了根本性的改变。那么，电子商务管理对象是什么?

电子商务管理的对象，从一定层次上揭示了电子商务的本质。电子商务是传统商务活动的电子化、网络化，是以传统商务活动为基础的。所以，电子商务既继承了传统商务活动，又发展了传统商务活动——在网上进行的电子商务活动，这种电子商务活动是其他活动无法替代的。因此，我们认为电子商务管理的对象就是电子商务活动。

（一）按电子商务活动划分

根据电子商务活动的方向，我们可从横向和纵向两个方向来探讨电子商务活动的内容。

1. 横向对象

（1）企业对企业的电子商务（B2B）。B2B 电子商务是指以企业为主体，在企业之间进行的电子商务活动。电子商务能够给商家带来巨大的效益，因而，商家是电子商务最热心的推动者，企业与企业之间的电子商务是电子商务中的重头戏。B2B 电子商务是电子商务的主流，也是企业面临激烈的市场竞争、改善竞争条件、建立竞争优势的主要方法。无论是从电子商务的现状看，还是从电子商务的发展趋势来看，B2B 电子商务市场都远远大于 B2C 电子商务市场。B2B 电子商务利用供应链技术，整合企业的上下游企业，利用 Internet，以制造厂商为核心，将产业上游（原材料和零配件供应商）、产业下游（经销商、物流运输商及产品服务商）以及往来银行结合为一体，构成一个面向最终顾客的完整电子商务供应链。完善的供应链的整合与管理，消除整个供应链网络上不必要的运作和消耗，使供应方能自动预计需求，更好地了解客户，给客户提供个性化的产品和服务，使资源在供应链网络上合理流动来缩短交货周期、降低库存，并且通过提供自助交易等自助式服务来降低成本，提高交易速度和精确性，降低企业的采购成本和物流成本，提高企业对市场和最终顾客需求的响应速度，进而增强企业产品的市场竞争力。

（2）企业对消费者的电子商务（B2C）。B2C 电子商务以企业为主的方式较多，也就是企业以卖方或提供方的角色出现，而个人则以购买方或接受方的角色出现。但同样也有另一种情况，比如企业网上招聘人才。在这种模式中，企业首先在网上发布需求信息，后由个人上网洽谈。这种方式在当今人才流动量大的社会中极为流行，因为它建立起了企业与个人之间的联系平台，使得人力资源得以充分利用。B2C 电子商务的模式主要有网上商店模式、网上订阅模式、广告支持模式和网上赠与模式。

① 网上商店模式是消费者通过网上商店购买商品，是 B2C 电子商务的典型应用之一。通过网上商店，消费者可以浏览、选购自己喜欢的商品，通过网上购物可以获得更多的商业信息，买到价格较低的商品，节省购物的时间，足不出户就可以通过“货比千家”来购买商品，安全地完成网上支付，享受网络的便捷性。对于企业，则可以通过网上商店将其所销售的商品销售出去，同时减少租用店面的开销，减少雇用大量销售人员的支出，同时可能实现零库存销售，极大地减少资金占用和降低风险。

② 网上订阅模式指的是企业通过网页向消费者提供网上直接订阅、直接信息浏览服务的 B2C 电子商务模式。网上订阅模式主要适用于商业机构在互联网上销售报纸杂志和电视节目等。网上订阅模式有三种主要方式：在线服务（online services）、在线出版（online publications）和在线娱乐（online entertainment）等。

③ 广告支持模式是指在线服务商免费向消费者或用户提供在线信息服务，而全部营业活动全部依靠广告收入来支持。例如，雅虎（Yahoo）和百度（Baidu）等在线搜索服务网站就是依靠广告收入来维持经营活动的，新浪（Sina）和搜狐（Sohu）在某种程度上也是依靠广告收入来支持运作的，至少在前些年是这样的。在信息浩瀚的互联网上，搜索引擎是寻找信息的最基础服务，很多企业愿意在门户网站上设置广告，特别是设置旗帜广告（banner），有兴趣的上网者点击旗帜广告就可直接到达广告企业的网站，了解更多更详细的内容。

④ 网上赠与模式是一种非传统的商业运作模式，它是指企业借助于互联网的全球广泛性优势，向互联网上的用户赠送软件产品，扩大知名度和市场份额。企业通过让消费者使用该产品，进而让消费者下载一个新版本的软件或购买另外一个相关的软件，从而实现受益。

（3）消费者对消费者的电子商务（C2C）。消费者对消费者的电子商务（consumer to consumer，C2C）平台就是通过为买卖双方提供一个在线交易平台，使卖方可以主动提供商品上网拍卖，而买方可以自行选择商品进行竞价。其代表是 eBay、淘宝等电子商务模式。C2C 是指消费者与消费者之间的在线交易行为，表现方法可以多样。例如淘宝里的闲鱼二手拍卖、淘宝的一口价模式以及微信的个人微店等。

（4）其他类型电子商务。

① C2B 电子商务是指消费者与企业之间的电子商务。其表现往往是消费者先提出需求，然后企业根据消费者需求为其进行定制化服务；或消费者主动参与产品设计、生产的过程。如一些平台的预购模式就体现了 C2B 的特点。

② O2O 电子商务是线上与线下相结合的电子商务。O2O 通过线上导购，将线上流量引到线下体验，又将体验评价引到线上，进一步引导消费者，从而形成 O2O 闭环。

③ B2G 的电子商务指的是企业与政府机构之间进行的电子商务活动。例如，政府将采购的细节在互联网上公布，通过网上竞价方式进行招标，企业以电子方式通过互联网进行投标。由于活动是在网上完成的，企业能随时随地了解政府的动态，还能减少中间环节的时间延误和费用，提高政府办公的公开性和透明度。

除此之外，企业内部电子商务主要有员工与企业、企业与消费者和员工与消费者等电子商务。企业内部电子商务是利用企业内部网创建的电子商务活动。消费者—政府方面的应用尚未出现，但随着企业—消费者方面和企业—政府方面的发展，政府可以把电子商务扩展到福利费发放和个人财产税的征收方面。

2. 纵向对象

电子商务活动的内容从纵向来看主要体现在电子商务的形成和电子商务管理的职能上。企业的发展沿袭了历史，历史是发展的。电子商务活动从产生到发展，都不会随时代的变迁而变化。无论是 20 世纪 80 年代的基于 EDI 的商务运作全过程的电子化，还是 20 世纪 90 年代的基于全球计算机信息网络的电子商务以及大数据、物联网环境下的电子商务，他们所从事的仍然是电子商务活动。

（二）按电子商务应用领域划分

电子商务活动范围很广，涉及人们的生活、工作、学习及消费等众多领域，其管理和应用也涉及政府、金融机构及用户等多方面。其中主要有企业、市场（消费者）和政府三大层面。

1. 企业

（1）售前服务、售中服务和售后服务。网上售前服务主要是通过网络营销和网络推广完成产品的宣传。网上售中服务主要是帮助企业完成与客户之间的咨询洽谈、网上订购、网上支付等商务过程。网上售后服务的内容主要包括帮助客户解决产品使用中的问题，排除技术故障，提供技术支持，传递产品改进或升级的信息以吸引客户对产品与服务的反馈信息。

（2）在企业信息化建设上的应用。国内企业在信息化建设上大多初具规模，许多企业根据自己的实际情况采用了网络、办公自动化、管理信息系统、计算机辅助设计、计算机集成制造系统、供应链管理、客户关系管理、企业资源计划等电子商务的应用。

2. 市场（消费者）

在电子商务时代，消费者的消费行为和消费需求发生了根本性的变化。消费者（投资者）可以通过互联网进行以下电子商务活动：

（1）在线交易。消费者可以在短时间内通过网络从大量的供应商中反复比较，找到理想的供应商进行交易。如机票预订、旅行注册、网上购物等。

（2）网上银行。网上银行的产生使传统银行业务发生了根本性的变化。客户可以在网上支取现金，在网上进行转账，也可以进行网上贷款等。

（3）网上证券交易。网上证券交易是指投资者通过互联网来进行证券买卖的一种方式。证券投资者利用互联网可随时随地地进行快捷交易、查询等。

（4）网上保险。投保人可以通过互联网技术在网上进行咨询、承保、理赔等。

3. 政府

政府对电子商务的管理主要是电子商务政策环境的管理，政府通过制定的相应产业政策鼓励电子商务应用服务产业的发展，通过相关法规和政策措施，为企业电子商务的发展创造好的基础设施和宏观环境。政府既是电子商务的管理者，又是电子商务的使用者。政府机构及其工作人员通过电子方式或从网上获取信息和发布信息，政府机关内部实现办公自动化，也可以在网上采购和进行电子招标，进行网上项目申请、审批和注册，网络会议，电子福利支付，电子税务，公民参与公共决策，网上选举，网上民意调查，公务员网上招聘，网上公共事业服务等。

第五节 电子商务管理的特点和意义

电子商务管理有着不同于传统企业管理的特点。本节主要探讨电子商务管理的特点以及电子商务管理的意义等。

一、电子商务管理的特点

电子商务管理的发展时期还很漫长，现在看它的特点还不是很明显。现在归纳的特点只能根据目前的发展情况，作有限的归纳。

（一）“四流”协同互动

物流、商流、信息流、资金流“四流”的协调匹配、良性互动是电子商务健康发展的必要条件和客观要求。可以这样说，信息流是电子商务的首要标志和特征，资金流是电子商务的实现手段和方式，物流是电子商务的物质基础和完成保证。成熟完善的电子商务不仅通过快捷便利的信息流来表现，而且需要发达安全的资金流来支持，同时更需要综合可靠的物流来完成。随着信息化进程的加速，电子支付问题的解决和现代化物流的建设，以及协同电子商务平台的不断完善，“四流”的协同与和谐就可以实现了。

（二）信息技术商务化

信息技术商务化，是指信息技术的发展，给予企业以新的能力，企业将这些前所未有的能力应用于自己的运营中，从而产生了新的商业模式，激发了新的利润增长点。

IT 发展最终目标是随时随地向用户提供支持但不打扰用户，即敢于充当配角。比如说 IBM 最初提出电子商务，它提出了一组技术的有机整合，实际上这就是典型的信息技术商务化。未来的竞争生态环境将是围绕商务技术（business technology，BT）的竞争，谁能通过有效整合现有的信息技术创造性地缔造出商务技术，谁就可以在未来的竞争中取得自己的市场优势。

（三）协同商务从理论走向实践

协同商务是电子商务发展的新阶段。由于国外信息化发展起步早，传统电子商务发展相对成熟，因此新兴的协同商务模式就具有了比较牢固的基础。Delloitte Research 曾针对全球 356 家企业进行导入电子商务瓶颈研究的调查资料中，发现有超过一半的企业普遍认为目前市场上所提供的解决方案过于复杂，因此无法以明晰的方式使企业顺利导入协同商务，这是企业在导入协同商务时所面临的最主要问题。

（四）重视推行新的管理思想

1. 树立以人为本的管理思想

以人为本进行“自我改善”是柔性管理的核心内容。传统管理是以“管人”为核心来运作的，所谓制度、纪律是企图通过对人的活动的限制达到管物的目的。在这种管理思想下，人是物的附庸。其弊端是：严格执行某项规章制度势必降低组织活动的灵活性，影响组织与外部环境的协调。将员工置于消极被动的状态，使员工缺乏主动参与管理、参与决策的意识，限制了其积极性与创造性。组织僵化与工作量化的同时也造成了员工的惰性，使员工只求完成分内的工作。而柔性管理的自我改善，以满足员工的高层次需要为目标，能深层次地激发员工的工作动机，增强员工的主人翁责任感，使其不仅自觉提高各自的工作标准，而且愿意挖掘其潜能，发挥其天赋，做出超常的工作成就。其次是有利于组织内部形成集体主义协作精神，从而有利于知识在企业内部的传播和转化，这些对以“管理大脑”为核心的知识管理来说显得尤为重要。再就是，以人为本的柔性管理能够适应消费者的变化。在当前新的社会条件下，人们的消费观念、消费习惯和审美情趣处在不断的变化之中，满足消费者的个性化需求，更加需要生产柔性化和精细化。

2. 以满足顾客的需求和偏好为经营导向

不仅要为顾客提供物品，而且要丰富顾客的价值，使顾客在消费一种物品时能够获得更多的超值感受。传统的批量生产型企业的观念是：供给创造需求，只要能生产，就会有顾客购买，企业的利润由生产能力决定。柔性管理则是将顾客的需求与偏好放在首位，利润蕴含于顾客对物品需求和满足顾客偏好之中，只要能将顾客的需求与偏好转化为物品或服务，利润就是这种转化的一种自然结果。因此，柔性管理的关键在于确定如何创造丰富顾客价值的方案、如何解决顾客所关注的问题的方案，以及如何将顾客感知到的但没有完全清楚表达出来的愿望或需求转化为顾客可明确说出“这正是我想要的”产品的方案。这种以顾客需求和偏好为导向的管理，是对企业管理能力的一种挑战。

3. 以促进学习、激发灵感和洞察未来作为管理的最基本职能

科学管理时代管理的最基本职能是决策，而电子商务时代管理的最基本职能是寻求知识转化的路径与节点。网络时代不确定的市场变化已经把管理的核心作用转变成一种委托：促进学习、激发灵感和洞察未来。柔性管理的理念和方法激励、综合、协

调一线人员的努力与贡献，以更高的视野兼顾全局，并将一线人员的创新理念整合到企业发展的统一战略框架之中，从而使企业成为由发达的部件以最优化的方式组合的有机体。

（五）创造性和整体性相结合

信息化社会的结构是网络状的，网络具有整体性、综合性、开放性、动态性、非线性和互补性的特征，这些特征决定了电子商务的管理具有创造性和整体性相结合的特性。

1. 创造性

创新是知识经济中企业生存和发展的唯一方式。电子商务和电子商务管理本身就是前所未有的开创性事业，就更需要创造性思维。电子商务管理中的创造性思维方式是开放的、动态的。Internet 给了人们一个极大的想象空间和创造空间，也给了人们一个相当复杂的操作环境。创新思维和意识改变了经营书店的传统观念，网络书店通过经营活动，获得社会的认可，从而在商业领域中生存下来，而且具有绝对的竞争优势，使企业的无形资产不断增值。这是知识创新的典型范例，也是知识经济的产物。

创造性思维管理要求企业在多样化和快节奏的电子商务交易活动中求变、求新、敢于面对风险（承担风险）。广阔的视野、活跃的思维是创造性思维的基础，与众不同是创造性思维的典型特点。一个电子商务战略方案的推出，一个网站的建设，一件产品的推出，都必须具有自己的思想、自己的特色，都必须有“网络竞争力”。先进的技术、崭新的生产模式、独特的表现方式和富有开拓精神是知识经济的真谛所在。

当然，在电子商务领域下的创造性思维管理并不是一味求高，而是要符合实际情况。目前，电子商务的技术性问题已经基本解决，关键是如何将这些技术创造性地应用到商业领域。

2. 整体性

网络和电子商务打破了时空限制，使得整个体系变得异常复杂；市场一体化的出现，使得我们的思维方式必须具有整体性的特点，使我们能以全局的眼光去看待各种复杂问题。由于我们的思维创立在网络思维的基础上，而网络思维是非线性的、多维互补的，非线性的变化可能导致我们接触到意想不到的现实和从事意想不到的活动，所以我们对电子商务的管理也必须是动态的、非线性的，而且必须是整体的、全局的，否则，就不能适应网络的发展，就不符合电子商务的发展趋势。它要求我们以整体的管理方式去适应它：思考环状因果的互动关系（而不是线段式的因果关系）；思考一连串的变化过程（而不是片断的、一幕一幕的个别事件）。

二、电子商务管理的意义

（一）推动电子商务的协调持续发展

随着信息技术的发展，信息的传递速度突破了时间和地域性的局限，网络化与全球化成为一种不可避免的世界趋势。由于网络用户的迅速膨胀，众多的商家和厂商也纷纷将眼光投向 Internet，所以，从单纯的完善和发布信息，传递信息到网上创立信息中心，从借助传统贸易手段不成熟的电子商务交易到能够在网上完成供、产、销全部业务流程的电子商务虚拟市场，从封闭的银行电子金融系统到开放式的网络电子银行，电子商务如火如荼地发展起来。

电子商务在全球范围的兴起和迅猛发展，快速改变着全球原有的经济格局，以及传统的经济运行模式。电子商务在催生新经济和推动经济全球化中所表现出的巨大能量，已经使其成为评价一国经济发展水平和可持续发展能力的重要指标。电子商务作为行业最先进的经营模式，将为企业大大地节约金钱、时间和资源，并将对整个行业的商业运作产生重要的影响。据初步统计，电子商务的经营模式比传统的商业经营模式所能节省的资金是营业总额的5%～7%，国际贸易的电子商务甚至能超过15%。因此，加强对电子商务管理的研究能进一步推动电子商务的协调持续发展。

（二）为现代化管理注入新的活力

现代化的企业管理就是把现代自然科学和社会科学等一系列成果综合运用于企业管理，使企业管理最大限度满足现代化大生产的客观要求，适应现代社会生产力的发展水平。而促进企业管理现代化的关键是企业管理者管理思想的现代化，它是企业管理现代化的灵魂，也是企业建立现代化管理体制、运用现代化管理方法的思想基础。企业实现管理思想现代化的实质目的就是要求企业管理者认识、了解现代化大生产及社会经济形势特点，体会现代化大生产对企业管理的新要求，并在现代管理思想的指导下，根据中国社会主义经济发展规律，学习先进企业成功的管理经验，结合本行业、本企业的生产经营特点以及当前国内、国际经济形势，确立一个适合本企业生存、发展的现代化管理模式。作为新经济时代重要特征的电子商务，打破了传统的思想观念，产生了新的经济模式，成为新的管理模式的载体。

在电子商务时代，伴随着经济全球化的趋势，市场竞争日趋激烈、消费个性化、劳动者受教育水平提高、计算机并行处理技术的实现等，都要求组织能够快速反应、灵活应变，而此时基于分工和序列工作原则的严格等级制度则表现出一种迟钝和不适应，对于组织管理的创新就提出了迫切的需求。因此，研究电子商务管理，是现代化管理的题中应有之义，同时也为现代化管理注入了新的活力。

（三）对传统思维方式产生变革

电子商务是一个发展潜力巨大的市场，极具发展前景。电子商务双向信息沟通、灵活的交易手段和快速的交货方式的特点，将给社会带来巨大的经济效益，促进整个社会生产力的提高。因此，研究电子商务管理，打破时空限制，改变贸易形态，大大加速了整个社会的商品流通，有助于降低企业成本，提高企业竞争力，尤其能够使中小型企业直接进入国际市场参与国际市场竞争。电子商务给消费者提供了更多的选择，提供了更好的便利性。它是商务领域的一场信息革命，它对我们的思维方式、对人类的经济活动、对人类的工作方式和生活方式都将产生根本性的影响。

新技术的出现与应用，总会带来一系列的变革，我们现在处于工业化向信息化转轨的过程中。网络的出现与迅速发展，电子商务管理的逐渐成熟，不仅改变了我们记录和传播知识的符号，改变了我们的交易方式，而且将对我们的思维方式、工作方式和生活方式都产生了根本性的影响。

（四）有利于社会资源优化配置

由于一个行业的所有企业不可能同时采用电子商务，所以，那些率先进行电子商务管理的企业会有价格上的优势、产量上的优势、规模扩张上的优势、市场占有上的优势和规则制定上的优势，而那些后来使用者或不使用者的平均成本则有可能高于行业的平均成本。这样，社会的资金、人力和物力等资源会通过市场机制和电子商务的共同作用，从成本高的企业向成本低的企业流动，从利用率低的企业向利用率高的企业流动，从亏损的企业向赢利的企业流动，从而使社会资源得到更合理和更优化的配置。

本章案例

京东的电子商务之路

京东商城是中国的综合网络零售商，是中国电子商务领域受消费者欢迎和具有影响力的电子商务网站之一，在线销售家电、数码通信、计算机、家居百货、服装服饰、母婴、图书、食品、在线旅游等 12 大类、数万个品牌、百万种优质商品。京东商城在中国自营 B2C 市场上占据市场份额第一，凭借全供应链继续扩大在中国电子商务市场的优势。京东已经建立华北、华东、华南、西南、华中、东北六大物流中心，同时在全国超过 360 座城市建立核心城市配送站。京东商城的快速发展，不仅得益于中国日趋良好的电子商务大环境，更得益于京东商城的自我定位和管理。

1. 垂直化入手

京东商城当初进入市场时以 3C 为切入点，做垂直 B2C，既符合网购市场的需求，也能够使自己轻松上阵。这是洞察市场、精准定位的明智之举。互联网的用户以 25~35 岁的青年为主，而计算机、通信和消费类电子产品的主流消费人群也正是他们。这意味着京东商城的主流消费人群与互联网的用户重合度非常高，也就具有了开拓市场的前提。

做综合类 B2C 和垂直类 B2C，区别是显而易见的。从供应链的角度而言，综合类 B2C 需要的百货商品种类繁多，合作对象的数量也多，招商和整合资源的难度也大，而垂直类 B2C 的合作对象相对单一；从运营管理的角度来看，垂直类 B2C 商城只需要上万种商品就可以满足大部分消费者的需求，但综合类 B2C 商城至少需要 10 万种商品才能满足运营需求，商品数量的增多必然带来工作难度和人员配备的增加，增加管理的难度。

所以，京东商城当初进入市场时以 3C 为切入点，做垂直类 B2C，能够使自己轻松上阵，提高资源整合能力，以及在 3C 领域进一步深耕细作。

不过，可以看到，京东商城目前在线销售的产品，除了家用电器、手机、计算机等产品外，已不断扩充产品类目，成了一家综合性的以自营为主的 B2C 网站。显然，京东商城在战略定位上就有先做强再做大的意图。

2. 供应链核心

京东商城能在众多 B2C 网站中杀出重围的最核心武器是其重资产构建的强大供应链体系和团队。仓储、物流、配送构建出了京东自营业务的一流用户体验，并成为京东的口碑基石，早期被讽为“傻大黑粗”，今日却成为行业里顶礼膜拜的体验门槛。当海量订单产生的时候，供应链系统要智能分配订单配送，仓库、分拣点、配送站等节点通过系统智能分配来实现路径最优化，缩短订单履约时间。京东还在电商界率先做出了详尽的订单物流跟踪系统，让消费者看到自己的订单走到哪里了，现在这已经成为行业普遍采用的产品机制了。

京东供应链体系为消费者提供的服务能力分为三个阶段：第一阶段是“快速”，第二阶段是“可选择”，第三阶段是“可个性化”。这三个阶段分别对应的京东物流服务是 211 限时达、夜间配和定时达、移动仓库项目（一小时满足客户极速体验），这对于供应链是极高的要求，这背后是超级的订单物流匹配能力、分拣能力、精确终端配送能力。

3. 信息化管理

一般公司的首席执行官在管理上有想法，就变成制度，通过宣传让大家知道，再执行。刘强东是有想法，直接找技术部门的人说，做成流程中的环节，直接嵌入系统里，员工只能按照系统规定去做。例如，拣货环节有人有东西，那就在系统里加上扫描环节。依靠京东的信息系统，刘强东在世界任何一个地方都可通过手机、iPad 看到京东所有的数据，仓库在哪一个环节有积压，他都能马上了解到。他还可以通过内部的监控系统，了解微博、论坛用户对京东的评价。

4. 价值观体系

京东商城的发展是与其“以人为本”的服务理念和大胆创新的开拓精神分不开的。京东商城在发展的过程中，成功开创了很多个行业第一，丰富了电子商务的运作模式。

2004 年 7 月，京东在全国首创即时拍卖系统——京东拍卖场正式开业，消费者能够以超低价买到自己喜欢的商品，而且能够体验到在京东商城购物的惊险、刺激、有趣，有效提高了用户的满意度，强有力地打造了消费者对京东的忠诚度。目前，京东拍卖场模式已经被各大电子商务网站争相效仿。2006 年 6 月，京东开创业内先河，全国第一家以产品为主体对象的专业博客系统——京东产品博客系统正式开放。2007 年 10 月，京东商城在北京、上海、广州三地启用移动 POS 上门刷卡服务。这既便利了消费者，提升了交易的速度，又大幅度提升了销售量和客户满意度，成为帮助商家增加收益和增强消费者忠诚度的有力措施。2009 年 2 月，京东商城尝试出售一系列特色上门服务，包括上门装机服务、计算机故障诊断服务、家电清洗服务等。这不仅可以使消费者在京东商城买到物美价廉的商品，还能够获得更多贴心服务，安享舒适生活。此举成为探索 B2C 增值服务领域的重要突破，也是商品多元化的又一体现。2010 年 12 月 23 日，京东商城团购频道于 12 月 23 日正式上线，京东商城注册用户均可直接参与团购。2012 年 5 月 29 日，京东商城集团旗下日韩品牌综合类网上购物商城——迷你挑正式上线。2015 年，京东商城自营生鲜、京东超市、京东到家频道上线。2016 年京东智能物流、智慧供应链全面启航，加速智能化商业体布局。2017 年 10 月底，京东联手腾讯推出“京腾无界零售”。

京东商城所开创的这些行业第一，实质上是在“以人为本”理念下，不断为消费者提供个性化服务，不断丰富客户体验，不断保持客户关系的体现，这非常符合网络时代的市场竞争要求。

本案例主要源自简书网页:《创京东》之京东的管理制度和价值观。

案例分析：

通过以上的案例可以看出：电子商务的发展离不开对电子商务的有效管理。电子商务企业正在通过建立实施电子商务战略所必需的创新型管理系统来寻求竞争优势。电子商务必须提高企业家的领导才能和创新意识，综合运用各种先进的管理理念和工具，以适应快速变化的环境，从而在竞争激烈的电子商务市场中脱颖而出。京东创业之路让人感受最深的有两点：一是拥抱互联网变革；二是系统的大胆创新。

本章小结

1. 阐述了电子商务和电子商务管理。
2. 阐述了电子商务管理思想。
3. 阐述了电子商务管理的内容和范畴。
4. 阐述了电子商务管理的职能和对象。
5. 阐述了电子商务管理的特点和意义。

复习思考题

1. 请简要介绍一下电子商务和电子商务管理的定义。
2. 请简要介绍一下电子商务管理的性质。
3. 电子商务管理萌芽期的思想和理论包括哪些?
4. 电子商务管理发展期的思想和理论包括哪些?
5. 电子商务管理的内容和范畴包括哪些方面？请简要阐述。
6. 电子商务管理的职能有哪些？请简要阐述。
7. 请简要介绍一下电子商务管理的对象。
8. 电子商务管理的特点体现在哪些方面?
9. 电子商务管理的意义体现在哪些方面?

第二章

电子商务基本原理

本章学习目的

1. 了解和掌握电子商务的内涵、功能和特点

2. 了解和掌握电子商务的产生和发展

3. 了解和掌握电子商务的概念模型、运作模型

4. 了解和掌握电子商务的分类和运行模式

5. 了解和掌握电子商务的典型应用和发展趋势

第一节 电子商务概述

为了更好地说明和研究电子商务管理理论等，有必要在此先介绍一下电子商务的基本内容。电子商务是为了适应以全球为市场的变化而出现和发展起来的。电子商务提出了全新的商业机会、需求、规则和挑战，它代表了未来信息产业的发展方向，已经并将继续对全球经济和社会的发展产生深刻的影响。

一、电子商务的内涵

（一）电子商务是人类社会发展的要求

人类社会发展的总趋势是由技术经济的低级状态向着高级状态转变的。从人类技术发展的历史看，以往的各种技术已经把人类社会的物质文明提到了一个相当高的程度（当然这是以发达地区为代表而言的）。但是，以往的技术发明和创造主要是针对开发和利用自然界的物质、能源资源的，而自然界的物质、能源资源是有限的，许多是不可再生的。以计算机为代表的电子信息技术的发明创造和利用，主要是针对人的知识获取、智力延伸，它是对自然界信息、人类社会信息进行采集、储存、加工、处理、分发、传输等的工具。在它的帮助下，当代人类可以很好地继承前人的经验、教训和智慧，大大扩充人类知识，从而走出一条内涵式、集约化发展的社会物质、文化之路。所以，当今社会技术的代表应当是电子信息技术，它是开发和利用信息资源（充分共享、再生、组合、产生新的信息）的有效工具。

按照马克思的观点，人类社会划分的标志不是看这个社会能生产什么，而是看这个社会用什么来生产，即生产工具的制造和利用既是人类区别于其他动物的标志，又是人类社会各发展阶段的标志。从此角度认识，今天的社会自然应该被称为电子信息社会，或称为信息时代（以电子商务应用为代表）。在这个时代里，信息技术的广泛应用已经渗透到了人类社会、经济的各个领域。在发达国家，信息化的程度已较高，如美国的信息产业（包括硬件产业、软件产业和信息服务业）已占美国国民生产总值（gross national product，GNP）的 60% 以上，从而使美国进入了信息社会。其他发达国家也不断增加着信息经济的比重，中国也正在奋起直追，在国家工业化的同时向信息化积极迈进，力求完成跳跃式发展，加速实现国民经济信息化。

（二）电子商务的关键是人的知识与技能

第一，电子商务是一个社会系统，社会系统的中心必然是人；第二，电子商务系统实际上是由围绕商品交易活动代表着各方面利益的人所组成的关系网；第三，在电子商务活动中，虽然十分强调工具的作用，但归根结底起关键作用的仍然是人，因为工具的发明、制造、应用和效果的实现都是靠人来完成的。所以，强调人在电子商务中的决定性作用是必需的。也正因为人是电子商务的主宰者，进而有必要考察什么样的人才是合格的。很显然，电子商务是信息现代化与商务的有机结合，所以能够掌握、运用电子商务理论与技术的人必然是掌握现代信息技术、掌握现代商贸理论与实务的复合型人才。而一个国家、一个地区能否培养出大批这样的复合人才，就成为该国、该地区发展电子商务的最关键因素。

（三）电子商务的工具是系统化、高效的电子工具

虽然从广义电子商务定义讲，凡应用电子工具，如电报、电话等电子工具从事的商务活动就可被称为电子商务，不过本书研究的是狭义的电子商务，即具有很强时代烙印的高效率、低成本、高效益的电子商务。因而，这里讲的电子工具就不是一般泛泛而言的电子工具，而是能跟上信息时代发展步伐的系列化、系统化的电子工具。从系列化讲，所强调的电子工具应该是包括商品需求咨询、商品订货、商品买卖、商品配送、货款结算、商品售后服务等，伴随商品生产、流通、分配、交换、消费甚至再生产的全过程的电子工具，如电视、电话、电报、电传、电子计算机，以及电子数据交换、电子订货系统（electronic order system，EOS）、电子收款机系统（point of sells，POS）、电子货币、电子商品配送系统、管理信息系统（management information system，MIS）、决策支持系统（decision support system，DSS）、售后服务系统等。从系统化讲，商品的需求、生产、交换要构成一个有机整体，构成一个大系统。同时，为防止“市场失灵”还要将政府对商品生产、交换的调控引入该系统，而能达此目的的电子工具主要有：局域网（local area network，LAN）、城域网（city area network，CAN）和广域网（wide area network，WAN）。而它们必然是将通信网、计算机网和信息网相结合，实现纵横相连、宏微结合，反应灵敏，安全可靠的电子网络，以利于大到国家间小到零售商与顾客间方便、可靠的电子商务活动。

（四）电子商务的对象是以商品交换为中心的各项经济事务

从社会再生产发展的环节看，在生产、流通、分配、交换、消费这个链条中，发展变化最快、最活跃的就是中间环节的流通、分配和交换。这些中间环节又可以看成以商品贸易为中心来展开的，即商品的生产主要是为了交换——用商品的使用价值去换取商品的价值，围绕交换必然产生流通、分配等活动，它连接了生产和消费等活动。于是，可以说，以商品贸易为中心的各种经济事务活动统称为商务活动。由此可见，抓好了商品的贸易，就牵住了经济的“牛鼻子”。电子商务可以大幅度地减少不必要的商品流动、物资流动、人员流动和货币流动，减少商品经济的盲目性，减少有限物质资源、能源资源的消耗和浪费。

二、电子商务的功能

建立在 Internet 等网络上的电子商务不受时间和空间的限制，可以每天 24 小时不分区域地运行，在很大程度上改变了传统商贸的形式。电子商务网上快速安全传输的数据信息电子流代替传统商务的纸面单证和实物流的传送，对企业来讲，提高了工作效率，降低了成本，扩大了市场，必将产生可观的社会效益和经济效益。相对于传统商务，电子商务具有不可替代的功能及其优异的特点。电子商务要充分发挥其主要功能和优势，应该包括三个基本的功能中心，即交易中心、客户中心和渠道中心。

（一）交易中心

交易中心对采购过程进行自动化管理，以降低高昂的管理费用。根据 Dataquest 公司的报告，非线性的销售模式将逐渐取代线性销售模式，并且接订单和完成订单也

将同步交互运行。企业由于采用 Internet 等网络工具作为传输的基础设施，最大的收益将来自最大限度地利用客户信息进行生产和运作。电子商务网站必须有促进交易的功能，同时为公司范围内的购买和服务提供网络采购支持，充分体现电子商务提高效率、降低成本的性能。交易中心的功能还体现在充分融合到国际经济交流中，实现全球的购销活动。使企业直接进入全球交易站点，帮助企业方便地向全球客户展示产品和服务的同时，又可简单、快捷地进行货比三家的资源采购，轻松建立贸易联系，赢得商机。

（二）客户中心

整个电子商务网站的设计和运作应以客户为中心。客户在访问电子商务站点时，关心的不是企业管理者的个人信息，也不是企业的机构设置，而是企业能生产什么商品或提供什么服务，商品与服务的质量、价格如何，以及售后服务等信息。因此，在以生产商品为核心的企业，产品便成了整个站点建设的基本核心；在以提供服务为核心的企业，服务就成为建站的核心内容。客户中心的功能是应能够为客户提供有价值的产品信息。其方便简洁、亲切友好的设计，直接针对目标客户，能够有效促使浏览者转化为购买者，由购买者转化为忠诚者，全面提升客户终身价值和满意度。促进跨区销售，提升销售业绩，实现利润最大化等目标。客户中心和交易中心的配合，使企业能够有效地进行一对一销售和客户服务，节约购销双方的时间和人力资源，提高效率。

（三）渠道中心

渠道中心的采用，使渠道的回报方式发生变化。库存成本将由生产商和经销商共同承担，最终用户可以直接面对销售中的每一个环节。生产商可以有效管理销售中的每一中间阶段，更直接贴近用户，直接获取客户信息。原有的销售渠道以新的销售模式进行思维和运作，在每一个环节上实现价值增值而不是增加成本。当客户在你的站点上找到其感兴趣的产品时，站点如何针对该产品及时快速地提供报价和反馈功能，这不单单是通过 E-mail 方式就能实现的。渠道中心应提供相应的信息模块，使客户能够在最短的时间内得到他需要的信息。同时，业务部门能及时查收反馈信息并及时给予回复。渠道中心还应为销售经理提供获取信息的入口，帮助他们扩展销售渠道、提升销售业绩、提供客户化的服务并争取业务。一般销售人员也可从中获得产品信息、新闻、报价、订单细节以及其他关键性的销售资源。

三、电子商务的特点

电子商务在全球各地通过计算机网络进行并完成各种商务活动、交易活动、金融活动和相关的综合服务活动。在一个不太长的时间内，电子商务已经开始改变人们长期以来习以为常的各种传统贸易活动的内容和形式。相对于传统商务和 EDI 商务，电子商务表现出以下几个突出的特点：

（一）交易虚拟化

通过 Internet 为代表的计算机互联网络进行的贸易，贸易双方从贸易磋商、签订合同到支付等，无须当面进行，均通过计算机互联网络完成，整个交易完全虚拟化。对卖方来说，可以到网络管理机构申请域名，制作自己的主页，组织产品信息上网。

而虚拟现实、网上聊天等新技术的发展使买方能够根据自己的需求选择广告，并将信息反馈给卖方。通过信息的推拉互动，签订电子合同，完成交易并进行电子支付，整个交易都在网络这个虚拟的环境中进行。电子商务的发展打破了传统企业间明确的组织界限，出现了虚拟企业，形成了“你中有我，我中有你”的动态联盟，表现为企业有形边界缩小、无形边界（虚拟企业的共同边界）扩张。

（二）交易成本较低

电子商务使得买卖双方的交易成本大大降低。一是距离越远，网络上进行信息传递的成本相对于信件、电话、传真而言就越低。此外，缩短时间及减少重复的数据录入也降低了信息成本。二是买卖双方通过网络进行商务活动，无须中介者参与，减少了交易的有关环节。三是卖方可通过互联网络进行产品介绍、宣传，避免了在传统方式下做广告、发印刷品等大量费用。四是电子商务实行“无纸贸易”，可减少 90% 的文件处理费用。五是互联网使买卖双方即时沟通供需信息，使无库存生产和无库存销售成为可能，从而使库存成本降为零。六是企业利用内部网可实现“无纸办公”（OA），提高了内部信息传递的效率，节省时间，并降低管理成本。通过互联网络将其公司总部、代理商以及分布在其他国家的子公司、分公司联系在一起，及时对各地市场情况做出反应，即时生产，即时销售，降低存货费用，采用高效快捷的配送公司提供交货服务，从而降低产品成本。七是传统的贸易平台是地面店铺，电子商务贸易平台则是网吧或办公室，大大降低了店面的租金。

（三）交易效率较高

由于互联网络将贸易中的商业报文标准化，使商业报文能在世界各地瞬间完成传递与计算机自动处理，使原料采购、产品生产、需求与销售、银行汇兑、保险、货物托运及申报等过程无须人员干预，而在最短的时间内完成。传统贸易方式中，用信件、电话和传真传递信息必须有人的参与，且每个环节都要花不少时间。有时由于人员合作和工作时间的问题，会延误传输时间，失去最佳商机。电子商务克服了传统贸易方式费用高、易出错、处理速度慢等缺点，极大地缩短了交易时间，使整个交易非常快捷与方便。

（四）具有集成性

电子商务是一种新兴产物，其中用到了大量新技术，但并不是说新技术的出现就必须导致老设备的死亡。万维网的真实商业价值在于协调新老技术，使用户能更加行之有效地利用他们已有的资源和技术，更加有效地完成他们的任务。电子商务的集成性，还在于事务处理的整体性和统一性，它能规范事务处理的工作流程，将人工操作和电子信息处理集成为一个不可分割的整体。这样不仅能提高人力和物力的利用，也提高了系统运行的严密性。

（五）具有协调性

商务活动是一种协调过程，它需要雇员和客户、生产方、供货方以及商务伙伴间的协调。为提高效率，许多组织都提供了交互式的协议，电子商务活动可以在这些协议的基础上进行。传统的电子商务解决方案能加强公司内部相互作用，电子邮件就是其中一种，但那只是协调员工合作的一小部分功能。利用万维网将供货方连接至管理系统，再连接到客户订单处理，并通过一个供货渠道加以处理，这样公司就节省了时间，消除了纸张文件带来的麻烦并提高了效率。

第二节　电子商务的产生和发展

电子商务的产生和发展直接影响着电子商务管理理论和实践的发展。电子商务对整个人类来说都是一个新生事物，它的产生有其深刻的技术背景和商业背景，生产力发展的客观要求和 IT 业发展既是它的产生原因，也是它的发展驱动。目前，电子商务的理论、技术和应用都如火如荼地发展着。

一、电子商务的产生

（一）产生背景

1. 技术背景

电子商务是随着信息技术的不断发展而产生的，其中 EDI、Internet、Web、Java 和云计算等对电子商务有着举足轻重的作用。

自从 ARPANET 诞生之后，计算机网络和 Internet 在 20 世纪 70 年代得到了迅速的发展，很多企业开始依靠 EDI 实现业务处理的自动化。当时，企业借助文字处理技术，在内部实现单证的自动化处理；EDI 在这些自动化“孤岛”之间建起链接，形成新的商务模式，即无纸贸易。无纸贸易并不只是节约纸张，它的意义更在于信息流的畅通。EDI 是指以电子形式在异构系统之间进行数据交换，以支持商务的事务处理。EDI 着重于合作者之间的事务处理标准化。它提供一系列标准的消息和格式（如 ANSI X.12 和 UN/EDIFACT），企业之间用这些标准的消息和格式传送成批的请求来订购产品、接收货物、付账，而这些都以电子化的形式进行。

但是 EDI 标准缺乏灵活性和可扩展性。受限于当时的技术背景，传统 EDI 使用固定的事务集，把业务规则嵌入事务集。也就是说，把业务规则写进应用程序代码。然而，在实用中，业务规则不仅因企业不同而不同，而且会随着市场的变化而变化。固定的实现方式和经常性变化的需求之间的矛盾，是传统 EDI 的最大困难。再者，传统的 EDI 服务是在昂贵的增值网络上进行的，它的建立与维护的高成本阻碍它进入中小型企业及组织机构，增值网络的高成本是传统 EDI 的又一大障碍。

到 20 世纪 80 年代初，在 TCP/IP 协议族在 ARPANET 上全面实现后，随之而来的是 Internet 的蓬勃发展，人们就开始考虑借助 Internet 进行 EDI，Internet 的低成本消除了传统 EDI 的一大障碍。而且，面向对象软件开发技术在 80 年代取得了长足的发展，方便了 EDI 应用系统的开发。但是，EDI 标准缺乏灵活性和可扩展性这一事实并不因此而改变。

进入 20 世纪 90 年代，随着 Web 的诞生，许多商家开始采用 Web 应用系统来支持电子商务，如网络广告、网络营销、客户关系管理等。1995 年 5 月，Java 的问世进一步推动了 Internet 与网络计算的发展，迎来了网络计算与电子商务时代。电子商务不仅仅包括书籍和光盘的在线销售，而且包括企业内部的员工管理、跨越供应链的事务处理和在线采购，还包括公共事业的在线事务处理，如保健、教育和政务。

进入 21 世纪，云计算、大数据和物联网技术开始风靡全球。随着电子商务的发展，受制于传统数据中心的 IT 企业，必将会发生结构性的变革和升级，开始向高层次的结构和理念发展。传统数据中心要求所有产品都必须长期地保持高性能的工作，但事实上这往往是理想状态，系统资源的利用率低下，这无疑加重了企业负担。因而企业开始需要服务器的整合、资源处理的集合以及方便灵活的资源调度，于是便产生了能帮助数据中心实现计算能力的有序、按需调配的虚拟化。而云计算的出现，又再次实现了数据的按需交付与供给。云计算让数据中心成为一种智能数据。在云计算模式下，所有的操作系统与应用，所有的处理和生成的数据都将部署在后台的数据中心，随时可以用 iPad 或者手机来接收计算机上的应用，数据可以随意从一台计算机转移到另一台计算机，而这便极大地提高了办公的灵活性。

各类技术的发展为电子商务的产生和发展奠定了坚实的技术基础，并且推动着电子商务应用的蓬勃发展。

2. 商业背景

在任何商业活动中，买卖双方所交换的是他们的需求。在商业活动的发生过程中都必然包含物流、商流、资金流和信息流，这是人类商业活动所共同遵循的。在人类社会的商业活动中，自始至终存在的是物流。而资金流是随着货币的产生才出现的。后来随着社会分工的日益细化和商业信息的发展，专门为货币作中介服务的机构产生了，如银行。随着货币中介服务业的产生，物流和资金流开始分离，产生了多种交易付款方式：交易前的预付款、信用证担保付款，交易中的托收、支票、汇票，交易后的付款，如分期付款、延期付款等。正是随着商品所有权的转换和物流与资金流的分离，信息流开始表现出来，并且起到了十分重要的作用。

物流与资金流的分离，使得人类的交易活动呈现出丰富而复杂的特性，给人们提供了方便，但是也出现了新的商业风险，比如，对方的商品质量信息、价格信息、支付能力、支付信誉等。要规避这种风险就得获取尽可能多的信息，只有多掌握信息，才能减少不确定因素并监督控制交易过程。正是在这种背景下才使得信息作为规避风险的有效手段越来越为人们所重视。同时，也正是因为信息流的凸显重要与规避商业风险的必需，商业活动中才引入了电子手段，从而导致了新的经济模式的产生，并且导致了行业的重组。电子商务阶段的一个重要特点就是信息流处于极为重要的地位，它站在更高的角度对商品流通的全过程进行控制。因此，不断发展的商业活动呼唤着一个新的经济模式——电子商务的产生。

（二）产生原因

电子商务的产生与发展是生产力发展的客观要求和 IT 业技术发展的必然结果。

1. 生产力的发展是电子商务产生的根本原因

在商品经济条件下，经济规律作用的结果必然要求全球资源在全世界范围内的最优配置，因而形成了经济全球化、市场国际化、社会分工国际化及产业结构在全球范围的调整。而经济全球化、市场国际化、社会分工国际化、产业结构在全球范围的调整又导致了资本的大量转移和大批跨国公司的涌现，推动了国际贸易的发展。国际贸易成了世界经济增长的发动机。自第二次世界大战以来，国际贸易的增长大大高于世界经济的增长。国际贸易的迅速增长造成了传统的以纸为载体的贸易单证和文件的数量激增。市场的激烈竞争使生产由大规模的批量生产向柔性的小批量多品种转变，以适应迅速变化的市场的各种各样的需求，组织形式则由大型、纵向、集中式向横向、分散式、网络化发展。制造商、供货商和消费者之间，跨国公司与各分公司之间迫切要求提高商业文件、单证的传递和处理速度、空间跨度和准确度。追求商业贸易的“无纸化”成为所有贸易伙伴的共同需求。而传统的单证和文件采用人工处理，劳动强度大、效率低、出错率高、费用高。以纸为载体的贸易单证和文件成了阻碍国际贸易发展的一个关键因素。

2. IT 产业的发展为电子商务的产生奠定了坚实的物质基础

IT 产业的发展过程中产生了晶体管集成电路、大规模集成电路和超大规模集成电路，对应产生了 PC、小型机、分布式计算环境等技术。IT 产业从以下几个方面促成了电子商务的产生：近 30 年来，计算机的处理速度越来越快，处理能力越来越强，价格越来越低，应用越来越广泛，计算机的广泛应用为电子商务的应用提供了物质基础；Internet 逐渐成为全球通信与交易的媒体，全球上网用户呈几何级数增长趋势，快捷、安全、低成本的特点使网络不断地普及和成熟，从而为电子商务的发展提供了应用条件；以电子支付技术为基础的信用卡和电子货币的普及应用，为电子商务提供了金融基础，信用卡以其方便、快捷、安全等优点而成为人们消费支付的重要手段，并由此形成了完善的全球性信用卡计算机网络支付与结算系统，为电子商务中的网上支付提供了重要的技术手段。

二、电子商务的发展阶段

目前关于电子商务发展阶段的划分有两种方法：一种是“三阶段”论，即传统电子商务阶段、现代电子商务阶段（以 Internet 的应用为标志）和移动电子商务阶段；另一种是“四阶段”论。本书介绍“四阶段”论。具体来讲，电子商务的发展阶段如图 2-1 所示。

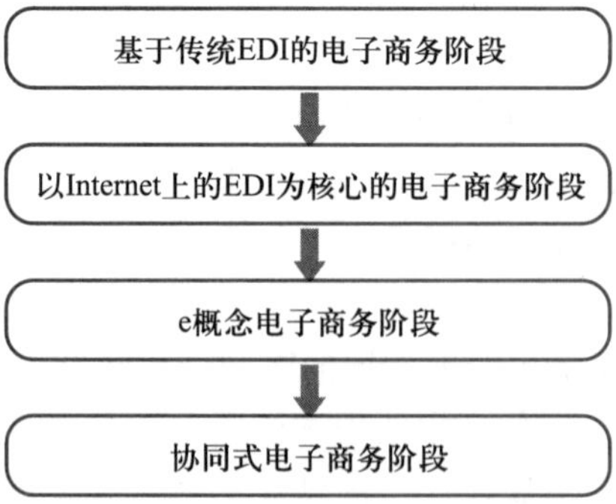

图 2-1　电子商务发展“四阶段”

（一）第一阶段：20 世纪 70 年代基于传统 EDI 的电子商务阶段

在“无纸化”贸易需求的推动下，为了克服传统的人工处理单证和文件的困难，贸易商们开始在商务活动中尝试运用计算机来处理商务活动中所涉及的文件和单据。在使用计算机处理各类商务文件的时候，发现由人工输入到一台计算机中的数据 70% 是来源于另一台计算机输出的文件，但由于传真文件是通过纸面打印来传递和管理信息的，不能将信息直接转录到另一个需要使用这些信息的信息系统中。在重复的输入和输出过程中由于过多的人为因素，影响了数据的准确性和工作效率的提高，因此人们开始尝试在贸易伙伴之间的计算机上使数据自动交换，EDI 应运而生。

EDI 是将业务文件按一个公认的标准从一台计算机传输到另一台计算机上去的电子传输方法。由于 EDI 大大减少了纸张票据，因此，人们也形象地称之为“无纸贸易”或“无纸交易”。从技术上讲，EDI 包括硬件与软件两大部分，硬件主要是计算机网络，软件包括计算机软件和 EDI 标准。从硬件方面讲，90 年代之前的大多数 EDI 都不通过 Internet，而是通过租用的计算机线在专用网络上实现，这类专用的网络被称为增值网（value added network，VAN），这样做的目的主要是考虑到安全问题。从软件方面看，EDI 所需要的软件主要是将用户数据库系统中的信息，翻译成 EDI 的标准格式以供传输交换。由于不同行业的企业是根据自己的业务特点来规定数据库的信息格式的，因此，当需要发送 EDI 文件时，从企业专有数据库中提取的信息，只有把它翻译成 EDI 的标准格式才能进行传输。EDI 即是电子商务的初级阶段。

（二）第二阶段：20 世纪 90 年代以 Internet 上的 EDI 为核心的电子商务阶段

EDI 的运用，使得单证和文件处理的劳动强度、出错率和费用都大为降低，效率大为提高，极大地推动了国际贸易的发展，显示出巨大的优势和强大的生命力。但由于 EDI 通信系统的建立需要较大的投资，使用 VAN 的费用很高，仅大型企业才会使用，因此限制了基于 EDI 的电子商务应用范围的扩大，而且 EDI 对于信息共享的考虑较少，比较适合具有大量的单证和文件传输的大型跨国公司。随着大型跨国公司对信息共享需求的增加和中小公司对 EDI 的渴望，迫切需要建立一种新的成本低廉、能够实现信息共享的电子信息交换系统。

20 世纪 90 年代中期后，Internet 迅速普及，逐步地从大学、科研机构走向企业和寻常百姓家庭，其功能也已从信息共享演变为一种大众化的信息传播工具。从 1991 年起，一直被排斥在 Internet 之外的商业贸易活动正式进入这个王国，因而使电子商务成为 Internet 应用的最大热点。

在全球普及的 Internet 克服了 EDI 的不足，满足了中小企业对于电子数据交换的需要。Internet 作为一个费用更低、覆盖面更广、服务更好的系统，已表现出替代 VAN 而成为 EDI 的硬件载体的趋势。在 Internet 基础上建立的电子信息交换系统，既成本低廉又能实现信息共享，为在所有的企业中普及商务活动的电子化——电子商务提供了可能。基于 Internet 的 EDI 具备 EDI 和 Internet 的共同优势，因此有人把通过 Internet 实现的 EDI 直接叫做 Internet EDI。

（三）第三阶段：现在的 e 概念电子商务阶段

自 2000 年初以来，人们对于电子商务的认识，逐渐由电子商务扩展到 e 概念的高度，人们认识到电子商务实际上就是电子信息技术同商务应用的结合。而电子信息技术不但可以和商务活动结合，还可以和医疗、教育、卫生、军事、政府等有关的应用领域结合，从而形成有关领域的 e 概念。电子信息技术同教育结合，孵化出电子教务——远程教育；电子信息技术和医疗结合，产生出电子医务——远程医疗；电子信息技术同政务结合，产生出电子政务；电子信息技术同军务联系，孵化出电子军务——远程指挥；电子信息技术和金融结合，产生出在线银行；电子信息技术与企业组织形式结合形成虚拟企业；等等。

（四）第四阶段：协同式电子商务阶段

自 2010 年以来，协同电子商务将具有共同商业利益的合作伙伴整合起来。通过对各个合作伙伴的竞争优势的整合，共同创造和获取最大的商业价值以及提供获利能力。企业信息化建设目的不仅是管理企业内部的资源，还需要建立一个统一的平台，将客户、供应商、代理分销商和其他合作伙伴也纳入企业信息化管理系统中，实行信息的高效共享和业务的一系列链接。“协同”有两层含义：一层含义是企业内部资源的协同，有各部门之间的业务协同、不同的业务指标和目标之间的协同以及各种资源约束的协同。如库存、生产、销售、财务间的协同，这些都需要一些工具来进行协调和统一。另一层含义是指企业内外资源的协同，也即整个供应链的协同，如客户的需求、供应、生产、采购、交易间的协同。

三、电子商务的发展现状

目前，电子商务的发展如火如荼。我们可以从电子商务的理论、技术、应用这三个方面来看电子商务的发展。

（一）电子商务的理论发展

电子商务对整个人类来说都是一个新生事物。电子商务的产生将挑战人类到目前为止所形成的知识体系、法律体系、价值体系、社会组织体系。随着电子商务技术的发展，将会出现许多基于电子商务体系的新的知识体系、法律体系、价值体系、社会组织体系理论。比如在传统经济条件下的经济学，对于资源、商品、价值、价格、社会必要劳动时间、商品交换的规律等指导经济活动的规律，都有一套成熟的理论和计算方法。这些理论在网络经济环境下将不再适用，我们将无法用传统的经济学理论来揭示电子商务条件下的经济规律，代之而来的将是电子商务条件下的新的经济学。电子商务的发展要有新的经济理论来指导，电子商务的发展又推动了新经济理论的产生。

电子商务独特的运作方式向现有的商务规范模式和传统管理模式提出了技术、财务和交易安全等方面的重大挑战，没有法律规范的电子商务将难以正常发展。及时制定并出台相应的法律、法规，鼓励、引导、维护电子商务沿着健康轨道发展，成为当前世界和中国立法工作的一项重要任务。电子商务的发展对传统的法律体系提出了挑战，将推动新的法律体系的建立，又要靠新的法律体系来规范。

电子商务必将引起新型产业革命，在这次产业革命完成时，将会同时完成经济理论、法律理论、管理理论的革命，将形成全新的电子商务经济学、电子商务法学、电子商务管理学、电子商务组织学等电子商务条件下的理论体系。

（二）电子商务的技术发展

从具体信息技术和电子商务的技术发展趋势看，下面一些技术或面向对象整体的解决方案代表着电子商务技术的发展趋势：

1. Internet 技术的应用

虽然 Internet 技术不是电子商务的专门技术，但开展电子商务要以 Internet 平台为基础，电子商务的发展与 Internet 技术有直接关系，因而 Internet 技术是电子商务相关的关键技术之一。因为人们对 Internet 技术已较为熟悉，这里不再赘述。

2. Web 浏览技术的应用

Web 浏览技术已经广泛地应用于 Internet，并被广大用户接受和使用。Web 服务器利用 HTTP 协议来传递 HTML 文件，Web 浏览器使用 HTTP 检索 HTML 文件。Web 浏览器从 Web 服务器上获取信息，然后以静态和交互（如文本、图像）方式呈现在用户眼前。电子商务仍然是一种商务模式，在电子商务过程中，需要在商家与客户以及其他相关角色之间交换各种信息，此时就要使用 Web 浏览技术。随着电子商务的发展，仅仅使用 HTML 表示信息已经不能满足需求，XML（扩展的标记语言）和 CXML（Commerce XML）相继发展起来。另外，由于人们对信息的实时性和现实性的需求不断增加，即时信息传送技术和虚拟现实浏览技术也开始受到人们的青睐。

3. 数据库技术的应用

在电子商务交易过程中，涉及商家、商品、客户、物流配送等大量的信息，这些信息都需要储存在数据库中。当前数据库管理系统已发展到相当成熟的阶段，能高效、高质、安全地管理数据。该技术包括数据模型、数据库系统、数据库系统建设和数据仓库、联机分析处理和数据挖掘技术等。数据库主要有两种类型：一种是关系型数据库，如 Oracle、Sybase、Informix、DB2、SQL Server 等。另一种是文档型数据库，如 Lotus Domino 等。应用于电子商务中的数据库技术主要完成三个方面的功能：数据的收集、存储和组织；决策支持；Web 数据库。

4. 电子支付技术的应用

电子支付是指在网上直接为所购商品付款。从严格意义上讲，电子支付只是一个支付过程，而不是一种技术，但在这个过程中涉及很多的技术问题。这些问题包括两个方面：第一是电子货币（电子支票、银行卡、电子现金）的表示形式、发放和管理技术。第二是电子支付模式。电子支付过程中安全问题解决得好坏直接影响电子支付是否可以顺利进行。目前银行界普遍使用的有 SSL/TLS 和 SET 两种电子支付模式。从技术角度讲 SSL/TLS 不是支付协议而是会话层安全协议，用 SSL 协议进行电子支付是支付的双方利用 SSL 协议建立一个安全会话通道，在该安全通道中传送支付信息。SET 是以信用卡支付为基础的网上电子支付协议。使用 SET 协议进行电子支付可以确保接收信用卡的商家和信用卡的持有者都经过认证，是可信赖的。目前我国主要采用以上两种协议进行电子支付。SSL 协议的好处是使用简便省时，但其安全性不如 SET 协议。SET 协议的安全等级比较高，但过程比较复杂、费时。

5. 中间件技术

电子商务将由 Internet/Intranet 技术、传统 IT 以及具体的业务处理所构成。但是，系统的建立将会面临许多新的问题，包括应用系统能不能快速地建立，能不能适应大用户数、高处理量要求，能不能适应提供高效率、高可靠性、高可用性等关键任务的要求，能不能满足安全需要等。这些问题只是依靠简单的Web技术是根本不够的。为了很好地解决这些问题，需要以Web的底层技术为基础，规划出一个整体的应用框架，并提供一个支持平台，用于Internet应用的开发、部署和管理，并能借此解决上述各种问题，这就是中间件技术。电子商务应用服务器、通用业务网关、支付网关、通信平台和安全平台，统一纳入电子商务中间件构架的范畴。

6. 协同技术

广泛采用计算机协同工作技术、依赖协同作业体系等。计算机协同工作将计算机技术、网络通信技术、多媒体技术以及各种社会科学紧密地结合起来，给人们提供一种全新的交流方式，包括工商、税务、银行、运输、商检、海关、外汇、保险、电信、认证等部门以及商城、商户、企业客户等单位按一定的规范与程序相互配合、相互衔接、协同工作、共同完成有关的电子商务活动。

7. 移动嵌入式可自动生成的电子商务技术

采用这种技术，可以在各企业、部门和个人的计算机系统中自动生成可嵌入的电子商务小型系统。

8. 可定制的柔性电子商务系统

采用这种技术，用户可以对电子商务的应用提出具体的要求，运用该系统可生成符合用户要求的可伸缩的柔性电子商务系统。

9. 大数据技术

大数据技术帮助用户从各种各样类型的数据中，特别是常规软件工具无法处理的数据中，快速获取其信息价值。大数据的技术主要包括高并发处理技术、分布式计算、云计算、集群技术和可扩展的存储系统等。

10. 云计算

云计算（cloud computing）是分布式计算技术的一种，其通过网络将庞大的计算处理程序自动分拆成无数个较小的子程序，再交由多部服务器所组成的庞大系统经搜寻、计算分析之后将处理结果回传给用户。通过这项技术，网络服务提供者可以在数秒之内，处理数以千万计甚至亿计的信息，达到和超级计算机同样强大效能的网络服务。云计算是分布式处理（distributed computing）、并行处理（parallel computing）和网格计算（grid computing）的发展，或者说是这些计算机科学概念的商业实现。

11. 物联网技术

物联网是新一代信息技术的重要组成部分，也是信息化时代的重要发展阶段。其英文名称是“Internet of things”（IoT）。顾名思义，物联网就是“物物相连的互联网”。这有两层意思：其一，物联网的核心和基础仍然是互联网，是在互联网基础上的延伸和扩展的网络；其二，其用户端延伸和扩展到了任何物品与物品之间，进行信息交换和通信，也就是物物相息。物联网通过智能感知、识别技术与普适计算等通信感知技术，广泛应用于网络的融合中，也因此被称为继计算机、互联网之后世界信息产业发展的第三次浪潮。

（三）电子商务的应用发展

电子商务的应用无论是在国内还是国外都还处在初级阶段，即使开展最早的美国，也不过 20 余年的历史。这么短的时间，即使对于前面所估计的这次产业革命完成的最短时间 30~40 年来说，也是非常短暂的，电子商务的应用还远没有发掘出来。电子商务由于其经济效益显著，其前景必然广阔。它可以使企业增加经济效益，可以使默默无闻的小公司名扬天下，可以使大公司竞争力更强。总之，它可以使企业的 TOC（total ownership cost）大大降低。因此，电子商务的发展速度惊人，增长迅猛。目前来说，电子商务的应用功能主要体现在以下几个方面：

1. 网上售前服务

Internet 作为一个新媒体，具有“即时互动、跨越时空和多媒体展示”等特性，它强调了互动性，而且广告资料更新较快，比传统媒体的广告费用低廉。企业可利用网上主页（homepage）和电子邮件（E-mail）等工具在全球范围内作广告宣传；客户可借助网上检索工具（search）迅速地找到所需要的商品信息。

2. 网上售中服务

网上售中服务主要是帮助企业完成与客户之间的咨询洽谈、网上订购、网上支付等商务过程，对于销售无形产品的公司来说，Internet 上的售中服务为网上的客户提供了直接试用产品的机会，例如音像制品的试听、试看以及软件的试用等。

3. 网上售后服务

网上售后服务的内容主要包括帮助客户解决产品使用中的问题，排除技术故障，提供技术支持，传递产品改进或升级的信息以吸引客户对产品与服务的反馈信息。电子商务能十分方便地采用网页上的“选择”“填空”等格式文件来收集用户对销售服务的反馈意见。这样使企业的市场营销能形成一个封闭的回路。网上售后服务不仅响应快、质量高、费用低，而且可以大大减低服务人员的工作强度。

第三节　电子商务模型和优势

为了对电子商务活动进行有效的管理，还需要了解电子商务的模型和运作过程。电子商务由于其特有的功能和特点，有着不同于传统商务模式的概念模型和运作模型。概念模型主要是对现实世界的电子商务活动的一种抽象描述，体现了电子商务交易事务的关系；运作模型主要是对电子商务进行运作的一种普遍描述，包括电子商务运作的基础、平台、支撑体系和应用表现。同时，电子商务的运作对商务活动交易成本也会产生积极的影响。

一、电子商务概念模型

电子商务概念模型是对现实世界中电子商务活动的一般抽象描述。它由电子商务实体、电子市场、交易事务和商流、信息流、资金流、物流等基本要素构成，如图 2-2 所示。

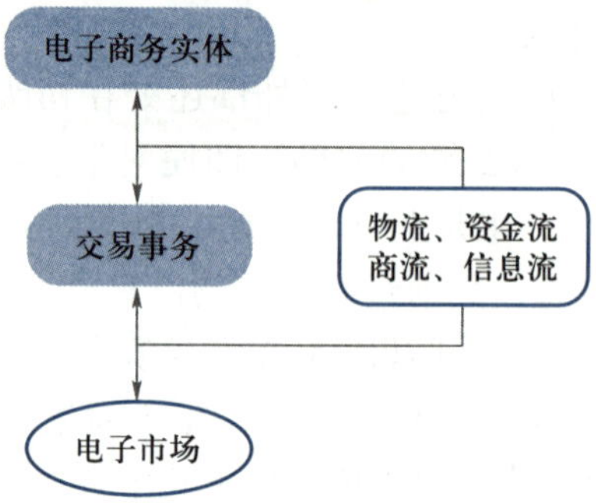

图 2-2 电子商务概念模型

在电子商务概念模型中，电子商务实体（简称 EC 实体）是指能够从事电子商务活动的客观对象，它可以是企业、银行、商店、政府机构、科研教育机构和个人等；电子市场是指 EC 实体从事商品和服务交易的场所，它由各种各样的商务活动参与者，利用各种通信装置，通过网络连接成一个统一的经济整体；交易事务是指 EC 实体之间所从事的具体的商务活动的内容，例如询价、报价、转账支付、广告宣传、商品运输等。

电子商务的任何一笔交易，都包含着物流、资金流、商流和信息流。其中物流主要是指商品和服务的配送与传输渠道。对于大多数商品和服务来说，物流可能仍然经由传统的营销渠道，然而对有些商品和服务来说，可以直接以网络传输的方式进行配送，如各种电子出版物、信息咨询服务、有价信息等（这里需要指出，有些学者认为，无形产品通过网络传输不属于物流范畴）。资金流主要是指资金的转移过程，包括付款、转账、结算、兑换等过程。商流指商品和服务所有权的转移，它的标志是提货单、房产证等法律文书。商流是指商品所有权的转移过程。商流和物流有分离统一的关系。信息流既包括商品信息的提供、促销行销、技术支持、售后服务等内容，也包括诸如询价单、报价单、付款通知单、转账通知单等商业贸易单证，还包括交易方的支付能力、支付信誉和中介信誉等。

从电子商务概念模型不难看出，电子商务实质上是电子商务实体围绕交易事务通过电子市场发生的经济活动关系，产生这些经济活动关系是通过物流、资金流、商流、信息流来实现的。电子商务区别于传统商务的一个重要方面就是“电子市场”取代了传统的有形市场。对于每个 EC 实体来说，它所面对的是一个电子市场，必须通过电子市场来选择交易的内容和对象。因此，电子商务的概念模型可以抽象地描述为每个 EC 实体和电子市场之间的交易事务关系。

随着电子技术和网络的发展，电子中介作为一种工具被引入了生产、交换和消费中。人们做贸易的顺序并没有变，还是要有交易前、交易中和交易后几个阶段。但这几个阶段中人们进行联系和交流的工具变了，比如以前我们用纸面单证，现在改用电子单证。这只是一个最简单的应用，但不要小看这种改变，因为，我们知道生产工具的变化必定会改变生产方式，犹如机器的出现使我们从手工业社会进入工业社会那样。而这种生产方式的变化必将形成新的经济秩序。在这个过程中，有的行业会兴起，有的行业会没落，有的商业形式会产生，有的商业形式会消失，这就是为什么我们称电子商务是一次社会经济革命的缘由。仅从交换这个范围来看，电子工具是通过改变了中介机构进行货币中介服务的工具而改变了其工作方式，从而使它们产生了新的业务，甚至出现了新的中介机构。这个阶段的一个重要特点就是信息流处于一个极为重要的地位，它在一个更高的位置对商品流通的整个过程进行控制。所以，我们认为电子商务同现代社会正逐步兴起的信息经济是密不可分的。

二、电子商务运作模型

从电子商务发展的趋势看，未来的电子商务应用将建构在今天的技术设施上。尽管技术的革新日新月异，但可以断定，目前由无数计算机、通信网络及通信软件结合而成的信息高速公路是电子商务发展的基础。电子商务应用包括很多形式，既有消费者层面的应用，如家庭购物、随选视频等，又有企业层面的应用，如采购和在线营销与广告等，还有企业内部经营管理层面的应用，如供应链管理和远程财务管理等。无论电子商务应用的形式如何，这些应用的前提是下列基础设施都先行完全实现：一般商业服务，以便顺利进行销售和购买的程序；发布信息及信息传播能力，以便传送及接收信息；多媒体内容及网络出版，以便创造此类产品及其传递工具；信息高速公路（底层的基础），以便提供所有电子商务都必须依赖的“交通系统”。基于这些认识，电子商务运作模型的架构如图 2–3 所示。

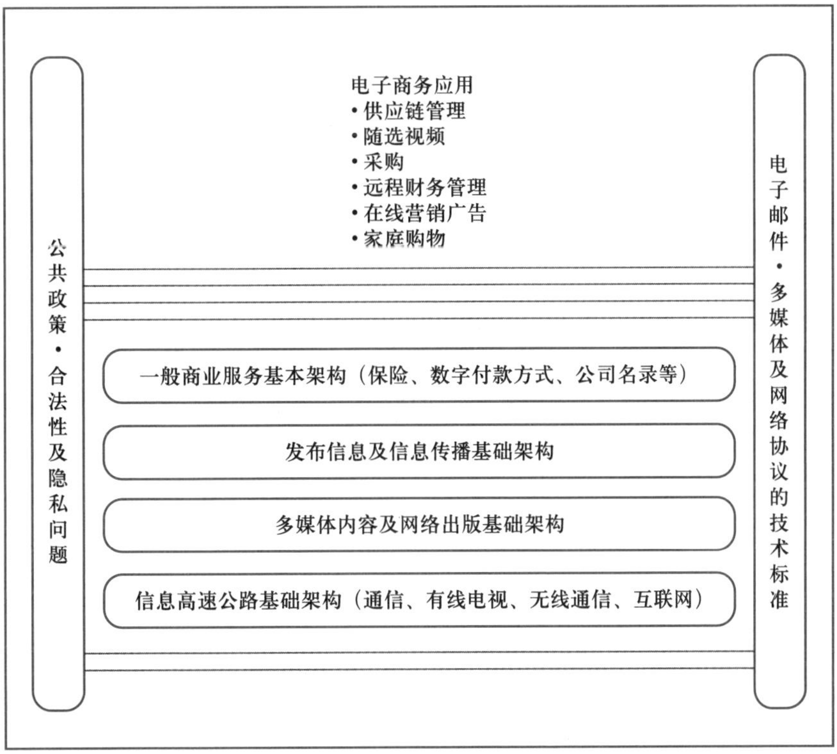

图 2–3　电子商务运作模型

电子商务运作模型中，两个支撑起整个电子商务应用的支柱，同基础设施一样有着不可或缺的重要性。公共政策、合法性及隐私问题是维持电子商务应用顺利开展的社会规范，正如传统商务活动一样，没有法律、法规约束的电子商务应用是难以开展的，而针对传统贸易方式的法律法规在应用于电子商务时可能有某些方面的不适应，就是说电子商务环境下立法工作要与时俱进，在保证司法工作连续性的前提下做必要的调整与修改。电子商务公共政策包括围绕电子商务的税收制度、信息的定价、信息传输的收费方式和收费价格等。公共政策一般由政府和行业组织制定并监督实施，立法和隐私保护问题一般由专门的立法部门立法并由司法部门监督开展实施。电子邮件、多媒体及网络协议的技术标准是保证电子商务应用顺利开展的技术规范，可以设想，没有兼容一致的技术标准，通信网络将是信息孤岛，电子邮件将不知从何而来去往何处，多媒体文件将不知用何种媒体播放器打开。可喜的是，在电子商务领域也有很多标准正在制定和不断完善，如电子商务数据交换标准 ebXML 和电子商务安全支付协议 SET 等。总之，缺少了技术标准，网络互联互通、信息共享将无法实现，更谈不上建立在此基础上的更高级的电子商务应用，这是与建立全球范围的信息交流平台的宗旨相悖的。可以这样讲，社会规范和技术标准 / 规范是电子商务应用顺利开展的两条腿，缺少任何一条腿都不能顺利行走。而社会规范调整了与电子商务有关的社会各方之间的责权关系，是电子商务运作的社会保障，其建立的难度甚至比技术规范更大。

电子商务运作模型中，底层的信息高速公路基础架构（通信、有线电视、无线通信、Internet），犹如传统商务活动中的公路。传统商务活动要依赖公路来促进信息交流与沟通，依赖公路将货物送达各地，电子商务也要依赖各种通信网络来开展业务，将信息从一个位置传输到指定的另一个位置。信息高速公路是信息传遍全球的通道，其所涉及的范围比现有交通网络更大更密集，仅卫星联机通信系统就可直接覆盖全球。无论是城市、乡镇还是农村，无论是海上航行的船只还是偏远山区，甚至是地球上的生命禁区，信息高速公路都可以将其触角延伸到其中。

电子商务应用的表现形式各不相同，其应用的领域也将不断扩大，它是集信息、技术、服务和商品交易于一体的综合性的虚拟市场。应该注意到的是，电子商务是各个方面的政策、科技和商业利益结合在一起的系统工程。“整合”的概念对电子商务十分重要，分析问题时将电子商务的各方面分割开来并不意味着电子商务是它们的简单相加。只有将这些相关方面整合起来，电子商务的实施才能达到其应有的效果，才能为社会服务，才能发挥电子商务应有的积极作用。

三、电子商务交易费用

（一）交易费用的含义与构成

经济学家认为，交易费用正如熵，当交易费用趋于无穷大时，根本不存在人与人之间的交往，社会经济处于“鲁滨逊”时代；当交易费用下降，社会负熵增加，经济制度完善程度提高，交易才有可能发生。人类社会的经济发展史可以说是交易费用不断下降的历史。尽管如此，交易费用在现代经济生活中仍然非常高昂。而且交易费用的内涵和范围众说纷纭。本书的交易费用范围采用张旭昆教授所做的范围界定。

广义交易费用，即一切非鲁滨逊经济中出现的费用，或者说在一切鲁滨逊经济中所不存在的费用。狭义交易费用，即市场交易费用，市场中平等法人之间完成交易所需费用。包括：寻找交易对象费用，交易对象之间谈判的费用，交易实现的费用等。本书讨论的是狭义交易费用。对于市场交易两大主体即厂商和消费者而言，存在下列关系：

$$\text{厂商交易费用}(T)=\text{搜寻成本}(S)+\text{谈判成本}(N)+\text{实施成本}(I)+\text{其他交易费用}(X)$$

$$\text{消费者交易费用}=\text{搜寻成本}+\text{谈判成本}+\text{实施成本}$$

$$\text{搜寻成本}\ S=s(d,\ t,\ f)$$

式中：d——消费者常住地与购买地之间距离；

t——购买所花费时间；

f——购买频率。

对于市场交易的两大主体，市场交易的单位费用决定了交易活动的边界。单位交易费用的降低在于交易方式的创新，主要是减少厂商与消费者各自的市场搜寻成本，所以交易的空间扩张历史就是单位交易费用不断降低的过程。因此，市场交易费用主要由厂商和消费者搜寻成本决定，为降低搜寻成本只有提高信息搜寻效益，电子商务是降低交易成本的最有效方式。

（二）电子商务降低交易费用的体现

由于网络市场的发展，Internet 是一条由无数信息源组成的扩展时间、压缩空间的“信息丝绸之路”，具有低成本、高效率、交互性、永动性（每天 24 小时每周 7 天）的特点。而电子商务正是基于这条“信息丝绸之路”和现代通信技术发展起来的新的运作模式。电子商务对降低市场交易费用、提高信息聚集程度的作用表现在如下几方面：

1. 降低搜寻成本

电子商务运作模式有利于降低厂商和消费者的搜寻成本，即电子商务交易的单位成本小于传统交易方式。E-mail（电子邮件）技术使人们只要拥有联入 Internet 的计算机就能几乎免费地向全球传播信息，网络电话只要付市话费和网络管理费就可以拨打国际长途。网络传真技术目前正处于免费或象征性收费阶段，而通过万维网（WWW）、超文本及文字、图像、声音等多媒体形式，企业可以低成本进行广告宣传，消费者也可具体方便地搜寻浏览信息。对于消费者而言，在网络市场上，消费者只需单击鼠标就可以在不同市场挑选不同质量、不同价格、不同品种、不同式样的商品。无论从厂商角度还是从消费者角度来讲，搜寻成本大大降低，从而交易成本也大大降低。

2. 降低谈判成本和实施成本

电子商务运作模式有利于降低厂商与消费者谈判成本和实施成本。厂商谈判成本受运输、通信引起的空间成本影响，Internet、文件传输协议（file transfer protocol，FTP）、E-mail、聊天工具等技术大大减少了空间成本，而实施成本因交易无法同时发生而产生了库存成本。在电子商务运作模式下，Internet 创造的网络空间超越空间的制约，以极快的速度实现电子式的商品交易，完全可能实现“零库存”。在正需要的时刻把需要的信息商品送到正需要的地点。厂商可以无店面、无货架、无库存，厂商直接按照反映消费者需求的“无库存”生产，节约了库存成本，减少了生产浪费与闲置。

3. 降低交易成本

电子商务提高信息聚集量，降低交易成本。电子商务交易活动不仅货币与货物分离，信息流与物流也分离，使消费者面对大量厂商大量产品信息。消费者可以通过比较、鉴别分析各种技术参数与价格参数，减少因信息不对称而产生厂商隐瞒信息的“柠檬”市场的可能性，厂商向消费者提供完全信息（perfect information），而消费者也反馈大量信息给厂商。电子商务运作方式聚集大量信息，而市场信息聚集度所决定的交易费用高低状况制约着交易的规模，厂商与消费者都能提供效率高的有效市场信息，信息聚集产生了聚集经济，电子商务交易因其互动性而产生的大量信息聚集所带来的经济效益正说明了这一点。

四、电子商务的优势分析

（一）时空优势

传统商务是以固定不变的销售地点（商店）和固定不变的销售时间为特征的店铺式销售。网络销售通过以信息库为特征的网上商店进行，所以它的销售空间随网络体系的延伸而延伸。没有任何地理障碍，它的零售时间是由消费者即网上用户自己决定的。因此，网络销售相对于传统销售模式具有全新的时空优势，这种优势可在更大程度上更大范围内满足网上用户的消费需求。事实上，网络购物已没有了国界，也没有了昼夜之别。

（二）速度优势

电子商务具有极大的速度、效率优势。首先，电子商务可以加快生产流通速度。例如，一个产品的生产是许多企业相互协作的成果，因此产品的设计开发和生产销售可能涉及许多关联的企业，通过电子商务可以改变过去的信息封闭的分阶段合作方式为信息共享的协同工作，从而最大限度减少因信息封闭而出现等待的时间。其次，电子商务提供了更快捷的服务，通过浏览网页，就可以获得产品信息，接受企业提供的服务，速度优势是传统商务所不能相比的。

（三）成本优势

与传统商务相比，利用网络渠道可避开传统商务渠道中许多中间环节，降低流通费用、交易费用和管理成本，并加快了信息流动的速度。事实上，任何制造商都可以充当网上零售业中商品的提供者，能以基本价格向消费者提供商品。当投资传统商店所需要的建材和商品库存费用越来越高时，投资电子商务商店所需的计算机和电信设备却日益便宜。同时，软硬件价格的降低使更多的消费者能以低廉的价格接入网络，享受电子商务带来的种种好处，进而促进了电子商务的发展。

（四）个性化优势

网络的实时互动式沟通，以及没有任何外界因素干扰，使消费者更易表达出自己对产品及服务的评价，这种评价一方面使网上的零售商们可以更深入地了解用户的内在需求，更好地提供产品和服务；另一方面使得为用户提供个性化服务成为可能。个性化的服务和产品将成为新一代电子商务的重要特点，并成为电子商务普及发展的内部推动力。

（五）信息优势

传统的销售在店铺中虽然可以把真实的商品展示给消费者，但对一般消费者而言，对所购商品的认识往往是很肤浅的，也无法了解商品的内在质量，往往容易被商品的外观、包装等外在因素困惑。利用虚拟现实等信息技术，可以全方位展示产品及服务功能的内部结构，从而有助于消费者完全地认识商品及服务。另外，信息优势还体现在通过对企业内部信息的整合和优化，改善了企业信息的组织结构，加快了信息流动，为企业的生产和决策提供了更快、更好的数据。

（六）便捷优势

在某种意义上说，消费者花在购物上的时间会愈来愈少，但购物次数却会愈来愈频繁。特别是某些特定的商品，如原料、个人用品等，电子商务所能提供的便利性将与日俱增。消费者只需要在网站上搜寻相关产品信息，进行质量和价格的比较之后，就可以方便地在家中完成交易。总之，快捷方便的查询功能、人性化的商品目录、价格比较的功能，将促进某些商品朝向网上交易，特别是那些运送成本低廉、标准化、缺乏购物乐趣的商品。

第四节　电子商务分类和运营模式

电子商务的种类可以有多种划分方式，最普遍的就是从参与交易的对象出发，可以分为 B2C、B2B、C2C、C2G 等电子商务类型，这和本书第一章介绍的电子商务的活动范围划分不谋而合。电子商务运营模式是对电子商务运营和应用的一种概括。根据电子商务企业提供服务和运营内容不同，可以分成多种电子商务运营模式。

一、电子商务的分类

（一）根据参与对象划分

根据参与对象不同，常见的电子商务类型主要有 B2B、B2C、C2B、C2C、O2O 等几种。

1. B2B 模式

B2B 是 business-to-business 的缩写，是指企业与企业之间通过专用网络或 Internet，进行数据信息的交换、传递，开展交易活动的商业模式。它将企业内部网和企业的产品及服务，通过 B2B 网站或移动客户端与客户紧密结合起来，通过网络的快速反应，为客户提供更好的服务，从而促进企业的业务发展。典型的例子如阿里巴巴、慧聪等。B2B 模式是电子商务中历史最长、发展最完善的商业模式，能迅速地带来利润和回报。它的利润来源于相对低廉的信息成本带来的各种费用的下降，以及供应链和价值链整合的好处。

目前常见的B2B运营模式主要有垂直B2B（上游和下游，可以形成销货关系）、综合B2B（面向中间市场）、自建B2B（行业龙头运用自身优势串联整条产业链）、关联B2B（整合综合B2B模式和垂直B2B模式）。B2B的主要营利模式是会员收费、广告费用、竞价排名费用、增值服务费、线下服务费、商务合作推广、按询盘付费等。

2. B2C模式

B2C是business-to-customer的缩写，而其中文简称为“商对客”。“商对客”是电子商务的一种模式，也就是通常说的直接面向消费者销售产品和服务的商业零售模式。

B2C网站类型主要有综合商城（产品丰富的传统商城电商化）、百货商店（自有库存，销售商品）、垂直商店（满足某种特定的需求）、复合品牌店（传统品牌商的复合）、服务型网店（无形商品的交易）、导购引擎型（趣味购物、便利购物）、在线商品定制型（个性化服务、个性化需求）等。B2C的营利模式主要是服务费、会员费、销售费、推广费等。

3. C2B

C2B是customer-to-business的缩写，即消费者到企业，是互联网经济时代新的商业模式。这一模式改变了原有生产者（企业和机构）和消费者的关系，是消费者贡献价值（create value）和企业和机构消费价值（consume value）的体现。C2B模式和我们熟知的供需模式（demand supply model，DSM）恰恰相反。

真正的C2B应该先有消费者需求产生而后有企业生产，即先有消费者提出需求，后有生产企业按需求组织生产。通常情况为消费者根据自身需求定制产品和价格，或主动参与产品设计、生产和定价，从而彰显消费者的个性化需求，生产企业进行定制化生产。

4. C2C

C2C是customer-to-customer的缩写，是个人与个人之间的电子商务。其中C指的是消费者。C2C的意思就是消费者个人间的电子商务行为。比如一个消费者有一台计算机，通过网络进行交易，把它出售给另外一个消费者，此种交易类型就称为C2C电子商务。C2C的主要盈利模式是会员费、交易提成费、广告费用、排名竞价费用、支付环节费用等。

5. O2O

O2O即online-to-offline（在线离线/线上到线下），是指将线下的商务机会与互联网结合，让互联网成为线下交易的平台，这个概念源于美国。O2O的概念非常广泛，既可涉及线上，又可涉及线下。O2O的优势在于把网上和网下的优势完美结合。通过线上导购，把互联网与地面店完美对接，实现互联网落地。让消费者在享受线上优惠价格的同时，又可享受线下贴身的服务。O2O模式的优势有：充分挖掘线下资源，消费行为更加易于统计，服务方便，优势集中，促使电子商务朝多元化方向发展。

（二）根据运营模式划分

按电子商务行业的运营模式，可以分为两种：自建模式和平台模式。

1. 自建模式

自建模式是指企业组织好商品，统一采购商品后通过自有的平台将其转卖给消费者，自己完成一整套买卖流程的模式。

2. 平台模式

平台模式是指企业负责搭建和维护网络交易平台，作为第三方承接卖家和买家的运营模式。

（三）根据交易地理位置划分

按照电子商务交易的地理范围，电子商务可以分为本地电子商务、区域电子商务、国家电子商务和全球（跨境）电子商务。

1. 本地电子商务

本地电子商务是指交易双方都在本地范围之内，利用本地的电子商务系统开展商务活动。电子商务的发展应该充实本地化服务，如果消费者在同等条件下优选选择本地网络购买商品，这样在支付、配送和售后服务等方面会带来诸多便利。

2. 区域电子商务

区域电子商务是指在某一地理区域（通常按行政区域划分）内进行的网上电子交易活动。

3. 国家电子商务

国家电子商务是指本国范围内开展的电子商务。

4. 全球（跨境）电子商务

全球（跨境）电子商务是指在全世界范围内进行的电子商务活动，即参加电子商务的交易各方通过网络进行贸易的活动。

二、电子商务运营模式

电子商务可分为以下几个商务运营模式：

（一）基础构件提供商

基础构件提供商主要是各种软件公司、通信设备公司、网络基础设施公司、系统集成公司等。包括：Internet 设备、终端设备、移动手机等设备的提供商；为中小企业提供技术平台和 ASP 服务的服务商；提供电子商务中贸易、销售和营销应用软件的应用软件提供商；电信、网络的基础设施运营商和接入商企业；为其他企业进行托管服务器、内容促销、站点管理等托管服务的提供商；为企业提供信息系统和其他企业系统集成、重新构架企业、进行企业再造的系统集成商，此类公司是专业性技术类公司，将有较长的赢利周期。

（二）虚拟市场提供商

虚拟市场提供商主要是网上商店、网上批发市场、网上商品信息发布会、网上拍卖公司、网上证券公司、网上银行以及各传统公司的电子商务网站等，此类公司的运营与网络基础设施、上网人数、交易的安全性和方便性及客户成本等有很大关系，只有在各方面的条件达到一定程度才能进入赢利期。虚拟市场提供商是电子商务的主体，是大多数企业实施电子商务的模式。在电子商务中，电子是辅助的，商务才是主体，而商务本身就是传统产业的内涵，包括市场、产品、渠道、销售、研发、财务结算、品牌等。在虚拟市场提供商实施战略中包括了后台集成、前台应用、相关业务集成、电子商务应用基础设施和基本保证以及企业电子商务应用战略。图 2-4 显示了虚拟市场提供商模型。

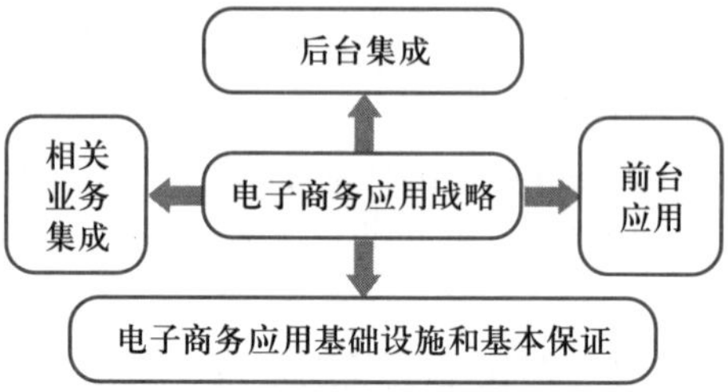

图 2-4 虚拟市场提供商模型

后台集成主要是企业的 ERP（企业资源规划）系统，ERP 是用于整合和管理企业内部信息、改善内部流程管理的系统。包括企业的财务管理、运营计划、采购、产品设计、销售管理、新产品研发、人力资源、资产管理等。

前台应用包括为客户直接服务的应用工具、门户网站、客户平台、供应商平台、呼叫中心等。

相关业务集成主要包括执行控制、供应链管理、客户关系管理、需求管理、物流管理等。SCM（供应链管理）的基本思想就是“横向一体化”。供应链是具有独立法人地位企业的合作链。供应链管理主要体现为如何加强合作、加强资源管理。典型的供应链上有一个起核心作用的企业，该企业是供应链上信息流和物流的协调中心，它的下游端是从销售商一直到用户，上游端是供应商和供应商的供应商。它获得下游的需求信息，经过组合处理后再传向上游企业（供应商）。SCM 要求信息流和物流必须有机地协调运作，以使供应链真正获得竞争力。否则，供应链管理的整体效益就实现不了。CRM（客户关系管理）是为企业提供全方位的客户视角，使企业具有更完善的客户交流能力、客户收益率最大化的方法。CRM 的目的在于建立一个系统，使企业在客户服务、市场竞争、销售及支持方面形成彼此协调的全新关系。CRM 的建立，首先需要一个协作环境，连接企业的研发、生产、质量监督 / 检验、销售、售后服务和企业管理的各个方面，并以改善客户满意度为工作核心来驱动上述相关部门的运作。

电子商务应用基础设施和基本保证主要包括为电子商务应用服务的各种服务器及监控、审计系统、网络基础设施、应用软件、数据库、系统集成、政策法律等。电子商务应用战略是围绕企业核心战略展开的，主要决定企业如何开展电子商务。可以有三种选择：一是利用网络来改变一些企业非关键的业务，降低企业运营成本，改善运营效率；二是电子商务作为新的商业模式引入企业，只对企业原有业务产生强化作用；三是将企业重要的业务过程或产品特性用电子商务的手段转化为持久的企业竞争优势，即企业全面电子商务化。这三种方式都需与企业核心战略相一致。在这三种选择中，第一种选择风险小，见效慢，主要用于企业实施电子商务过程中的积累经验阶段；第二种选择风险中等，需要处理好新商业模式与原有商业模式及管理之间的磨合；第三种选择是新商业模式与新市场的创造，风险高，见效快。

（三）信息产品提供商

信息产品提供商基于这样一个基本原理：首先信息是一种有效的资源，也是一种有价值的商品。同时信息产品也应该有一个完整的开发、生产、销售流程，只有完成这一全过程，信息产品才能实现其价值，并使其生产者获得利润。因此，高品质的信息产品必然是由最佳的生产工艺流程生产的。信息产品提供商就是生产高品质信息的公司。

信息产品提供商主要从各种途径如网站、各种媒体、合作机构等收集各种信息，用科学的手段对信息进行分析处理、评估和筛选，建立信息数据仓库，向客户出售有价值的信息。信息价值的评判依据如下：① 地域性。距离越远，信息价值越高。② 时间性。时间越近、信息价值越高。③ 难易性。越难得到的信息价值越高。④ 普及性。越少人能得到的信息价值越高。信息产品提供商是一种智力型公司，要求从业人员专业素质高、市场洞察力强。

第五节　电子商务的典型应用和发展趋势

目前，电子商务正在全世界范围内迅速展开，并以其特有的优越性获得了越来越多人的认同；未来，电子商务也是大势所趋。本节主要对电子商务的典型应用和未来走向进行透视分析，并总结出电子商务未来发展的看点。

一、电子商务应用类型

电子商务是从企业全局角度出发，根据市场需求来对企业业务进行系统规范的重新设计和构造，以适应网络知识经济时代的数字化管理和数字化经营需要。图 2-5 是电子商务覆盖的主要网络商业应用类型。

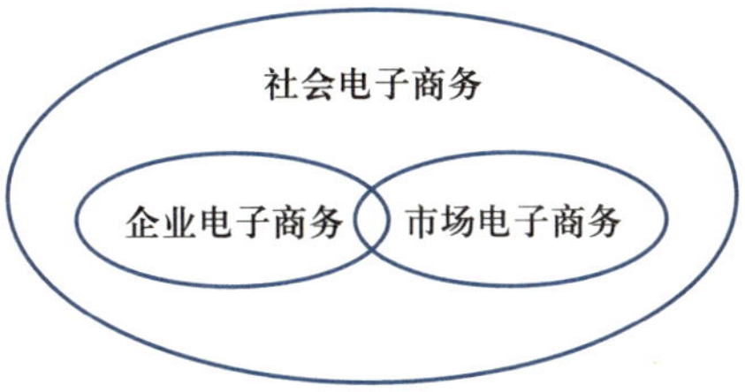

图 2-5　电子商务应用类型

不同公司和不同的组织对电子商务有不同的定义，但基本内容是一致的。国际数据公司 IDC（http://www.idc.com）的系统研究分析指出，电子商务的应用可以分为这样几个层次和类型：

第一个层次是面向市场的，以市场交易为中心活动。它包括：促成交易实现的各种商务活动，如网上展示、网上公关、网上洽谈等活动，其中网络营销是最重要的网上商务活动；实现交易的电子贸易活动，主要是利用网络实现交易前的信息沟通、交易中的网上支付和交易后的售后服务等。两者的交融部分就是网上商贸，它将网上商务活动和电子贸易活动融在一起，因此有时将网上商务活动和电子贸易统称为电子商贸活动。

第二个层次是如何利用网络来重组企业内部经营管理活动，与企业开展的电子商贸活动保持协调一致。最典型的是供应链管理，它从市场需求出发利用网络将企业的销、产、供、研等活动串在一起，实现企业网络化、数字化管理，最大限度适应网络时代市场需求的变化，也就是企业内部的电子商务实现。

第三个层次是整个社会经济活动都以网络为基础，如电子政务是指政府活动的电子化，它包括政府通过网络处理政府事务，利用网络进行招投标实现政府采购等，利用网络收缴税费等。第三个层次的电子商务是第一个层次和第二个层次电子商务的支撑环境。只有当三个层次电子商务共同协调发展，才可能推动电子商务朝着良性循环方向发展。

二、电子商务应用领域

电子商务应用的行业和部门包括：国际旅游和各国旅行服务行业；传统的出版社和电子书刊、音像出版部门；计算机、网络、数据通信软件和硬件生产商；各种传统商品生产企业；批发、零售商店；无收入的慈善机构；商业银行、证券公司、投资公司、保险公司等金融机构；政府机关部门；信息公司、咨询服务公司、顾问公司；教育部门和医疗卫生行业等。下面列举出部分电子商务的应用领域和项目，我们从中可以更具体地对电子商务有所认识。

（一）市场电子商务

利用电子技术从事商品零售业务的企业，我们称为电子商店。电子商店是建立在网络世界中的虚拟商店，在网上就是一个站点，它可以只是一间小机房，一台计算机、一套联网设备和相应的一套软件就可以达到现实中一个规模不小的商店同样的市场覆盖面。电子商店摆放的是商品的目录和商品文字影像的介绍，这样的信息通过网络可以传送到访问商店站点的千家万户的计算机中，无论他们居住何处，因此使人们足不出户就可以“进入”一家商店，可以看到各种商品的具体型号、规格和售价以及商品的真实图片（图像）和性能介绍，达到亲临商场的效果。尤其具有吸引力的是这种方式还可以达到亲临现场无法达到的目的。比如：对于一个要购买西服的消费者来说，如果他非常喜欢一个品牌的西服，而现有的品种又没有适合自己的色彩、款式、大小搭配的话，他不必像往常一样必须选择别的品牌或找人另做了，而只需按照自己的爱好将自己喜欢的色彩、款式和尺寸通过网络工具发给这个商家，便可以在很短的时间里满足自己的要求。尤其是对于那些爱好汽车的朋友们来说，他们可以一反常态地按照自己的要求来组装一辆本来不存在的汽车，来满足自己与众不同的驾车习惯。

网上购物过程彻底改变了传统的面对面交易和一手交钱一手交货及面谈等购物方式，是一种崭新的、很有效的、保密性好且安全可靠的电子购物过程，利用各种电子商务保密服务系统，就可以在网络上使用自己的信用卡放心大胆地购买物品。从整个购物过程看出，购物的顾客也仅仅就是点击商品放入购物车来说明自己购买的物品，调出自己的电子支付工具，即可完成购物，并得到电子订单相关信息。这是一种与传统购物方式不同的现代高新技术购物方式。

（二）企业电子商务

随着互联网技术的成熟和人们对电子商务服务模式的接受，几乎所有的企业业务都可以通过电子商务找到应用的空间和必要性，比如，网上银行、网上证券、网上旅游、网上医院、网上商城……下面简要描述两个示意性的企业电子商务服务示例。

1. 网上银行

"网上银行"一词，通常泛指以 Internet 为基础提供各式各样金融服务的银行。网上银行的功能一般包括银行业务项目、信息发布以及商务服务。银行业务项目主要包括个人银行、对公业务（企业银行）、信用卡业务、多种付款方式、国际业务、信贷及特色服务等功能。商务服务包括投资理财、资本市场、政府服务等功能。信息发布包括国际市场外汇行情、对公利率、储蓄利率、汇率、国际金融信息、证券行情、银行信息等功能。目前，网上银行实现的功能主要是信用卡、个人银行、对公业务等客户与银行间关系较密切的部分。

2. 旅游电子商务

一个旅游电子商务系统就是把相关旅游服务机构的营业柜台延伸到网络这一新型和极具开发潜力的市场中去。一个完善的旅游电子商务系统至少应该提供如下功能：信息查询服务；在线预订服务；客户服务；代理人服务；等等。

一个好的旅游电子商务系统还应该提供旅游电子地图及网上导游。使用者可以通过在电子地图上划定范围来查看该区域的旅游资源，也可以通过选定名称在电子地图上定位。电子地图能够随意放大、缩小以及移动，按需要动态选择旅游资源（酒店、景点、旅行社、商场、饮食、文化娱乐等）、交通场所（机场、港口、火车站、汽车站、口岸、边检站等）、标志性建筑、道路等。

通过上述服务，旅游者坐在家中、办公室里就能够凭借接入网络进入该系统，查询到城市的相关旅游信息（如城市简介及旅行常识、旅游景点和线路、酒店、票务代理中心、旅行社等）；轻点鼠标，就可以根据自己的需要和旅行预算选择并预订入住酒店及相关服务（如客户、娱乐、餐饮、交通以及接待等）、旅行社的旅游线路和导游服务以及往返机票等。整个过程方便快捷，节省费用。

（三）政府电子商务

1. 电子政府

电子政府是一个利用信息和通信技术，在大众公用计算机网络（Internet）上有效实现行政、服务及内部管理等功能，在政府、社会和公众之间建立有机服务系统的集合。总体来说，电子政府的目的主要体现在以下五个方面。

（1）政府机构各部门实行计算机化、网络化和信息化，帮助提高政府在行政、服务和管理方面的效率。电子政府利用信息技术，积极推动组织精简和办公简化等工作。

（2）政府从被动服务于经济转变为主动服务，企业、公民可以不受地点、时间的限制全面了解政府方针政策，接受政府的管理。

（3）利用政府内建立的网络、信息和应用，为公众社会提供优质的多元化服务。政府的信息网络覆盖政府的各级部门。电子政府利用统一的信息资源，通过信息技术等现代化手段，为公众提供简便的多元化服务。

（4）以政府的信息化发展推动和加速整个社会的信息化发展。向公众展示高新技术的应用，让社会享受信息网络的便利，切实地推动全社会信息化的发展。

（5）适应数字经济的发展，引导、规划和管理电子商务活动，建立电子商务的支撑环境。

2. 缴税电子化

伴随着电子商务的发展，迫切需要对税收方式进行变革。在农业社会中，农业生产是社会主要生产行业，农业税是国家最重要的税种。由于生产方式简单，政府往往以人口多少或以土地多少作为征税的标准。进入工业文明社会，生产行业复杂化，国家不得不建立一个繁杂的税法体系和一个庞大的征税机构以适应形势的变化。随着社会的进一步发展，传统的税收方式已经远远不能适应现实的需要。尽管税务机构已经十分庞大，还是难以应付迅速膨胀的贸易额带来的挑战。税收方式实现电子化、网络化是社会发展的客观要求。

一般的做法是，将纳税义务人编号，按编号在计算机中开立户头。税务局除根据纳税人自己的申报资料立档外，还要与有关机构（如银行、工商管理部门、车辆注册机关及各种社会组织等）的数据库联网，随时获取所需的各种资料，由计算机监督纳税人是否已经登记，并对纳税报单进行分析比较，以防止纳税人偷税漏税。申报表由用户自己输入内容，经由网络直接传递给税务局计算机系统，生成相应的申报数据，即可实现双向数据传递。

电子商务环境下，税收是通过公共计算机网络自动、双向完成的。这是通过数字方式无纸化进行的。税务机构从网上监控各纳税人的经济活动，以电子发票取代传统的发票形式。人们在家里即可完成购物、投资、理财及纳税活动。可以预见，伴随着电子商务的发展，税收完全可以通过电子化来管理其活动，以适应电子商务的需要。服务于电子商务的税务系统可完成税务申报、支付、传输证明等功能。

三、电子商务对企业的影响变革

（一）网状管理模式的产生和优势

以 Internet 为基础的电子商务给传统的企业组织形式带来了很大的冲击。它打破了传统职能部门依赖于通过分工与协作完成整个工作的过程，形成了并行工程的思想。在电子商务的构架里，除了市场部和销售部可以与客户打交道外，企业其他的职能部门也能够通过电子商务网络与客户频繁接触，从而改变了过去间接接触的状况。在电子商务的条件下，原有的工作单元间的界限被打破，而重新组合形成了一个直接为客户服务的工作组。这个工作组直接与市场接轨，以市场的最终效果衡量自己的生产流程的组织状况，以市场的最终效果衡量各组织单元之间协作的好坏。企业间的业务单元不再是封闭式的金字塔式层次结构，而是一种新型的网络状的相互沟通、相互学习的网状结构，这种结构打破了原来的业务单元之间的壁垒，业务单元之间广泛进行信息交流，共享信息资源，减少内部摩擦，提高工作效率。这种信息管理模式下，电子商务主要具有两个特点：

电子商务构造了企业的内部网、数据库，所有的业务单元可以很快地通过网络直接快捷地交流，管理人员之间沟通的机会大大增加，组织结构处于分布化和网络化结构。

电子商务使得中间管理人员获得更多的直接信息，大大提高了他们在企业管理决策中的作用，从而实现了扁平化的组织结构。

（二）企业分权转换的优势

电子商务模式下的企业结构变革的另一个特点即是由集权制向分权制的转换。电子商务的推行，使企业过去高度集中的决策中心组织改变为分散的多中心决策组织。传统组织结构下单一决策中心的许多缺点（官僚主义、低效率、机构僵化、沟通壁垒等）都在多中心的组织模式下不再存在。企业的决策都由跨部门、跨职能的多功能型的组织单元来制定。这种多组织单元共同参与、共担责任，并由共同利益驱动的决策过程使员工的参与感和决策能力大大提高，充分发挥了员工的主观能动性，从而提高了整个企业的决策能力。

此外，在电子商务的模式下，企业的经营活动打破了时间和空间的限制，出现了一种新型企业——虚拟企业。这种虚拟企业打破了企业之间、产业之间、地域之间的一切界限，把现有的资源组合成为一种超越时空、利用电子手段传输信息的经营实体。虚拟企业的管理由原来的相互控制转向相互支持，由监视转向激励，由命令转向指导。

（三）电子商务对行业结构的改变

电子商务的发展不仅影响了企业的内部结构，也影响了外部行业结构。主要表现在以下各方面：新的以服务为主的行业产生。一些头脑聪明的企业家纷纷将目光放到电子商务上来，纷纷成立以电子商务服务为主的企业与公司，例如，网络交易中心、电子商场、电子商务咨询服务公司、电子商务应用软件开发公司、数据分析服务公司等。这已成为21世纪的热门行业之一，这些公司的人员构成表现为这样几个特点：年轻化、高素质、跨学科、跨文化。他们大都是工商管理、金融财经、信息管理、计算机网络专业的综合人才。所以，这些公司的发展速度异常迅速。

另外，跨国管理成为现实。电子商务系统的创立，使得大规模的跨国组织、跨地区的商业活动成为可能。一些著名的零售业纷纷扩大营业范围和规模，组织跨地区、跨国界的商业活动，以降低成本和抢占市场份额。一些大的连锁商店如西尔斯、麦当劳、沃尔玛等都在网络上创立了自己的虚拟连锁商店，改变传统的商业结构和布局，以适应新的管理模式。

四、电子商务的发展趋势

随着大数据、云计算、物联网、区块链、人工智能等新兴技术的不断发展，电子商务呈现出更加丰富的应用和发展，不断创新商业模式，改变着人们的生活方式和生产方式。未来商业本质上是人类重新配置资源的市场手段，商业活动本质上是为人的需求服务的，而人的需求是个性化的。随着全球电子商务的不断深入，全球数据量正呈现出前所未有的爆发式增长态势。电子商务大数据伴随着消费者和企业的行为实时产生，广泛分布在电子商务平台、社交媒体、智能终端、企业内部系统和其他第三方服务平台上。通过对海量和复杂的数据进行收集、整理与分析，能够对客户行为进行分析和预测，从而满足消费者的个性化需求。未来，电子商务将进一步朝着场景化、智能化和去中心化的方向发展。

（一）场景化

“场景”一词源于电影术语，在电影的拍摄和制作的过程中，经常被使用和描述，即指在电影拍摄过程中的某个连续画面。在互联网行业中的场景泛指生活中的画面，即利用大数据、移动设备、社交媒体、传感器和定位系统这五种力量来重构我们生活的画面。通过对原有生活场景的改造，制造新场景会成为所有新技术、新企业发展的巨大动力和发展契机。由此而知，场景电商是基于原有生活场景为轴心而展开的线上交易平台。

（二）智能化

智能化是指事物在网络、设备、平台、大数据、物联网和人工智能等技术的支持下，所具有的能动地满足人的各种需求的属性。随着信息技术的不断发展，其技术含量及复杂程度也越来越高，智能化的概念开始逐渐渗透到各行各业和我们的生活中。人工智能现已成为各大电商在市场竞争浪潮的重要突破口，在这场浪潮中，若是原地踏步，必将被时代淘汰。

（三）去中心化

去中心化是电子商务发展过程中形成的社会化关系形态和内容产生形态，是相对于“中心化”而言的新型网络内容生产过程。用户不再围绕某一个购物平台形成只有一个中心的购物网络，而是围绕内容或主题形成个性化的购物个体或购物社区。去中心化，不是不要中心，而是由节点来自由选择中心、自由决定中心。简单地说，中心化的意思，是中心决定节点。节点必须依赖中心，节点离开了中心就无法生存。在去中心化系统中，任何人都是一个节点，任何人也都可以成为一个中心。任何中心都不是永久的，而是阶段性的，任何中心对节点都不具有强制性。信息技术发展出区块链技术就是去中心化的典型技术代表。

本章案例

滴滴：出行背后的秘密

“滴滴出行”改变了传统打车方式，建立了移动互联网时代下引领的用户现代化出行方式。比较传统电话召车与路边扬招来说，滴滴打车的诞生更是改变了传统打车市场格局，颠覆了路边拦车概念，利用移动互联网特点，将线上与线下相融合，从打车初始阶段到下车使用线上支付车费，画出一个乘客与司机紧密相连的 O2O 完美闭环，最大限度优化乘客打车体验，改变传统出租司机等客方式，让司机师傅根据乘客目的地按意愿接单，节约司机与乘客沟通成本，降低空驶率，最大化节省司乘双方资源与时间。

（一）生态竞争：网约车的游戏规则

“滴滴出行”所在的大出行产业不是孤岛，其竞争核心嬗变背后，是网约车行业竞争升级、汽车产业的转型挑战与路径选择下共同左右的。网约车前端护城河有限，竞争核心在于后端构筑跨行业的大出行生态链壁垒，锁定优质供给，持续降低总供给成本。依循历史路径来看，网约车平台是靠着烧钱补贴做大的，此后“免费出奇效”的打法也被视为平台的核心竞争力。然而，事实却告诉我们这种观点无异于刻舟求剑。当行业前端用户格局分割完毕后，优质供给无疑成为下个阶段竞争的关键，而锁定优质供给的核心便是构建起强大的生态链壁垒。在智能化、自动驾驶等行业新趋势洗礼下，传统车厂面临转型挑战，也急需第三方赋能。而滴滴作为智慧出行的领导者，其平台用户规模、数据技术等核心优势，无疑能成为车厂的外援主力，具备重构大出行生态链的潜力。

（二）“滴滴出行”壁垒烟幕弹，大珠小珠落玉盘

表面看，“滴滴出行”像是网约车的撮合平台。然而，在市场难以感知的风吹草动中，滴滴却已在水下搭建起海底世界，以汽车生命周期管理为核心，提供稳定、高效、持续的供给规模与效率，深耕供给相关的核心环节，包括人、车的日常保养、维护等，降低有效供给的整体成本，将竞争升级为生态战。首先，“滴滴出行”推出洪流联盟，联合一汽、北汽，在整车销售之外，上线共享租赁业务，提升资产利用效率，降低社会汽车总拥有成本。其次，进军汽车后市场，延展平台服务空间，深入改造产业链，实现行业的降本增效。最后，尤其值得注意的是，滴滴还卡位人工智能、大数据等前瞻技术研究与应用，推出智能运营系统实现订单匹配高效运转，优化车主体验。

（三）倍道兼行，长线作战

忆往昔，“滴滴出行”与各大竞争对手短兵相接，声东击西、先发制人，能够独占市场份额，这与程维爱从战争史中汲取商战智慧不无关系。而如今其在产业后端的持续发力，虽未必瞒天过海，但却是一招目光长远的上计。掘金互联网下半场，更多机会在于为 B 端产业互联网带来增益，进而反哺 C 端用户体验。滴滴与厂商共舞，亦是运用长线作战思维，持续抬升行业门槛。进入互联网下半场，C 端用户带来的流量红利几乎告尽，而“互联网 +”的 B 端产业链改造或成下半场增长宝地。利用前端流量助推后端产业链转型升级，最终为用户带来更极致的体验，这是所有互联网平台仍可大有作为的机遇窗口。

本案例主要源自百度网页（钱皓）：深扒滴滴：出行背后的秘密。

案例分析：

“滴滴出行”是电子商务在场景化应用中的一个典型案例。通过电子商务模式，最大限度优化乘客打车体验，改变传统出租司机等客方式，让司机师傅根据乘客目的

地按意愿接单，节约司机与乘客沟通成本，降低空驶率，最大化节省司乘双方资源与时间。而“滴滴出行”在跨过用户积累这一阶段后，敏锐地将触角伸至汽车全产业链，与汽车厂商、零件制造商、服务供应商共享平台流量和技术优势，为大出行领域带来增益的同时，也将从中获益。不仅能直接推动其智能驾驶、新能源汽车的业务发展，也将间接以产业联盟的游戏规则提升整个行业的竞争门槛，巩固其在行业内的话语权。

本章小结

1. 阐述了电子商务的内涵、功能和特点。
2. 阐述了电子商务的产生和发展。
3. 阐述了电子商务的概念模型、运作模型。
4. 阐述了电子商务的分类和运作模式。
5. 阐述了电子商务的典型应用和发展趋势。

复习思考题

1. 请简要介绍一下电子商务的内涵和特点。
2. 请简要阐述一下电子商务的产生原因和经历的发展阶段。
3. 电子商务的发展现状如何?
4. 电子商务概念模型的构成如何?
5. 请简要介绍一下电子商务运作模型的架构。
6. 电子商务降低交易费用体现在哪几个方面?
7. 请简要介绍一下电子商务的分类。
8. 电子商务的运营模式有哪些?
9. 电子商务未来有哪些新看点?

第三章

电子商务战略管理

本章学习目的

1. 了解和掌握电子商务企业管理理论
2. 了解和掌握电子商务企业战略管理
3. 了解和掌握电子商务系统管理战略
4. 了解和掌握电子商务项目管理战略
5. 了解和掌握电子商务企业文化管理战略

第一节 电子商务企业管理理论

随着信息时代的来临，互联网经济已经成为世界经济的重要组成部分。电子商务的高速发展，为企业带来了新的契机和挑战，将经济领域带入一个全新的时代。电子商务企业管理是电子商务管理中观层面的题中应有之义。电子商务企业有狭义和广义之分，但本书讨论的电子商务企业属于广义的范畴。电子商务的出现改变了传统企业的管理方法，孕育了新的变化和变革。电子商务企业管理就是从企业这一中观层面去考察电子商务环境下的企业管理变革。

一、传统企业管理

企业管理就是对企业的生产经营活动进行计划、组织、领导、协调和控制等一系列职能的总称。企业管理是社会化大生产发展的客观要求和必然产物，是由人们在从事交换过程中的共同劳动所引起的。在社会生产发展的一定阶段，一切规模较大的共同劳动，都或多或少地需要进行组织，以协调个人的活动；通过对整个劳动过程的监控和协调，单个劳动服从生产总体的要求，以保证整个劳动过程按人们预定的目的正常进行。尤其是在科学技术高度发达、产品日新月异、市场瞬息万变的现代社会中，企业管理就显得愈益重要。

以泰勒的“科学管理”为标志，到今天层级组织遍布全球，管理学已走过百年历程。百年中形成的传统经典管理思想早已深深融入企业实践：严密的等级结构，自上而下的管理，命令与控制，线性的因果分析，“你死我活”的对抗型竞争，制订并实施明确的战略计划——这种今天依然随处可见的管理模式，反映出人们长期以来对企业、对管理的基本认知：企业是生存在线性、稳定环境中的一架机器（机械体）。因此，员工是机器上的零件，管理者就是工程师，管理的目的在于尽可能地使这架机器高效率运转。在这种假设下，人们必然按机器的主要特征和运行规律进行组织设计及管理：通过任务划分，工作成为简单劳动，并在员工之间进行分配；为每项任务确定明确、可衡量的目标，严格考核；员工的天职就是服从，“胡萝卜加大棒”是最佳管理方式；外部环境是稳定均衡的，组织的每一项行动总会有非常明确的结果（如增加广告开支，销售就会上升；增加生产班次，产量就会增加等）；企业这部设计好的机器只需执行输入的“指令”（战略），而无须理会“指令”与变化的现实世界的相关性，无须主动变革等。

长期以来，传统企业管理理论在指导企业管理的过程中起到了极其重要的作用，但随着电子商务时代的来临和经济全球化的发展，传统企业管理模式对现代企业管理的指导作用日趋乏力，已越来越不适应企业未来发展的需要。

二、电子商务企业管理变革

电子商务改变了交易方式。表面上，这是最寻常的改变。然而，最不寻常的改变正孕育在这最寻常的改变之中。马克思《资本论》的研究方法，是剖析经济体系的最著名方法之一。该方法从最简单的商品交易开始，清晰地解剖出整个经济体系的运动规律（马克思所剖析的是当时的资本主义经济的规律）。现代经济运动的特征，依然由现代交易的特征所决定。交易特征，过去是、现在依然是整个经济大厦构建的基础。一个时代的经济运动的特征，总是由这个时代的交易特征所决定。现代的交易方式与特征，是解读现代经济的DNA。所以，电子商务对交易方式的改变，必然会改变整个人类的经济生活，乃至整个社会生活。事实上，这一改变已经发生并正在发生着。具体地说，电子商务引起了如下的企业管理的变革：

（一）电子商务对企业经营管理环境的影响

电子商务模式下，企业经济模式更加简单、直接。传统市场经济模式下，企业生产与消费分离，企业的诸多生产活动，如采购库存、生产研发等受时间和空间的限制。

传统的企业管理模式下，企业采购以订货会、供需见面会等为主要形式与手段，不仅成效欠佳，而且耗费大量的人、财、物力等资源，而电子商务的到来则弥补了这个方面的欠缺与不足。企业通过互联网实现资源信息共享，从而更好地选择合适的供应商，更全面地了解采购产品的信息以合理选择采购的渠道、时机，从而间接掌握资源的形势。企业利用网络获取资源信息更加便捷，信息面更广，从而极大地提高采购效率，节省各项采购费用，可实现以更低的采购成本获取资源的效果。

传统的企业管理模式下，企业不容易获得更精确的消费者需求信息，消费者需求信息复杂多样，需要通过人工统计来得出，事倍功半。电子商务模式下，企业通过互联网收集消费者需求信息，不仅覆盖范围可以更广，而且快速、高效、成本低，并且可以根据信息的变化及时调整生产计划。通过互联网，企业之间能更好地传递生产、资金等信息，缩短了生产的中间环节，大大提高了生产效率，降低了企业成本。

传统的企业管理模式下，企业库存信息主要通过人工统计得到，不仅准确性会打折扣，时效性也差，且耗费人力成本，较高库存也会形成企业资金成本。电子商务模式下，企业通过网络实时即可了解到企业的库存信息，并根据库存信息制定、调节生产计划，时效高、成本低，更利于对库存有效控制。

传统的企业管理模式下，因为消费者追求差异化、个性化服务，企业对此进行的研发需要付出高昂的成本，有时甚至毫无结果、一无所获。电子商务模式下，针对不同特征的消费人群可以提供多种方案，消费者可以根据自身需要进行选择。且企业可以根据消费者提出的问题及时优化，创新消费方案，极大地缩短了研发周期，甚至达到零周期，同时对消费者提供的服务更加迅捷、高效。

（二）电子商务对企业管理方式、方法和手段的影响

电子商务的到来，传统的企业管理方式、方法和手段已无法满足企业的管理需求。伴随着电子商务的发展，与之相匹配的管理方式、方法和手段一一出现。

电子商务模式改变了传统的生产过程。通过信息技术与生产技术的结合，完成生产制造体系的网络化、信息化和自动化。企业研发过程结合了信息化操作与管理，实现人机对话，研发更加精确、高效。

电子商务模式改变了传统的营销方式。依靠信息技术的电子化营销方式应运而

生，包括网络定制营销、网络交互营销、网络整合营销。电子营销更易寻找到满足客户需求与企业利益最大化的平衡点，促使企业做出最优决策。电子营销更方便与客户互动，实现企业整体营销的整合。

电子商务模式改变了企业客户管理的方式。客户的消费特征可以在网上直接被记录、进行用户画像分析并进行实时商品推荐。通过客户关系管理系统，厂商可以为客户提供更细致、更实时的服务。

（三）电子商务对企业结构的影响

传统商业模式下，企业通过商场、实体店等媒介搭建生产者和消费者之间的桥梁，生产者和消费者之间存在明显的距离，生产和消费被动、低效。电子商务模式下，生产者通过网络主页、微信公众号、网络直销店或其他网络营销商等，发布产品信息，快速、高效、成本低，企业掌握了主动权。

电子商务的发展，派生出了一些以信息技术为基础的服务公司，如网络服务公司、电子支付公司、电商咨询公司及信息技术开发公司等。该行业网罗了电子计算机、信息技术、金融、管理等诸多专业人才，实现了诸多专业人才的整合，人才呈现年轻化、创造性等特征。另外，随着中国经济的发展，零售业结合电子商务，不断扩大经营规模与范围。创立淘宝店、微信店等虚拟店铺经营，缩小甚至取缔了原有的实体店经营。经营跨地区、跨省，甚至迈出国门，从根本上改变了传统商业结构。

电子商务模式下，企业内的各个工作单元共享信息、沟通交流，彼此间的工作界限淡化甚至消失。各工作单元组合成一个整体，均是以客户服务为任务。各个单元均可以直接与客户接触。电子商务模式下的企业也不再是一个单纯的经营实体，它可以是企业内部几个要素结合而构成，也可以是由不同企业之间的要素构成。各要素相互支持、相互激励，变竞争为指导，结构更加优化。

三、电子商务企业管理模式特点

利用电子平台进行供应链和顾客服务的管理，利用电子工具处理企业内外信息交换和处理的需要，利用信息管理工具不断提升企业的收入和减少经营成本，利用电子货币管理企业财务，这就是通常意义上的电子商务企业。与传统企业的管理模式相比，在信息技术的有力支持下，电子商务企业内部的管理模式呈现的将是一种新型的概念。

（一）以市场和服务为取向强调企业过程重构的管理思想

电子商务时代下企业的重心将由产品和生产转向市场和服务。立足于这一经营目标，企业强调从业务流程着手，提出了精简流程、提高组织机构灵活性的企业过程重组（BPR）的思想。

电子商务引发了信息革命，而信息革命使得市场竞争日益加剧，几乎所有行业的市场都已经成为买方市场。在这种环境下，企业生存发展的关键是利用网络技术，最大限度地满足市场的需求，利用先进的信息技术，建立一个收集、分析和利用各种方式获得客户资讯的系统，准确了解、正确分析企业客户的需求，为企业客户及时提供个性化的服务，从而在最大范围内抓住客户。BPR 就是面对变幻莫测的市场环境而提出的，利用互联网络的广泛性和信息技术的速效性来实现的。它从根本上重新分析企业生产、经济管理的职能与过程，简化和省略重复性、非增值性过程。由于信息技术大大减少了对信息的获取、解析及做出反应所受的时间与空间的限制，许多原先需要多次人工处理的繁复业务在计算机的实时处理下实现了简单化和效率化。同时，在电子商务营销中，企业可借助信息技术获取各个客户的不同需要，从而为客户提供不同的产品和服务。企业在根据获得的外部环境变化信息及时调整自己的发展战略的同时，内部也在采用灵活多变的管理策略。这种流程精简、组织机构具有高度灵活性的 BPR 使企业成功地实现了以市场为目标的定位，极大地节省了开支，优化了资源配置，加强了企业的应变能力，使企业的生产、经营管理能力和水平产生一个全面的提高。

（二）扁平化的易于重构的柔性组织结构

电子商务条件下，企业将从上下级之间实行命令和控制转向以知识型专家为主的信息型组织。企业的组织结构则由金字塔形趋向于易重构的扁平柔性结构，信息的平等享有使全世界企业的竞争趋向于合理化，也促使企业内部管理越来越优化。企业结构的扁平化，是企业从全球竞争态势出发并以最新技术为后盾而实现的一种低成本、高效率、重人性而又能实现“非批量”的规模经济优势的新体制。由于互联网技术的广泛使用，企业改变了传统企业的业务流程，减少了中间环节，增加了决策层和企业基础部分的充分沟通，使得生产者和消费者直接沟通成为可能。企业的组织结构是由一些最基本的功能单元按产品生产的需要临时组合起来，能随时根据产品品种、规格、产量的变化而变化。在组织中，原来起上传下达重要作用的中层组织逐渐消失，高层决策者可以与基层执行者直接联系，直接面对市场与顾客，基层执行者可以实现与高层决策者的直接沟通并拥有一定的决策自主权。因而企业中的每个个体，可以和周围的个体实现自组织、自协调、自融合，本身具有了自我协调的功能，这样的企业就可以以其独有的本身的柔性实现对环境变化的灵捷性，以极快的速度推出市场所需要的新产品，这是任何一家传统企业所无法实现的。同时，由于以电子流代替实物流，克服了资源在空间和时间的局限性，保持了分散资源和知识的优势和灵活性，实现了企业对资源的最佳配置。

（三）业务过程日益集成化的运作模式

与传统企业的运作过程相比，企业的有形作业将逐步被无形的数字化作业模式取代，业务过程将实现从生产领域到流通领域一步到位的集成。电子商务的最大优势就是利用网络技术改变传统企业纷繁复杂的业务流程，提高时间和空间的效率。借助于网络技术，电子商务将各个企业的信息孤岛连接在一起，建立起一种跨企业（甚至是虚拟企业）的协作，从而把过去分离的业务过程集成起来，覆盖了从供应商到客户的全部过程，包括原材料供应商、外协加工、销售分销与运输、批发商、零售商、仓储和客户服务等，使生产领域与流通领域之间建立起一步到位的全业务过程。由于网上购物和在线销售的出现以及网上交易的实现，商店、银行虚拟化，商务事务处理信息化，整个市场剩下的就只有负责实物物流处理工作的物流公司。此时，一部分商品的流通不再遵循传统商品的购进、储存、运销的业务流程运转，而将由物流公司代表所有生产企业及供应商对用户进行实物供应。网络经济时代的企业对未来物流业提出了更严格的要求，而以信息化、柔性化、智能化的现代物流业为依托，强调企业之间协作的企业形式将成为未来企业生存发展的模式。

（四）强调知识性管理的人力资源管理

电子商务环境下，企业组织由生产经营型向信息型转变的过程中，组织发展的战略资源也相应由生产资料等物质资料转向了知识、技术和能力等人力资源。具有技术创新能力的人力资源是企业最宝贵的财富。与此同时，扁平化、网络化管理替代传统的层级结构管理的趋势也打破了原有管理者武断、独裁的领导地位，员工不再是工具和成本，而是合作者和资本，共赢的模式成为主流，管理者为中心变成了以员工为中心。

在信息技术作为这一时代企业构筑新的竞争优势的有力武器的条件下，如何充分利用员工的聪明才智，创造性地开发和利用信息技术对企业的信息资源进行有效的管理，已成为企业新经济增长点的源泉，因此企业人力资源管理推崇的是知识性管理。此时的企业旨在建立一种激励员工充分发挥自我实现、自我学习、自我提高的企业文化。企业的管理与领导强调从员工的尊重需要与自我实现需要出发，在考虑员工的共同意愿的基础上，注重为员工创造价值取向的机会和动力，使每个员工都能发挥出主动性与创造性，都有取得卓越成就和为企业做出贡献的机会。这种自我实现的内在情感又驱使着员工有不断学习、不断提高的意愿。由于个人被尊重，知识转化为资本，效率得到了提高，企业则更富有竞争力。

（五）以信息为指导的全球网络供应链管理

电子商务的出现赋予了供应链管理更具有时代特征的新内容。在开放的网络环境下，以企业内商品为指导的传统内部供应链管理延伸和发展为以信息为指导的面向全行业的、多个企业协作经营环环相扣的动态联盟的全球网络供应链管理。

电子商务条件下的供应链管理的运作过程应当是这样的：首先，捕捉全球的需求信息，明确客户需求的内容及时间，做出确定的交货承诺；其次，在整条供应链上综观供货、需求和库存信息，加速计划周期，自动执行计划，同时使供应商和客户可以得到计划信息；最后，从原材料供应商处以最低价格采购高质量的原材料和服务，然后用最有效的流程制造出符合客户需求的产品。这种以信息为纽带，贯穿于企业之间的供应链管理可将全行业中商品需求、商品流通和商品生产有机地联系在一起，不仅能实现库存数量、存货地点、订货计划、配送运输几个方面的最佳选择，优化企业经营者的利益，而且能够在准确的时间、准确的地点，以恰当的价格和便捷的方式将商品送达消费者手中，最大化地体现消费者主权。与此同时，电子商务供应链改变了传统供应链的运行方向，把本来由制造商和供应商所掌握的推动力直接转交给最终消费者。在传统供应链中，供应商是将货物沿着供应链向最终用户的方向“推动”，这样的系统需要在仓库里储存货物，这无疑将产生资金的占用及增加保管等费用的支出。而电子商务供应链主张的是及时生产顾客所需的产品，而不需在仓储上耗费巨资，实现真正意义上的“零库存”。由此可见，借助于电子商务技术的供应链管理在全球范围内产、供、销、备环节建立起了多极化的产销联通体系，降低了流通成本，真正将

“时滞”变为“实时”，提高了时间效率。

第二节　电子商务企业管理战略

在世界经济一体化的时代，企业面临着来自国内外的竞争压力，市场环境瞬息万变，经营条件日益复杂。因此，企业必须将企业管理上升到战略层次，以战略的眼光去规划现代企业未来的发展。电子商务的企业管理战略主要有电子商务企业经营战略和电子商务企业竞争战略等。

一、电子商务企业经营战略

（一）明确企业电子商务经营的必要条件

1. 明确的运营范畴及企业定位

成功的企业在正式运营之前就有明确的公司运营范畴（包括产品市场、规模大小、地理覆盖范围、垂直整合程度等）、企业定位、营利计划。现实中，许多企业初期都是在一个简单的创意构想下而没有明确的运营模式时就开始上线运作，在产业市场开发初期也许能够取得一定的成效，但随着产业成熟，具备相同条件和采用相同方式运作的企业越来越多，企业就开始失去竞争力。因此，任何企业都必须先审视自己所拥有的资源能力，注重自己的运营范畴及定位，以期具备较强的竞争能力。

2. 客户隐私权及交易安全

电子商务业者对于客户的资料应该主动积极地加以防护并提供具备安全加密措施的访问网站，让客户在网络交易中的安全获得保障，是开展电子商务的必备条件。

3. 企业财务管理能力

在电子商务兴起的初期，企业往往盲目投入大量资金，进行大规模的改造、并购等，而电子商务“烧钱”时代已经过去，具有获利的能力才是电子商务经营的重点目标。而电子商务对于明确获利的商业模式仍在不断创新探索，如何在不断扩充、提高品牌及客户服务的基本获利中，维持财务平衡更显重要，只有这样，一个企业才能永续经营。

（二）利用网络的传播力量，强化客户价值与网络品牌价值

1. 强化客户价值

客户越来越清楚地认识到，他们可以通过与业务合作伙伴的创造性合作来发展新的获利形式，或者通过与合作伙伴协作来减少费用和缩短产品周期，创造新价值。只有愉悦的客户才是真正忠诚的客户，客户的愉悦感会带来一定程度的客户满意度，从而使客户重复购买。信息技术使得敏捷的参与者可以通过网络为客户创造价值。现在，绝大多数企业的构建都是围绕着业务处理以及生产流程而开展的。但是从行业角度来说，客户对企业的忠诚很大程度上是基于产品或服务本身、价格水平以及客户所获服务的水平和质量。特别是大多数企业都有自己的优先客户群，但它们同样欢迎任何有资格的人下订单。客户信息系统的出现使得企业可以通过网络获取客户的数据，从而有希望识别出客户独特的购买特性或趋势。这种能力带来了新的经营竞争：企业

不仅要取得现有客户的终身价值（LTV），而且在此之后要为新客户和新市场制定合适的战略计划。

2. 强化网络品牌价值

品牌不仅在传统的商业环境下是企业的重要资产，在网络环境下更是如此。由于网络彻底改变了传统商务信息传播的媒体和途径，在网络环境中，企业品牌的内涵、外延以及品牌宣传和运作方式都发生了巨大的变化。因为网络空间是虚拟的，人们需要与商家建立信任关系，此时，品牌就成为“信任”的代名词，它对于销售有着非常微妙和切实的影响，网络品牌塑造变得尤其重要。此外，当网络逐渐成为企业营销的新兴途径时，传统企业除了要考虑将自己的营销组合与网络整合外，也必须在网络中建立自己的品牌形象。对于经营者来说，网络品牌价值是企业经营活动的重要无形资产，并且从其发展趋势来看可能超过其实物资产的价值。因此，通过注册显著的域名、建设企业网站、网站形象的设计、网络品牌推广以及其他营销手段来强化网络品牌价值的策略在企业的经营中是举足轻重的。

（三）利用网络增强企业的销售及购买渠道，提高运营效率

对销售者和采购者的价值体现主要是指双方可以通过网络完成销售和购买的过程，并通过网络完成数据的收集、分析和管理，从而达到渠道效果增强的目的。在大多数情况下，电子商务就是这样一个非常有效的活动：通过电子商务，企业可以接触到更多的客户，能够更快地获得市场信息并且做出相应反应，从而减少成本。如建设网站，将产品和服务的目录发布到网站中，同时使用这个站点进行客户支持活动。销售者根据这些信息，可以为不同的客户定制不同的产品和服务。同样地，采购者通过这些信息可以更好地进行谈判，采购程序也通过这个渠道实现了自动化，从而买卖双方都能降低成本。

（四）企业虚拟实体整合——价值链集成战略

企业之间存在为客户提供价值的激烈竞争。作为电子商务价值网络的一个组成部分，企业会联合起来向客户提供价值，不能局限于业务伙伴的简单合作，而要与他们进行全面合作，我们把这称为价值链集成（value chain integration），即在客户、企业、供应商以及其他业务伙伴之间，实现业务流程和信息系统的融合，以达到经营运作一体化。这就要求企业在整个多元关系中，从辅助客户进行产品设计或是产品购买，到与供应商在生产和产品交付过程中传送商业文件，都必须具有互联通信的能力，而互联网这种具有成本效率（cost efficient）的技术的出现首次为价值链集成提供了可能性。价值链集成的基本作用体现为速度优势，速度优势降低了成本——库存成本、雇员费用、计划成本等。电子商务加速了信息流，信息流的通畅加快了物流；电子商务减少了产品物流的等待队列，减少了与决策环节和步骤相关的时间延迟，也减少了产品设计配置的错误。与此同时，电子商务加速了订购流程，提高了订单执行的准确率，加快了产品部件和物料的采购、项目计划、产品配送以及安装过程。

（五）利用网络优化企业客户服务

1. 交互作用和个性化服务

网络技术使客户可以在很高程度上与企业进行互动性活动，因此他们可以轻松地创立、编辑、发送、确认和跟踪订单。客户同时希望得到个性化服务。电子商务的应用服务可以针对每一个客户的不同需要满足他们的具体要求和个人兴趣，也可以为每个客户提供量体裁衣式的服务，如为每个客户建立账户和他们的术语体系，为特定的客户提供定制的产品，并且根据客户的反馈提供定制的服务。通过互联网技术进行的客户服务能够培养出交易双方的信任，并且能够在销售过程中和销售之后为客户提供快捷、平等的个性化服务。企业通过自我服务模式进行销售工作，交易成本将显著降低。

2. 管理个性化客户关系

在电子商务世界里，企业有机会复制原先只存在于批量市场中的个性化的客户关系。企业在销售标准产品的同时，可以利用客户的信息进一步提供个性化产品和服务。与此同时，便捷的界面、迅速地执行、订单处理成本的降低以及客户服务的加强会不断吸引电子商务潜在新客户。这些客户能够低成本甚至无成本地迅速改变原先的忠诚，并且寻求可能的最好的客户服务。在电子商务领域中，服务是最大的要点之一。为了成功地实现个性化客户服务，企业必须开始学习使用数据库、数据挖掘技术、大数据技术来管理客户关系。通过数据挖掘和大数据技术，企业可以从大量数据中发现数据之间存在的广泛联系和模式，但是这些联系和模式在企业的业务活动中并不是显而易见的。通过对企业的大量历史数据的研究，数据挖掘经常可以发现一些对企业有利的潮流趋势和潜在机会。对于数据挖掘和大数据技术这两种销售工具来说，最重要的资源就是企业长期积累下来的大量的客户服务数据。客户关系的历史记录包含了大量信息，企业可以从这些信息中了解自己应该如何设计、制造自己的产品，如何提供服务，如何对销售和服务进行控制，从而提高客户满意度。

二、电子商务企业竞争战略

（一）电子商务产业五力模型分析

电子商务产业巨大的市场机会，使许多企业开始考虑参与电子商务产业以及电子商务的市场战略问题。决定企业获利能力的首要因素是“产业吸引力”。企业在拟订竞争战略时，必须深入了解决定产业吸引力的竞争法则。竞争法则可以用五种竞争力来具体分析，如图 3-1 所示。

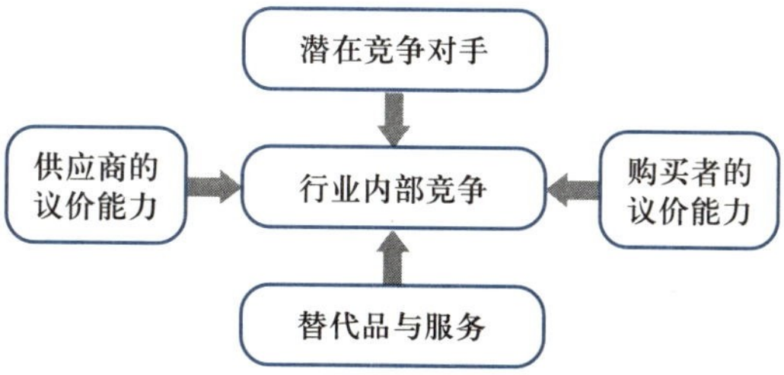

图 3-1　五种竞争力分析

这五种竞争力能够决定产业的获利能力，它们会影响产品的价格、成本与必要的投资，也决定了产业结构。企业要想拥有长期的获利能力，就必须先了解所处的产业结构，并塑造对企业有利的产业结构。

1. 潜在竞争对手

电子商务的快速发展，使许多投资者关注着电子商务市场。随着信息技术的不断深入发展，以及电商模式的不断创新应用，越来越多的传统企业进入电子商务领域，“新零售”时代已经来临。

2. 替代品与服务

电子商务提供的是一个虚拟的市场，其主要提供信息服务，通过信息流带动资金流、物流和商流。电子商务市场上经营各式各样的产品与服务，因此，其替代品与服务就是现实生活中商场、商店提供的产品及各种中介公司提供的信息服务。

3. 购买者的议价能力

电子商务市场的消费者主要是网络用户。购买者（网络用户）在五种竞争力量中起着举足轻重的作用。随着电子商务市场的逐步成熟，购买者的议价能力日益增强，消费者的结构也逐步由单个客户向群体客户发展，因此，在总体趋势上，购买者对未来电子商务市场的影响力是在不断增大的。用户正史无前例地成为电子商务的主人，以提升消费体验为标准，与电子商务商户达成一致，谋求双赢。随着电子商务的广泛应用，在线交易模式深入消费市场的各个领域，电子商务平台与其用户的关系也变得非常微妙，作为网络世界的“商业细胞”，他们既是服务的供需双方，又是一个产业的上下游。

4. 供应商的议价能力

电子商务产业的供应商有软件供应商、产品及服务供商等，这些供应商自身的行业会发生很大变化，这些变化将改变其与电子商务运营企业的力量对比，使得电子商务行业的市场格局发生变化。整个产业链都将发生巨大的变化：运营商有向终端渠道整合的趋势，还有外包网络运行维护功能的趋势；上游的设备提供商有向提供一揽子解决方案的综合供应商发展的趋势等。而这些都将成为产业链发生变化的推动力。

5. 行业内部竞争

电子商务运营企业之间的相互竞争是影响电子商务市场价格最主要的因素，而且充满了不确定性。如在 B2C 市场，价格与服务的双重竞争表明了这一分支日趋成熟。在天猫、京东等平台的背后却是无数新老竞争者。

（二）电子商务竞争战略分析

每个企业都会有一定的优点或缺点，任何的优点或缺点都会对相对成本优势和相对差异化产生作用。成本优势和差异化都是企业比竞争对手更擅长应用五种竞争力的结果。将企业的竞争优势与企业相应的活动相结合，就可导出可让企业获得较好竞争位置的战略。这里，介绍电子商务竞争的三种一般性战略：总成本领先战略、差异化战略及专一化战略。

1. 总成本领先战略

要求企业必须建立起高效、规模化的生产设施，全力以赴地降低成本，严格控制成本、管理费用及研发、服务、推销、广告等方面的成本费用。为了达到这些目标，企业需要在管理方面对成本给予高度的重视，确保总成本低于竞争对手。

更有效地降低交易成本是当前企业参与电子商务活动的首要原因。所以，企业应该详细分析其整个业务处理过程，特别是销售过程，以便发现通过电子商务市场节约成本的环节。早期的电子商务市场中，大多数企业已经发现，通过在其网上站点上发布产品与服务信息，可以大大节约印刷出版各种产品信息的成本。此外，在一个企业的产品销售乃至生产经营过程中还有许多环节可以精简。从产品开发到生产制造管理，从财务信息的管理到跟踪供应商产品质量的绩效，对电子商务市场具有不可估量的影响。

2. 差异化战略

差异化战略是将企业提供的产品或服务差异化，树立起一些全产业范围中具有独特性的东西。实现差异化战略可以有许多方式，如设计品牌形象，创新技术、性能特点、顾客服务、商业网络及其他方面的独特性等。最理想的状况是企业在几个方面都具有差异化的特点。但这一战略与提高市场份额的目标不可兼顾，在建立企业差异化战略的活动中总是伴随着很高的成本代价，有时即便全产业范围的顾客都了解公司的独特优点，也并不是所有顾客都愿意或有能力支付企业要求的高价格。差异化战略包括使用新的技术、客户服务创新、资源优化等。

3. 专一化战略

专一化战略，也称集中化战略、目标集中战略、目标聚集战略、目标聚集性战略等。它是指主攻某一特殊的客户群或某一产品线的细分区段、某一地区市场。与总成本领先战略和差异化战略不同的是，它具有为某一特殊目标客户服务的特点。专一化战略是电子商务发展的现实需要，如一些专一化经营的商品或提供的服务，比如古玩、玉器、邮票、具有特色的土特产品等，往往是那些大网站中所没有的，就是这些看似没有多大市场的商品，却有着稳定增长的客户群。还有就是以企业或个人投资方式组建的专一化服务的网站。低成本 + 专业化的经营战略正是“另类电子商务” 的生存之道。

三、电子商务企业其他相关战略

（一）合作战略

合作战略就是两个或以上的企业实体通过合作，将能源技术、资产等结合在一起共同使用求得发展。它有利于企业进入新市场获得新技术，从其他组织、个人甚至竞争对手那里获得所需的技术和人才，并迅速提高竞争能力，占领新市场。一般来说，电子商务企业至少可以寻找以下两种合作对象：传统企业和相关行业。

1. 与传统企业合作

网络的精髓在于速度，正是这个速度给电子商务带来了巨大商机，这样的商机是传统企业无法想象的。传统企业的优势在于业务，它拥有自己的业务流程，拥有自己的客户群，拥有自己的品牌和高质量的业务处理能力。这些也是电子商务企业梦寐以求的东西。一些新兴的电子商务企业一般在品牌、知名度和物流渠道上花费了过高的代价，使得在近期内很难有盈利的可能。如果这些企业和传统企业合作，那将是它们正确的选择。近些年来，多数电子商务企业通过合作战略获得了网上竞争优势，又吸收了传统企业的竞争优势，逐渐形成新的竞争优势。

2. 与相关行业合作

相关行业是指与自身行业相关的行业。这些行业提供的产品或服务与自己行业的产品或服务能形成很好的互补作用。例如，网上商城的相关行业有银行业、大型门户网站、电信集团等，旅游电子商务企业的相关行业有娱乐业、银行业、保险业、航空公司和电信集团等。如今有一大批电子商务企业已经建立了自己的合作伙伴。另外，在与相关行业合作的同时，还要考虑在企业之间建立技术标准联盟。企业之间技术标准的竞争之所以越来越激烈，是因为技术标准能够获取价值链中的大部分增值。如果电子商务企业之间在技术标准建立上结成联盟，共同开发与制定行业标准，一定能大大提高标准化效率和企业竞争优势。

（二）职能拓展战略

职能拓展战略指企业可以“向前扩张”和“向后扩张”求得发展，由电子商务企业本身承担起产品或服务的供应商和面对顾客的职能，可以通过横向收购、纵向收购、公司业务重组等方式得以实现。比如航空公司依靠强大的电子商务系统承担起机票零售业务，成立自己的旅行社，从事旅游、租车、宾馆预订等业务。除了业务职能的拓展以外，电子商务企业还可以利用网络环境使其他方面的职能得以延伸，如生产、研发、财务、人事职能等。

第三节 电子商务系统管理战略

在建设电子商务系统的过程中，需要制定电子商务系统管理战略。本书主要讨论广义电子商务系统的管理战略，其涵盖的范围包括电子商务系统从开发到结束的每一个阶段。事实上，电子商务系统的战略制定过程也是电子商务系统管理的重要组成部分，有利于企业和组织对电子商务系统的运行状况进行规划和反馈处理。

一、电子商务系统管理战略概述

企业电子商务系统的战略规划适宜于采用一种“基于反馈的持续规划”，这种规划模型主要包含四个步骤，其中规划的主线含两个步骤，即电子商务战略分析和制定电子商务实施框架，这是一个基于反馈的过程，经过战略分析，确立了电子商务系统的发展远景和系统实施目标，在确定实施框架时，还需要根据环境的变化及时地修改目标。规划模型中的两个辅线客户关系管理策略和电子商务系统形象设计要始终贯穿在主线之中。从某种意义上，“基于反馈的持续规划”已经成为一个重要的管理工具，允许企业明确需要优先考虑的问题，建立改进措施的目标优势和劣势，为最重要的计划配置资源。在易变的环境下，最好的途径就是通过检查来调整和制定战略。这样使得计划周期不但变短，而且使计划的实施变得更有组织性。战略和战术之间细微的界限也变得模糊了，尤其目前的商业条件经常要求此类快速响应。当然，这种“基于反馈的持续规划”需要企业有一个“电子商务小组”——一个能熟练地将计划蓝图落实并实施的具有交叉功能的队伍。

（一）电子商务系统战略分析

规划模型中战略分析相当重要，因为企业实施电子商务系统必须清晰地看清顾客的需求，然后明确为了满足顾客需求企业应该具备什么能力，达到怎样的目标。最后要做的是为了帮助企业完成其战略目标，电子商务系统的建设应该具备怎样的目标，这一目标必须向下传达，必须使每一个雇员都明白。

电子商务系统战略分析主要包括两个步骤，其中第一步要对企业本身进行自我诊断，分析企业总的战略目标和使命，然后进行环境分析，识别企业的机会和威胁，进行组织资源分析，发现企业的优势和劣势。战略分析的第二步就是将企业自我诊断的结果整理成“战略目标信息集合”，包括企业的使命、目标、战略以及其他战略变量（如管理水平、发展趋向、环境约束等），然后将此信息集合转化为“电子商务系统的战略集合”，这一信息集合由电子商务系统的目标、使命、环境约束等信息组成。

（二）制定电子商务系统的实施框架

电子商务系统的实施框架是在企业的商业战略目标和技术基础之间建立连接。制定电子商务系统的实施框架，需要根据企业的商业目标和商业模式决定企业所需的应用软件框架，并且要详细说明必须实现的工程和关键里程碑。把关键里程碑和工程转换成集成应用程序，确保雇员知道如何完成他们的工作才有助于达到共同的目标。同时需要定期分析反馈，了解工程的进展使计划更精确。这一阶段的关键工作包括三个部分：

1. 系统的初步调查

初步调查的目的就是事先了解一下系统的基本状况，为系统建设者构思并提出一个切实可行的系统实施框架奠定基础。初步调查的范围大致包括：用户需求分析，企业的运行现状，企业的基本状况，包括企业的性质、企业内部的组织结构、物流生产过程、厂区各办公楼或车间（或连锁商店总店与分店之间）的布局（为今后处理各种模型之间的关系和网络分布以及分布式数据库所准备）、上级主管部门、横向协作部门、下设直属部门等（了解系统的对外信息流通渠道）。这些都与拟订系统实施框架有直接的关系，所以应该将调查结果明确地列示出来。

2. 拟订系统的实施框架

根据初步调查的结果，需要就实际情况对一些关键问题做出抉择。初步拟订系统的实施框架，主要确定如下几个问题：

确定系统的实施方式。一般来讲，电子商务系统的实施有两种方式，即由内至外的实施和由外至内的实施。具体来说，由内至外的实施方式是指先完善企业的信息化建设，完善 ERP 系统的建设，然后逐步实施 SCM、CRM 系统，以及 EC 系统。对于迫切需要进行网上营销的企业来讲，这种实施方式见效太慢，因此，这些企业更加愿意采用由外至内的实施方式，即先建设 CRM、EC 系统，然后完善 ERP 系统和 SCM 系统。

确定系统的覆盖范围。系统的覆盖范围是指系统初步考虑可包括多少个系统。一般来讲，企业的电子商务系统主要包括 ERP 系统、SCM 系统、CRM 系统和 EC 系统，这些系统又由许多不同的子系统构成，虽然这些系统都是电子商务系统应该覆盖的业务范围，但在实际开发工作中常常因工作量太大而被分步、分阶段地进行开发。这里所要确定的正是本系统目前首先要解决的是哪个或哪几个子系统，为下一步详细系统调查确定重点业务范围。

确定系统开发所需资源。在确定了系统的实施方式和系统的覆盖范围之后，还需要确定系统大致需要的资源。例如有可能采用的计算机系统和网络系统、所覆盖的面积主要有哪些、所需要的人力（包括系统开发人员、计算机硬件与软件技术人员、管理专业人员、基础数据统计人员等）和财力、可借用的设备（主要指原信息系统中的网络或计算机设备）以及子系统等。

3. 进行可行性分析

拟订的系统实施框架需要进行进一步的可行性分析才可以作为系统开发的主要依据，它决定该系统能否立项，以及立项后大致按什么规模、什么模式进行开发。可行性分析主要从企业内部与外部对电子商务系统开发实际需求、企业基础数据管理工作对于支持将要开发的系统的可能性、企业管理现状和现代化管理的发展趋势、现有的物力和财力对新系统开发的承受能力、现有的技术条件以及开发新系统在技术上的可行性、管理人员对新系统的期望值及对新系统运作模式的适应能力等进行分析，以确定最后可行的系统实施框架。

二、电子商务系统战略评价

事实上，对电子商务系统进行评价不能仅针对其技术进行评价，而应从整体上对其各个方面进行综合评价，特别要考虑其应用效果是否达到预期的目标。因此，对电子商务系统评价主要是从成本和应用效果两方面来进行。

（一）成本评价

电子商务由于具有潜在的增长性而日益受到企业的高度重视。人们通常认为，电子商务能给企业带来巨大的商机，但却容易忽视开展电子商务的成本。有调查显示：当企业决定投资 100 万美元用于电子商务网络系统的开发时，在未来的五年里，该企业应至少再投入 300 万美元。因此，企业可能陷入一种两难的选择：激烈的市场竞争使得企业必须不断进行创新，积极开展电子商务，但未来难以控制的成本和难以预测的收益又常使企业裹足不前。中国以往的信息系统在建设的初期带有一定的盲目性，没有进行必要的成本效益分析，失败的例子是很多的。同样，企业开展电子商务并不意味着企业就一定能从中获利。正确认识电子商务的成本，对于企业进行网络及其他信息技术的投资是十分必要和紧迫的。一般而言，开展电子商务的成本包括内部成本和外部成本两大类。

1. 内部成本

（1）硬件成本。包括实施电子商务所必需的计算机设备的购买开支。PC、服务器、路由器、交换机等都是企业开展电子商务必不可少的设备，而这些设备的发展和更新换代是十分迅速的，从而使硬件的投入、更新成为一项经常性、长期性的投资项目。

（2）软件成本。包括系统软件部分和后期开发的应用系统的开发成本。在电子商务中，软件是企业成败的关键。由于软件的发展速度很快，生命周期较短，使得软件的成本相当昂贵。同时，软件的成本要受到电子商务系统的结构及电子商务在企业内部应用推广的程度的影响。

（3）电子商务系统的运行与维护费用。企业的电子商务网站建立后，需要时时更新网站上的信息，并对软硬件系统进行维护。企业信息技术部门需要倾注大量的精力提供系统维护、信息管理等服务，以确保对业务部门的技术支持，保证网络系统的可靠性、安全性以及效益。

（4）人员成本。实施电子商务需要得到管理信息系统员工的支持，同时也需要一批电子商务专业人员的参与和支持。这也构成电子商务成本的一部分。同时人员成本中还包括培训费用。培训费用主要包括由卖方提供的培训及公司内部提供的培训。大多数培训在使用电子商务之前发生，另一小部分是对员工的在职培训，目的是让从事电子商务工作的员工进修和深造，以了解和学习新技术和有关标准方面的变化和进展。这些费用一般发生在电子商务运行以后。

（5）风险防范成本。企业开展电子商务面临的风险是很多的，主要可以概括为以下两个方面：计算机病毒和网络犯罪。计算机病毒是一个程序、一段可执行码，就像生物病毒一样，具有自我繁殖、互相传染以及激活再生等生物病毒特征。计算机病毒有独特的复制能力，它们能够快速蔓延，又常常难以根除。它们能把自身附着在各种类型的文件上，当文件被复制或从一个用户传送到另一个用户时，它们就随同文件一起蔓延开来。网络犯罪除了一些网络黑客通过编制病毒对企业网络进行无意或有意的破坏外，还有一些犯罪分子通过网络盗窃企业机密，以直接获取非法经济利益。而且网络犯罪的金额往往较大。如果企业试图避免风险防范成本，可能导致更大的损失。因此，与网络紧密相连的这些风险成本应视为成本管理中的必要组成部分。

2. 外部成本

（1）企业间的通信成本。包括企业与业务伙伴之间进行电子商务活动时需要支付的通信费、入网费和网络服务费。

（2）观念转化及信用成本。电子商务的运作与管理不同于传统商务的运作。在电子商务运作初期，需要投入大量的人力、物力和财力，强调网络营销、网络推广和客户关系的构建。因此，推广电子商务管理理念，转变传统企业的管理观念和思维就是电子商务发展的观念转化成本。同时，由于网络环境的虚拟化，需要构建信用平台，推进电子商务应用。

（3）基础网络发展的成本。电子商务的顺利进行需要构建在基础网络高速发展的基础上。假设商家在电子网络上进行了交易，转账还需要人工转账，而不能通过网络来进行，就不能很好地提高经营效率、节省经营成本。

（二）应用效果评价

应用效果评价的内容主要是指在系统投入运行之后，评估系统给企业的经营管理所带来的效果和效益，一般包括直接经济效益和间接经济效益。具体包括以下内容：

（1）直接经济效益评价。经济效益评价通常通过系统的成本——效益分析来比较系统的投入与产出，从而评价企业电子商务系统的经济效益。也就是说，对系统的经济效益评价首先必须确定成本项目和收入来源，然后加以比较。企业建立电子商务系统的目的是更好地实现企业的发展目标，从而使企业获得更多的经济效益。因此，经济效益评价是企业电子商务系统评价的重要内容。直接经济效益评价的主要内容包括：系统的投资总成本、系统运行后所带来的收益、投资回收期等。

（2）企业业务流程是否趋于合理。这是电子商务系统应用成功在改善管理效率方面的表现。电子商务系统应用成功也即意味着企业业务处理流程趋于合理化，并实现了电子商务系统应用所要达到的市场最终目标。

（3）管理水平和效率。随着电子商务系统的应用和企业业务流程的合理化，企业管理水平应明显提高。为了衡量企业管理水平的改善程度，可以依据管理咨询公司提供的企业管理评价指标体系对企业管理水平进行综合评价。评价过程本身并不是目的，为企业建立一个今后可以不断进行自我评价和管理、不断改善的机制才是真正的目的。

（4）企业内用户的满意度。系统是否易用、方便及有无友好的界面，用户是否愿意使用电子商务系统，以及是否持积极肯定的态度都是非常重要的方面。

（5）客户和商业伙伴的满意度。一个电子商务系统建立起来，如果仅在技术上是成功的，并达到了财政目标，但如果顾客或者商业伙伴对结果不满意，仍然被认为是失败的。

（6）信息服务的质量。信息服务的质量是指系统向信息使用者提供的信息的可读性、实用性、准确性和及时性等。电子商务系统对于企业管理的价值主要体现在信息服务的质量上，企业只有通过使用它所提供的信息，切实改善了管理，提高了决策水平，才能真正体现出其价值来。因此，在比较信息系统时，必须分析其提供的信息服务的质量如何。

（7）社会效益。电子商务系统除带来经济效益外，还能进一步促进行业创新、全球贸易和时代发展，具有较强的社会效益。

以上除了第（1）项是直接经济效益外，第（2）~（7）项都属于间接经济效益评价的内容。这些工作的改进会促使企业降低成本和利润增长，从而使企业间接地获得经济效益。但由于这方面的成因关系复杂，计算困难，我们只能做定性的分析，所以间接经济效益也称定性效益。尽管间接经济效益难以估计，但对企业的生存和可持续发展所起的作用往往要大于直接经济效益。

（三）综合评价法

电子商务系统评价和其他系统评价一样，是一件非常难具体化的工作。其基本方法和其他的信息系统的评价是相同的，如多目标综合评价法、层次分析法、投入产出法等。如何对信息系统进行评价一直是信息系统和信息管理学科中的重要研究问题，世界各国的研究人员从各个角度对此进行研究，提出了多种方法。

但是，建立电子商务系统不仅仅是追求单一的经济效益，而且更主要的是考虑谋求企业长远的战略效益，提高企业的核心竞争力，即那些难以用经济指标进行计量的无形效益（intangible benefits）。

目标的多重性要求对电子商务系统进行多目标综合评价或多指标综合评价（简称综合评价）。因此，对企业电子商务系统项目进行评价时，不宜仅采取传统的经济型评价法，而应采用多目标（指标）综合评价法。

一般说来，信息系统的多指标综合评价工作主要包括三个方面的内容：一是综合评价指标体系及其评价标准的建立，这是整个评价工作的前提；二是用定性或定量的方法（包括审计的方法）确定各指标的具体数值，即指标评价值；三是各评价值的综合，包括综合算法和权重的确定、总评价值的计算等。

三、电子商务系统综合评价指标体系

电子商务系统综合评价指标体系包括系统性能指标、与直接效益有关的指标和与间接效益有关的指标这三方面。

（一）系统性能指标

系统性能指标主要有技术开发水平指标、系统的功能性指标、系统的可靠性指标、系统的效率指标、系统的集成性和可扩展性指标、系统的安全保密性指标和系统的可维护性指标等。具体来说，技术开发水平指标主要包括技术先进性（硬件和软件的先进性、开发技术的先进性、软件的可重用性）、技术的首创性和开发效率等。系统的功能性指标主要是根据系统的规划设计，系统功能的实现情况和功能的强弱，本企业用户、客户和商业伙伴对功能的满意程度和使用情况。系统的可靠性指标是指单位时间内的故障次数，发生故障的时间在工作时间中的比例，抵御外界干扰而正常工作的能力。系统的效率指标常用吞吐量、单位业务处理时间以及响应时间这三个指标评价：吞吐量是指在单位时间（如一天、一小时）之内，所完成的某种典型的数据处理工作数量；单位业务处理时间是吞吐量的倒数；响应时间是指从用户发出查询或处理要求到用户得到所需信息的时间间隔。系统的集成性和可扩展性指标是指系统结构与功能的调整、改进及扩展，以及与其他系统交互或集成的难易程度。系统的安全保密性指标是指系统安全保密措施的完整性、规范性和有效性。系统的可维护性指标是指系统故障诊断、排除、恢复的难易程度。

（二）与直接经济效益有关的指标

与直接经济效益有关的指标主要有系统的成本指标和系统的收益指标。系统的成本指标包括：开发成本，包括硬件成本（购置、基建、通信线路租用或专线建设、安装调试等）和软件成本（调研、开发、培训等）；运行成本，包括人员费用、耗材、通信费用、折旧等；维护与管理成本，包括硬件、软件、纠错、完善等维护费用和监理、审计、服务等管理费用；系统收益指标包括系统增收节支获得的收益，即采购成本降低、交易成本降低、单证处理成本降低、生产成本下降、库存减少、管理费用减少、销售利润增加、资金周转加快等；新增经营项目获得的收益，如对外提供有关的信息加工、信息产品和服务等经营项目而获得的收益。

（三）与间接经济效益有关的指标

与间接经济效益有关的指标主要有用户满意度指标、管理水平与效益指标、业务流程优化指标和社会效益指标。用户满意度指标包括：人—机交互界面的友善程度；

网上交易、支付的方便程度；系统功能满足用户需求的程度；新增客户的数量；系统提供的信息准确、适用与及时性，以及信息数据的共享性。管理水平与效益指标包括：企业管理制度与管理模式的变革；系统的管理功能满足企业管理需要的程度；管理功能的智能化程度；管理信息流的畅通情况；决策所需信息的满足程度。业务流程优化指标包括：企业各业务部门、人员间的协调和协作情况；产品生产周期；存货周转；企业供应链的工作效率。社会效益指标包括：对本企业发展战略的影响；对中国企业发展的影响程度；对国民经济信息化的影响程度；对社会的影响程度；对促进知识经济发展的影响程度；等等。

电子商务系统在应用过程中会不断地发生变化，因此评价工作不是一项一次性的工作，而应当定期地进行，特别是当系统有了较大的改进之后要进行评价。需要指出的是，电子商务系统仍是正在发展中的事物，对其构建评价标准和体系仍需进一步深入研究。

四、电子商务企业 IT 外包

（一）IT 外包因素分析

1. 发展战略因素

这是企业生存和发展的指导思想，是企业经营思想、策略和方式的集中表现，是战略全局性、发展长远性和利益根本性三者的结合。企业发展从传统经营模式向电子商务模式转变，不仅是机构或操作方式的重组，实质是发展战略的转变。国内外成功和失败的事例证明：在竞争日趋激烈的现代经济活动中，在社会分工与合作相互依存的条件下，企业尤其是大型企业不可能完全实现自给自足。

2. 管理理念因素

市场竞争的加剧，使专注自己的核心业务成了企业最重要的生存法则之一。因此，外包服务以其有效减低成本、增强企业的核心竞争力等特性成了越来越多企业采取的一项重要的商业措施。企业的管理活动必须围绕企业核心竞争力因素进行，成功的企业在于扬长避短，发掘与众不同的竞争优势。在电子商务企业中有这样一种现象：企业规模大小决定企业的管理手段和方式的实施，即中小型企业由于人、财、物的限制，其 IT 外包相对普遍；规模较大的企业，IT 业务倾向于自身开发和运作。这会产生两种结果：一是中小型企业在整个电子商务中所占的比例不大。IT 外包低层次，与高速成长的 IT 外包战略有较大距离。二是规模大的企业管理模式多元化导致企业管理活动的复杂化，能否做到综合协调，有的放矢，保证企业 IT 满足业务发展的需要是不可回避的问题，往往造成操作方案、改革创新不能与时俱进，对 IT 领域规范管理和整体规划能力不足，执行能力不强，市场服务质量下降。

3. 人力资源因素

企业 IT 外包并不意味着企业对服务商的工作放任自流，企业必须有 IT 工程师与其进行工作沟通并对其工作进行监督、检查和评估。企业拥有工程师数量和级别难以确定，工程师和技术骨干的配备及其能否适应现实和未来发展需要关系到企业人员的需求分析及招募、投入与产出和服务与质量问题，企业 IT 人才缺乏会给企业稳定性带来负面影响。一旦 IT 外包后，企业又担心服务商因专业人员水平不够而造成企业业务发展不稳定。

4. 投入与回报因素

IT 外包最终是为了解决企业投资成本与业务需求之间的矛盾，投资与回报是企业在制定是否需要外包和如何实行外包时首先考虑的问题：一是满足现状或被动式投入资金以免在竞争中被淘汰；二是讲究长期效益，投入大量资金以保持 IT 外包的领先。但现在企业普遍担心的是 IT 外包能否降低成本，减少自身管理的压力，满足市场需求，或是企业投入与服务商信誉和服务质量。在电子商务中，投资回报率对 IT 外包的功能成本和动态成本难以预测分析，对自营成本与外包后潜在成本比较后再确定 IT 服务系统自建还是外包，在这双向选择过程中如何用成本来衡量?

5. 技术因素

企业 IT 外包前应了解服务商的发展战略、管理模式、服务质量等。从技术角度分析，企业必须从可获得性即服务商是否能够提供企业所需要的 IT 服务、实效性即服务商是否能及时地为企业提供服务、可靠性即服务商提供的服务是否可靠并足以满足企业所期望的服务目标三个层面去权衡和选择服务商。

（二）电子商务企业 IT 外包的作用

电子商务企业 IT 外包是企业将电子商务所应具备的网站开发、设计、维护、运行及对企业信息管理人员的培训外包给 IT 服务商，内容包括企业的 IT 规划、硬件和软件配置、网络系统建设和对系统网络的维护管理及升级。电子商务中的 IT 外包是成本与效益、机会与风险相互关联的。

1. 支持企业核心业务发展

企业 IT 外包，使企业能集中精力实现企业发展战略，拓展企业电子商务策划，健全机构组织、市场上下游开发和顾客服务体系等核心业务，企业通过 IT 外包得到资金、人力和技术支持而提高整个企业的营利性。

2. 提高企业综合管理水平

IT 外包环境之复杂直接影响企业管理策略和管理模式的形成，企业既要实现其商业目标，又要面临 IT 的挑战，对企业经营理念提出了更高要求。IT 外包是一种战略性的商业创新方案，服务商以其 IT 领域固有的优势，为企业提供专业技术服务，形成了社会合理分工。

服务商管理外包系统，减少了企业部门设置、人员招聘、技术再培训等一系列的工作，节约企业 IT 运行成本和用于 IT 基础服务的管理时间，使企业更专注于核心系统规划与管理，保障企业电子商务系统的有效运行。同时，信息技术日新月异，企业可整合自身和服务商的资源，用先进技术促进企业电子商务管理水平的提高。

3. 为企业电子商务开展提供技术保障

服务商有一支由各类技术人员组成的专业队伍，为企业提供有效、快捷、经济的技术服务。在电子商务 IT 系统的建设、维护、应用过程中，企业可借助服务商与现有的、未来的技术保持同步的优势，获得高水平的 IT 支持和接触新技术的机会，改善技术服务环境，减少系统维护和管理的风险。特别值得注意的是服务商可及时掌握和解决企业电子商务中的信息安全和支付安全问题，通过管理策略及相应的系统设置，有效地防止数据的丢失、破坏和泄露。从企业战略上考虑，IT 外包能缩小与国际先进企业在 IT 应用及管理方面的差距，推动 IT 在企业中的发展。

4. 降低企业电子商务总成本

一方面，企业把电子商务 IT 规划及意图表达给服务商，服务商根据企业现有资源和开展电子商务所需要的条件进行专业化的运作，消除企业对于开展电子商务信息技术标准需求的不确定性和不稳定性而造成的资源浪费，审计重构信息系统预算，在管理、维护、运行、更新方面，避免“IT 黑洞”现象发生。另一方面，IT 外包对于资金和人力资源缺乏的企业，也可以弥补其自身的欠缺。

（三）电子商务企业 IT 外包的 SWOT 分析

SWOT 分析法是一种风险分析的管理评估理念，是对企业内部和外部条件各方面内容进行综合和概括，用来确定企业本身的优势（strength）、劣势（weakness）、机会（opportunity）和威胁（threat），使企业的战略与企业内部资源、外部环境有机结合。通常情况下，企业的机会和威胁是由企业所处的外部环境所赋予的，优势和劣势则是针对企业内部资源而言的。电子商务企业和 IT 服务商必须清楚自身的资源优势和缺陷，了解所面临的机会和挑战。设定 IT 领域，就电子商务企业和 IT 外包服务商（企业）而言，对 IT 外包作 SWOT 分析。

企业优势包括有形资产优势、无形资产优势、人力资源优势、组织体系优势、竞争能力优势等，指的是企业超越其竞争对手的能力，如技术技能优势中的生产技术实力、低成本生产方法、革新能力、质量控制体系。若电子商务企业优势强于服务商，在不考虑成本的情况下其可考虑 IT 自营。

企业劣势指在竞争过程中处于劣势的因素，包括知名度不高、缺乏竞争技术和资金、信息管理系统不完善、人力和管理资源不足等。若电子商务企业劣势大于服务商，其可考虑 IT 外包。

机会对每个企业都是公平的，关键在于企业战略、资源配置和资金能力水平。若电子商务企业考虑自营 IT 比 IT 外包更能获得最佳机会，对企业发展利大于弊，其可考虑自营；反之，则外包。

威胁是对公司的盈利能力、市场地位和发展前景构成威胁的因素。电子商务企业 IT 自营或外包都隐藏着威胁因素，如因为 IT 自营或外包后遭遇产品市场增长率下降和利润下滑，或服务商采取相应的战略行动来抵消或减轻威胁所产生的影响不当而造成市场份额的减少。

IT 外包的 SWOT 分析法能使电子商务企业和服务商清醒认识自身长处而避免自己短处，趋利避害，化劣势为优势，化挑战为机遇，知己知彼，降低公司的经营和投资风险，共同营造双赢环境。

（四）IT 外包的特殊形式——众包

“众包”这一概念是由美国《连线》杂志的记者杰夫·豪在 2006 年 6 月提出的。杰夫·豪对“众包”的定义是:“一个公司或机构把过去由员工执行的工作任务，以自由自愿的形式外包给非特定的（而且通常是大型的）大众网络的做法。众包的任务通常由个人来承担，但如果涉及需要多人协作完成的任务，也有可能以依靠开源的个体生产的形式出现。”传统的外包是指以合同的形式把任务委派给指定的人或者机构完成。外包业务主要是借助计算机能完成的任务，例如软硬件的开发和维护。软件提供商通过整合硬件和算法来完成外包的任务。众包是直接将任务发布到互联网，通过开放式集合互联网上未知的大众来解决传统计算机单独难以处理的问题，因此众包有着广阔的应用前景和市场。

第四节　电子商务项目管理战略

项目管理，是指在一个项目中，各方干系人通过合作的形式将各种资源整合起来，有效地应用到项目建设之中，最后使项目目标得以实现的过程。它包含项目、干系人、资源、目标和需求五个基本要素。随着电子商务的不断发展，项目管理理念被引入电子商务项目中，并呈现出相应的特点。

一、电子商务项目管理概述

电子商务项目，是指在电子商务过程中，为了达到所需的绩效目标，在一定的期限内，依托一定的资源而进行的一系列活动，这一系列活动的过程有其丰富的内容，构成了各种大小不同的项目。电子商务项目管理是以电子商务项目为对象，运用项目管理的理论和方法，使项目达到预期目标，获得预期的收益。

（一）电子商务项目管理的特点

1. 复杂性

电子商务项目复杂性的原因，主要是在项目的实施中，管理、技术、商业活动、竞争及其他因素混合在一起，需要控制多重关联的商业和业务活动中的变化。这些变化跨越了公司之间和公司内部的部门之间的范畴，从而使沟通与协调变得更加困难，也使得电子商务的管理面临着实在的挑战。

2. 动态性

传统项目管理中，一般一个项目只会设定一个目标，在开始的时候就已经确定并且少有变动。而新型电子商务项目管理中没有固定目标，目标本身是随时变化的，目标范围也会随着情况的变化而变动。因此，电子商务项目管理必须有机动性、灵巧性和多变性，以适应互联网下具有动态性的电子商务项目管理。

3. 风险性

与传统项目管理相比，新型电子商务项目管理没有评审技术来支撑，因此要不停地解决问题，遇到危机也只能处理。而传统的管理模式则拥有多种评审技术，可以对项目的设计、组织和控制等工作环节进行引导。

（二）电子商务项目管理的流程

电子商务项目管理的流程：一是概念，即对项目或项目某阶段的执行进行确认，承诺性地开展工作；二是规划，主要对项目范围及其目标进行明确，进行项目计划的周密考虑和确定；三是实施，主要包括需求、开发、测试、运行以及项目后评价等方面的管理；四是收尾，主要进行项目验收、合同以及行政方面收尾。

1. 概念

项目概念阶段的主要任务是确认和批准一个项目（或项目的某个阶段）执行，承诺开始一个项目。从商务角度来看，最典型的承诺方式就是合同。合同明确承诺项目要达到的目标，也就是项目的预期结果或最终产品。一般来说，项目目标至少要包括以下几个元素。

（1）工作范围：应该完成哪些工作？

（2）项目进度：应该在多长时间内完成？

（3）项目成本：完成项目应该花费多少成本？

（4）项目质量：客户的满意度是什么？项目达到什么标准？

项目目标应该非常明确、具体、可操作和可测量。理想情况是项目开始时就应该有一个明确的目标，但是在现实项目中，特别是电子商务的项目中，则很难做到。第一种情况是项目开始往往是不很清楚需要什么，需求在项目进行中才能逐渐明确；第二种情况是在项目过程中目标常常会发生变动，不得不进行项目变更和返工。为此在项目启动阶段应注意把握：宁可事前消除客户的额外“期望”，也不要事后让客户“希望”破灭，不要超出需求承诺更多的工作任务，同时双方还应约定项目约束条件和验收标准；项目过程中的文档应完整保留；对于项目中的任何变更，如进度变更、范围变更、成本变更等内容，都应通过双方的确认并有文档记录。

2. 规划

项目的概念阶段结束后，项目进入规划阶段。该阶段的主要任务是明确项目目标和范围，并确定周密的项目计划。每一个成功的项目都必须有周密的项目计划。一个好的项目计划提供了项目的全景描述，是项目所有人员全面了解项目内容的最好工具。项目计划本身具有稳定性和约束性，是实施项目控制的最有力标准和依据。计划可能随着项目的深入而更新，但是任何计划的变动都必须遵循项目的变更控制程序。

在项目规划阶段中，项目组成员应根据项目的目标、验收标准等要求制定完整的项目计划。定义工作分解结构是项目规划阶段的重要内容之一，也是规划阶段的核心。规划阶段还包括确定进度计划和项目预算、项目的质量计划与沟通计划等。

对于电子商务的项目管理来说，值得注意的是：在项目成本中，人工成本所占比例非常大，也是最难估算的部分。同时合理预测项目风险也是规划阶段的重要内容，这不仅要依靠以往类似项目的实施经验，还应结合当前项目的特点和所处环境，预测项目中可能发生的事情及发生频率、产生影响等。

从项目的整个周期来看，项目的规划阶段所占比例是比较大的。

3. 实施

在规划阶段产生的项目计划被批准后，项目组应组织人力、协调其他资源以执行计划，开始项目的实施工作。项目的执行是使项目组成员能够按项目的目标有计划地组织工作，以便成功地实现项目目标，满足项目的要求。项目组成员的目标都是共同完成项目，一般由项目经理总体负责项目的实施工作。对于大型的电子商务项目，可以将项目分成多个子项目进行同步开发，因此就需要一个总的项目管理组负责对各个子项目的公共部门做出指导、协调和管理，各个子项目应有各自的项目管理小组，也可以利用项目管理办公室的方式组织大型项目的项目管理。

在项目实施阶段中，项目控制是确保项目依照项目计划和目标完成的重要过程。项目控制就是监视和测量项目的实际情况。若发现实施成果偏离计划，就应找出原因，采取行动，使项目回到计划轨道上来。在项目的控制过程中，主要包括进度控制、成本控制、质量控制、风险控制和变更控制。

4. 收尾

项目收尾包括项目验收、合同收尾和行政收尾。项目验收核查项目计划规定范围内的各项工作或活动是否已经全部完成，可交付成果是否令人满意，并将核查结果记录在验收文件中。合同收尾终结合同，进行核算。行政收尾收集和分发信息，开会正式宣布项目结束。项目接近完成时，班子的注意力往往转移到新的任务，有些成员也要调离。而收尾工作常常是零碎、烦琐、费时和费力的，容易被人忽略。但项目收尾做得不好将直接影响是否能够继续客户的其他项目。因此项目收尾的重要性要特别强调，否则会给项目带来后患。

二、敏捷项目管理

敏捷项目管理作为新兴的项目管理模式，简化了传统项目管理的烦琐流程和文档。以 Scrum 为代表，欢迎需求变更，在客户需求不明确的时候，以在较短的周期内开发出可用的软件为目标，来帮助客户描述自己的需求。迭代过程中的需求变更会加入项目继续迭代需求池，丰富项目的产品功能。

（一）敏捷项目管理阶段

敏捷项目管理分为以下 5 阶段。

1. 构思阶段

在构思阶段要完成对新产品的需求分析、产品形象及功能的构思。这个阶段，我们要回答如下问题：客户对产品的功能及形象的要求是什么；项目进行过程中会遇到的阻碍有哪些；如何选择参与项目的执行人员；阶段性成果交付的内容与模式。

2. 预测阶段

在预测阶段要指定产品，指定的条件是基于功能的发布计划、进度标杆和迭代流程的确定。敏捷项目经理应该鼓励团队成员不断学习，对成员进行绩效评价和激励。可以把推测活动划分为两类行动：一是功能分解结构（FBS），包括产品功能规划、功能模块说明书、功能检测制度。二是迭代计划，包括发布计划、进度标杆和迭代流程。功能导向的规划使团队与客户可了解产品。当迭代和标杆交付成果结束时有更加切实的规划，以保证计划与产品能够与项目进行中得到的反馈信息相呼应，从而不断地优化项目实施过程。

3. 探究阶段

在探究阶段主要实现在短期内对项目的可交付成果进行测试的功能，通过不断检测与改进，减少项目的不确定性，达到降低风险的目的。同时利用新尺度，帮助团队成员清楚地表明和理解目标与限制、团队的有效沟通、决策流程的顺利推进是项目经理的重要目标，这样才能确保获得适当的反馈信息并将信息融入下一阶段中，以便于减少项目偏差。

4. 适应阶段

在适应阶段要在关注产品、项目以及团队的评价的同时，也应采取适当的监控措施，对项目进行的实际进度、交付结果的质量、团队配合的默契度进行考核和相应的调整。

5. 结束阶段

在结束阶段要按照项目初期的计划及时地终止项目，就项目成果与客户进行沟通，在必要时对项目成果进行修改直至客户满意为止。最后，在项目团队内组织交流学习并完成项目。

（二）敏捷项目管理与传统项目管理的区别

传统瀑布式项目管理按照信息化管理办法，一般分为项目启动、需求分析、详细方案设计、系统配置与测试、数据准备及用户培训、系统上线和验收七个阶段进行。敏捷项目管理将项目分解，按照需求优先级，形成众多的小模块，然后进行快速交付，以此加速功能的实现，并为下一次迭代获取足够的反馈。二者最显著的区别在于：敏捷项目管理实现了快速多次交付，通过尽早获得反馈，提前应对需求变更上的风险。

敏捷项目管理的目标是用最短的时间交付最大的业务价值。它是一种迭代和增量的方法，以小步快跑、高度灵活、与用户频繁互动的方式来管理信息化项目。它通常把一个信息化项目分为多个既相互联系又可独立运行交付的小项目，并按照业务需求优先级，分阶段迭代交付，在此过程中系统一直处于可运行的状态。

第五节 电子商务企业文化战略

国内外经验证明，公司企业文化的形成对履行公司战略规划、发展壮大员工队伍是必不可少的管理手段。同样，电子商务企业的管理也不能忽略对企业文化的建设。本节主要介绍电子商务企业文化的相关概念、电子商务企业文化的功能以及电子商务企业战略等内容。

一、电子商务企业文化概述

（一）企业文化的一般概念

关于企业文化的概念，国内外学者存不同的认识和表达。特雷斯·迪尔和阿伦·肯尼迪认为，企业文化是“价值观、英雄人物、习俗仪式、文化网络、企业环境”。霍恩斯认为企业文化是在工作团体中逐步形成的规范。中国企业文化研究会常务理事长张大中认为：“企业文化是一种新的现代企业管理理论，企业要真正步入市场，走出一条发展较快、效益较好、整体素质不断提高、使经济协调发展的路子，就必须普及和深化企业文化建设。”

综上所述，可以对企业文化的内涵加以界定：企业文化是一种从事经济活动的组织之中形成的组织文化。它所包含的价值观念、行为准则等意识形态和物质形态均为该组织成员所共同认可。企业文化有广义和狭义之分。广义的企业文化是指企业物质文化、行为文化、制度文化、精神文化的总和；狭义的企业文化是指以企业价值观为核心的企业意识形态。通俗地说，企业文化是在一定的民族文化、道德、伦理文化背景下生成的，并在一定的企业中形成自己的个性，是影响企业成员思考、体验和行为的主要方式。企业文化是企业家和企业全体员工的精神家园。

（二）电子商务企业文化的特点

随着网络时代的悄然走近，发展电子商务已成为所有企业发展的一项重大战略任务，而培育支持该战略实施的企业文化是一个十分重要的环节。20 世纪 90 年代后期，电子商务风靡全球，在为企业带来交易成本降低、效率提高、生产周期缩短等诸多好处的同时，也对已有的企业文化发起了挑战。电子商务的兴起是一场由技术手段飞速发展而引发的商业运作模式的变革，传统经济活动的生存基础、运作方式和管理机制均发生了彻底改变，传统的企业文化也面临着巨大的冲击。主要呈现出以下几个特点：

1. 电子商务是根本不同于传统商务的交易方式

电子商务使企业的经营环境发生了根本变化。电子商务过程与传统商务过程有着巨大的差别。电子商务缩短了企业与消费者的距离。网络的实时互动沟通，使消费者更易表达出自己对产品或服务的评价，这就要求企业在企业文化中重视提高产品和服务的质量。

2. 电子商务为企业提供了平等竞争的机会

在网上进行交易，不受时空的限制，没有任何地理障碍，这无疑为更多企业参与全球竞争提供了一个绝好的机会。同时，对所有企业来说也是一次挑战。竞争范围的扩大，要求企业必须引入核心竞争力，而企业文化的竞争又是企业管理的最高阶段，是一项长期性的任务。电子商务缩小了竞争者之间的差距，导致最终的竞争体现在经营哲学、经营理念及价值观念上。

3. 电子商务本身是不断完善和发展的

电子商务是随网络而产生的，是科技进步的结果，并且随着信息技术的飞速发展，必将不断完善、不断发展。这就要求企业将自己塑造成一个“学习型组织”和“知识型组织”。只有这样，企业才能够紧跟科技进步的步伐，在电子商务领域大展宏图，在 21 世纪的全球竞争中取得竞争优势。

（三）电子商务企业文化构成要素

电子商务企业文化结构是把企业文化作为一种独特的文化现象来研究，一般可以从电子商务企业物质文化、行为文化和精神文化这三个方面进行深入的分析。如图 3-2 所示。

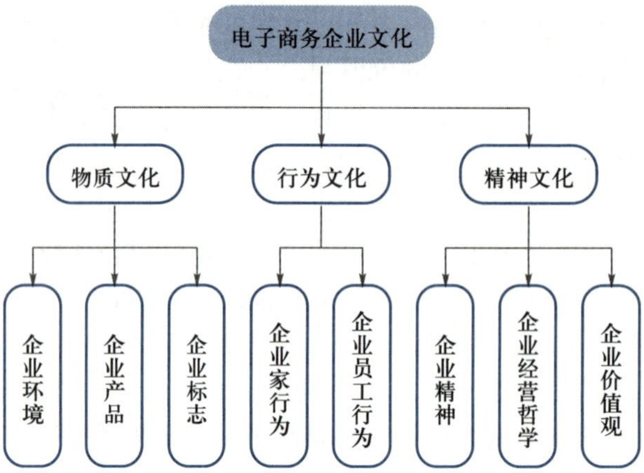

图 3-2 电子商务企业文化构成要素

1. 电子商务企业物质文化

电子商务企业物质文化是由员工创造的产品和各种物质设施等构成的文化，是企业与顾客最直接接触的媒介。人们通过物质文化来了解企业的行为文化和精神文化，因此，物质文化是企业文化中的浅层基础文化。

电子商务企业物质文化主要包括企业环境、企业产品和企业标志三方面的内容。

（1）企业环境。企业环境是电子商务企业文化的一种外在象征，它体现了电子商务企业文化的个性特点。

（2）企业产品。在现代企业文化视野中，产品是一种能够满足购买者的物品或服务。对于电子商务企业，所面临的挑战尤为艰巨。电子商务企业的经营模式是以客户为中心的，这种模式的实现依靠的是网络。网络技术正越来越多地构建客户与企业之间的直接关系，从而可以使买主按照他们所需要的方式定制产品。

（3）企业标志。企业标志是电子商务企业的可视象征之一，体现了企业的个性。它主要包括网站名称、网站特色等。

2. 电子商务企业行为文化

从人员结构上划分，电子商务企业行为包括企业家行为和企业员工行为。

（1）企业家行为。企业经营和决策的方式和行为主要来自企业家，企业家是企业经营的主角。电子商务企业家是网络经济高速发展的产物。

（2）企业员工行为。企业员工行为的塑造是企业文化建设的重要组成部分。对于那些在电子商务方面独领风骚的企业而言，最短缺的既不是原材料也不是资金，既不是技术也不是新兴市场，而是人才。

3. 电子商务企业精神文化

相对于企业物质文化和行为文化来说，企业精神文化是更深层次的文化现象。在整个企业文化系统中，它处于核心的地位，即核心层的精神文化。企业精神文化，是指企业在生产经营过程中，受一定的社会文化背景、意识形态影响而长期形成的一种精神成果和文化观念。它包括企业精神、企业经营哲学、企业价值观等内容。

（1）企业精神。一般地说，企业精神是现代意识与企业个性相结合的一种群体意识，是企业经营宗旨、价值准则、管理信条的集中体现，它构成企业文化的基石。企业精神总是要反映企业的特点，它与生产经营不可分割。企业精神不仅能动态地反映与企业生产经营密切相关的本质特性，而且鲜明地显示企业的经营宗旨和发展方向。它能较深刻地反映企业的个性特征和它在管理上的影响，起到促进企业发展的作用。

（2）企业经营哲学。电子商务本质上是传统商业活动的电子化、网络化，是以传统商务活动为基础的。只要是商务活动，就必然受到营销理念的支配。正如菲利普·科特勒所说："营销活动应该在效率、效果和社会责任营销方面，经过深思熟虑的某种哲学思想的指导下进行。"这种哲学思想指的就是企业经营哲学。企业经营哲学是指企业对待市场的态度和观念，它概括了一个企业的思维方式和行动准则。它的核心是以"什么"来开展企业的经营活动。实践证明，在激烈的市场竞争中，谁具有科学的、新颖的、实用的经营理念，谁就能在经营活动中获取竞争优势。

（3）企业价值观。企业价值观是指企业在追求经营成功过程中所推崇的基本信念和奉行的目标。这里所说的"价值"是一种主观的、可选择的关系范畴。因此，不同的企业存在不同的价值观。电子商务企业价值观的一个最突出特征就是以人为本，以促进人的全面发展为根本目的。对管理本质的上述认识在谷歌、IBM、阿里巴巴等成功企业的管理实践中较好地得到了体现。为了尊重个人，公司一方面不断致力于改善员工的工作环境，另一方面竭力促进员工的发展。公司总裁和高级管理人员都十分重视与员工对话，要求员工有长远的打算，并实施"尊重员工权利计划"，不断切实提高员工的就业能力，帮助员工成为他们所能成为的最优者。

二、电子商务企业文化功能

综合国内外有关企业文化的研究成果，电子商务企业文化一般具有以下五种基本功能：

（一）导向功能

企业文化所倡导的目标、精神、价值观、行为方式或经营风格等，对整个企业和全体成员的行动方向具有导向作用，可以驱使整个群体为共同的利益和目标而努力，整个企业也往往会被引向特定的发展方向。企业文化的导向作用一般是通过企业的代表人物（如董事长、总经理、主要产品设计人等）体现出来的。企业代表人物的价值观念、经营风格、独特个性、工作态度、言谈举止等融入企业后，就会形成企业文化的一部分。企业代表人物的言行会直接引导企业员工的性格、心理和行为。在机制健全的企业中，这种导向作用就显得尤为突出。

（二）凝聚功能

企业界经常举行的文艺汇演、联谊、竞赛、会议和庆典等活动，是企业文化的外在表现形式。规模宏大的企业文化活动，如企业年度新产品揭幕仪式、企业大型庆功会、奖励表彰大会等，会在企业内产生巨大的影响，可以有效地增强企业的凝聚力。企业通过举行一些文化活动，不但可以活跃企业员工的文化生活，缓解工作中的紧张和压力，还可以消除部门间的矛盾冲突，增进员工间的友谊，从而激发员工的敬业、创新精神，培养员工的团结互助、热爱企业的群体意识。企业内的不同部门和不同员工，既有相同的也有不同的利益和需求。企业文化的凝聚作用，可以将企业内不同部门和不同群体团结在一起，使大家为共同的目标和利益而努力奋斗。

（三）激励功能

企业所倡导的精神理念、价值观等，可以通过企业文化逐渐渗透到企业各个部门，最终内化为企业员工的精神追求和价值观的一部分，从而成为激励企业整个群体奋发向上的内在动力。企业员工作为社会的人，既有物质方面的也有精神方面的需求。现代企业单靠物质奖励已不能适应管理的要求，只有通过企业文化对企业员工进行精神激励，才能最大限度地调动企业员工的创新精神和工作积极性，从而增强企业的适应能力和市场竞争力。

（四）约束功能

企业文化是企业在长期生产经营实践中形成的经营理念、价值观念和行为规范的总和，它们对企业员工的思想和行为具有约束和规范作用。当新员工进入一个企业后，其他员工常给他们讲有关企业的历史和轶事，让他们了解企业的规章制度和经营特点；企业经理或高级成员的言谈举止、行为方式、管理风格等会对员工的思想和行为进行言传身教；企业时常举办的会议、仪式和庆典等活动向员工传递着企业的经营理念和价值观。企业文化通过这些活动，潜移默化地影响着企业员工的思想和行为，从而起到约束和规范企业员工思想和行为的作用。强有力的企业文化对企业员工具有较强的约束作用。

（五）辐射功能

实力雄厚、经营良好或历史悠久的企业，常常通过产品、服务、社会媒介和其他途径向社会传播和辐射其优秀的企业文化，从而对社会公众产生巨大的影响。有些强大的企业文化 甚至会构成社会文化的一部分。

三、电子商务企业文化战略

（一）分析内外因素，提炼速度文化和创新文化

在电子商务时代，一个企业选择什么样的核心价值观是创造企业文化的首要问题。信息经济就是“速度经济”，速度已经成为企业提高竞争力的一个工具。Internet的出现，使得世界的变化越来越快，可谓一日千里。因而基于Internet的电子商务可以迅速地了解市场信息，快捷地收集客户需求，广泛地进行产品宣传，即时地完成网上交易结算，众多的商务活动都可以瞬间完成，企业的生产效率得到了极大的提高。一句话，信息技术和网络技术的广泛应用使得电子商务企业进入市场的门槛大大降低。现在全世界都在讲创新，因为在今天的经济环境里，唯一不变的规律就是一切都在变。对此，任何组织和企业如果不时时变革和创新，就不可能维持自己的竞争优势。“不创新，就死亡”，创新已成为一个企业存在和发展的重要基础，只有通过自身创新的确定性才能对付快速变化的不确定性。在信息化背景下，创新的作用得到了空前强化，并升华成一种社会主题。在电子商务时代，创新逐渐成为企业的生命力源

泉，传统的生产规模、成本优势等因素不再决定未来，企业唯有通过持续不断的创新才能生存发展。抱残守缺、固步自封，是根本无法在激烈的市场竞争中立足的，企业要想在未来的全球化竞争中拥有一席之地，就必须突破传统的思想禁锢和思维定式，大胆创新，牢牢把握瞬息万变的商机。

（二）更新观念，塑造职工行为

企业员工行为的塑造是企业文化建设的重要组成部分。对于那些在电子商务方面独领风骚的企业而言，最短缺的既不是原材料也不是资金，既不是技术也不是新兴市场，而是人才。这些人才可以为瞬息而至的未来插上想象的翅膀。对当今的许多企业而言，人才是赢得竞争优势的首要因素。如今管理人员意识到，在当今经济全球化、电子商务化和以网络速度运行的全球市场上，由拥有自主权的人才组建的精干企业对快速决断具有关键意义。电子商务企业有赖于员工的聪明才智和主动性来做出更贴近消费者、对市场反应更快的决定。电子商务，重在服务，电子不过是手段。电子商务也可以说是电子服务，使 Internet 能够为人类服务，服务的核心不是技术，而是企业的文化、员工的素质；Internet 经济是服务经济，而不是技术经济；电子商务平台是网络消费者交易的平台，而不是商品陈列的环境；厂商不是单纯的供应商或销售商，而是服务供应商，谁服务得更好，谁赚到的钱就更多。在全新的电子商务环境中，最成功的企业给予新员工在过去只有顾客才能享受的尊重。它们通过创造人人平等的精英管理体制，满足员工们对从事有意义工作和创造财富的愿望。它们慷慨地回报职工们的良好表现，不只是支付现金，而且让他们拥有企业所有权。

（三）领导者身体力行，信守价值观念

在电子商务企业的决策行为中，创新性是十分重要的。首先，企业组织结构要由原来的金字塔式、自上而下、递阶控制的组织结构向新型的网络组织结构转化。其次，管理重点由资本管理转为知识管理。知识管理是指运用集体的智慧提高应变和创新能力。最后，新的管理思想和方法不断涌现。在信息时代和网络条件下，新的经济形态产生了许多新的管理思想和管理方法，例如智能制造、柔性制造、分布式制造、敏捷生产、企业流程重组、学习型组织等新思想新方法。在创办电子商务企业和企业经营中必定会遇到各种意想不到的困难和挫折，如金融风险、交易风险等，而且市场竞争日趋激烈，一旦遭受不测，没有韧性就会彻底垮台。因此，企业家要有不怕失败、不怕挫折和百折不挠的勇气，要有献身事业、不惧风险的精神。

（四）建立激励机制，巩固企业文化

一种新的企业文化的形成是一种个性心理的累积过程，这不仅需要很长的时间，而且需要给予不断的强化。人们的合理行为只有经过强化予以肯定，这种行为才能再现，进而形成习惯稳定下来，从而使指导这种行为的价值观念转化为行为主体的价值观念。因此，考评内容应是企业文化的具体化和形象化。员工晋升时，要考虑他是否与企业文化相融合，对于那些没有好好工作，并难以和企业文化融合的人员应该让其离开企业，让员工明白企业在鼓励什么，在反对什么。

本章案例

三只松鼠：如何从淘品牌发展到超级国民品牌？

三只松鼠股份有限公司成立于2012年，是中国第一家定位于纯互联网食品品牌的企业，也是当前中国销售规模最大的食品电商企业。“三只松鼠”主要是以互联网技术为依托，利用B2C平台实行线上销售。凭借这种销售模式，“三只松鼠”迅速开创了一个以食品的快速送达、新鲜为特色的新型食品零售模式。这种特有的商业模式缩短了商家与客户的距离，确保让客户享受到新鲜、完美的食品，开创了中国食品利用互联网进行线上销售的先河。

“三只松鼠”之所以能实现火箭般的发展速度，主要得益于以下五个原因：

原因一：敏锐发现并抢占了中国消费升级需求和坚果品类品牌缺失的战略机遇。品牌建立在品类之上。从花生、瓜子到特色水果和坚果，从年节产品和日常休闲产品，中国消费需求的历史性升级，推动了坚果品类的大繁荣。但除了瓜子领域的洽洽，整个坚果品类几乎没有领军品牌，普遍散、乱、差，这给“三只松鼠”创造了极好的市场条件，这也是“福来”（品牌营销咨询公司）反复强调的农业食品领域的老大机遇。“三只松鼠”采用直营电商的方式第一个聚焦到坚果品类上，成功占位。既符合了大消费趋势，又暗合了品牌规律。

原因二：最大化抓住了流量红利期。机会比努力更重要。小成功或许靠努力就可以，大成功必须依赖并抓住机会。“三只松鼠”创立的2012年，正值智能手机大规模普及期，一场波及数亿人的大迁徙（从PC端转移到手机端，购物方式从线下转到线上）拉开了大幕，流量红利开始释放。章燎原正是抓住了这样一个重要的时间窗口，创立了“三只松鼠”。

原因三：用“萌文化”抓住年轻人的心。为了拉近和消费者之间的距离，章燎原将公司品牌形象化作三只可爱的小松鼠。“三只松鼠”可爱的形象，加之客服松鼠语言“主人”，改变了淘宝开启的“亲”语言体系，很好地迎合了“萌文化”这样一种颇受80后、90后青睐的亚文化，抓住了年轻消费者的心。

原因四：以云中央品控中心为核心的供应链和服务链打造。“三只松鼠”成功的一个重要原因是，通过阿里、京东的平台深度链接生产者和消费者，实现了从工厂到用户直接对接。通过以云中央品控中心为核心的供应链和服务链打造，“三只松鼠”重新塑造了坚果的流通渠道。它把生产者和消费者直接联系起来，不仅有效降低商品成本，大大提升了周转效率，可以让供应商专注产品质量，回归零售本质。

原因五：企业文化成功“落地”和“输出”。“三只松鼠”与其他公司最大的不同，就在企业文化上。在很多企业，企业文化仅仅挂在墙上或嘴上，落不了地。“三只松鼠”的核心价值观是“把顾客真正当主人”，听上去并不高大上，但知易行难。从“主人”称谓到独树一帜的产品包装，从剥壳器到湿纸巾，从贴心的物流体验到每年3 000多万人次的用户沟通，“三只松鼠”说到做到、执行到位，并建立了一套无微不至的用户服务理念和体系。

本案例主要源自搜狐网页（食品商）：三只松鼠：如何从淘品牌到超级国民品牌？

案例分析：

在世界经济一体化的时代，企业面临着来自国内外的竞争压力，市场环境瞬息万变，经营条件日益复杂。因此，企业必须将企业管理上升到战略层次，以战略的眼光去规划现代企业未来的发展。成功的电子商务战略管理能够引导企业走向正确的发展道路，使得企业得到不断的发展。

本章小结

1. 阐述了电子商务企业管理理论。
2. 阐述了电子商务企业战略管理。
3. 阐述了电子商务系统管理战略。
4. 阐述了电子商务项目管理战略。
5. 阐述了电子商务企业文化管理战略。

复习思考题

1. 电子商务企业管理理论的变革体现在哪些方面？
2. 请简要介绍一下电子商务企业经营战略。
3. 请简要介绍一下电子商务企业竞争战略。
4. 请简要介绍一下电子商务企业 IT 外包的作用。
5. 电子商务项目管理有哪些特点？
6. 敏捷项目管理的阶段有哪些？
7. 电子商务企业文化的构成要素有哪些？
8. 电子商务企业文化的功能体现在哪些方面？

第四章

电子商务组织管理

本章学习目的

1. 了解和掌握组织和组织管理

2. 了解和掌握电子商务组织结构

3. 了解和掌握电子商务组织形态

4. 了解和掌握电子商务组织与管理体制

5. 了解和掌握电子商务组织管理

第一节　组织管理概述

组织管理是电子商务管理的重要组成部分之一。组织管理，实际上是对组织中的“人”的管理。其中“人”的概念又可划分为个人和群体。因此，在组织管理中，要充分认识个人和群体在组织中的作用，明确组织管理目的和原则。

一、组织概述

（一）组织的含义

“组织”一词在中国的古汉语中，原始的意义是“编织”的意思，即将丝麻织成布帛。唐朝著名国学大师孔颖达首先把“织组”这个词引申到社会行政管理中，他说：“又有文德，能治民，如御马之执辔，使之有文章，如织组矣。”这里的“织组”即是将物的构成部分组合为整体。中国《辞海》对组织的定义为：“按照一定的目的、任务和形式加以编制。”组织是有目的、有系统、有秩序地结合起来，并按照一定的宗旨和系统建立的集体。英文中的组织（organization）源于器官（organ），因器官是自成系统的，具有特定功能的细胞结构。《牛津大学辞典》中的定义是：“为特定目的所作的，有系统的安排。”这个词语演变为专门指人群而言。人类为了生存，在与大自然搏击的过程中结成了群体。只要有群体的活动，就需要管理，同时也就产生了组织。

从管理学的角度来说，组织就是将一群人有系统地组合在一起，以达成特定的目标。Simon 认为组织是由一群为达成共同目标而相互倚赖的人所组成的群体。而 Chester I. Barnard 则认为组织是一种有意义的协调两个或两个以上的人活动或力量的合作体系，组织中的人们有共同的目标、贡献心力的意愿、相互沟通的能力等。在管理学中，组织的目的是将员工做适当的分配，使其群体作业的生产结果可以大于个别生产结果的总和，使工作可以更有效率。

（二）组织的职能和作用

1. 组织的职能

组织的职能是指为有效实现组织的目标，建立组织结构，配备相关人员，使组织协调运行的一系列活动。组织的职能有：对包括人、财、物和信息在内的各种组织资源在一定空间和时间范围内进行有效的配置，划分出若干管理层次，分出若干部门；对人员进行选聘、考评和培训，为组织结构中的每个职位配备合适的人员，并把监督每类工作或活动所必需的职权授予各个管理层次、各部门的主管人员，以及规定上下左右的协调关系；根据组织内外诸要素的变化，不断地对组织结构作出调整和变革，以确保组织目标的最终实现。具体来说，组织的职能有以下四个方面的内容：设计并建立组织结构；职权分配与授权；人员配备与人力资源开发；组织协调与变革。

2. 组织的作用

（1）有利于形成新的生产力。组织能够形成人的协作，协作可以产生新的生产力和工作效率，形成人们劳动时空排列的有序化，使人们增长知识、技能以及互相间产生激励等，客观上推动生产力的进步。

（2）有利于形成企业文化。人们在共同的企业活动中，在相互沟通、认同的基础上，会形成共同的价值观、信念和行为准则，也就是通常意义上的企业文化。企业文化是企业的黏合剂，会凝聚起企业中所有人员对企业的向心力，对企业乃至对整个社会都能发挥积极的影响作用。

（3）有利于满足组织成员的各种需要。人们的需要是多层面的，既有物质需要，又有精神需要，如归属的需要、友谊的需要、获得尊重和权利的需要等。健全的组织管理是满足企业整体需要和组织成员各自需要的有效手段，是企业活力及经济和社会效益的决定性因素之一。

（三）组织的特征

在现实生活中，并不是所有的实体都是组织。一个实体之所以能称为组织，必须具备以下三个共同的特征：

第一，组织起源于共同的目标。任何组织之所以会存在，之所以能够将许多具有个人独立意志的人聚集在一起，就是因为组织拥有一个所有组织成员都希望达到，但却以他们个人的能力又无法实现的共同目标，进而根据组织目标的不同性质，可以判定某个组织的性质，根据组织目标的实现情况，可以分析某个组织运行的状况。可以说，目标是标志一个组织存在价值和运作状况的生命线。

第二，组织都由一定数量的人组成。组织最明显的构成要素就是人，而且是一定数量的人。没有人或者只有一个人，都不会被认为是一个组织。组织中所有其他的要素都是为人服务的。比如，建筑物是人工作的场所，设备是人工作的工具，服装是人工作时的标志或保护手段，盈利是人工作的成果，它们都是为了人的、从属人的。它们对某些组织是必要的，但对另一些组织则是可有可无的。而人，一定数量的人，则是任何组织都必须有的，是构成组织的“原子”和必备因素。

第三，组织是一定的人际关系系统。任何组织要实现它的目标，就必须规范组织中的人际关系，通过一定的专业分工与协调配合，使组织成为一个统一运作的有机整体。组织都会派生出相应的系统性结构，用以控制和规范组织成员的行为，形成一定的人际关系氛围。例如，制定规则，建立规章制度，编写职责与职权，向组织内的成员说明应该做什么，由谁来做，相互之间如何协调配合等。所以，组织是由人群组成的、具有明确的共同目的和系统性结构的实体。

（四）组织的变革和创新

如今的时代是一个“不创新，则灭亡”的时代，企业组织要成功地开展竞争，就必须不断地创造新的产品或服务。企业组织的创新不是一两个企业管理者的任务，对于企业来说，最重要最关键的是要有一个能够激发创新力的组织。一般来说，有三类因素可用来激发组织的创新力。它们是组织结构、组织文化和组织的人力资源实践。

1. 结构因素

根据大量研究，我们可以总结出结构因素对创新作用的三个结论：① 有机式结构对创新有正面影响。有机式结构因其纵向变异、正规化和集权程度低，从而可以提高组织的灵活性、应变力和跨职能工作的能力，从而使创新更容易得到采纳。② 拥有富足的资源能为创新提供另一重要的基石。因为企业有了充足的资源才能投下巨资进行创新并承受失败的损失。③ 单位间的密切沟通有利于克服创新的潜在障碍。

2. 文化因素

充满创新精神的组织文化通常具有如下特征：接受模棱两可，过于强调目的性和创造性会限制人的创造性；容忍不切实际，乍看起来不切实际的东西往往可能带来问题的创新性精神；外部控制少，组织将规则、条例、政策这类控制减少到最低限度；接受风险，组织员工大胆试验，不用担心可能失败的后果；容忍冲突，组织鼓励不同的意见；注重结果甚于手段，提出明确的目标后，个人被鼓励积极探索实现目标的各种可行的途径；强调开放系统，组织时刻监控环境变化并快速做出反应。

3. 人力资源因素

有创造力的组织要积极地对员工进行培训，以保持其知识的更新；它给员工提供生活保障，以减少他们因犯错误而遭解雇的顾虑；组织要鼓励员工成为革新能手。

二、组织管理理论

(一) 组织管理的定义和理论基础

组织管理，就是运用组织的权力，通过协调组织内部的人力、物力、财力和环境等资源，实现组织共同目标的活动和过程。组织管理的终极目的是实现组织的共同目标。组织的共同目标也是组织活动的基础。从本质上讲，组织管理就是将组织能够利用的各种信息和资源协调为一个可以达到共同目标的动态过程。而实现组织共同目标的根本手段或途径是提高组织工作的效率。因此，有时人们也把组织管理的直接目的视为提高工作效率。如工厂的管理，主要是通过增加产品生产、提高产品质量、降低成本的形式表现出来。机关事业单位的管理通过克服官僚主义、提高办事效率予以体现。

组织管理理论是以社会组织为研究对象而形成的知识体系，是一门综合性的应用科学，它的理论来源包括经济学、哲学、社会学、行为科学、心理学、人类学、政治学、数学、统计学等学科。同时，在组织管理实践中获得的经验也是组织理论的重要来源。组织理论的主要内容包括：组织的目标系统、组织的环境与界限、组织结构、组织行为、组织的群体动力学、组织成员的激励、组织的管理过程、组织的战略、组织的变革和发展等。

(二) 组织管理理论的发展

虽然社会组织在人类社会发展中早已存在，但组织理论的形成与发展是从 20 世纪初开始的。因为自 19 世纪以来，功能各异、规模庞大和结构复杂的社会组织成为人类群体生活的普遍形式。组织理论的发展大致经历了四个发展阶段：

1. 科学管理阶段

这一阶段组织理论的发展有两个主要成果，即以泰勒为代表的企业管理理论和以韦伯为代表的行政管理理论。这一阶段在理论上的主要特点是：为了寻求组织的效率与合理化，在方法上强调建立一套正式的标准化规则，用以指导组织及其成员的活动。他们的理论核心来源于英国古典经济学的“经济”观点。代表人物为美国的F.W·泰勒、法国的H·法约尔、德国的M·韦伯、美国的L·久利克、英国的L·厄威克等。

2. 行为科学阶段

行为科学理论认为组织成员是具有多种需要的“社会人”，组织中存在着非正式结构。满足人的多种需要并建立良好的人际关系，发挥组织成员的创造性，是提高组织效率的重要因素。这一阶段的组织理论深入研究了非正式结构，人的需要和动机、个性以及领导方式等问题。代表人物为美国的G.E·梅奥、F·赫茨伯格、R·布莱克和J.S·穆顿等。

3. 当代组织理论

当代组织理论继承了科学管理理论和行为科学理论的优秀成果，并且有了新的发展。它的发展受到系统科学的很大影响，其主要特点是将组织看成一个开放的系统，认为组织目标的实现和组织效率的提高取决于各要素之间的关系。主要理论有以美国的C.I·巴纳德为代表的社会系统理论，以H.A·西蒙为代表的决策理论，以F.E·卡斯特为代表的系统与权变理论，以P·德鲁克为代表的经验主义理论和以E.S·巴法为代表的管理科学理论。

4. 创新组织理论

（1）虚拟组织。虚拟组织是指两个以上的独立实体，为迅速向市场提供产品和服务、在一定的时间内结成的动态联盟。虚拟组织的主要特征：一是虚拟组织具有较大的适应性，在内部组织结构、规章制度等方面具有灵活性；二是虚拟组织可以共享各成员的核心能力；三是信任是虚拟组织最重要的特征和核心内容，也是虚拟组织建立和运行的前提。

（2）学习型组织。学习型组织是指培养整个组织的学习氛围，以充分发挥员工的创造性思维能力，从而建立起来的一种有机的、高柔性的、扁平的、符合人性的、能持续发展的组织。学习型组织的主要特征：一是拥有终身学习的理念和机制，重在形成终身学习的步骤；二是建立多元回馈和开放的学习系统，重在开创多种学习途径，运用各种方法引进知识；三是形成学习共享与互动的组织氛围，重在组织文化建设；四是具有实现共同愿景的不断增长的学习力，重在共同愿景时学时新；五是工作学习化使成员活出生命的意义，重在激发人的潜能，提升生命的价值；六是学习工作化使组织不断创新发展，重在提升应变能力。

（3）创新型组织。创新型组织是指组织的创新能力和创新意识较强，能够源源不断地进行技术创新、组织创新、管理创新等一系列创新活动。彼得·德鲁克在谈到创新型组织时说：创新型组织就是把创新精神制度化而创造出一种创新的习惯。创新型组织的主要特征有：一是人人都是创新的责任人；二是员工的贡献大小要由他为整个知识创新系统提供的信息的重要程度来决定；三是在创新知识的过程中同层级的人承担着不同的责任。

（4）战略联盟。战略联盟就是两个或两个以上的企业或跨国公司为了达到共同的战略目标而采取的相互合作、共担风险、共享利益的联合行动。战略联盟是多元化途径和战略之一。由于产品的特点、行业的性质、竞争的程度、企业的目标和自身优势等因素的差异，企业间采取的战略联盟形式可分为“对称联盟”“非对称联盟”和“互补联盟”。战略联盟的特征主要有：一是组织的松散性、行为的战略性；二是合作的平等性；三是合作关系的长期性；四是整体利益的互补性；五是管理的复杂性。

三、组织管理的原则

实现有效的组织活动，必须加强组织管理；实现有效的组织管理，必须遵循管理的一般原则。管理原则是指管理者进行管理工作必须遵循的基本准则和要求，是对管理规律的总结和概括，是管理理论的重要组成部分。从动态的角度来看，管理是不断创新的，创新是管理的灵魂。因此，管理原则是灵活的，不是绝对的；是一般的，不是特殊的。管理原则的灵活性是指在具体运用管理的一般原则时，要与具体的环境结合起来；管理原则的一般性是指具有普遍的适用性，无论条件如何变化和特殊，它们都是适用的。

（一）任务目标原则

任何组织都有特定的任务和目标，每个组织及其组成部分，都应当与这一目标相关联；组织的调整、增加、合并或取消，都应该以能否实现目标为标准。做到分工合理，协作明确。每个部门及员工的工作范围、相互关系、协作方法、权力责任等，都应有明确规定。

（二）精干高效原则

组织管理不仅要保证企业各类资源得到充分利用，而且要保证企业组织决策和实施的速度，能较快地对市场的需求做出反应，在竞争中取得主动权。因此，机构精简，队伍精干，是组织联系和运转的要求。精干高效原则包括精简机构、减少层次和精简人员、实行合理编制定员两个方面。精干不等于人员和层次越少越好，而是不多不少，一层顶一层，一个顶一个，保证需要最好。

（三）分工协作原则

现代组织管理工作量大、专业性强，分工和协作是密不可分的统一体。当前存在的主要问题有分工不当，分工过细，互相推诿、办事效率低下等。解决上述问题的思路是：实行系统管理，领导要抓大放小，把工作性质相近或关系密切的部门归类，然后由专职领导或部门统一管理。同时，设立临时或常设机构，加强协调工作。对那些需要很多部门配合才能完成的综合性工作，要定期召开例会，对一些管理中不经常发生的重大问题，可以组织临时专门工作小组，吸引有关人员参加，任务完成后就立即解散。此外，还要加强管理制度的标准化，完善规章制度，明确责任。

（四）统一指挥原则

在任何组织中，只有当组织结构完全符合统一命令要求，即每一个上级清楚地了解对他负责的下级，以及每个下级知道向哪一个上级汇报工作，组织目标才有可能实现。要把组织建成一个有机的整体，组织的规模越大，内部分工就越要求合理，统一的原则就显得越重要。当前应当注意的问题是：首先，要防止令出多门。一个下级应当只对一个直接上级负责，一个上级只能向自己的直接下级发布命令，要防止多重领导造成的指挥混乱。其次，不能越级指挥。上级不能跳过一级或同级中间层次的主管去直接指挥他们的间接下级，否则会破坏正常的管理指挥权力链。最后，使各部门与整个组织保持相对的独立，处理好统一性与独立性的关系。

（五）管理幅度与管理层级适度原则

管理幅度（或称管理宽度、管理跨距、控制界限、管理跨度）指平均每位干部管理下属员工的数量配备。管理层级指最高管理者到最基层员工之间设了几层机构。管理幅度与管理层级是对应的关系：管理幅度越大，管理层级就越少；管理幅度越小，管理层级就越多。管理者由于精力有限，有效管理幅度要受到一定的限制。管理幅度过小，造成越级指挥、多头指挥、越权指挥；管理幅度越宽，对干部素质要求越高，虽可降低管理中间层次，但管理幅度超过一定的范围，势必导致管理人员负担过重，无法对下属人员施加必要的监督和有效的指导，从而影响工作效率。

（六）责、权、利相结合原则

责、权、利相结合是现代组织实现有效管理的基本保证，其具体要求是：职务要实在，责任要明确，权力要恰当，利益要合理。职权或职责不清将使工作发生重复或遗漏、推诿现象，易使员工产生挫折感。有权无责或权大责小就很容易产生瞎指挥、滥用权力的官僚主义；有责无权或责大权小就会束缚管理人员的积极性、主动性和创造性，使组织缺乏活力。因此，在组织中，碰到有虚设高职位者，一定要适当修改其职位的职权与职责，将其岗位的原有重要职权与职责高明地转嫁到实干者的职位身上。

（七）有效激励原则

组织的一切活动都要依靠人去进行，组织员工的积极性是组织稳定和发展的基础。而组织的稳定首先是人员和人心的稳定。员工的积极性在很大程度上取决于组织的管理质量，如员工有无参与民主管理，人员安排是否合理，责任是否明确，制度是否合理，授权是否得当，奖罚是否分明，个人的自我价值能否实现，员工的生活是否丰富多彩等。可以说，组织效能的优劣已成为能否调动职工积极性的主要因素。

（八）执、监分设原则

监督要公正、客观，必须不直接参与执行，对执行的结果不承担责任。执行与监督合二为一，等同于自我监督，监督的功能消失。组织应该把管理的执行机构同监督检查机构分开设置，不应合并为一个机构。执行和监督原本是有矛盾的，必要的监督和制约，有利于暴露矛盾和解决矛盾；把执行与监督合在一起的做法，只能遮盖矛盾，不利于解决问题，削弱了监督的职能。执行与监督分开之后，还应注意的问题是监督部门要转变观念，树立将单纯的检查、监督功能转变为服务的思想观念，监督人员既要当好监督员，又要当好宣传员。要加强对执行部门的信息反馈和技术指导工作，帮助执行部门提高工作质量。

第二节 电子商务组织结构

伴随着电子商务的不断开展，传统的企业组织结构已经不再适应电子商务环境的需求，出现了种种不和谐之音。因此，在电子商务环境下，企业组织结构必然要经历变革和创新以适应未来企业的发展需求。本节主要介绍传统企业的组织结构模式、电子商务组织结构的特点，并在上述理论的基础上，概括总结传统企业组织结构与电子商务组织结构的区别。

一、传统企业的组织结构

（一）企业组织结构概述

企业组织结构是指企业全体员工为实现企业目标而进行的分工协作，在职务范围、责任、权力方面所形成的结构体系。该结构体系包括职能结构、层次结构、部门结构和职权结构。

随着市场交易的内部化发展，客观上要求企业建立一个有效的、较发达的层级组织，以防止由于行政协调机制无效而造成的资源配置不合理的状况。企业管理没有什么普遍适用的、最好的管理理论和方法，而应该根据企业所处的内部条件和外部环境权宜应变、灵活掌握。权变理论将企业看作一个开放的系统，究竟应采用何种组织结构，应视企业具体情况而因地制宜，不可能有普遍适用的结构模式。赫里格尔和斯洛坎姆根据外部环境和内部选择两方面因素，将传统的企业组织结构分为高度集权制、直线职能制、矩阵组织制、多分部制（又称事业部制）及分权组织管理、矩阵管理等类型。但随着经济的不断发展以及经济全球化趋势的不断推进，传统组织结构遭遇了越来越多的挑战，这种挑战不仅来自管理理论研究领域，也来自管理的实践应用。

（二）典型的传统企业组织结构模式

1. 直线式组织结构

直线式组织结构取得显著地位的原因是它符合工业时代的许多需求。直线制组织结构具有的四大特征大致如下：一条指挥的等级链；职能的专业化分工；权力和责任的一贯性政策；工作的标准化。

直线式组织结构创造了一种制度，这种制度能够有效地管理大量投资、劳动分工和资本主义大规模机械化生产。专业化分工使得组织的每一项任务，都能得到一个有效的工作解决方法。直线制组织结构的组织通过一贯性的规则和政策来管理，这些规则和政策由公司董事会和管理部门制定。在直线式组织结构中，上司负责其管辖范围内所有雇员的行动，并且有权下达雇员无条件服从的命令。雇员的首要职责是立即按照上层领导的命令去做，而不该去考虑什么是正确的或者什么应该做。通过组织任务分工、制度管理决策以及制定一种程序和一套规则使各类专家可以齐心协力地为一个共同目标努力。

直线式组织结构形式的优点是权力集中，职权和职责分明、命令统一，信息沟通简捷方便，便于统一指挥、集中管理。不过，这种组织结构的显著缺点是：各级行政首脑必须熟悉与本部门业务相关的各种活动（尤其是最高行政首脑，必须是全能管理者）；缺乏横向的协调关系，没有职能机构作为行政首脑的助手，容易使行政首脑产生忙乱现象。所以，一旦企业规模扩大，管理工作复杂化，行政首脑可能由于经验、精力不及而顾此失彼，难以进行有效的管理。

2. 职能式组织结构

在职能式组织结构中，组织从上至下按照相同职能将各种活动组织起来。职能式组织结构有时候也被称为职能部门化组织结构，因为其组织结构设计的基本依据就是组织内部业务活动的相似性。职能式组织结构的一个优势在于其鼓励职能部门的规模经济。规模经济是指组合在一起的员工可以共享一些设施和条件。职能式组织结构的主要劣势是对外界环境变化的反应太慢，而这种反应又需要跨部门的协调。如果环境变化快，或者技术是非例行、相互依存的，则会出现纵向决策信息超载、高层决策缓慢的现象。在这样的组织，大家习惯眼睛向上看，等待高层决策，而缺少横向联系和自主解决问题的意识。同时，职能式组织结构的缺点还有：由于协调少导致缺乏创新，每个职员对组织目标认识有限。因此，当企业组织的外部环境相对稳定，而组织内部不需要进行太多的跨越职能部门的协调时，这种组织结构模式对企业组织而言才是最为有效的。对于只生产一种或少数几种产品的中小型企业组织而言，职能式组织结构不失为一种最佳的选择。

3. 直线—职能式组织结构

直线—职能式组织结构，是以直线制为基础，同时在各级行政领导下，设置相应的职能部门，即在直线制组织统一指挥的原则下，增加了参谋机构。直线—职能式组织结构模式适合于复杂但相对来说比较稳定的企业组织，尤其是规模较大的企业组织。复杂性要求企业的管理者有能力识别关键因素，并能评价它们对企业经营业绩的影响，同时还能充分考虑到它们之间的相互关系。如果这些因素是相对稳定的，而且对经营的影响是可以预知的，直线—职能式组织结构模式则是相对有效的。直线—职能式组织结构模式与直线制组织结构模式相比，其最大的区别在于更为注重参谋人员在企业中的作用。直线—职能式组织结构模式的最大特点是既保留了直线制组织结构模式的集权特征，又吸收了职能式组织结构模式的职能部门化的优点。

4. 事业部制组织结构

事业部制最早是由美国通用汽车公司总裁斯隆于1924年提出的，故有“斯隆模型”之称，也叫“联邦分权化”，是一种高度（层）集权下的分权管理体制。它适用于规模庞大、品种繁多、技术复杂的大型企业，是适合较大的联合公司所采用的一种组织形式。事实上，在企业组织的具体运作中，事业部制又可以根据企业组织在构造事业部时所依据的基础不同区分为地区事业部制、产品事业部制等类型。通过这种组织结构可以针对某个单一产品、服务、产品组合、主要工程或项目、地理分布、商务或利润中心来组织事业部。地区事业部制组织结构以企业组织的市场区域为基础来构建企业组织内部相对具有较大自主权的事业部门；产品事业部制组织结构则依据企业组织所经营产品的相似性对产品进行分类管理，并以产品大类为基础构建企业组织的事业部门。

5. 分权化组织结构

分权化组织结构包括联邦分权化组织结构与模拟分权化组织结构两种类似的组织结构形式。联邦分权化组织结构是在公司之下有一群独立的经营单位，每一单位都自行负责本身的绩效、成果以及对公司的贡献，每一单位具有自身的管理层。联邦分权化组织的业务虽然是独立的，但公司的行政管理却是集权化的。模拟分权化组织结构是指组织结构中的组成单位并不是真正的事业部门，而组织在管理上却将其视为一个独立的事业部；这些“事业部”具有较大的自主权，相互之间存在供销关系等联系。分权化组织结构的优点在于可以降低集权化程度，弱化直线制组织结构的不利影响；提高下属部门管理者的责任心，促进权责的结合，提高组织的绩效；减少高层管理者的管理决策工作，提高高层管理者的管理效率。联邦分权化组织要求有一个强有力的核心管理层，核心管理层将只负责对重大事务的决策。模拟分权化组织结构虽然具有一定的优点，但并不满足所有的组织设计规范。对模拟分权化组织而言，雇员的高度自律是必要的。

6. 矩阵制组织结构

矩阵制组织结构是为了改进直线职能制横向联系差，缺乏弹性的缺点而形成的一种组织形式。它的特点表现在围绕某项专门任务成立跨职能部门的专门机构上，例如组成一个专门的产品（项目）小组去从事新产品开发工作，在研究、设计、试验、制造各个不同阶段，由有关部门派人参加，力图做到条块结合，以协调有关部门的活动，保证任务的完成。这种组织结构形式是固定的，人员却是变动的，需要谁，谁就来，任务完成后就可以离开。项目小组和负责人也是临时组织和委任的，任务完成后就解散，有关人员回原单位工作。因此，这种组织结构非常适用于横向协作和攻关项目。矩阵制组织也可以称为非长期固定性组织。矩阵制组织结构模式的独特之处在于将事业部制与职能制组织结构特征的同时实现。矩阵制组织结构的高级形态是全球性矩阵组织结构，根据战略管理学家查理士·希尔及葛利士·约翰的观点，这种组织结构方式，可以使公司因为效率提高而降低成本，同时，也因较好的创新与客户反应，而使其经营具有差异化特征。

二、电子商务的组织结构概述

（一）电子商务的组织结构特点

1. 企业组织结构团队化

企业组织结构团队化是指企业组织是由具有不同方面专长的员工构成的，针对特定的工作任务或流程而产生的，并具有监督、激励、约束等职能的工作团队。跨职能工作团队直接面向工作任务而产生，实施自我管理，它取代层级组织结构成为电子商务企业中组织结构的基础。跨职能工作团队具有反应快捷性。

电子商务中，消费者通过网络在线描述对产品的特殊要求，传统的企业层级组织结构无法适应这种快捷化的需求，而跨职能工作团队则可以针对消费者需求，组织团队成员共同分析市场需求，共同研究开发，共同组织生产。跨职能工作团队能够适应多样化的需求。电子商务中，大规模生产逐渐被大规模定制取代，生产企业不得不面对消费者个性化、多样化的需求，传统的组织结构难以适应这一变化。而各个工作团队则可分别对消费者的多样化需求做出反应，按照消费者的要求进行研究开发。跨职能工作团队具有管理上的高效率。跨职能工作团队直接接受决策层领导，团队成员有相当程度的决策和选择自由，管理职能从控制转向支持，从监督转向激励，从命令转向指导，具有较低的管理成本和较高的管理效率。

2. 企业组织结构扁平化

企业组织结构扁平化，就是通过破除公司自上而下的垂直高耸结构、减少管理层次、增加管理幅度、裁减冗员来建立一种紧缩的横向组织，将组织结构形态由原来的金字塔形向网络型大森林转化，达到使企业变得灵活、敏捷、富有弹性和创造性的目的。

传统的组织结构中，组织决策层与作业层之间存在庞大的管理中层。一方面在信息处理能力有限的情况下，管理中层负责信息的收集与传递，起到信息“中转站”的作用。另一方面则因为管理跨度有限，管理中层负责对操作层人员的监督与控制。电子商务则使传统组织结构中的管理中层失去了存在的基础，企业成为高效的扁平化组织。这是因为电子商务技术的发展使信息处理效率提高，电子商务技术的发展使管理人员的管理效率提高，管理中层的作用不再明显，并逐渐开始消失。

3. 企业组织结构柔性化

企业组织结构柔性化是指以一些临时性的、以任务为导向的团队式来取代以前一部分固定正式的组织结构，其目的是使企业能快速有效地围绕目标与任务合理配置并充分利用各种资源，增强对环境动态变化的适应能力。

信息技术的高速发展促成了信息和知识在企业职工之间共享，纵横交错的信息渠道造就了柔性化的企业组织结构。柔性化的企业组织结构是一种通过减少管理层次、精简管理职能机构、优化人力资源配置而建立起来的一种富有弹性的新型团体组织。柔性化的企业组织结构是一种静态构架下的动态组织结构。在柔性化的企业组织结构下，具有不同知识的人分散在多层网络状的企业组织形式中，加速知识和信息的交流和共享，发挥知识产品互补相乘的正向外部效应，显著提高组织的绩效。柔性化的企业组织结构既可以降低企业管理的协调成本，也大大提高了企业对市场的反应速度，提高了用户满意度，因而具有较强的灵活性和适应性。

4. 企业组织结构网络化

企业组织结构网络化，是指随着网络技术的发展，企业进行市场交易的费用越来越低于企业内部的管理协调成本，则企业更倾向于以拥有核心技术或设计能力的企业为核心，通过契约或控股形式，利用高技术信息手段整合优势资源，与具有原料供应、生产制造、销售等功能的企业形成产、供、销契约协作网络。

在电子商务时代，企业组织结构网络化是企业生存发展的必然选择。企业组织结构网络化，使企业内部决策的层次减少、管理的幅度增加，提高了专业化生产水平和核心能力，并且决策越来越适应客户的需求，既增加了企业运行的效力和活力，又避免了工业经济时代常规运行中基础设施和固定成本的投入，从而降低了企业的运行成本。

5. 企业组织结构虚拟化

企业组织结构虚拟化是指企业只保留规模较小但是具有核心竞争力的部门，而依靠其他组织以合同为基础进行制造、分销、营销或其他业务的经营活动。

按照德国经济学家 H. J. Bulliger 的解释：“虚拟企业是这样一种网络组织，由于信息技术和通信技术的高度发达，企业之间的合作关系突破了传统的合作关系，而通过网络，应用信息技术和通信技术进行分散的互利的合作，一旦合作目的达到，合作关系便宣告解除，因此这是一种暂时的、跨越空间的合作形式。”由此可见，虚拟企业正是以信息技术和通信技术为基础，依靠高度发达的网络将供应企业、生产企业、消费者甚至竞争对手等独立的企业连接而成的临时合作网络，其目的是共享技术，分担费用，联合开发。电子商务的兴起、信息技术的发展，使企业组织之间的交易成本、协调成本大幅降低。尽管电子商务技术在一定程度上有助于改善企业组织内部的低效率，但无论从技术上还是从经营上来说，低效率的企业组织让位于市场交易既是可能的，也是必要的。而市场竞争的激烈，消费者需求的多样化与快捷化使企业组织的协作成为确立竞争优势的手段。因而，虚拟企业成为企业组织结构演进在电子商务下的必然产物。

6. 企业组织结构无边界化

企业组织结构无边界化主要包括两方面的内容：一是在组织内部减少各部门之间的界限；二是消除企业与客户及供应商之间的外部障碍。企业组织结构无边界化是为解决传统组织结构模式的问题而产生的，它并不是盲目地指企业、企业内部的无序化，而是打破了各部门的界限，从整体角度来组织活动的想法。另一方面，电子商务的远程办公方式在一定程度上突破了企业在物理空间上的界限，模糊了企业边界，使企业变得无边界。

无边界化的实现建立在前面五个趋势的基础之上，即企业实现了团队化、扁平化、柔性化、网络化、虚拟化的同时，企业的无边界化才有可能。电子商务时代，企业的组织结构模式无须再沿袭传统的固定模式和金字塔形模式，企业更具有自由度，可以依据企业自身的特点发展组织模式，实现电子商务远程办公、部门之间的无边界，更好地发展企业业务。

（二）电子商务组织结构与传统组织结构的区别

传统层级组织结构是建立在亚当·斯密分工理论基础之上的，其部门之间分工明确，形成了金字塔形组织结构。这种建立在专业化分工基础上的金字塔形组织结构在工业革命时期的专业化、标准化生产或重复性工作中发挥了巨大的作用。但这一结构的弊端也随着经济的发展越来越明显，如各职能部门之间缺乏快速统一的沟通协调机制；森严的等级制度极大地压抑了员工的主创精神；信息沟通渠道过长，容易造成信息失真以及由不相容目标所导致的代理成本增加，决策者也无法做出快速反应。层级组织结构最终导致了企业服务把顾客抛在一边和严重的企业官僚主义的产生，这些都不利于企业的进一步发展。

在电子商务环境下，企业的经营管理具有全球性、平等性、共享性、知识性、虚拟性、创造性、自主性等特征，企业间的竞争已进入了无边界的竞争时代。在这种环境下，企业竞争的焦点都集中于创新能力、反应速度、定制化产品、客户化服务等方面，组织的管理“速度”成为关键砝码，这就需要能适应快速变化环境的组织结构。表 4-1 比较了传统各种企业组织结构模式和电子商务组织结构模式的特点。

表 4-1 传统各种企业组织结构模式和电子商务组织结构模式的特点比较

组织结构模式	特点	适用企业类型
直线式组织结构	命令统一，权责明确； 权力集中，缺乏横向联系	小型组织 简单环境
职能式组织结构	高专业化管理，轻度分权； 多头领导，权责不明	中小型企业 专业化组织
直线—职能式组织结构	命令统一，积极参谋； 直线与参谋冲突，缺乏灵敏度	大中型企业 稳定组织
事业部制组织结构	有利于回避风险，加强专业管理； 资源利用率低，企业内部缺乏沟通	大中型、 特大型企业
分权化组织结构	权责一致，中度分权； 沟通效率低，员工素质要求高	高度规模、 集中型企业
矩阵制组织结构	反应灵敏，高效工作； 组织不稳定，多头领导	协作型组织； 复杂型组织
电子商务组织结构	反应迅速，信息共享，虚拟合作	未来企业发展需求

第三节 电子商务组织形态

组织形态与组织结构是不同的两个概念。组织结构主要从横向角度去考虑企业的组织，而组织形态主要是从纵向角度去思考企业的组织。本节主要介绍电子商务组织形态的发展过程，同时分析电子商务组织形态发展的因素，最后重点介绍主要的电子商务组织形态——虚拟企业和去中心组织。

一、组织形态的发展

企业组织形态的演进经历了一个由简单到复杂、由低级到高级的过程，在这个过程中，劳动力作为基本生产要素的作用或地位日益受到重视，组织建设也日益完善，并将随着时代的进步而继续其演进的步伐。大致来说，企业组织形态经历了以下几个阶段，如图 4-1 所示。

（一）家庭形态

组织成员由家庭（族）成员构成，成员与组织之间以血缘关系为纽带。按长者为大的原则，长辈及德高望重者成为组织的领导者；按长子为大的原则，依次组成组织的层级关系。在组织内部，大家共同占有生产资料，共同劳动，并共同分享劳动所得。成员与成员之间、成员与组织之间受着较严格的道德伦理约束，大家共同遵守道德伦理，形成一个利益共同体。

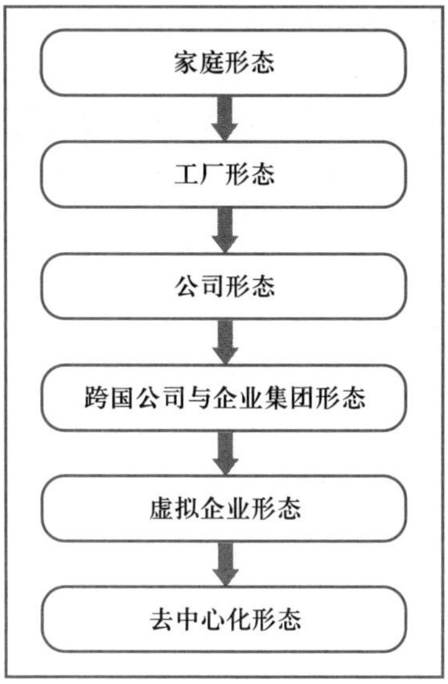

图 4-1　企业组织形态发展过程

（二）工厂形态

随着生产工具的改进和机器的出现，大量的劳动力涌入企业，成为工人，原有的家庭型组织被打破：组织成员不限于家庭（族）成员，更多的是外来的劳动者，他们与组织之间形成一种契约关系。组织领导者也不再由长辈担任，而是由投资者个人或合伙人担任，这是资本所赋予的权力。自此，资本作为权力的代表开始在组织中占据主导地位。所有者与劳动者之间的雇佣关系形成一种新的层级关系，但也仅限于老板与员工这样的简单层级。由于在占有生产资料上的差异，成员不再分享组织成果，而是被赋予有差别的待遇，也就是泰勒时代的计时（或计件）工资。除此之外，一般成员不再享有其他形式的分配权利。工场形态的组织不再靠道德伦理来约束组织成员，契约合同成为一种新的凝聚手段。

（三）公司形态

公司形态区别于工厂形态的一个重要特征就是所有权和经营权相分离。所有者不一定要成为组织的领导者，代表知识与智慧的职业经理人开始在组织中扮演越来越重要的角色，他们与代表资本的所有者之间形成了一种新的关系——委托代理关系。随着组织规模的扩大，组织能力逐渐增强，组织任务也逐渐多元化，因此，组织的层级也逐渐趋于复杂化，出现了高层、中层、基层的管理者，分别行使职责不同、权力不一的管理职能。在分配上也不再实行单一的差别工资制，而是与生产活动有关的资本、技术、劳动力等生产要素也开始参与分配，呈现出分配上的多样化。也不再靠契约合同凝聚组织成员，而是通过较完善的组织制度、相对合理的薪酬制度来实现，这种薪酬制度会根据成员的某些个体特征为组织所带来的贡献给予适当的奖励，同时也考虑到成员的某些个性化需求。自公司形态开始，人性的东西逐渐纳入了组织凝聚关系的范畴。

（四）跨国公司与企业集团形态

在科学技术进步的推动下，企业规模不断扩张，资源与产品都要求在更大的范围内流通和配置，经济全球化趋势加强，于是出现了跨国公司和企业集团。这些公司或企业集团虽然所占的企业数百分比很小，却占很大部分的国民产出。跨国公司和企业集团是一个包括多产出、多环节、多功能的复杂的企业组织形态，是组织形态演变的高级阶段，是横向和纵向联合、多样化经营的结果。

（五）虚拟企业形态

20 世纪 90 年代以来，出现了以现代化信息技术为技术推动的、以动态联盟为主要形式的、以电子商务为发展方向的虚拟企业形态。虚拟企业、电子商务企业和企业的电子商务化都是这一阶段发展的产物。

（六）去中心化形态

在互联网时代追求客户的极致体验，平台化和生态化成为组织的发展趋势，要真正实现以客户为中心，实现企业前端和后端对客户需求和市场变化的快速响应，这就需要对传统的企业组织进行去中心化变革，从而形成去中心化组织。

二、组织形态演进的因素分析

（一）内因分析

资本的增值性是组织形态演进的内在动力。在家庭形态下，共创共有的所有制形式和分配方式使组织成员之间没有太多的差别，相亲相近的血缘关系使资本的增值要求还处于一种非理性的状态下。但是，随着生产机器的出现，生产效率得到了空前的提高，使得资本增值的空间和范围一下子拓宽了，因而扩大了对劳动力和生产资料的需求。外来雇佣者的加入改变了组织成员的原有构成，带来了基于契约关系的雇佣关系。组织的领导者同时也是资产的所有者，他要亲自管理自己的企业，管理雇佣的工人，形成简单的层级关系和较单一的分配方式。

随着组织规模的进一步扩大，组织的能力得到进一步提高，组织的目标也开始呈现多元化发展，客观上为资本的进一步扩张提供了有利的空间。为了更好地管理资本，满足资本增值的要求，作为独立于资本之外的职业经理人出现了，从而开始了资本对知识的雇佣时代，两权分离这种新型的委托代理关系也随之出现。两权分离一方面使所有者从企业的日常经营中解脱出来，有更多的时间考虑资本的投资与发展方向，另一方面使经营者能够专注于企业的经营管理，实现既投资本的有效利用和最大增值。

但是，资本增值的需求一刻也没有停止。随着竞争的多元化发展，企业组织的竞争意识开始转移，越来越多的企业开始自觉地承担起社会责任并不失时机地回报社会，而这些企业家的善行总能受到追捧，一时成为美谈。然而，企业家的品德并不是内生的或与生俱来的，而是企业发展到一定阶段时需要对企业施加影响和实施控制时自然而生的，是组织凝聚资源、赢得竞争的重要载体，是资本增值的一种重要手段，其目的是实现股东长期利润的最大化。

同样，当代组织形态中提出的人本思想也是资本异化过程中的内在要求。在经历了农业经济的“以物为本”、工业经济的“以资为本”后，组织越来越感觉到人的重要性远胜于“物”与“资”，只有“人”才是资本增值的根本动力。无论是科学技术的创造或发明，还是科技成果转化为生产力，人都是这些过程中的主导因素，因此，组织在其演进过程中，不得不暂时搁置“以资为本”，而将“以人为本”摆在优先考虑的位置。

（二）外因分析

知识力量的崛起是组织形态演进的外因之一。伴随着科学技术的进步和人类认识能力的提高，机器开始取代手工生产，大量的劳动者走向工厂，成为工人。当组织规模扩大给资本的扩张带来巨大的发展空间，需要对资本实行专业化管理时，职业经理人的适时出现又从客观上为这种专业化管理提供了智力支持，使两权分离有了实现的保障。同样是由于知识的力量，资本所有者不得不重视人在企业组织中的作用，于是出现了分配方式的多样化、组织制度的人性化和企业管理的人本化。这一系列的变化，无非是要满足人的特定需求，调动组织中人的积极性、主动性和创造性，使人尽其才，充分挖掘人的潜能来为组织服务。

另外，组织所处的历史条件和环境对组织形态的演进也起着推动作用。当组织形态从家庭向工厂转化时，也正是由皇权主导开始走向民权主导的时期，随后世界范围内的民主革命使广大劳动走向了维护人权、争取民主的道路，民权、人权和民主思潮的不断涌现，使人的思维从皇权的束缚中解放出来，成为雇佣工人。但正如马克思在《资本论》第一卷第 3 至 6 章中所说，“工人出卖的是肌肉，不是人格”。于是把人视为机器的组织形式已不可能再适应历史环境发展的要求，因此，公司形态取代了工厂形态。当组织发展到现在所处的阶段，社会和法律又对企业组织提出了新的要求，如环保、扶贫、教育等问题。社会和法制在呼唤企业的社会责任，这是历史性的责任、时代的要求，任何组织都不可能无动于衷。

三、电子商务组织形态概述

（一）虚拟企业

1. 虚拟企业概述

自 20 世纪 60 年代以来，企业所处环境发生了根本性的变化：顾客的需求日趋多样化和个性化，技术进步突飞猛进，市场竞争更加激烈。在这种情况下，企业的竞争优势已经不仅仅取决于产品的质量、价格、售后服务等因素，而在很大的程度上取决于企业本身是否具有快速的市场响应能力，即是否具有足够的组织柔性和生产柔性。加之知识经济时代的到来，带来了人类生产力水平的质的飞跃，导致 19 世纪末 20 世纪初形成的以大规模、大批量、单功能的刚性生产为基本特征的传统企业经营模式滞后于时代的发展，无法快速响应市场变化，阻碍了生产力的进一步提高。面对动态、快速、多变的市场环境，以美国为首的西方管理界致力于新的企业组织模式的探索，力图突破传统的企业经营观念的束缚，展开了一场声势浩大的企业重组的革命。作为当今电子商务企业中最富潮流的企业经营新模式——虚拟企业应运而生。

虚拟企业理论是最近十几年提出的。最初由美国里海大学的雅柯卡研究所和通用电气公司共同在《振兴与发展美国制造企业的战略——灵捷制造》中提出的。虚拟企业是电子商务企业为满足市场上的特定需求，依据需求的特点由合适的合作伙伴组成虚拟体，将各方的核心能力集合在一起，共同参与竞争。但集中核心能力绝不同于运用供方的产品或零部件。随着各种能力的丰富结合，电子商务企业能够获得更多的利益，创造更多的复杂产品和劳务。如果市场需求消失，那么，虚拟体也将解体。虚拟企业的各个成员将重新去寻找合作机会。

2. 虚拟企业的特点

（1）虚拟企业使得传统的企业界限模糊化。虚拟企业不是法律意义上的完整的经济实体，不具备独立的法人资格。一些具有不同资源及优势的企业为了共同的利益或目标走到一起联盟，组成虚拟企业，这些企业可能是供应商，可能是顾客，也可能是同业中的竞争对手。这种新型的企业组织模式打破了传统的企业组织界限，使企业界限变得模糊。

（2）虚拟企业具有流动性、灵活性的特点。各企业出于共同的需要、共同的目标走到一起结盟，一旦合作目的达到，这种联盟便可能宣告结束，虚拟企业便可能消失。因此，虚拟企业可能是临时性的，也可能是长期性的，虚拟企业的参与者也是具有流动性的。虚拟企业正是以这种动态的结构、灵活的方式来适应市场的快速变化的。

（3）虚拟企业是建立在当今发达的信息网络基础之上的企业合作。虚拟企业的运行中信息共享是关键，而使用现代信息技术和通信手段使得沟通更为便利。采用通用数据进行信息交换，使所有参与联盟的企业都能共享设计、生产以及营销的有关信息，从而能够真正协调步调，保证合作各方较好合作，从而使虚拟企业集成出较强的竞争优势。

（4）虚拟企业在运行过程中运用并行分布式作业。虚拟企业在完成某一项目或任务时，项目或任务按照并行工程的思想被分解为相对独立的工作模块，促使承担分解任务的各方能够充分调动和使用他们的资源而不必担心核心技术或核心知识被泄露。并且各个合作模块可以并行作业，项目或任务的主持者可以利用先进的信息通信手段在其间不断地沟通与协调，从而保证各个工作模块最终的互相衔接。这样既缩短了时间，又节约了成本，同时还促进了各参与企业有效地配置自己的资源，以及虚拟企业整体资源的充分利用。

（5）虚拟企业一般在技术上占有优势。由于虚拟企业是集合了各参与方的优势，尤其是技术上的优势而形成的，因此在产品或服务的技术开发上更容易形成强大的竞争优势，使其开发的产品或服务在市场上处于领先水平。这一点是任何单个实体企业很难相比的。

（6）虚拟企业可以看作一个企业网络。该企业网络中的每个成员都要贡献一定的资源，供大家共享，而且这个企业网络运行的集合竞争优势和竞争力水平大于各个参与者的竞争优势和竞争力水平的简单相加。

（7）虚拟企业也是一种学习型组织。虚拟企业竞争的核心是学习型组织。学习型组织提倡“无为而治”的有机管理，突破了传统的层级组织。虚拟企业在其经营过程中，往往处在十分复杂的动态变化中，企业经营者必须不断地根据环境的变化而做适应性的调整。所以虚拟企业的经营过程是企业管理者和员工互动式教育过程，人力资源不仅要从学校里产生，而且要从企业中产生。企业要建立一种适应动态变化的学习能力。虚拟企业的学习过程不局限在避免组织犯错误或者避免组织脱离既定的目标和规范，而是鼓励打破常规的探索性试验，是一种允许出现错误的复杂的组织学习过程。它在很大程度上依赖反馈机制，是一个循环的学习过程。

虚拟企业的上述特点决定了虚拟企业具有较强的适应市场能力的柔性与灵捷性，各方优势资源集中更催生出极强的竞争优势与竞争力。因此，虚拟企业这种虚拟运作模式在当今快速多变的电子商务市场与技术环境中是获取竞争优势以提高竞争力的一种很有前途的合作方式，它正在被越来越多的电子商务企业认识和采纳。

3. 虚拟企业的作用

（1）社会资源优化配置。从经济学角度看，企业是不可能真正实现社会资源最优配置的，否则就不会出现企业亏损、破产等现象。因此，面对激烈竞争的市场环境，一个企业特别是新成立的中小企业，很难具有全面的资源优势，要想在市场竞争中取胜，必须借助外部的各种资源。组建电子商务虚拟企业的精髓就是企业将有限的资源集中在附加值高的功能上，而将附加值低的功能虚拟化，以达到在竞争中最大限度地发挥自有资源优势的目的。

（2）企业快速获取竞争优势。不断变化的市场环境，对电子商务企业的研究开发能力提出了更高的要求，企业不但要大大缩短研究开发的时间，降低研究开发的成本，而且要分散研究开发的风险。企业如果只依靠自己的力量从事研究开发，既需要有较大的投入，又会遇到很大的风险。电子商务企业可以充分利用各方的技术优势，在最短的时间里开发出符合市场需求的新产品。既可避免单个企业研究开发的盲目性，又可避免各企业的重复劳动和资源浪费，有利于降低研究开发成本、分散风险。

（3）企业获取规模经济。企业购并可以使得各电子商务企业之间以股权形式联结，企业规模扩大，从而获取规模效益，但是购并的结果是，原企业之间关系刚性化（成为同一企业），使企业无法灵活应对可能出现的多种局面。而电子商务企业由于采用非股权合作的方式，虚拟组织结构、职能等，增加了对外部环境的适应性，但同时又可以如同购并后的企业，获取企业规模效益。

（4）企业经营风险分散或者减弱。当一个电子商务企业的主业所处的外部环境发生变化或内部具备相应的条件时，往往会选择多角化经营战略来谋求自身的生存与发展。但当企业要涉足一个完全陌生的新领域时，既会遇到众多的竞争者，又会受到技术、资金、营销网络等因素的限制。在正式进行多角化经营前，与外部相关企业组建虚拟企业，可以缩短企业进入新领域的时间，有利于新市场的开发和风险的分散，使电子商务企业在短时间内在新的领域创造新的竞争优势。

（二）去中心化组织

互联网本身是一种无中心化组织、一种网状模型，没有决策中心，一切顺着态势发展而相应做出决定，这大大加快了互联网每一个连接单元的反应速度。互联网企业的组织架构，必须能够支撑快速反应、快速决策的特点。这种组织架构，对内部人员的能力要求很高，团队成员之间的分工模糊化，每个人多角色进行协作，并且分散成各个小团队，单点负责，迅速决策，需要组合时立即自由联合，任务完成后自动解散。他们并不依靠什么层级管理、复杂的流程控制管理，完全是一种任务驱动式的协作方式。

组织去中心化不是不要中心，也不是没有中心，是人人都可以成为中心，把直线管理型组织变成网络化组织。去中心化就是要让节点自由选择中心，在组织之中不是仅仅下级围绕上级转，更多的应当是生产资料围绕生产力要素转，这样生产力要素就更活跃，资源配置就更灵活，管理效率就更高，基层组织和一线员工的活力就更强。

组织去中心化关键是改变一切以上级、以各级管理层为中心的传统模式，使组织围绕客户转、围绕市场和一线员工转，缩短企业与客户的距离，及时满足客户的需求。组织去中心化一个重要的前提是搭建统一支持平台，具体说，就是能够由组织平台完成的职能要集中，需要市场或者服务端人员快速决策和迅速处理的职能要下放。互联网企业的组织架构必须灵活，不能有过多的层级化和固化，要以产品为中心，以项目开发组的形式整合利用企业各项资源快速推进产品创新，以市场为导向，聚焦客户需求和使用体验，及时改进和完善产品和服务。互联网思维强调开放、协作、分享，组织内部也同样如此。

第四节　电子商务组织与管理体制

管理是一门艺术，管理的对象主要是人，所以管理要实现组织的目标，必然需要有与其发展相适应的管理体制，来规范组织中人的行为。组织的管理体制主要包括管理机制、管理机构和管理制度三个方面。因此，电子商务组织管理体制也包括上述三个层次和方面。

一、电子商务组织与管理体制概述

（一）电子商务组织与管理体制的关系

电子商务组织是在充分满足社会对企业产品需求的目标下，集合分散的生产资源，有机组合成一个系统，人们通过这个系统开展电子商务活动，并履行各自的职、权、责，相互协调合作，组成一个实现系统目标的组织体系。电子商务管理体制主要是指推动企业电子商务活动的管理机制。实际上，管理体制是管理机制和运用管理机制管理各层部门的管理机构以及保证管理机制和管理机构发挥作用的管理制度三方面的统一体。它的构成要素是管理机制、管理机构、管理制度，如图 4-2 所示。

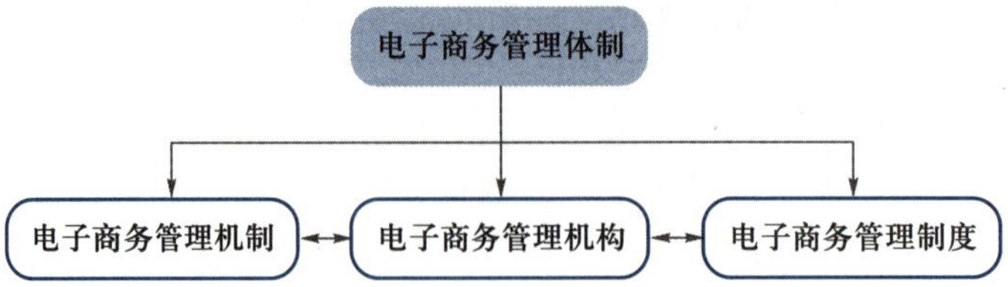

图 4-2　电子商务管理体制的构成要素

电子商务组织与管理体制是既相互依存但又有区别的两个概念。电子商务组织的概念范围较大，主要指在企业电子商务系统目标和任务下，整合电子商务活动资源的组织过程。从宏观上看，电子商务组织既指相对稳定的静态组织机构，又指电子商务活动与运营的动态过程。而电子商务管理体制重在电子商务组织机构的构建、设置的方式与方法、电子商务系统的驱动力及组织制度的保证。从这种意义上来说，电子商务管理体制主要根据电子商务组织的目标和任务，合理设置组织机构，划分权力与职责，协调组织间的相互关系，使组织充满活力，并根据市场发展对电子商务组织机构不断进行变革。

（二）电子商务组织与管理体制的意义

首先，电子商务组织与管理体制决定和制约着管理者的权力范围与管理水平的发挥，决定着电子商务的基本运营方式和运营效果，决定着一个企业开展电子商务活动的领导方式，因此它具有重要的意义与作用。其次，电子商务组织与管理体制是实现企业电子商务目标，完成电子商务计划的重要组织保障。组织的电子商务目标确定和计划制定之后需要实施，而实施的基础是电子商务组织与管理体制，没有组织与管理体制这一保障体系，电子商务活动是无法有效展开的。再次，电子商务组织与管理体制是保证电子商务系统正常运转的主要手段。要保证电子商务系统正常运转，有序有效地展开活动，就必须进行科学的组织，建立合理的管理体制。一个体制灵活、健全、有序有法、权责分明、统一协调的电子商务组织，是保证电子商务系统正常运转的控制手段。最后，电子商务组织与管理体制是合理组织企业内外资源，按照电子商务活动规律和价值链规范，实现电子商务系统运营低耗、高效、优质的关键。

（三）电子商务组织与管理体制的优化标准

电子商务活动的目标与规划，必然依赖电子商务组织与管理体制去实现，因此在构建电子商务组织与管理体制或对传统企业改造时，首先考虑的问题是组建完整的电子商务组织体系并保证组织体系协调运转，以及低耗高效适时适地监控的管理体制。要建立这样一个优化系统，应以以下几个方面作为优化标准：

1. 充分发挥电子商务系统整体功能的作用

建立和健全电子商务组织与管理体制，目的是使整个电子商务系统的结构合理、运行有序有效，使电子商务活动中各种要素、各地各层单位以及网内外有形无形资源和虚拟、实体组织方式形成一个组合有序、相互制约、相互协调的整体。其整体功能应大于价值链中各部分功能之和。同时，还要有明晰的业务流程，流畅的信息通道，有效的责、权、利合作协调机制。无论是企业内部还是企业外部，都能充分发挥人力、财力、物力、时间、技术等资源的综合效力。

2. 有利于信息流、物流、资金流、商流的互动

电子商务活动的主旋律是信息流、物流、资金流、商流的互动。四流互动是否有序有效决定着电子商务系统的兴衰与存亡。传统企业往往以生产为主线，注重生产—客户—生产的生产价值链的形成，而随着社会信息化程度的日益提高，一种以市场或客户需求为主体的客户—生产—客户的市场价值链已经形成，这种以市场和客户需求为导向的市场价值链必然支撑着企业的生存与发展。这一市场价值链的形成，首先是

将客户需求信息、现代科学技术信息及现代生产工艺与管理的人、财、物信息构成推动生产的信息流，通过信息流推动生产形成物流和商流，通过物流和商流调动资金流，通过信息流认证资金流，从而又保证物流的形成。四流的互动有序有律。因此，电子商务组织与管理体制优化必须以四流有效互动为前提。

3. 系统运行达到低耗、高效、优质

低耗、高效、优质，就是电子商务系统的运行应是低消耗、高效率、高效益的。很多电子商务组织和企业的倒闭、网站的泯灭以及企业电子商务活动的滞后，其原因尽管是多方面的，但最根本的问题就是决定其生存的效益问题。因此，任何一种电子商务系统的构建，其组织体系、管理体制的重心不仅要根植于低消耗、高效率、高效益的理念上，更要落到目标实现的运行策略中，只有这样，电子商务组织与管理体制才会具有活力，促进组织的不断发展。

4. 整个系统具有整合与应变能力

电子商务活动的展开，需要一个科学的组织体系和管理体制，而科学的电子商务组织与管理体制又必须适应社会发展，具备整合各方因素的功能。这就要求：第一，必须对传统企业的生产流程进行重组或流程再造。在企业流程重组过程中，既有组织体系重组，又有以供应链为导向的业务流程重组，同时还有人力、物力、财力等有形资源与技术、知识产权等无形资源的重组问题，它要求有一个适应电子商务活动的网络体系。第二，必须建立电子商务的信息管理系统。既要有企业内部的信息管理系统与资源数据库，又要有进入电子社区的开放网络平台，同时还需提供友好的网上交易、进行磋商的人机交流环境和界面。第三，必须同步联合进入或构建新型的物流配送体系。第四，必须在网络环境下配合、协调构建资金流和信誉保障的信息安全保障体系。第五，必须有吸纳和参与网上联盟进行业务外包和业务内包的兼容机制。电子商务活动已大大超越和打破传统企业的时间和空间的界限。因此，电子商务组织与管理体制必须具备超越时间、空间的适应能力与整合能力。

二、电子商务组织的管理机制

电子商务组织的管理机制是促使管理对象不断向电子商务管理目标趋近的客观作用力。对于电子商务活动这一管理对象而言，管理机制的作用是客观的，具有外在的约束和强制性；对于管理主体而言，管理机制是可选择的，不同的电子商务组织可以选择应用不同的管理机制来实现其管理目标。电子商务管理机制按其性质、作用不同可分为如下几类：

（一）利益分配机制

利益分配机制是推动管理对象为获得一定的物质利益而向管理目标趋近的客观作用力。在电子商务活动过程中，其管理研究对象有多种组织关系，有与政府管理部门之间的关系，有与经营伙伴之间的组织关系，劳资关系，合作人之间的关系，与供应商、制造商、生产部门、生产者以及客户之间的关系，同时还存在与信息系统不同单元间的关系。维系这些关系的主要条件就是利益分配问题，而根据企业合作交换理论，企业合作关系的建立是参与者权衡其投入与收益的理性选择。因此，电子商务组织的利益分配机制是促进组织运行的基础作用力。

（二）权力权威机制

权力和权威是两个相近但不相同的概念。权力是政治上的强制力量和职责范围内的支配力量。权力由法制、制度、职位、职责所赋予，而权威则是自身的学术能力、品质给他人的影响力。在传统企业管理中，权力机制是一种制度分权给人的制约力，行政权力维系和制约着组织内的多种关系，影响着企业的生存与发展，容易出现很多违反企业利益或者是社会利益的现象。在知识经济时代，企业生存与发展已从以物质资源为主逐步过渡到以知识资源为主，尤其是电子商务组织需要充分利用和整合知识资源。同时，在电子商务组织中，知识、文化、技术素质内涵也发生了根本性的变化，因此，仅仅运用权力机制来约束、影响人的行为显然不足。而权威机制则是通过权威者自身的水平和威望，形成“威望”效应，给他人以影响力、吸引力、崇拜力，在电子商务组织管理中，管理者应尽量成为行业或技术权威，形成向心力，以充分发挥权力权威机制的作用。

（三）竞争合作机制

电子商务竞争合作机制是管理对象为争取有限的机会进行竞争合作选择而产生的客观作用力。高低优劣、优胜劣汰是市场竞争的客观现实，电子商务组织既要面对市场与社会的竞争，又要利用高低优劣、优胜劣汰的竞争效用来处理组织内部的各种关系，整合人力资源，同时选择外部的项目、伙伴、人才、技术等资源进行广泛的合作。电子商务组织是构筑在网络经济条件下的，以知识管理为核心，因此，电子商务组织应通过竞争合作机制组建自身的组织群体，通过竞争合作机制选择可利用的外部资源，获得社会与市场机会，形成多类品牌和信誉，赢得市场份额、客户与地位。

（四）保障激励机制

保障激励机制是运用各种保证保障和激励因素，形成刺激量，鞭策和促使管理对象趋于管理目标的客观作用力。电子商务组织体系中尽管存在多层次多方面的组织要素，但其基本要素仍是人。对人的管理有多种方法，但各企业必须建立自己特有的保障激励机制以发挥组织中的人所带来的效应。关于保障激励机制的研究有很多，但主要是从内外因的角度和需求层次的角度去建立适合组织的保障激励机制。

（五）信仰机制

信仰机制是通过某种方式使管理对象出于对某种精神信念的忠诚而产生推动力。它是通过管理对象的自觉行动和素质素养起作用的。如通过思想政治教育使人的思想觉悟提高，从而产生自觉为一定理想而工作的积极性；通过爱国主义教育使人增强民族自强自立信念，正确处理国家利益与集体利益、个人利益的关系；通过法制教育使人增强法律意识，从而自觉遵纪守法，严肃行为规范；通过环保教育使人强化生存生活环境保护意识，强化公益意识；等等。这些意识和信念会贯穿于组织文化理念之中，形成信仰机制，从而使电子商务活动朝着利于组织经济利益、社会公众利益双赢的健康方向发展。

三、电子商务组织的管理机构

电子商务组织的管理机构是电子商务组织的主体部分，是实现电子商务组织的重要组成部分。组织的管理机构主要由各层级的管理领导组成，其主要任务是实施电子商务组织的有效管理，使电子商务组织沿着预定的方向前进。电子商务组织的管理机构可以有多种形式。以股份公司为例，主要包括股东大会、董事会、董事会下设的专门委员会、监事会，以及总经理、副总经理等。电子商务组织的管理机构是整个电子商务组织的核心，决定着企业未来的方向。

四、电子商务组织的管理制度

电子商务组织的管理制度是电子商务组织的管理机构在运用企业管理机制时的约定，是电子商务组织管理体制的基本组成部分。电子商务组织的管理制度主要包括以下几个方面：

（一）电子商务组织制度

电子商务组织制度主要是对管理体制、机构设置、领导关系、部门职责、岗位职责做出的规定。其包含的主要制度类型有组织职权管理制度、领导工作职责管理制度、部门工作职责管理制度和人工岗位职责管理制度。

（二）电子商务人事管理制度

在日趋成熟的全球网络经济环境中，企业之间竞争归根结底是人才与智慧的竞争，也是人力资源的开发利用与管理水平的竞争。在企业人本理念和人事战略的具体实现过程中，科学规范的人事管理制度是根本性保障。从现实出发，电子商务组织的人事管理制度主要包括人员甄选录用制度、人员培训制度、人事调整管理制度和员工激励制度等。

（三）电子商务财务管理制度

财富是企业发展的原动力。对电子商务组织而言，科学理财无疑是其持续飞跃发展的原动力。在网络经济环境下，面对多种形式的交易和投入，加强财务管理制度无疑是一种行之有效的办法。电子商务财务管理制度主要包括资本预算制度、资产管理制度、筹资与投资管理制度、会议管理制度和审计管理制度等。

（四）电子商务生产与物流管理制度

企业的生产与物流管理是对企业生产活动进行组织、计划和控制，使企业内部的人、财、物等各种资源达到优化配置和最佳组合。对处于网络经济环境中的电子商务组织而言，生产活动仍是其展开电子商务活动的前提与基础。电子商务组织在激烈的市场竞争中，必须对生产活动加以筹划和控制，以生产出具有竞争力的产品。生产与物流管理的具体内容一般包括生产计划、生产性质、生产技术、生产要素、物流、产品及其质量等方面的管理。而生产与物流管理制度是对这些内容进行科学合理的规定和规范。电子商务生产与物流管理制度一般包括生产计划管理制度、生产作业管理制度、生产技术管理制度、生产要素管理制度、物流管理制度和质量管理制度等。

（五）电子商务营销管理制度

营销管理是在规划实施市场理念、商品劳务设计、定价、促销和分销等诸多环节中，为满足顾客需要和实现组织目标而创造交换机会的过程，而实际上就是通过分析、计划、实施和控制，通过一定的交换，以达到营销的目标。营销管理制度则是对营销活动的行为规范。营销管理制度主要包括营销计划管理制度、营销信息管理制度、价格管理制度、促销管理制度、销售渠道管理制度、销售人员管理制度、客户关系管理制度、售后服务管理制度等。

第五节　电子商务组织管理概述

电子商务组织管理，就是在电子商务环境下，协调组织内部或外部的人力、物力、资金和信息等资源，实现组织目标的一种活动和过程。电子商务组织管理是研究组织管理在电子商务时代的新发展和新要求，并使组织管理呈现出符合未来企业竞争要求的新模式。

一、电子商务对组织管理的影响

电子商务的出现和迅速发展改变了经济发展规律和市场结构，对企业的生产成本和交易成本产生巨大影响的时候，企业必然要适应这一外部环境的变化，不断进行自身的改造与创新。

（一）电子商务对组织生产管理的影响

电子商务的快速发展，使组织之间的竞争不再取决于企业所占有的实际资源有多少，而取决于组织可控制运用的资源的多寡。电子商务对组织的生产运作方式、生产周期、库存等都会带来巨大的影响。具体而言，主要体现在以下几个方面：

1. 对组织的生产运作方式的影响

电子商务在组织生产管理过程中的应用，可在管理信息系统的基础上采用计算机辅助设计与制造（CAD/CAM），建立计算机集成制造系统（CIMS）；可在开发决策支持系统（DSS）的基础上，通过人机对话实施计划与控制，从物料资源规划（MRP）发展到制造资源规划（MRP Ⅱ）和企业资源规划（ERP）再到人工智能（AI）和智能制造系统（IMS）。这些新的生产方式把信息技术和生产技术紧密地融为一体，使传统的生产方式升级换代。

2. 对组织的生产周期的影响

电子商务的实现可大大提高信息和资金等的转移速度，并可利用信息和知识共享技术来缩短生产与研发的周期，从而降低单位产品的生产成本。因此，在电子商务时代，组织的生产周期大大地缩短了，从而可以将更多的时间和精力投入到新产品的研究和开发上。

3. 对组织的库存管理的影响

电子商务的实现可以减少企业组织库存，提高库存管理水平。电子商务环境下，企业通过网络可以直接找到供应商。同时，由于专业化程度越来越高，组织内部和组织间的合作不断加强，更多先进生产方式（如 MRP Ⅱ、ERP、JIT）的应用，提高了库存周转率，从而把库存成本降到最低限度。

由此可见，电子商务的迅速发展给企业组织生产带来的变化是巨大的，它将有效地降低组织变革的生产成本，也必将使企业组织寻求一种适应电子商务环境的生产组织方式，实现组织变革。

（二）电子商务对交易成本的影响

按照科斯的论述，交易费用是经济行为的主体在市场交易活动中为实现交易所支出的费用，为了降低市场交易费用而出现了企业，企业将市场交易行为内部化，从而节约了交易费用。现实中，由于实现交易的难度在加大，导致交易费用上升，经济行为主体越来越依赖于企业，于是企业对市场的替代性加大，企业的规模亦越来越大，企业运行的费用也越来越高。电子商务的出现使市场的功能加强，市场组织生产的效率提高，使得组织对信息资源的共享与处理更为容易。通过网络的双向流通，厂商与顾客将更容易沟通，进而降低市场的不确定性，由此产生了一个革命性影响：企业与市场的关系发生了变化，出现了企业的等级制逐渐向企业市场制回归的趋势。电子商务的出现对交易成本下降的影响体现在以下三个方面。

1. 企业方面

通常，在市场上有两个价格，即平均价格和最低价格。因为获得最低价格的搜寻成本很高，在大多数情况下，人们在购买中付出的是平均价格，而不是最低价格。电子商务的出现使搜寻成本极大地降低，从而导致市场价格向最低价格靠拢。经营主体可以直接利用市场机制极大地节约交易成本，从而不再像过去那样耗资去努力营造庞大企业的层级组织。

2. 渠道方面

由于实现了供应链管理和渠道成员之间的有效合作，整个渠道上信息流、商流、物流、资金流的速度加快，效率大为提高，这种渠道整体效率的提高使成员均受益。电子商务的出现有可能使整个市场置于电子商务平台之上，市场组织成本和管理成本极大地降低了。同时，利用市场组织生产在一定程度上比企业组织生产更为经济。

3. 流通产业方面

网络化和电子商务搭建的交易平台使所有企业的商品流通效率提高。电子商务基础上的社会物流为企业节约了大量费用，企业得以“瘦身”，进行企业精简化，从而使企业规模不断扩大的趋势得以减缓，过去被大量内部化的交易行为又外部化了。

综上所述，企业等级制向最初的市场制的回归，原因在于新的信息技术的出现。网络在企业商务活动中的应用以及电子商务的迅速发展使市场组织生产的费用降低了，从而出现了市场组织生产相对有利的状况，市场机制的作用范围也无形中扩大了。

二、电子商务组织管理的内容

现代企业运作的核心是企业组织的运营。从系统的角度来看，企业组织的结构是分工部门化和授权等一系列管理决策的产物。而组织创新又是企业经理人的一个迫切问题。在这里我们从组织的整体结构出发，将企业组织归结为由目标、技术、制度和活动四个基本内容组成的不可分割的整体。显然，一个有效率的企业组织是四个基本内容相协调，并与环境相互协调和适应的结果，而电子商务应当作为一种环境真正渗透到企业的组织管理中。具体来讲，电子商务组织管理的内容如图 4-3 所示。

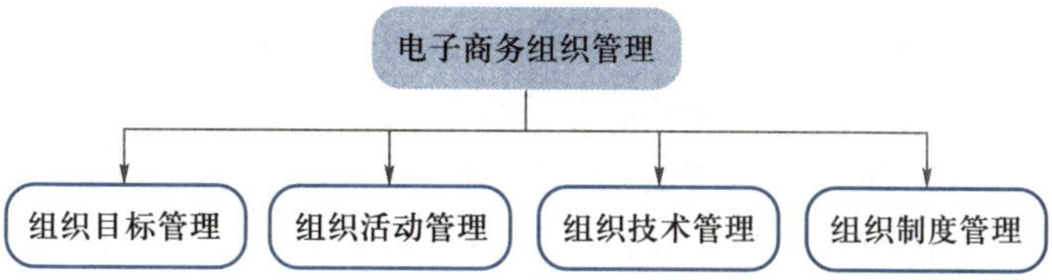

图 4-3　电子商务组织管理的内容

（一）组织目标管理

组织目标是组织为自己所设定的未来要实现或者希望实现的状况。组织目标是企业组织活动的动力，企业组织把追求利润作为其不可或缺的目标。然而，在全球一体化高度竞争的环境下，企业组织要想获得满意的利润就必须采用电子商务来提高企业的效率。在这里，电子商务以某种正反馈的方式对企业组织目标的实现产生了显著影响。

首先，网络经济所具有的外部正效应特性（positive network externalities）推动企业积极地将电子商务应用到企业运营中去。这一点如果用通俗的语言表达就是电子商务所具有的低成本、高效益、全球化的优势提高了企业的效率，有助于充分利用企业内部和外部资源。信息技术的发展推动了计算机的知识和技能的普及。在这个“无所不在计算”（ubiquitous computing）的时代，在一些大型企业作投资决策时，它们会自然而然地考虑使用电子商务的相关技术，以同社会群体的发展趋同并获得更多的市场竞争优势。而中小企业，由于网络技术赋予了它们和大企业同等竞争的机会，它们也会更多考虑使用低成本的电子商务技术，以期待在某个细分的市场夺得一定的份额。另一方面，企业对人力资本的投资集中到了企业的信息应用领域，以加快自身的改造来应对社会的变革。企业的组织目标和社会的趋势、需求相互推动，使得电子商务进入企业成为一种趋势，而电子商务又反过来影响了企业组织的决策和运营过程，组织目标的实现途径开始向这一新的技术或是理念倾斜。

（二）组织活动管理

组织活动是围绕着组织目标而展开的一系列事务。这些活动由于组织中存在分工而各不相同，但是普遍要求具有实践的经验性，这就造成了企业组织管理上的一些主观性。这种主观性反映在活动的效果依赖与具体管理者或者操作者的个人能力上。而电子商务与企业组织活动的融合，降低了对具体操作者的特别能力的要求，而提高了管理活动中的客观性、科学性和技术性。另一方面，对管理者的素质要求提高了，需要他们对技术的应用有一种理解，使得企业活动不再仅仅依靠经验来管理。例如，使企业资源计划系统（ERP）对生产、销售、财务和库存等企业的全部流程进行优化。无论是电子商务实施过程中还是进入良性运作后，企业对管理人员内在人力资本的投入将增大，而管理活动中所需要的硬件、软件也需要企业进一步加大投资，信息系统运行的费用和维护成本也需要企业负担。然而，组织活动的不确定性变小了，这种风险的降低对于全球一体化情况下的竞争可能是至关重要的。因此，即使企业投资电子商务并未减少其运作的成本，其投资仍然可能是值得的，因为电子商务支持下的企业活动将有更多的空间和选择的机会。

（三）组织技术管理

显然，电子商务将对企业组织中的技术要素形成巨大的冲击。从上述分析可以发现，电子商务对企业组织活动的影响将推动组织的技术创新。这种技术创新实际上也是管理创新的一部分。在科学管理的初创时期，大机器生产的高效率使得企业组织中的分工成为非常重要的技术，分工实际上应当被认为是一种管理技术。在企业中，不管是管理技术还是实质性的工具和技术，都是企业组织活动执行过程中的转换方式。工业化的大生产从分工中获得了巨大的效率，机器代替了人的劳动，机械化的生产成为企业活动的主要方式信息技术的发展使得机械化的分工有了一个本质的飞跃，在机械化的层面上出现了自动化和智能化，这是一种人类智能化的替代。现在电子商务对企业过程的改造和营销的管理是用技术要素对组织管理进行智能化的替代，用集成化的技术取代人类的管理智能，而不仅仅是局部的技术智能化。

（四）组织制度管理

电子商务的发展也对企业的制度形成了很大的冲击。企业组织中的制度决定了人们在企业活动中相互关系的制约。组织是在一定的制度下设立的，并通过一定的制度而运作。在传统企业中，由于技术和技能等因素的制约，企业组织活动在许多方面都显示了某种机械性。从工作时间到工作内容，企业内部许多员工看起来就像是机器的延伸。尽管企业的经理也鼓励其员工创新，但是工作的机械性，使得创新的机会和方法都很缺乏，久而久之，与人性发展不太协调的制度会损害组织的效率，影响组织目标的实现。现代某些人本化的管理思想对提高员工的活力效果不佳，其原因在于这些方法只是从机械论的角度浅层次地放松了对员工的制约，而没有真正调整员工工作的过程和方法。电子商务的融入，使企业改变了企业员工的工作内容和方法，对员工的素质要求提高了，制度对员工的约束变得深层化。这种深层的约束具体表现在企业已经放弃了教条式的、机械的约束，而对员工的知识专业技能和学习能力提出较高的要求。

三、电子商务组织管理的方向

（一）电子商务与企业流程重组

在这方面的研究将分析电子商务技术对企业组织结构和管理模式的影响，研究电子商务环境下企业流程，总结并提出企业流程再造的方案。具体研究方向如下：新的竞争环境下的企业竞争规则、竞争模式与模型研究；电子商务的发展和建立策略研究；企业如何建立自己的信息优势，企业充分利用信息优势的方法，以及信息优势如何转化为竞争优势和利润的方法研究；新的商务经营环境下，企业组织机构和商务流程运作过程的重组和改进研究。

（二）电子商务组织的协同管理

协同管理是一种基于敏捷开发模式，以虚拟企业为对象的管理理论体系。虚拟企业实质是一个由许多子系统组成的系统环境，协同管理就是通过对该系统中各个子系统进行时间、空间和功能结构的重组，产生一种具有“竞争—合作—协调”的能力，其效应远远大于各个子系统之和产生的新的时间、空间、功能结构。协同管理理念主要体现为三大基本思想，即“信息网状思想”“业务关联思想”“随需而应思想”，其思想与电子商务组织发展的需求趋势不谋而合。

（三）电子商务与组织变革创新

互联网下的组织架构跟传统企业的组织架构相比，是有区别的，传统企业是金字塔式的分层管理模式，在此基础上，职能式组织结构、事业部制组织结构、矩阵制组织结构都是沿用至今的经典组织结构。这种组织结构在互联网时代遭遇了挑战，外界环境变化太快，现场管理和临机决断的事宜太多，所以必须缩短决策半径，组织必须扁平化和去中心化。

本章案例

天猫组织架构再调整：聚焦新零售

2018 年 3 月 9 日，天猫宣布，以新零售战略为核心，以品牌数字化转型和消费升级为驱动，将天猫组织架构进一步升级，这是天猫今年第二步大动作。而上一次架构调整于 2018 年 1 月 19 日，阿里巴巴集团宣布将阿里巴巴云零售事业部与天猫、淘宝全面合体，阿里新零售继续聚焦、聚力。同时，原云零售事业部总经理叶国晖将担任新成立的天猫新零售平台事业部负责人，向天猫总裁靖捷汇报。天猫新零售平台事业部将整合阿里巴巴集团云 + 端的基础设施、数字化能力和大数据资源，进一步推进品牌商家的新零售升级。

此次升级，天猫总裁靖捷明确 2018 年天猫三大使命——消费升级主引擎、品牌数字化转型主引擎、阿里新零售主力军。组织保障和战略执行围绕“一个中心、两个基本点”展开。

根据组织升级方案，此次天猫将新成立三大事业部：

新成立天猫消费电子事业部，涵盖原手机事业部、电器美家事业组中的电器等业务以及供应链部门。原天猫供应链创新事业部总经理杨光（花名吹雪）将出任总经理。未来将在品牌运营、新品孵化、供应链管理等层面全面推动新零售。

新成立天猫美家事业部，包含原电器美家事业组中的美家等业务。天猫汽车事业部总经理俞巍（花名少龙）将同时兼任美家事业部总经理。家装、汽车两大注重消费体验的场景将在新零售推进中完成重构。

新成立天猫平台营运事业部，囊括天猫营销平台事业部、天猫运营中心等以消费者为核心的运营部门。原天猫营销平台事业部总经理刘博（花名家洛）将出任总经理。为消费者创造更多新零售带来的全新生活方式。

此外，原电器美家事业组总经理印井将出任阿里巴巴集团 CEO 助理，依托其丰富的线上运营经验和新零售实践，协助 CEO 聚焦全球化工作。全球化是新零售的渠道延伸，新零售是全球化的中国方案。未来“新零售”和“全球化”两大战略关键词也将在不断的战略推进和升级中实现交融。

在表面上看，天猫这次组织架构调整是意图发力消费电子、家装和汽车行业，但本质上其实却与具体某个行业无关，而是因应新零售之变，也就是说，这次组织架构调整的背后核心是天猫在新零售时代新定位、新目标的确立。经新零售重构的天猫有三大定位：中国消费升级的引擎、品牌数字化转型主阵地、新零售主力军。而新使命则被概括为“一个中心，两个基本点”。以新零售为中心，以商家（包括品牌）和消费者为两个基本点。即未来一段时间内，天猫上下的一切组织保障和战略执行都将围绕“一个中心、两个基本点”展开。对消费者天猫要做的就是全面升级消费者的体验；对商家就是赋能新零售、赋能品牌数字化转型。

本案例主要源自搜狐网页（微天下）：天猫组织架构调整背后是定位之变。

案例分析：

新零售是电子商务发展过程中所产生的一个战略思想，目的是用互联网思想和技术去重新挖掘和点燃原来零售商业界中的各种化学反应。随着新零售大潮袭来，新零售变革的深入，阿里自身的组织架构也在改变。新零售发轫于马云在云栖大会上的一场演讲，随之掀起的是围绕新零售的并购狂潮、天猫“双 11”的新零售大阅兵，以及阿里系企业在商业模式与技术上的种种创新，最后终于由外及内，引发阿里巴巴内部架构的重组与调整。从天猫的组织变革调整来看，电子商务时代的组织更为柔性化和扁平化，能根据外部环境变化迅速进行调整。

本章小结

1. 阐述了组织和组织管理。
2. 阐述了电子商务组织结构。
3. 阐述了电子商务组织形态。
4. 阐述了电子商务组织与管理体制。
5. 阐述了电子商务组织管理。

复习思考题

1. 组织管理理论的发展分为哪几个方面?
2. 组织管理的原则包括哪些?
3. 传统的企业组织结构有哪些形式?
4. 电子商务组织结构的特点是什么?
5. 组织形态的发展经历了哪几个阶段?
6. 请简要介绍一下去中心化组织。
7. 电子商务组织管理的机制有哪些?
8. 电子商务组织管理的内容包括哪些?
9. 电子商务组织管理有哪几个方向?

第五章

电子商务系统管理

本章学习目的

1. 了解和掌握电子商务系统的概念和组成
2. 了解和掌握电子商务系统的网络结构与业务环境
3. 了解和掌握电子商务系统的构建和运行
4. 了解和掌握电子商务系统的评价
5. 了解和掌握电子商务系统解决方案
6. 了解和掌握企业电子商务系统的管理

第一节 电子商务系统概述

广义上讲，电子商务系统是商务活动各参与方和支持企业商务活动的电子技术手段的集合。狭义上讲，电子商务系统则是指企业、消费者、银行（金融机构）、政府等在Internet和其他网络的基础上，以实现企业电子商务活动为目标，满足企业生产、销售、服务等生产和管理的需要，支持企业的对外业务协作，从运作、管理和决策等层次全面提高企业信息化水平，为企业提供商业智能的计算机网络系统。本书将帮助企业完成电子商务活动的各类信息系统（包括完成电子商务活动构建的平台系统以及与电子商务相关的企业内部系统等）统称为电子商务系统。需要指出的是，电子商务系统与其他信息系统有较大的区别，电子商务系统的组成也各有特色。本节主要介绍电子商务系统的概念及组成。

一、电子商务系统的概念

（一）电子商务系统的定义

电子商务系统是保证以电子商务为基础的网上交易实现的体系。市场交易是由参与交易双方在平等、自由、互利的基础上进行的基于价值的交换。网上交易同样遵循上述原则。网上交易的信息沟通是通过数字化的信息渠道实现的。因此，首要条件是交易双方必须拥有相应的信息技术工具。其次，网上交易的双方在空间上是分离的，为保证交易双方进行等价交换，必须提供相应的货物配送和支付结算手段。此外，为保证企业、组织和消费者能够利用数字化沟通渠道，保证交易顺利进行配送和支付，需要由专门提供服务的中间商参与，即需要电子商务服务商。

（二）基础电子商务系统

基础电子商务系统包括电子商务信息平台系统，电子商务服务商，企业、组织与消费者、实物配送和支付结算五个方面。这五方面有机地结合在一起，缺少任何一部分都可能影响网上交易的顺利进行。

1. 电子商务信息平台系统

电子商务信息平台系统是指企业、组织和电子商务服务商在Internet等网络的基础上开发设计的信息系统。交易中所涉及的信息流、物流和资金流与信息系统都紧密相连。在信息系统安全措施的保证下，通过支付系统进行网上支付，通过物流系统控制物流的顺利进行，最终保证企业、组织和消费者之间网上交易的实现。因此，电子商务信息平台系统的作用是提供一个开放、安全和可控性高的信息交换平台。电子商务信息平台系统是电子商务系统的核心和基石。

2. 电子商务服务商

Internet作为一个蕴藏巨大商机的平台，需要有一大批专业化分工者进行相互协作，为企业、组织与消费者在Internet上进行交易提供支持。电子商务服务商就起着这种作用。电子商务服务商主要有以下四种：接入服务商（Internet access provider，IAP），主要提供Internet通信和线路接入服务；服务提供商（Internet service provider，ISP），主要为企业建立电子商务系统提供全面支持，如云服务提供商；内容服务提供商（Internet content provider，ICP），主要为企业提供信息内容服务，如搜索引擎、运营推广（代运营）等；应用服务系统提供商（application service provider，ASP），主要是为企业、组织建设电子商务系统提供解决方案。

3. 企业、组织与消费者

企业、组织与消费者是网上交易的主体，他们是进行网上交易的基础。与其相关的系统主要有：

（1）企业内部网络系统。企业在组建电子商务系统时，应该考虑企业的经营目标对象是谁，如何采用不同的策略与这些客户进行联系。一般说来，可以将客户分为三个层次并采取相应的对策。对于特别重要的战略合作伙伴，企业允许他们进入企业的 Intranet 系统直接访问有关信息；对于与企业业务相关的合作企业，企业同他们共同建设 Extranet 平台，实现企业之间的信息共享；对普通客户，则可以通过 Internet 进行联系。

（2）企业管理信息系统。企业管理信息系统的作用是在组织中收集、处理、存储和传送信息以及支持组织进行决策和控制。根据组织所具有的不同功能，信息系统可以划分为营销、制造、财务、会计和人力资源等信息系统。要使各职能部门的信息系统有效地运转，必须实现各职能部门信息化。根据组织内部不同的组织层次，企业管理信息系统可划分为操作层、知识层、管理层、战略层四种信息系统。操作层是支持日常管理人员对基本经营活动和交易进行跟踪和记录；知识层是用知识和数据支持工作人员的工作，帮助公司整理和提炼有用的信息和知识；管理层是用来为中层经理的监督、控制、决策以及管理活动提供服务，管理层提供的是中期报告而不是即时报告；战略层，主要是注视外部环境和企业内部制度和规划的长期发展方向等问题。

（3）电子商务平台。电子商务平台起着承上启下的作用，一方面，它可以直接连接到 Internet，顾客或者供应商可以直接通过网站了解企业信息并与企业进行交易。另一方面，它将市场信息同企业内部的管理信息系统连接在一起，将市场需求信息传送到企业的管理信息系统，使企业可以根据市场的变化组织经营管理活动。

事实上，企业电子商务系统主要由上述三个部分组成。企业内部网络系统是信息传输的媒介；企业管理信息系统是信息加工、处理的工具；电子商务平台是企业拓展网上市场的窗口。

4. 实物配送

进行网上交易时，如果用户与消费者通过 Internet 订货、付款后，不能及时送货上门，便不能实现满足消费者需求的目的。因此，一个完整的电子商务系统，如果没有高效的实物配送物流系统支撑，是难以维系交易顺利进行的。

5. 支付结算

一个完整的网上交易，它的支付也应该是在网上进行的。只有网上实时支付的实现，才能实现电子商务高速快捷的交易特色。

（三）电子商务系统的基本结构

电子商务系统是由许多系统角色构成的一个大系统。由于电子商务条件下的各方是通过网络进行信息沟通和业务合作的，因此需要一些传统商务活动中没有参与或者参与程度不深的角色，如用于网上身份验证的认证中心、完成商品配送的物流中心和提供电子商务相关服务的电子商务服务商等。即使是传统商务中的角色，在电子商务系统中其功能和定位也发生了巨大的变化，如完成网上支付的银行等。电子商务系统的基本结构如图 5-1 所示。

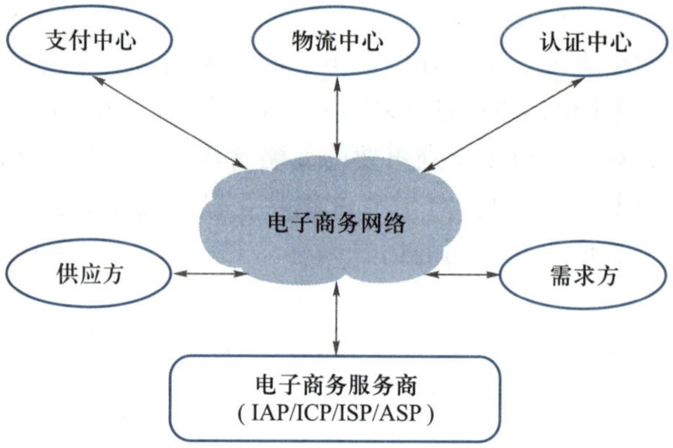

图 5-1　电子商务系统的基本结构

电子商务系统的主要角色有需求方、供应方、支付中心、认证中心、物流中心和电子商务服务商等。其中，需求方可以是企业，也可以是个人，只要通过电子商务系统采购（购买）商品或服务，就是电子商务系统中的需求方；供应方与需求方类似，可以是企业也可以是个人，只要通过电子商务系统提供商品或服务，就是电子商务系统中的供应方；支付中心的功能是为电子商务系统中的需求方和供应方等角色提供资金结算和支付服务，它一般由网络银行来承担；认证中心是一些不直接从电子商务交易中获利的第三方机构，负责发放和管理用来证明参与方身份的数字证书，使各参与方均能相互确认身份；物流中心接受供应方的送货要求，负责及时地将有形实物商品送达需求方指定的地点，并跟踪商品的动态流向；电子商务服务商提供网络接入服务、内容服务以及应用服务。所有参与方围绕电子商务网络相互协作开展业务，共同完成电子商务系统的功能。

二、电子商务系统的组成

（一）企业内部信息管理系统

企业内部信息管理系统指收集和处理企业生产和管理过程中的有关信息，为管理决策过程提供帮助的一种信息处理系统，是电子信息技术应用在经营管理全过程中的一种现象。主要实现的是企业内部生产管理的电子化，面对的是企业内部的用户。

管理信息是企业经营管理活动的具体表现，是企业管理决策的重要依据。使用电子信息技术作为经营活动的辅助手段，能迅速处理企业大量的信息资料，为企业经营管理层及时提供决策依据，提高企业管理水平。

一般而言，企业内部信息管理系统包括用于企业内部的各种信息系统，诸如管理信息系统或决策支持系统、专家系统，以及各种泛 ERP 系统或客户关系管理、人力资源管理这样的专职化系统等。

（二）电子商务基础平台

电子商务基础平台为企业的电子商务应用提供了运行环境和管理工具及内部系统的连接。它是保证电子商务系统具有高扩展性、集中控制、高可靠性的基础。电子商务基础平台的目标是提高系统整体性能，是面向系统效率的。电子商务系统基础平台一般包括以下方面：

1. 连接 / 传输管理

连接 / 传输管理的主要作用是满足系统可扩充性的需要，用以实现电子商务系统和其他系统之间的互联以及应用之间的互操作。

一般来讲，这一部分包括三个方面的内容：异构系统的连接及通信；应用间的通信接口，保证应用程序通过不可靠信道连接进行时，可以完成差错恢复及续传，并为应用之间的互操作提供 API 接口，简化应用通信的开发工作；应用和数据库的连接之间的接口。

2. 事务管理

电子商务系统支持的商务活动涉及大量的联机事务处理，这就要求系统具备很强的事务处理性能。事务管理的作用包括两方面：一是保证分布式环境或大数据环境下事务的完整性、一致性和原子性；二是缩短系统的响应时间，提高交易过程的实时性。

3. 网站管理

网站是电子商务系统的客户服务接口，用于表达系统商务逻辑的处理结果。所以，在电子商务系统中，网站具有重要的地位。网站管理的基本作用是为站点维护、管理和性能分析提供技术支持手段，主要实现系统状态的监控、系统性能调整、用户访问授权、客户访问历史记录等功能。通过网站管理功能，可以记录客户的访问数据，了解用户的需求。利用这些数据，企业能够了解客户的潜在需求。

4. 数据管理

数据管理为电子商务应用相关数据的存储、加工、备份和表达提供支持，同时为应用程序提供应用开发接口。通常该部分利用支持 Web 的数据库管理系统实现，并以此为基础，进行数据挖掘和大数据分析。

5. 负荷均衡

负荷均衡是指如何使电子商务系统服务器的处理能力和承受能力的压力保持均衡。负荷均衡可以对服务器集群结构中的各个服务器性能进行动态调整和负荷分配，它使电子商务系统中硬件性能得到有效的均衡，避免特定的设备或系统软件由于压力过大而出现崩溃和拒绝服务的现象，这样在一定程度上能够提高系统的可靠性。从某种意义上来说，云服务器的搭建使用可以进一步进行负荷均衡的优化配置，提高服务器的运行效率。

6. 安全管理

安全管理为电子商务系统提供安全可靠的运行环境，防止或减少系统被攻击的可能，提高系统抗拒非法入侵或攻击的能力，保障联机交易过程的安全。

（三）电子商务服务平台

电子商务服务平台的基本作用是为电子商务系统提供公共服务，为企业的商务活动提供支持，增强系统的服务功能，简化应用软件的开发。该部分通过集成一些成熟的软件产品向企业提供一些公共的商务服务，该部分主要包括以下内容：

1. 支付网关接口

支付网关接口是电子商务系统和银行之间的接口，它负责通过网络与客户和银行之间进行交互，完成与商品交换相关的电子支付。在线支付一般是在银行、客户、企业之间进行的。要完成在线支付，银行一般需要建立相应的支付网关。企业则需要与支付网关之间建立安全的交易通道和接口，通过支付网关接口和安全交易通道，企业电子商务系统和银行的支付网关进行数据通信，完成电子资金的转移。

2. 认证中心（CA）接口

要保证在线交易的真实性、不可抵赖性，就需要特定的中介机构担保和确认交易双方的身份。认证中心就是完成上述职能的商务中介。CA 一般可以发放表示交易参与方身份的电子证书，并负责对交易过程中买卖双方身份的审核验证，对交易的真实性进行担保。

3. 内容管理

企业商务活动一般需要大量的信息资源，而且随着商务活动的开展，信息量不断增长，如产品种类越来越多，服务内容逐步增多等。这样一来就产生了一个问题，即如何对这些内容进行管理，如何使企业的用户及合作伙伴在这些海量的信息中迅速地发现对自身而言有价值的信息。此外，电子商务系统中的信息大部分是非结构化或者半结构化的内容，从技术角度看也是一个难点。在这种背景下，专门的内容管理就应运而生。

4. 搜索引擎

搜索引擎是一项传统且不断发展的技术，它负责向用户提供对电子商务系统中的数据进行快速、综合检索的功能。搜索引擎与古老的蜘蛛程序（crawler）和全文检索相关。它包括数据采集（包括手工采集、通过 crawler 或者其他类似程序自动收集）、数据整理加工、全文检索等基本功能。如果说内容管理侧重于数据组织和管理，以便为数据的快速检索提供支持，那么搜索引擎则侧重于在大量的数据中如何快速地找到与用户的兴趣点相关的内容，两者具备非常密切的关系，所以也有些观点认为搜索引擎本身就应当从属于内容管理。

5. 推荐引擎

推荐引擎是主动发现用户当前或潜在需求的定律，并主动推送信息给用户的信息网络。挖掘用户的喜好和需求，主动向用户推荐其感兴趣或者需要的对象。推荐引擎不是被动查找，而是主动推送；不是独立媒体，而是媒体网络；不是检索机制，而是主动学习。推荐引擎利用基于内容、基于用户行为、基于社交关系网络等多种方法，为用户推荐其喜欢的商品或内容。从某种意义上，推荐引擎是搜索引擎的补充，也是内容管理的一部分。

6. 数据智能

数据智能是一个跨学科的研究领域，它结合大规模数据处理、数据挖掘、机器学习、人机交互、可视化等多种技术，从数据中提炼、发掘、获取有揭示性和可操作性的信息，从而为人们在基于数据制定决策或执行任务时提供有效的智能支持。数据智能技术赋予我们探求数据空间中未知部分的能力，在不同领域里孕育出巨大的机会。众多基于互联网的新型业务，包括搜索引擎、电子商务以及社交媒体应用等，从本质上讲就是建立和运作在数据智能的基础之上。数据智能技术正在重塑传统的商业分析或商业智能领域，提供了自然语言查询和叙述、增强的数据准备、自动的高级分析、基于可视化的数据探索等多种核心能力。

（四）电子商务应用系统

电子商务应用系统是电子商务系统的核心，它对企业电子商务活动提供具体的支持。前面所阐述的各个部分都是为该部分提供不同的环境和技术支持。电子商务应用系统是由应用开发人员根据企业特定的应用背景和需求来建立的，它用以实现企业应用逻辑所需要的各种功能。

（五）电子商务应用表达平台

电子商务应用表达平台在整个系统的顶层，面向电子商务系统的最终用户。电子商务应用表达平台有两个基本功能：第一是作为与用户的接口，接受用户的各种请求，并传递给应用系统；第二是将应用系统的处理结果以不同的形式进行表达，并将其提供给不同的用户信息终端。电子商务应用表达平台包括两个部分：一部分是 PC 端平台，另一部分是非 PC 端平台或软件。

（六）安全保障环境

企业电子商务系统至少包含两层安全保障环境，那就是内部安全保障环境和外部安全保障环境。安全保障环境不仅仅是技术或产品的问题，它实际上是保障企业商务活动安全的一整套方案。简单地讲，它包括安全策略、安全体系、安全措施等内容。

安全策略是企业保障其电子商务系统安全的指导原则集合，它定义了从哪些方面提高系统的安全性能。一般来讲，它包括避免非法入侵、减少安全隐患、控制存取内容、访问授权、受攻击后的响应等方面的策略，并定义系统所需要的软件和技术设备的选用及评判标准、系统需要的技术规范等。安全体系由保证系统安全所需要的技术和设备构成。一般包括网络的物理安全、访问控制安全、系统安全、用户安全、信息加密、安全传输和管理安全等。利用各种技术手段，例如主机安全技术、身份认证技术、访问控制技术、密码技术、防火墙技术、安全审计技术、安全管理技术、系统漏洞检测技术、黑客跟踪技术等，在攻击者和受保护的资源间建立多道严密的安全防线，极大地增加了恶意攻击的难度，并增加了审核信息的数量，利用这些审核信息可以跟踪入侵者。安全措施则是在安全策略及安全体系下所采取的具体手段。

第二节 电子商务系统网络结构与业务环境

自电子商务系统开展以来，人们对电子商务系统的认识并不统一，所以对这一系统的体系结构、基本功能、应用环境等方面还存在不同的看法。因此，本节对本书所述的电子商务系统作进一步的确定，以明确电子商务系统管理所要涉及的方向和相关的环境管理内容。

一、电子商务系统的网络结构

在网络架构上，电子商务系统由三个部分构成，即企业内部网（Intranet）、企业外部网（Extranet）和互联网（Internet）。上述三个部分构成一种以企业分布式计算为核心的信息系统的集合体，如图 5-2 所示。

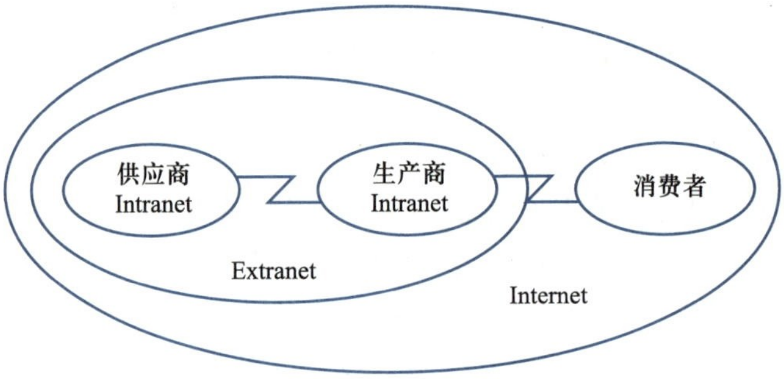

图 5-2 电子商务系统的网络构成

企业内部网（Intranet）是利用互联网（Internet）技术（TCP/IP 及其他标准）构造的、面向企业内部的专用计算机网络系统。企业内部信息系统与企业内部生产和管理相关，具有管理和处理企业生产过程信息与提供生产和管理决策依据等方面的功能。企业内部网主要目的在于实现企业内部生产管理的信息化，它面对的是企业内部的用户，一般采用相应的措施（如防火墙等）与企业外部网进行隔离，以保障信息和系统本身的安全。企业内部网的服务器、终端等设施设备之间多采用交换机相互连接，而企业内部网与企业外部网（甚至是互联网）之间多采用路由器进行连接。

企业外部网（Extranet）与企业内部网（Intranet）相对应，它实际上已经脱离了纯网络的概念，而更侧重的是企业电子商务的外部环境以及与合作伙伴或外协单位的信息交换关系。

电子商务系统以企业内部网（Intranet）为基础，实现企业内部工作流的信息化。企业建立内部的信息系统后，需要进一步完善企业的外部环境，将企业内部网（Intranet）扩展到企业外部网（Extranet），完成企业与企业之间的信息数据交换，其后通过互联网（Internet）向消费者提供实时在线的服务。

在这种技术体系下，可以解决电子商务成功的关键问题——3C 问题，即利用企业内部网（Intranet）解决企业内部信息资源利用问题（content）；利用企业外部网（Extranet）可以解决企业和外部协作伙伴的合作（collaboration），使企业获得更快的反应和更高的效率；利用互联网（Internet）可以在网络上开展交易活动，实现电子商务（commerce）。

通过上述对电子商务网络结构的分析，企业可以根据不同的网络范围，实施企业内部网、企业外部网和互联网管理。

二、电子商务系统的运行环境

对每个企业而言，其电子商务活动的开展必然需要特定的电子商务系统支持。电子商务应用系统能满足企业商务活动的基本要求，因此企业电子商务系统的核心是电子商务应用系统。电子商务应用系统发挥其职能的基础是各种服务平台，它们共同构成了电子商务应用系统的运行环境，是企业电子商务系统的基础。电子商务系统的运行环境见图 5-3。根据不同的电子商务运行环境，可以采取相应的电子商务系统运行环境管理，如电子商务社会环境管理、电子商务网络管理、电子商务硬件管理、电子商务软件管理、电子商务服务环境管理和电子商务应用环境管理等。

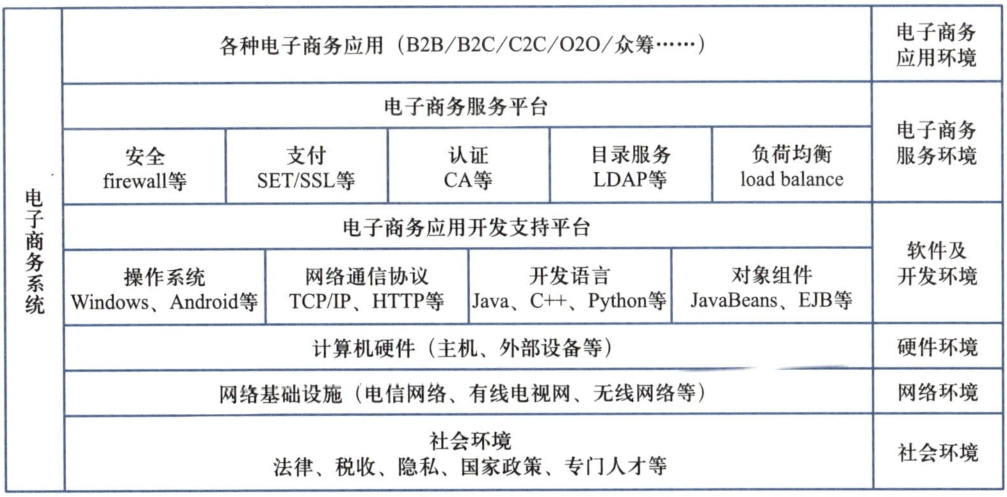

图 5-3　电子商务系统的运行环境

（一）社会环境

电子商务系统与其他系统一样需要特定的社会环境。电子商务系统赖以生存的社会环境主要包括：法律、税收、市场监管、隐私、国家政策及人才等方面。电子商务对法律、国家政策等具有较大的依赖性。

首先，国家必须制定特定的法律、税收政策，规范和约束电子商务系统的生存环境和发展模式。例如，对于电子交易，法律契约（例如订单、身份证书等）以二进制字节形式存在，发生商务纠纷时，利用电子契约作为法律证据也必须通过法律来进行约束。其次，国家也需要制定相应的政策，刺激网络经济的发展，鼓励甚至引导电子商务系统的建设和良性发展。

（二）网络环境

电子商务系统需要强大的网络基础设施，网络环境是电子商务系统的底层基础。正像公路系统由国道、城市干道、辅道共同组成一样，信息高速公路也是由骨干网、城域网、局域网这样层层搭建才使得任何一台联网的计算机能够随时同整个世界连为一体。网络基础设施主要是信息传输系统，包括远程通信网、有线电视网、无线电通信网和 Internet 以及移动网络等。

（三）硬件环境

电子商务系统的硬件环境主要由服务器、计算机主机、外部设备和网络接口设备等构成。这是电子商务应用系统的物理运行平台，也是电子商务系统软件运行的基础。

（四）软件及开发环境

一般来看，这部分包括操作系统（如 PC 端操作系统 Windows、UNIX/Linux，非 PC 端操作系统 Android、IOS 等）、网络通信协议软件（如 TCP/IP、WLAN、WAP 等）、开发工具等。这一环境为电子商务系统的开发、维护提供平台支持。没有软件及开发环境，电子商务应用系统无法建立，电子商务系统无法实施运作。

（五）电子商务服务环境

电子商务服务环境为特定商务应用软件（如网络零售业、制造业应用软件）的正常运行提供保证，为电子商务系统中公共的功能提供软件平台支持和技术标准。特别要强调的是，电子商务运作仅有网络设施、硬件设施、应用软件是远远不够的，高科技的设施设备不可能自动在现今的经济社会活动中发挥作用，只有建立良好的电子商务服务环境后，这些技术和设施设备才能发挥出应有的功能，为社会带来效率与效益。

电子商务服务环境和应用软件的差别主要体现在：电子商务服务环境提供电子商务活动的公共服务，如资金转账、订单传输、系统安全管理等，这些公共的部分和具体业务关系并不密切，具有普遍性。而应用软件则主要实现某一企业特定的功能。电子商务服务环境具体细化为两个部分：一部分包括安全（security）、支付（payment）、认证（CA）这样一些侧重于商务活动的部分；另一部分则侧重于系统的优化部分，如负荷均衡、内容管理、搜索引擎等。

（六）电子商务应用环境

电子商务应用环境是企业利用电子手段开展商务活动的核心，也是电子商务系统的核心组成部分，是通过应用程序实现的。企业商务服务的业务逻辑规划得是否合理，直接影响电子商务服务功能。电子商务应用环境是商务活动的参与各方看得见、摸得着的部分，它既能准确完整地实现商务活动的功能，又具有良好的人性化界面，方便操作使用。

三、电子商务系统的支撑环境

电子商务系统的支撑环境主要是指为保证电子商务活动的开展而必须建立的一系

列环境，它是电子商务系统的组成部分。电子商务系统的支撑环境主要包括：电子商务的支付环境、电子商务的物流环境和电子商务的信用环境。电子商务系统支撑环境的完善与否直接关系到电子商务开展的可能性。针对不同的电子商务系统支撑环境，企业可以采取不同的电子商务系统支撑环境管理，如支付环境管理、物流环境管理和信用环境管理等。

（一）电子商务的支付环境

随着越来越多的企业通过互联网开展业务，如何进行支付结算的问题越来越突出。电子商务涉及的范围广泛，网上交易对便利性、实时性的要求非常高，这就要求支付结算环节也满足这一要求。传统支付结算方式要做到这一点非常困难，解决问题的唯一办法就是利用电子支付。

电子支付是电子商务活动的关键环节和重要组成部分，是电子商务能够顺利发展的基础条件。没有良好的网上支付环境，网上客户只能采用网上订货、网下结算付款的方式，只能实现较低层次的电子商务应用。这就使得电子商务高效率、低成本的优越性难以发挥，电子商务的应用与发展受到严重的阻碍。

网上金融服务是电子商务的重要一环，随着电子商务的普及和发展，网上金融服务的内容也在发生着很大的变化。网上金融服务包括网络银行、家庭银行、企业银行、个人理财、网上证券交易、网上保险、网上纳税等业务。所有这些网络金融服务都是通过电子支付的手段来实现的。所以，从广义上讲，电子支付就是资金或与资金有关的信息通过网络进行交换的行为，在一般电子商务中就表现为消费者、企业、中介机构和银行等通过互联网所进行的资金流转。由于电子支付是在开放的互联网上实现的，支付双方当事人并不见面，信息也很可能受到黑客的攻击和破坏，而这些信息的泄露和受损直接威胁交易各方的切身利益，所以身份认证和信息安全是电子支付要考虑的重要问题。

（二）电子商务的物流环境

物流是经济活动系统、集成、一体的现代概念，是指按用户的要求，将物质实体从供给地向需求地的物理移动过程，包括运输、包装、仓库储存、配送、装卸搬运、流通加工、物流信息等一系列经济活动过程。在电子商务的运作过程中，信息流、商流、资金流均可借助Internet瞬间实现，而物流的实现却相当困难，只有部分产品如软件、唱片等可通过网络直接传输，绝大部分产品和服务都必须通过物流方式传输。在一定意义上说物流是电子商务的重要组成部分，是信息流、商流和资金流的基础和载体。

近几年，电子商务以其低成本、高效率被广大企业及消费者接受。但随着电子商务的飞速发展，物流问题十分突出地表现了出来。支持有形商品网上交易的物流，不仅已成为有形商品网上交易的一个障碍，而且已经成为有形商品网上交易活动能否顺利进行和发展的一个关键因素。作为电子商务的最终环节，电子商务物流起着决定性的作用。如今，市场瞬息万变，如何减少中间环节，缩短产品的“旅行”时间至关重要；如何使产品到达的地方覆盖尽可能多的目标市场至关重要。实践证明，良好的电子商务物流管理可以大大降低企业的成本。如果没有现代化的物流运作模式支持，没有一个高效的、合理的、畅通的物流环境，电子商务所具有的优势就难以得到有效的发挥。没有一个与电子商务相适应的物流环境，电子商务就难以有效地发展。

（三）电子商务的信用环境

在电子商务条件下，商务活动都是通过计算机网络开展的，交易各参与方互不见面，不签纸面合同、不签字盖章、不用纸质票据，取而代之的是网上沟通、电子合同、数字签名和网上支付。与传统商务活动相比较，电子商务对商业信用的要求更加迫切。在商业信用尚未完善的情况下，交易的一方对交易的另一方是否能够按照约定履行交易更没有把握，这必然极大地影响、限制电子商务的应用与推广。电子商务信用体系的建立对电子商务至关重要。

电子商务信用体系的建立是一个综合性的任务，不是仅仅依靠某一方面的努力就能够解决的，这个过程中有意识问题，也有技术问题和法律问题，更需要时间让电子商务系统各个角色逐渐地适应。首先，社会各方面要大力引导，创建一个具有良好的信用意识的社会环境。其次，建立和完善电子商务信用认证中心十分迫切。信用认证中心是改善电子商务信用环境的最基本的技术手段，是电子商务活动正常进行的必要保障。再者，制定相关法律和制度也有利于营造良好的信用氛围。保障正常电子商务活动的进行，要通过法律规范电子商务交易各方的交易行为，规范和确认什么样的电子合同、数字签名等在法律上是有效证据，哪些是无效证据，从而保障讲信用的合法交易者的合法利益，打击不讲信用的不法行为。最后，建立社会信用评价制度和体系，为电子商务交易提供资信服务。将社会信用评价制度和体系应用到社会生活的各方面，促进企业和个人努力提高信用，自觉避免有损信用的事件的发生。如企业融资信用和个人消费信用等。

第三节 电子商务系统的构建和评价

电子商务系统的构建和运行贯穿着电子商务系统管理的内容，电子商务系统的构建和运行本身就是电子商务系统管理的重要部分。另一方面，在建设电子商务系统的过程中，需要对电子商务系统进行评价。本书主要讨论广义的电子商务系统评价，其涵盖了电子商务系统从开发到结束的每一个阶段。事实上，电子商务系统的评价过程也是电子商务系统管理的重要组成部分，有利于企业和组织对电子商务系统的运行状况进行反馈处理。

一、电子商务系统的项目管理

电子商务系统的项目管理是企业应用电子商务的第一步，是一个包括商务、技术、支付、物流等许多角色与要素的系统工程。在开始建设电子商务系统之前，必须充分研究涉及电子商务系统的所有因素，全面分析、统筹规划，形成尽可能完善的电子商务系统设计方案，在此基础上有条不紊地进行电子商务系统建设。

电子商务系统是商务与技术结合的产物，所以在电子商务应用的全过程中，都必须充分兼顾商务和技术两个方面的因素，以科学、合理的程序展开系统设计、建设和应用工作。如果按阶段划分，要实现电子商务应用，电子商务系统建设大致需要经过下列四个阶段：

（一）商务分析阶段

这是实现电子商务应用计划的第一步。这一阶段的工作主要是进行充分的商务分析，包括需求（包括企业自身需求、市场需求以及客户需求等）分析和市场（包括市场环境、客户、供求和竞争等）分析两个方面。

在电子商务条件下，市场范围扩大，创新速度加快，竞争的压力越来越大，竞争的频率越来越高，因此必须对拟建的电子商务系统在未来可能面临的竞争尽可能做出分析，最大限度地避免竞争失利。此外，还要对企业自身状况进行分析，包括对企业组织、管理、业务流程、资源、未来发展的分析等。要结合电子商务的特点，从供应链的角度重新审视企业组织、管理与业务流程，寻找与电子商务的最佳结合。

（二）规划设计阶段

在完成上述商务分析的基础上，在掌握电子商务最新技术进展的情况下，充分结合商务和技术两方面因素，提出电子商务系统的总体规划，提出电子商务系统的角色，提出电子商务系统的总体格局，亦即确定电子商务系统的商务模式，以及与商务模式密切相关的品牌定位、商品运营、服务支持和营销策略四个要素。

电子商务系统设计工作可以由此展开，也即从子系统、前台、后台、技术支持、系统流程、人员设置等各个方面全面构建电子商务系统。此阶段的工作完成得好坏，将直接关系到后续电子商务系统建设与将来电子商务系统运行和应用的成功与否。

（三）建设变革阶段

这个阶段的工作分为两条线：一条线是按照电子商务系统设计，全面调整、变革传统的组织、管理和业务流程，以适应电子商务运作方式的要求；另一条线是按照电子商务系统设计，全面进行计算机软硬件配置、网络平台建设和电子商务系统集成，完成电子商务系统技术支持体系的建设，从技术上保障电子商务系统正常运作。

（四）整合运行阶段

上述建设变革阶段完成后，就可以将经过变革的组织、管理和业务流程，与已经建好的电子商务技术平台整合起来，进行电子商务系统的试运行。再经过必要的调整、改进以后，实现电子商务应用的工作就可以进入整合运行阶段，开始实现电子商务应用。

企业电子商务系统建设绝不是一旦建成就可以一劳永逸的事情，必须在系统应用的过程中，根据企业商务和网络技术等各个方面的变化，不断创新、改进、完善，确保和提高企业电子商务系统的竞争能力。

二、电子商务系统运行平台

（一）信息流平台

电子商务系统信息流平台实质上就是指企业在开展电子商务活动的过程中提供信息流传输、存储、加工处理的网络设施和通道。在企业电子商务实现过程中，物流、商流、资金流都要转化为信息流的形式，并通过信息流平台高效、及时、准确地传播和交流，最终实现电子商务的四流整合。信息流平台是企业开展电子商务活动的基本物理环境，是其他平台运转的基础。

（二）资金流平台

无论是对于传统商务，还是对于电子商务，资金的流动都是完成交易的重要环节，所不同的是电子商务的发展要求资金流更加畅通，而原来的金属货币、纸币以及信用凭证（期票、汇票、支票和本票等）无法适应电子商务发展的需要。在此情况下，就需要一个基于网络数字化结算的资金流平台。

随着 Internet 的进一步普及与网络安全性的进一步提高，电子商务的资金流平台中数字化结算已成主流。所以，本节主要讨论数字化资金流平台。数字化资金流平台，是指提供电子商务主体通过数字化方式进行付款、转账、结算、清算等电子支付活动的网络平台，即以信息流网络为基础将支付网关、收单银行等金融专用网络连接起来，形成专用金融网络，再在此基础上通过互联网将 CA 认证中心、消费者、生产商以及各种风险投资商联合起来的一种资金流平台。基于 SET 的信用卡支付平台如图 5-4 所示。

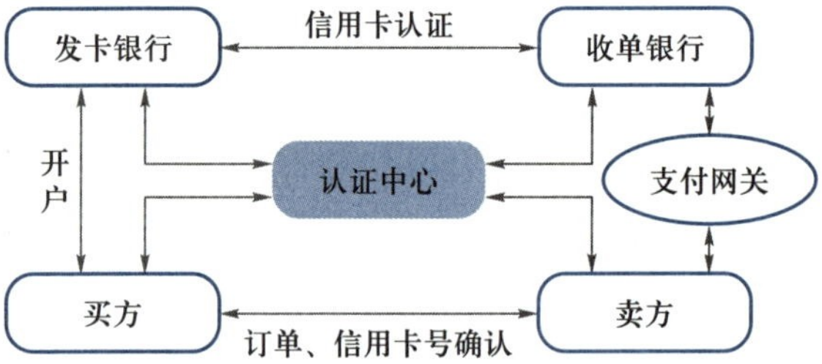

图 5-4　基于 SET 的信用卡支付平台

该平台由客户开户行（发卡银行）、商家开户行（收单银行）、买方、卖方、认证机构等要素构成。在这种信用卡支付平台之上，首先是持卡人（买方）发送给商家一个完善的订单及要求付款的指令；商家接受订单后，向持卡人的金融机构请求支付认可，通过支付网关到银行，再到发卡机构确认，批准交易，然后返回确认信息给商家；商家发送订单确认信息给顾客；商家给顾客装运货物或完成订购的服务，此时，商家可立即请求银行将钱从买方的账号划转到商家账号，也可以等待一段时间，请求成批划账处理；商家向持卡人的金融机构请求支付。

（三）物流平台

物流是指实物从供应方到需求方的转移路径和过程。根据销售环节不同，物流本身还分供应物流、销售物流、生产物流和回收物流。物流平台是指企业电子商务活动中的实物转移的途径与通道。在电子商务背景下，企业应合理构建适合本企业发展需要的物流平台。

电子商务物流平台应该是一个能对客户的需求作出快速反应的物流网络，这个网络的架构包括两个方面内容：一是物流实体网络。它是物流企业、物流设施、交通工具、交通枢纽等在地理位置上的合理布局而形成的网络，是整个企业电子商务物流运作的基础。二是物流信息网络。它是物流企业、制造企业、商业企业通过 Internet 等信息技术将上述物流实体进行连接而形成的信息网络。通过信息网络可以实现运输工具的调配、物流活动的合理安排，以及在途货物的实时查询等功能。可以说，物流信息网络是企业电子商务物流网络的神经系统。

（四）商流平台

商流平台就是指企业在从传统商务模式向电子商务模式转换的过程中，为了借助和整合外部资源，保证这一具有虚拟性特征过程的客观性、公正性和合法性，而采用契约的形式来相互制约和相互促进的一种新型合作形式和控制平台。因此，从某种意义上说，商流平台也就是契约平台。

由于电子商务时代市场机遇稍纵即逝，客户需求也越来越朝个性化、多样化方向发展，而企业自身的资源相对于这种市场环境而言是相当有限的，因此，企业如果要在特定的时间内向消费者提供个性化、多样化的产品或服务，就必须利用企业外部资源，与其他企业进行合作。而企业之间的合作，需要有商流平台的支撑。事实上，电子商务过程中企业之间，甚至于企业内部的部门之间的每一项活动都需要以契约协议的形式来加以约束。商流平台之所以对企业电子商务特别重要，缘于企业虚拟运作的需要。由于实现电子商务之后，供应链成员的组成具有动态变化性，企业与企业之间的关系更为复杂，要对这种动态联盟的形式进行管理，必然对商流平台提出了更高的要求。

商流平台的构成，按企业与企业之间契约关系的形成来看可分为企业内部契约、一级契约、二级契约等。首先是企业与其内部员工之间以契约的形式规定员工的权利与义务及其工作规范等内容，这是企业内部契约。其次是企业与其合作对象进行双边谈判，并在此基础上形成契约关系，这是一级契约。最后其合作企业又与其他企业进行谈判并发展成二级契约。在每一级别的契约中又包括购买契约、合作契约、资金流契约、物流契约、销售契约、个人金融契约等。

企业电子商务商流平台如图 5-5 所示。

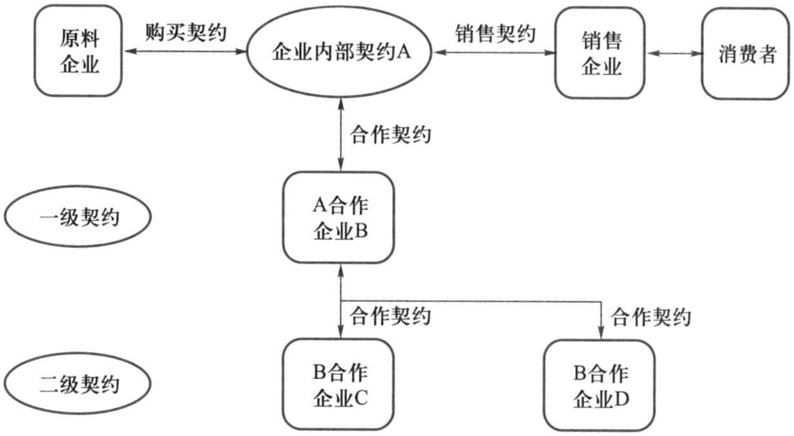

图 5-5　企业电子商务商流平台

第四节 电子商务系统解决方案

电子商务系统在企业商务管理和内部管理中所逐步显现的优势，以及电子商务系统建设的复杂性，使整体电子商务解决方案的发展和应用成为这一领域的热门课题。在电子商务系统管理的过程中，必然涉及电子商务系统解决方案的实施和应用，因此，电子商务系统解决方案的实施和控制也必然成了电子商务管理的重要组成部分。

一、电子商务系统解决方案概述

电子商务系统解决方案，是指用于特定类型的电子商务系统的全套技术方案，是一整套计算机应用技术的有机结合。它以实现一定的商业经营活动为目标，配以适当的电子商务模式，并根据实际的业务流程进行系统的业务需求、整合分析，提供对应的技术设计及系统实施的方法、步骤等。电子商务系统解决方案是针对商务管理问题而提出的，但主要靠技术方案来实现，包括系统建设所需的全部软件、硬件和系统集成方案。

电子商务系统解决方案最大的特点是专业化和标准化，是对应用需求和成功经验的通用化和规模化，是提高系统建设速度和质量的有效途径。同一行业内的企业在组织、管理和业务流程上具有相当程度的一致性，这就为设计、开发和推广标准化的电子商务系统解决方案提供了可能，并使提供商可以批量生产和提供标准化的电子商务系统解决方案，由此降低了解决方案的成本，使企业可以以远低于自行开发的成本购买解决方案。

电子商务系统解决方案的另一个特征是完整性，因此现在可以更多地听到“整体解决方案”这个称呼。“整体”有两个含义：其一，方案涉及系统建设的方方面面；其二，系统具有较强的生命力，可以随着应用的增强而自然地扩展。对于需要建设电子商务系统的企业，它们希望电子商务系统带给企业的不仅仅是一种新的销售渠道或是新的广告传播的工具，它带给企业的应是一种新的商业模式，是对传统贸易的革命。

电子商务系统解决方案通常由非常专业的 IT 厂商和网络技术公司的专业人士研究、设计和开发出来，建立在对相关行业电子商务应用专业化分析研究的基础之上。企业在建设电子商务系统时，可以使用标准化的解决方案，也可以根据企业的实际状况和需求在此基础上进行二次开发。实际上，要想建设比传统企业具有更大活力的电子商务企业，企业还需要完善的、方便的、个性化的综合配套服务。

对于一些大的 IT 厂商，他们都提供完整的电子商务系统解决方案，只是由于厂商的技术优势和特点，在具体方案的设计和实施中，出发点和侧重点有所不同。即使有些厂商并不提供所有的服务，但无论是谁，他们都遵循电子商务领域最重要的原则：开放性，即尽可能满足各种规范要求，实现与其他厂商产品的无缝连接。

二、电子商务系统解决方案的内容

电子商务系统解决方案经常被误解为仅仅是建立一个网上店面，通过 Internet 来进行商品和服务的买卖。实际上，电子商务系统解决方案不仅仅是一些在网上的交易和资金的转账。它定义了新的商务形式，为这种商务形式而服务的后台企业信息系统，更是电子商务系统解决方案的重头戏。除了提供买卖服务外，电子商务系统解决方案还能够提供一整套服务，该服务系统是建立在一个组织的数字神经系统内部的。所以，电子商务系统解决方案能够支持企业全部业务过程和提供完整的管理手段。因此，电子商务系统解决方案所提供的内容不仅仅是技术方面的，而应该涉及为业务服务的企业管理的各个方面。

一个基本的企业电子商务系统解决方案的架构应该包括这样三个部分，即电子商务系统解决方案的基础框架、应用服务和咨询服务。

（一）电子商务系统解决方案的基础框架

从技术上来说，电子商务实质上是企业内、企业间的充分信息化。因此，电子商务系统解决方案的基础框架也就是企业为商务、运作服务的全部基础信息系统。

1. 完整的电子商务系统解决方案框架下的基本服务

（1）硬件及网络设备服务。包括员工的办公用机、网络建设、网络接入等硬件基础设施的服务。

（2）操作系统服务。提供目录、用户管理、安全性管理和通信服务。

（3）数据存储服务。提供高效的数据存储服务，保证基础性的数据逻辑定义、商务规则和一致性、完整性要求，以及与原有系统数据的集成，提供与数据存储相关的用户管理、信息交流和发布服务。

（4）开发环境服务。提供开发组件、开发测试环境和其他开发企业数据库等必需的工具，以及提供开发周期内的技术支持。

（5）内部应用服务。提供内部业务流程控制、基本业务操作和运作服务，以及相关的系统管理与通信工具。

（6）内部管理服务。提供内部管理事务的信息化及与业务之间的集成服务，以及相关的系统管理与通信工具。

（7）Web 服务。提供上述所有功能在 Web 上的实现，为内部用户提供统一用户端工具和界面，同时实现相应的 Web 管理和以此为基础的非 PC 端应用。

2. 电子商务系统解决方案的基础框架下的特性

（1）集成能力。通过一个共同的接口为各类新旧应用提供联入系统的途径，并保持系统本身的一致性不受破坏。

（2）可扩展性。可随时根据企业业务扩展进行系统的升级和改造，以更好地为业务服务。

（3）分布性。能够为地理上分散的企业提供整体性的服务，使企业在逻辑上始终保持一体，为做好电子商务系统的外部应用打下良好基础。

（4）安全通信。实现企业内部用户之间快速、有效、可靠的通信。

（二）电子商务系统解决方案的应用服务

在建立基础框架的基础之上，电子商务要依靠应用服务才能真正发挥效能。这一部分是指企业对外的供应链服务和客户关系服务，主要内容包括这样几个方面：

营销，即产品和服务的对外宣传；采购，即根据客户需求而进行的与供应商之间的贸易过程；交易过程，即交易过程中涉及的全部商务手续和处理；支付，即交易过程涉及的全部资金手续；库存管理，即合理的库存进出管理系统，尽可能大幅度地降低库存成本，而又不影响对客户需求的满足，需要一定的智能化决策工具；物流管理，即准确及时的物流配送系统；售前售后服务，即售前的宣传和售后为客户提供的服务；客户关系管理，即 CRM 系统中涉及的客户资料的收集与分析、客户信用管理、风险控制等。

所有这些内容在电子商务系统解决方案中不仅要体现出来，而且相互之间必须具备一定的集成性，尤其是要和企业内部信息系统合理地整合；否则，电子商务系统就失去了它的真正意义。

（三）电子商务系统解决方案的咨询服务

相对于看得见的基础设施和应用程序，企业可能忽略显得很虚的服务。但是，全方位的规划咨询和持续的运行服务，却在电子商务成功中占有举足轻重的地位。

电子商务系统的实施，是一个大的系统工程，会涉及企业各个方面，需要多个环节的协调配合。在电子商务系统建设中，企业需要的是一个完整的战略，而不是其中的某一部分。更重要的是，由于新的商务模式的产生，企业原有的经营模式会发生变化，这些是无法通过技术革新完成的。

电子商务系统解决方案的咨询服务通常分为三个主要阶段。

第一阶段，集中在对企业内部进行一次评价和对整个行业的分析，帮助企业了解现在的总体业务状况，也就是要企业明确自己为什么要实施电子商务系统。

第二阶段，咨询顾问要帮助企业建立一个远景目标（vision），让企业在了解自己现状的同时，设想自己的发展远景。但是，这个远景规划一定要企业的最高层参与，而且需要他们有很深入的投入，因为确立的远景与整个企业的发展目标密切相关。有了这些远景，就要设计改革现在的流程，包括价值链的改变。

第三阶段，具体确定需要并且可以实施的项目，定义项目的时间表、确定项目的高层工作计划，以及确定内部的交流计划等。这就是针对自己定出来的远景目标去确定项目，而不是为了定一个项目，然后才希望这个项目达到什么效果。也就是让企业为实现企业目标明确要建立一个什么样的电子商务系统。

此外，在咨询服务之外，电子商务系统的实施和运行还需要更持续的服务，原因就在于电子商务系统处在不断变化之中。系统在不断地变化，整个电子商务系统的环境，包括硬件、软件，甚至应用电子商务系统的人也都在变化，电子商务系统需要不断地提升，只有持续的服务才能够适合整个电子时代的规则。从前的运行服务集中在替客户管理内部的一些设备、流程和系统，而现在要为用户管理一个不间断运行的电子商务系统环境，这样，才能够保证企业在整个电子商务系统的生命周期里面形成一个良性的闭环。

三、典型的阿里云电商解决方案

阿里云电商解决方案包含为阿里巴巴集团提供的保护和支持的先进云技术。用户通过阿里云电商解决方案可以快速构建自己的电子商务平台，减少运营和管理费用，处理高并发业务，并加强分层安全保护。通过整合此项服务以及阿里云的大数据功能，用户可以快速开发应用程序，处理大规模数据集并为重要的商业决策获得可行性建议。

（一）阿里云电商解决方案类型

1. 小型架构解决方案

许多小型公司和创业型企业依靠风险资本或私人储蓄，寻求构建创新型和用户友好型平台。它们还需要以最少的成本获得安全、可扩展的基础设施。阿里云 Web 安全服务（WAF）与服务器防护程序和态势感知系统的结合，确保企业避免诸如 DDoS 的网络攻击等常见威胁，为服务器提供入侵防护和安全管理，通过采用机器学习和数据建模来检测潜在入侵与攻击威胁。此外，还包括支持额外保护的创新型服务器安全解决方案。

2. 中型架构解决方案

中型电子商务企业需要提升其平台能力，并在不影响用户功能的情况下引入其他功能。以一个典型的中型企业电子商务基础设施为例。网络安全解决方案和反欺诈服务保护企业免受网络攻击、恶意下单和欺诈。Anti-DDoS 与内容分发网络（CDN）确保安全性并提高业务处理速度。服务器负载均衡器确保在高并发访问期间的系统稳定性。自动扩展可动态扩展 ECS 实例，有效处理促销活动和其他业务高峰。

3. 大型架构解决方案

大型企业需要成熟而稳定的体系结构。这包括对分布式服务、容器服务、大数据应用程序以及分析工具的特殊需求，从而制定数据驱动型商业决策。同时，架构师的主要担心是如何启用并优化技术体系结构，以支持业务的快速发展。阿里云通过有效的网络安全解决方案和反欺诈服务，确保获得充分的保护，避免受到大规模网络攻击、恶意下单和欺诈。要处理由电子商务企业生成的大量数据，阿里云还提供了有效的大数据分析功能。

（二）阿里云电商解决方案个性化产品

1. 智能服务机器人

云小蜜是一款面向开发者的会话机器人，支持在不同的消息端上实现基于自然语言处理（NLP）的智能会话，如网站、APP 及实体机器人等。用户可以在云小蜜中配置自己特有的知识库实现智能问答，也可以通过多轮对话与第三方 API 集成实现自助服务，如订单查询、物流跟踪、自助退货机器人等。

2. MaxCompute

大数据计算服务（MaxCompute，原名 ODPS）是一种快速、完全托管的 TB/PB 级数据仓库解决方案。MaxCompute 向用户提供了完善的数据导入方案以及多种经典的分布式计算模型，能够更快速地解决用户海量数据计算问题，有效降低企业成本，并保障数据安全。

3. Web 应用防火墙

阿里云 Web 应用防火墙是一款针对 Web 应用进行防护的安全产品。它基于云架构实现，提供针对 Web 服务器发起的 SQL 注入、XSS、命令执行漏洞等攻击的防护手段，同时也能缓解 HTTP/HTTPS 的 Flood 攻击对服务器造成的性能压力。使用阿里云 Web 应用防火墙，可以避免网站被恶意攻击者 Web 入侵获取核心数据信息、防范海量恶意 Bot 的访问，保障网站的安全与可用性。

4. 云服务器 ECS

阿里云云服务（ECS）配备快速存储器和最新英特尔 CPU，帮助用户强化云应用程序并确保低时延，从而拥有更快响应结果。所有的 ECS 实例都带有 DDoS 防护，以保护用户的数据和应用程序免受 DDoS 和挂马攻击。只需在灵活易用的控制台上点击几下，即可部署 ECS 实例，还可根据实时需求进行扩容和缩容。这意味着用户仅需为所用资源付费，无须配置昂贵的 IT 基础设施及聘用大规模的网络团队。

5. 专有网络 VPC

专有网络 VPC 帮助用户基于阿里云构建出一个隔离的网络环境。用户可以完全掌控自己的虚拟网络，更加安全地操作和管理资源。用户基于阿里云构建出一个隔离的网络环境，并可以自定义 IP 地址范围、网段、路由表和网关等。此外，也可以通过专线 /VPN/GRE 等连接方式实现云上 VPC 与传统 IDC 的互联，构建混合云业务。

6. 弹性伸缩

弹性伸缩（auto scaling）是根据用户的业务需求和策略，自动调整其弹性计算资源的管理服务。用户根据自己的业务需求自动调整其弹性计算资源，在业务需求增长时，无缝地增加 ECS 实例，并在业务需求下降时，自动减少 ECS 实例以节约成本。弹性伸缩是一个免费的服务，但是通过弹性伸缩自动创建的 ECS 实例，需要按照 ECS 按量付费类型的实例标准付费。

第五节 企业电子商务系统的管理

企业是电子商务系统运行的最重要的基本单元，从整个社会的电子商务系统来看，企业的电子商务系统是最重要的。要实现全社会的电子商务系统，就必须先由企业建立起电子商务系统，只有当每一个企业都实现了电子商务系统，那么以企业为核心，由企业相互间、企业与其他组织及个人之间的联系所构成的整个社会的电子商务系统才能够实现。因此，首先在企业层面上对电子商务系统进行管理就显得意义重大。本节主要介绍电子商务系统中传统企业管理存在的问题，以及适合企业电子商务系统的柔性管理和企业电子商务系统管理方式的创新。

一、在电子商务系统中运用传统企业管理存在的问题

（一）电子商务系统与传统企业市场运作模式的相适应问题

企业是市场竞争的主体，市场又是企业生存发展的基础。工业经济时代的市场模式必须有许多中间环节，企业与消费者之间需有大量的批发商、零售商作为中介，这就决定了工业经济是“迂回经济”的特点。“迂回经济”的各个中间环节主要是依靠占用和耗费各种经济资源来维持它的生存。电子商务系统的出现从根本上减少了传统商务活动的中间环节，缩短了企业与用户需求之间的距离，同时也大大减少了各种经济资源的消耗，使人类进入了“直接经济”时代。“直接经济”的实质就是减少中间

费用、库存和流动资金，使生产“直达”消费。

传统商业活动的进行必须有大量商业中介机构的存在，因为生产者和消费者在时间和空间上存在难以克服的障碍，商业中介是连接产销双方的桥梁。电子商务系统的发展使产销之间的直接沟通成为可能，电子商务系统在使企业与顾客之间的隔阂降到最低限度的同时，可使企业的商务活动变得更加透明、高效，企业只要花极小的代价即可获取尽可能多的商务信息，企业适应市场的能力大为增强。因此传统企业在实施电子商务时，首先要解决的就是如何建立一个新的市场运作模式。

（二）电子商务系统与传统企业的组织结构相适应问题

适应工业经济社会生产状况和技术基础的组织管理方式，是在传统组织理论下形成的金字塔式、自上而下控制的管理组织形式，即等级组织结构。这种组织结构有多个管理层次，并有一套复杂的操作程序来决定报告渠道、权力层次、部门特权、工作界定和操作规则等。这种组织结构的特点是强调专业分工、经济规模、顺序传递、等级森严。等级组织结构形式给工业经济时代的企业带来了一定的优势：实现规模经济、职责清晰、秩序井然、工作效率提高、组织稳定性较好等。但是，在电子商务条件下，这种组织结构暴露出越来越多的问题：第一，管理层次众多，必然影响信息传递的速度和效率，同时信息传递过程中的失真现象必定影响决策的准确性；第二，金字塔式的组织结构由于等级森严、机构臃肿，不利于创新、协调与合作，影响企业员工的积极性、主动性和创造性的发挥；第三，由于管理层次复杂，业务流程分散割裂，必然导致企业的市场适应能力下降，对客户需求的满足能力低下，阻碍企业的生存与发展。

电子商务系统下高效率的信息流及合理的物流和资金流丰富了组织理论的基础，使得传统企业的组织结构变革成为必然和可能。

（三）电子商务系统对传统企业市场空间的影响问题

对企业来说，市场是指具有特定需要和欲望，而且愿意并能够通过交换来满足这种需要和欲望的全部潜在顾客，可用公式表示为：

$$\text{市场} = \text{人口} + \text{购买力} + \text{购买欲望}$$

最大限度地找到企业的潜在顾客，尽可能地拓展企业的生存空间，几乎是所有企业的共同任务。在传统的商务模式下，企业多凭借人员推销、广告宣传等方式寻找目标顾客，但往往由于营销人员的数量及素质、地理条件、广告投入、政府管辖等多种因素的限制，市场边界的扩展受到很大的局限。特别是对广大的中小企业而言，要开发全国市场甚至国际市场，常常感到心有余而力不足，即使对实力雄厚的大企业来说，要扩大市场范围尤其是开发国际市场，也由于各国的关税与非关税壁垒的障碍而感到困难重重。从技术的角度来说，电子商务系统为企业拓宽市场边界、创造更广阔的市场空间提供了有利条件。网络用户遍及全国、遍布全球的特征客观上为企业拓展国内外市场创造了前提条件，但如何使这种可能和条件变为现实，是实施电子商务的现代企业需要不断探索的。

（四）电子商务系统与传统企业管理模式的相互适应问题

传统企业管理模式基本上是一种下级服从上级、上级行政干预下级的专制型的模式。随着经济全球化和电子商务系统的不断发展，国内外市场竞争变得日趋激烈，消费者的消费需求已变得越来越主体化、个性化和多样化，传统企业管理模式已难以适应企业生存发展的需要了。因此，过去那种建立在精细分工基础上的管理结构和以功能分割为特征的管理方式，由于其“多层管理、多头领导、政出多门”等缺点，对市场变化的响应越来越迟缓与被动，难以适应电子商务系统发展的要求。

在电子商务的条件下，企业需要探索适应电子商务发展的新的管理模式，这种管理模式要求在计算机技术和网络技术支撑下，把技术、知识、管理和人力等多种资源整合于一体，使各生产要素紧密结合、协调运作，充分发挥各种资源的优势，使其在缩短产品开发周期、保证产品质量、降低生产成本、提供及时服务、提高企业竞争能力等方面起到应有的作用。

二、企业电子商务系统中的柔性管理

（一）柔性管理概述

企业柔性管理是针对知识经济和全球化经营实际提出的管理思维与管理方式。它与传统的泰勒管理强调步调一致不同，它强调管理软化，以管理的柔性化来激发人的主观能动作用，以适应知识经济下竞争的需要。柔性管理从本质上说是一种对“稳定和变化”同时进行管理的新战略。它以“人性化”为标志，强调跳跃和变化、速度和反应、灵敏与弹性。柔性管理注重平等和尊重、创造和直觉、主动和企业精神、远见和价值控制。它依据信息共享、虚拟整合、竞争性合作、差异性互补、虚拟团队等，实现知识由隐到显的转化，创造企业竞争优势。企业柔性管理包括柔性战略管理、柔性营销管理、柔性生产与组织管理、柔性人才及工作时间管理等。

柔性管理在企业价值观下的自我约束、自我改善，并不是抛开企业制度。柔性管理也是以刚性管理的一些内容为前提和基础的。可以想象，没有规章制度约束的企业必然是无序的、混乱的，柔性管理也必然丧失其立足点。从某种意义上来说，柔性管理是刚性管理的润滑剂，是刚性管理的升华。

柔性管理是在知识经济市场竞争中应运而生的。这一管理富有成效地提高了企业经营管理的知识含量，把科技、知识经营创新与企业管理结合得更加紧密，是创新知识管理的一个重要内容。电子商务下现代企业必须充分看到知识经济全球化经营与竞争中企业柔性管理的重要性，改革企业组织与经营结构，突出“人本经营”思想，创新企业管理模式，提倡柔性管理，推进企业全球化知识经营登上一个新的台阶。

（二）以柔性管理思想为指导的企业电子商务系统的特征

1. 市场导向特征

以柔性管理思想为指导的企业电子商务系统能够吸引和支持顾客参与企业的生产和营销活动，以顾客的需求为导向，使得企业能够及时抓住市场机遇，灵活快速地制造并提供令顾客满意、与市场需求合拍的产品和服务，从而赢得市场。

2. 管理特征

以柔性管理思想为指导的企业电子商务系统根据组织理论能把握住领导关系、激励机制、合作支持和信任四个要素，随顾客需求的变化能支持顾客参与，及时信息支撑，具有分形特征（在各种细分或组合层次上保持基本特征不变）的自组织、自适应管理哲学、战略、制度和方法。以柔性管理为基本管理模式，重视人的作用，充分发挥各级人员积极性和创造性，从根本上改革管与被管对立的传统管理模式。

3. 组织特征

以柔性管理思想为指导的企业电子商务系统以网络化的组织结构、多功能工作小组、任务团队为主要形式，优化各种生产要素；以创建供应链竞争优势为目的，以虚拟企业、协同商务的组织形式，最大限度地利用企业的优势从而保证顾客利益的最大化。

4. 技术特征

以柔性管理思想为指导的企业电子商务系统通过对当前各种先进的、实用化的管理系统进行有效集成，在其自动化、流程化的基础上，对其进行柔性化的适应性改造，通过各种智能化技术的运用，以人性化作为技术上实现柔性化的根本，提供人性化的接口，支持充分授权和分布式的决策。

5. 自我提高和完善的特征

通过各种自学习、智能化技术的运用，尤其是通过人性化的管理和组织，企业能够不断自我提高和自我完善。这一点将是以柔性管理思想为指导的企业电子商务系统成功的一个重要因素，因为一个实用化的电子商务系统是不可能一蹴而就的。

三、企业电子商务系统管理方式创新

当代企业管理的一个重要变化就是越来越抽象化、价值化，信息与知识成为人力、资本之后的第三大企业资源。企业管理从实物管理走向资本管理，又走向知识管理，电子商务系统在企业经营管理领域获得广泛应用。电子商务系统不仅仅是把企业的业务扩展到 Internet 上，更是企业经营管理模式的一场深刻变革，必将进一步地促进企业管理的改革和创新。

（一）信息与知识管理

信息与知识已成为独特而又无限的资源，成为决定企业竞争力的核心要素。企业发展正从传统的依靠资本积累转向知识积累和更新。现代企业快速、高效地响应顾客个性化需求的最关键环节已不再取决于物质资源，而是在于企业获取、处理、传递和利用信息与知识的能力。知识的管理也就是对企业生产和经营所依赖的信息及其收集、组织、使用、扩散、开发和创新等一系列过程的管理。电子商务系统使企业获取和应用信息的能力大大增强，企业也借助网络收集到企业所需的有用信息。企业电子商务系统发展的各个阶段中分别对应了不同的知识管理要求。第一阶段，企业将其自我展示给外界，在互联网络上发布企业信息，知识管理的重点是网站运营人员掌握网站建立的技能及网站内容更新的工具；第二阶段，企业开始利用网站接受顾客订单，获取并验证交易支付信息等，企业需调整业务流程来适应网上处理订单，企业必须让所有员工都对业务流程有清楚的认识，并将大量有关顾客的信息融入知识管理体系；第三阶段，网站成为电子商店，企业、客户、供应商相互联系起来，客服、财务、销售等部门职责扩大，企业的知识管理系统需能及时获取并分析各种交易信息；第四阶段，企业将通过网站与供应商及合作伙伴组成闭环的价值链，与各个成员形成知识共享体系，并将获得的这些信息用来更有效地管理业务，为顾客提供增值服务，企业应制定正确的知识管理战略获取并利用内外部知识，运用知识管理工具筛选信息。

（二）生产与物力管理

关于库存，正确的管理能为企业降低经营成本，加快库存核查频率会减少与存货相关的利息支出和存储成本。企业可以充分利用数据库的功能，除了存储常规的产品数据外，还应包括相关产品、配套产品、零部件及原材料、客户电子邮件等相关信息。不仅可以利用这个数据库加强对产品和原料的库存管理，还可以用于开设企业的电子商城。实施电子商务库存管理最为明显的特征是，网络的应用能使整个管理体系趋向透明，取消了大多数传统企业的管理环节。在企业电子商务系统发展到一定阶段后，将实现零库存或接近零库存的管理目标。

生产流程方面，实施电子商务系统后，企业的生产阶段应通过网络来互相联系，使各阶段能够同时进行，减少许多不必要的等待时间。这样既提高了生产效率，又有利于企业做好现场的管理和质量的全面监督。新型市场上的商品生产方式除了传统的以生产线为基石的大批量生产方式外，还出现了按照用户的需求，进行小批量甚至是单件商品生产的方式。在这样的需求下，企业电子商务系统组织唯有及时收集用户意见并迅速调整生产状况，才能满足消费者需求，适应商品流通发展的需求。

（三）供应链与财务资金管理

在电子商务的条件下，供应链管理可以依托电子交易方式，以最小投资获得最高利润，建立与供应商、分销商和客户更快、更方便、更精确的电子化联络方式，实现信息共享和管理决策支持。通过供应链管理来实现全球化市场管理，统一调度企业内部的生产、市场、供货等部门，保证客户需求产品及时地生产、发货、调度。做好供应链管理，应首先完成企业内部业务流程一体化，然后向企业外的合作伙伴延伸而实现信息共享，最终达到采购、生产、库存、销售以及财务和人力资源管理全面集成，令物流、信息流、资金流发挥最大效能。

同时，在实施电子商务系统的过程中，还必须完整地认识和建立可行的电子货币系统，只有这样才能真正开展电子商务活动。随着安全电子交易协议的广泛使用，电子商务活动中将会推行数字签名方式。一方签名后的文件，只有利用对方的密钥才能打开与阅读。在这种情况下，是不可能对电子数据进行蓄意篡改的。企业应适应网络财务的变化趋势，实行财务与业务的协调以及远程报表、报账、查账、审计等远程管理，实时动态地进行会计核算与在线财务管理。实现对分支机构财务管理，支持电子单据与电子货币，改变财务信息的获取与利用的方式。

（四）人力资源与客户关系管理

随着科技的飞速发展，人类已迈入新世纪知识经济时代。在这一新时代，人才将成为决定性因素。只有拥有最高素质的人才，一个企业才能在竞争中立于不败之地。电子商务是在掌握电子商务技能的复合型人才控制之下，运用系列化、系统化电子工具从事的商务活动。为挖掘获得更多更优秀的掌握现代信息技术和商务技术的人，在企业电子商务组织中，通过利用现代信息技术，将人力资源的引进、测试、录用、培训、奖励等简易化，降低这些活动的费用。企业要做的不应该是坐等电子商务环境的完备和成熟，而是利用现有的条件，创新地开展切实可行的电子商务活动，以期在市场中获得领先的优势。

同时，在竞争日益激烈的新世纪，客户关系管理的重要性逐渐显现。事实上，当前的产品和服务销售仅仅是建立与客户长远关系的开始，公司还需要与客户进行合作以便改进产品和服务，为用户提供更好的产品和服务并争取新用户，使企业在市场竞争中获胜。企业开展电子商务，可以建立客户数据库管理客户个性化信息资料，利用电子邮件、留言板、讨论区等方式推荐产品、发掘消费需求、获得反馈信息，从而实现维护和加强客户关系的目的。

（五）风险管理

电子商务系统应用看来商机无限，但也存在无数挑战。要想有效管理电子商务风险，企业需要考虑风险的三个主要领域：危害性、不确定性和机遇。危害性是传统的风险管理侧重的方面。电子商务领域的潜在危害是很多的。数字方面的法律规章如今是不完善的，使得某些合同、签名和承诺的合法性难以保证，企业应时时关注最新颁发的法规条文以保障自身的电子商务系统安全。税收方面，电子商务系统对直接和间接税收都构成许多潜在税收危险。企业电子商务组织管理者应该及时了解最新的相关税法，并确保在做出战略和操作决策前考虑税收因素。客户要求电子商务系统全天候服务，但运行故障却可能引起严重后果。因此，企业电子商务组织应增加自我弹性，如通过内建应急容量、增强冗余并实施一个提供容量过载早期警报的监控程序等。不确定性来自企业管理的诸多方面。电子商务系统发展的一个很大障碍，即客户信息安全问题，企业可通过获得网站上的独立的许可密封帮助管理这一不确定性。企业为电子商务系统而改变流程，很少能够完全成功，因此通过成功建立正确的企业驱动程序来管理修改程序自身的风险就成为关键。如设置正确的项目管理程序、结构和技术，建立正确的程序文化，保证企业的所有部门都是团结一致的等。而电子商务带来的机遇主要体现在以下几个方面：用互联网特有的方式服务客户，利用信息技术建立忠诚的客户关系；电子商务系统通过支持在企业和其客户以及合作伙伴间的实时信息交换和程序自动化来提供无数的新机遇，以便更快更有效率地运行等。

本章案例

贝贝网电商平台发展

贝贝网，杭州贝购科技有限公司旗下网站，创立于2014年4月，是国内领先的母婴特卖平台。杭州贝购科技有限公司由杭州互秀电子商务有限公司、IDG资本、高榕资本等联合投资成立。创始团队主要来自阿里巴巴，曾成功创办了国内最大的网购省钱平台米折网。贝贝网定位于分众电商，针对妈妈群体提供细致深入的产品与服务。传统电商是基于卖货的思维，而贝贝网是消费者电商的思路，从妈妈群体的需求出发，专门提供她们需要的产品与服务。贝贝网从2014年诞生至今，技术架构的演进总共经历了从诞生到野蛮生长再到涅槃三个发展阶段。

（一）诞生

为了业务的快速上线，简单粗暴，实现低成本管理。在贝贝网诞生之初，为了网站能够快速上线，郁佳杰和团队选择了一种简单粗暴的方式，选择PHP语言，这是因为他们看中了PHP快速敏捷的开发和方便的后台管理。于是贝贝网投入10余名技术研发人员，仅用了45天的研发时间就让网站和APP同时上线。在贝贝网诞生初期，团队在处理网页方面就做好了静动分离，并且充分利用了缓存这一杀手锏。郁佳杰表示当时的贝贝网尽可能静态化一切能静态化的页面，并且利用CDN和Varnish等技术对网页传输速度进行了优化。甚至在构建初期，贝贝网使用了memcached这样高性能的分布式内存对象缓存系统，虽然这样做牺牲了一定的实时性，但是却降低了数据库的压力。开发团队因此可以专心于业务开发，而不必过多担心服务器的压力。由于有太多因素需要考虑，贝贝网选择在这个阶段不去做像图片这样的重资产。

郁佳杰在分享时谈到在网站发展初期，可以选择像阿里云这样的云服务提供的成套解决方案来对图片这样的问题进行处理，使用云服务能够极大程度降低投入的人力和物力。在他看来，在这个时期，技术其实是可以偷懒的，有些问题能不自己做就不自己做，能使用开源的解决方案就使用开源的解决方案。当然唯一要做的就是业务逻辑，但是业务逻辑也可以简化为不需要考虑应用与应用之间的依赖关系等复杂问题的单体应用。

（二）野蛮生长

在贝贝网经过了一年的技术成长之后进入了野蛮生长的时期。郁佳杰表示，在贝贝网的这个时期，团队快速发展，在与时间赛跑的关键节点，高速发展的业务却在不断腐化技术架构。当时的贝贝网有10余条业务线并行开发，每天几十个变更发布。也因为这样高速的发展，技术系统变得越来越脆弱，由于系统耦合程度太高，问题也出现得越来越多。因为业务高速发展的原因，贝贝网整个技术系统就像一个巨婴，十分庞大但又极其脆弱。面对这样庞大而又复杂的系统，不出问题什么都是好的，但是一旦出现了问题就什么都不好了。虽然情况如此，但是在郁佳杰看来单体应用还是可以喘息一段时间，物理层面无法去做解耦，但是可以做逻辑层面的解耦。郁佳杰说：当时的贝贝网根据业务线的划分，把不同业务线的请求和API做分组，在接入层做流量调度，把不同的业务请求分发到不同逻辑业务集群上去，各业务团队自己监控改进优化。这样的解耦方案解决了一定的问题，但是还是没有解决最重要的问题，底层数据库还是在一起。当时贝贝网自己的分布式数据库中间件还在研发中，一旦数据库挂掉，系统也就随着挂掉。于是研发团队选择了使用一主多备数据存储方式，并且在数据库层面进行逻辑拆分，分为核心链路和非核心链路拆分，非核心业务使用非核心链路，核心业务使用核心链路，非核心链路出现问题，并不会影响核心链路。这增强了数据的稳定性，在野蛮生长期减缓了问题的爆发。

（三）涅槃

经历了野蛮生长期的贝贝网技术系统已经到了非改变不可的地步，当时的服务器机房里硬件已经堆到头了，开发人员简直都开始互相伤害了，运维们也成了“背锅侠”。但是其实大家都明确地知道接下来该做什么。随着业务的不断发展，贝贝网的技术架构也必须满足大型企业级架构的三点核心：通过服务框架对应用进行拆分解耦，采用异步消息来对系统进行解耦，使用分布式数据访问去实现数据层能够无限扩容。

在服务器框架问题上有两个关键点：第一，继续使用 PHP 还是转向 Java，在行业内当应用发展到这个阶段大家基本都会遇到这个问题：到底是转向 Java 还是死磕 PHP？贝贝网最终还是选择了 Java，因为 Java 在服务领域有成熟和充分被印证的解决方案。对于贝贝网而言 Java 更合适。然而同时必须面对的一个问题就是：遗留系统怎么办？在这一点上，贝贝网的开发人员选择了以异构系统远程调用的方式解决这样的问题。而在数据访问层处理上，因为不光使用了 Java 所以不能简单地选择 Client 实现，还有 PHP 的连接池等诸多问题，于是选择了 Proxy。在 3.0 时代，贝贝网的服务层基本都是使用 Java，而应用层则使用了 Java 和 PHP。为此，贝贝网 3.0 将整体构建在阿里云上，借助阿里电商云提供的基础设施、互联网中间件及电商增值服务，快速完成技术框架的转型及优化。

本案例主要源自阿里云网页：阿里云助力贝贝网的技术架构转型。

案例分析：

为了适应快速变化的市场，提升网站性能，贝贝网需要不断更新自己的网站平台架构。为此，贝贝网选择了阿里云电商解决方案，并在此基础上进行个性化的应用。对于大量中小电商来说，业务拓展与技术研发永远是一对矛盾体，业务拓展希望快是无极限，而技术研发的快是有瓶颈的。依托阿里云提供的基础设施，中小电商可快速实现业务转型，开展新一轮的业务拓展。

本章小结

1. 阐述了电子商务系统的概念和组成。
2. 阐述了电子商务系统的网络结构与业务环境。
3. 阐述了电子商务系统的构建和运行。
4. 阐述了电子商务系统解决方案。
5. 阐述了企业电子商务系统的管理方法和创新。

复习思考题

1. 基础电子商务系统包含哪几方面？
2. 电子商务系统由哪几部分组成？
3. 请简要介绍一下电子商务系统的网络结构。
4. 请简要阐述一下电子商务系统的运行和支撑环境。
5. 电子商务系统的构建如何展开？
6. 电子商务系统的运行平台包含哪些？
7. 请简要介绍一下电子商务系统解决方案。
8. 企业电子商务管理方式创新主要体现在哪几个方面？

第六章

电子商务物流管理

本章学习目的

1. 了解和掌握物流和物流管理
2. 了解和掌握电子商务与物流的关系和电子商务物流
3. 了解和掌握电子商务物流运作和组织模式
4. 了解和掌握电子商务物流管理
5. 了解和掌握电子商务供应链管理

第一节 物流管理概述

物流管理是电子商务管理的一个重要方面。随着社会的发展、行业竞争的日趋激烈，如何提高工作效率、降低管理成本、提高服务水平和企业的竞争能力，是每一个企业管理者最关注的问题。物流管理作为现代企业管理的重要一环，被广泛认为是企业降低物资消耗、提高劳动生产效率以外的重要利润源泉，在国民经济和社会发展中发挥着重要作用。

一、物流概述

（一）物流的概念

物流的概念起源于美国，当初被称为 physical distribution（PD），译成汉语是“实物分配”或“货物配送”，理解为“实物分配是包含于销售之中的物质资料和服务在从生产场所的流动过程中所伴随的种种经济活动”。1963 年，物流的概念被引入日本，当时的物流被理解为“在连接生产和消费间对物资履行保管、运输、装卸、包装、加工等功能，以及作为控制这类功能后援的信息功能，它在物资销售中起了桥梁作用”。中国是在 20 世纪 80 年代才接触物流这个概念的，此时的物流已被称为 logistics，已经不是过去 PD 的概念了。logistics 的原意为“后勤”，这是二战期间军队在运输武器、弹药和粮食等给养时使用的一个名词。后来人们把 logistics 一词转用于物资的流通中。这时，物流就不单纯是考虑从生产者到消费者的货物配送问题，而且要考虑从供应商到生产者对原材料的采购，以及生产者本身在产品制造过程中的运输、保管和信息等各个方面，并且在此过程中全面地、综合地提高经济效益和效率的问题。因此，现代物流是以满足消费者的需求为目标，把制造、运输、销售等市场情况统一起来考虑的一种战略措施。这与传统物流相比，在深度和广度上又有了进一步的含义。

物流定义出处很多，而且随着时间的不断推移其内涵和外延不断地发生变化。综合而言，物流是物品从供应地向接收地的实体流动过程中，根据实际需要，将运输、储存、装卸搬运、包装、流通加工、配送、信息处理等功能有机结合起来实现用户要求的过程。物流活动包括但不局限于：为用户服务，需求预测，销售情报，库存控制，物料搬运，订货销售，零配件供应，工厂及仓库选址，物资采购，包装，退换货，废物利用及处置，运输及仓储等。物流是为满足消费者需求而进行的对原材料、中间库存、最终产品及相关信息从起始点到消费地的有效流动，以及为实现这一流动而进行的计划、管理和控制过程。

（二）物流活动的构成

物流活动由物资包装、装卸、运输、储存、流通加工、配送、物流信息等项工作构成。上述构成也常被称为“物流活动的基本职能”。

1. 包装活动

包装包括产品的出厂包装，生产过程中制成品、半成品的包装以及在物流过程中换装、分装、再包装等活动。包装是指选择适当的材料、容器来包裹、存放货物以确保货物在运输、保管过程中保持其原有的价值及状态。包装既是生产活动的终点，又是物流活动的起点。减少不必要的包装可以降低物流成本。但是，如果简单的包装降低了对物品的保护效果，就会造成仓库保管、装卸搬运及运输工作的劣化和整体物流效益的降低。所以，在选择包装时要充分考虑包装的保护性、定量性及便利性。

2. 装卸活动

装卸活动包括物资在运输、保管、包装、流通加工等物流活动中进行衔接的各种机械或人工装卸活动。在全部物流活动中只有装卸活动伴随物流活动的始终。运输和保管活动的两端作业是离不开装卸的，其内容包括物品的装上卸下、移送、拣选、分类等。物流装卸搬运工具有吊车类、传送带类、电梯类、产业车辆类等。装卸活动中的事故，不仅会引起货物的破损，还会引起操作者的人身伤害，所以要最大限度地避免不必要的装卸活动。装卸搬运活动必须严格依照标准操作规则实施，同时要求操作者必须具备相应的资格来正确使用装卸搬运工具。

3. 运输活动

运输活动是将物品进行空间的移动。物流部门依靠运输克服生产地与需要地之间的空间距离，创造商品的空间效用。运输是物流的核心，因而在许多场合，把它作为整个物流的代名词。对运输活动的管理要求选择技术经济效果最好的输送方式及联运方式，合理地确定输送路线，以实现运输的安全、迅速、准时、价廉的要求。运输活动可以通过单一运输工具来完成。也可以采取多种运输工具的组合来完成。运输费用及运输时间是选择运输工具的决定因素。

4. 储存活动

储存活动也称保管活动，是为了克服生产和消费在时间上的矛盾而形成的。物品通过储存活动以最终完成满足用户的需要而产生了商品的时间效用。储存活动是借助各种仓库，完成物资的保管、保养、堆码、维护等工作，以使物品的使用价值降到最低程度。储存的管理要求确定仓库的合理库存量，建立各种物资的保管制度，确定仓储作业流程，改进保管设施和提高储存技术等。商品储存时要进行商品正确性核对、商品物理性品质检查等入库检查。合格商品在运用标签等明确标志商品基本情报（商品名称、包装内的数量、生产厂家、生产日期等）后放入货架。错误的标签会造成错误出库，影响物流企业的信誉。在选择货架时要充分考虑保管时间及出入库的便利性、安全性。易燃、易爆品要有专门保管场所及专门管理人员。储存活动的目的是“以与最低的总成本相一致的最低限度的存货来实现所期望的顾客服务”。储存活动也是物流的核心，与运输活动具有同等重要的地位。

5. 流通加工活动

流通加工活动又称流通过程的辅助加工。流通加工是在物品从生产者向消费者流动的过程中，为了促进销售、维护产品质量、实现物流的高效率所采取的使物品发生物理和化学变化的功能。商业和物流企业为了弥补生产过程中加工程度的不足，以便更有效地满足消费者的需要，更好地衔接产需，往往需要进行各种不同形式的流通加工活动。流通加工中比例最大的就是食品加工。当食品本身的重量、体积大大小于包装容器的重量、体积时，往往会采取在流通的最后环节进行分装的流通加工方式。

鱼、肉类往往采取冷冻的流通加工方式以保证鲜度。玻璃、镜子也往往是在流通的最后环节依据市场、消费者的需求进行切割的。

6. 配送活动

配送是按用户的订货要求，在物流据点进行分货、配货工作，并将配好的货物送交收货人的物流活动。配送活动由配送中心为始点，而配送中心本身具备储存的功能。分货和配货工作是为满足用户要求而进行的，因而要开展拣选、改包装等工作，必要的情况下要对货物进行流通加工。配送的最终实现离不开运输，这也是人们把面向城市内和区域范围内的运输称为“配送”的原因。

7. 物流信息活动

在物流活动中大量信息的产生、传送、处理活动为合理地组织物流活动建立了可能性。物流信息对上述各种物流活动的相互联系起着协调作用。物流信息包括上述各种活动有关的计划、预测、动态信息以及相关联的费用情况，生产信息，市场信息等。对物流信息的管理，要求建立情报系统和情报渠道，正确选定情报科目和情报收集、汇总、统计、使用方法，以保证指导物流活动的可靠性和及时性。随着信息产业化的普及，通过计算机及通信系统，远距离信息交换、大量信息交换得以瞬时进行，物流信息处理也变得越来越方便、快捷，从而可以快速、及时地为用户提供商品，提高物流效率，降低物流总成本。

二、物流管理

（一）物流管理的定义

物流管理是指在社会再生产过程中，以满足客户需求为目的，根据产品、服务和相关信息从生产点到消费点的有效率和有效果的正向和逆向流动与储存的规律，应用管理的基本原理和科学方法，对物流活动进行计划、组织、指挥、协调、控制和监督，使各项物流活动实现最佳的协调与配合，以降低物流成本、提高物流效率和经济效益。物流管理主要包括对物流活动诸要素的管理，包括对运输、保管、装卸搬运、包装、流通加工以及有关的信息活动等环节的管理；对物流系统诸要素的管理，即对其中人、财、物、设备、方法和信息六大要素的管理；对物流活动中具体职能的管理，包括物流计划、质量、技术、成本效益等职能的管理。物流管理是一个综合的功能，它对所有物流活动与包括营销、销售、生产、财务和信息技术在内的其他功能进行协调和优化。

（二）物流管理的目标

现代物流管理实质上是对物流系统的管理。物流系统投入的是物流成本，产出的是物流服务。物流管理的目的就是通过协调物流服务与物流成本之间的关系，寻求两者之间的最佳平衡点，通过对物流系统各要素进行综合管理，寻求各种功能之间最佳的组合方式，使物流系统的总体效益最佳。物流管理目标的理想化模式是“最高的服务水平和最低的物流成本”。当管理中的两个目标不能同时实现时，可以用效率系统的概念来进行综合分析，即能以最低的物流成本达到所要求的物流服务水平的物流系统就是一个有效的系统。

（三）物流管理的实现

物流管理的实现按管理进行的顺序可分为计划、实施控制、评价三个阶段，即物流计划阶段的管理、物流实施控制阶段的管理和物流评价阶段的管理。

1. 物流计划阶段的管理

计划是作为行动基础的某些事先的考虑。物流计划是为了实现物流预想达到的目标所做的准备工作。物流计划首先要确定物流所要达到的目标，以及为实现这个目标所进行的各项工作的先后次序。其次，要分析研究在物流目标实现的过程中可能发生的任何外界影响，尤其是不利因素，并确定对这些不利因素的对策。最后，制定出贯彻和指导实现物流目标的人力、物力、财力的具体措施。现代企业中运用的物流计划管理方法主要有物料需求计划、制造资源计划、分销需求计划、物流资源计划、企业资源计划等。

2. 物流实施控制阶段的管理

物流计划确定以后，为实现物流目标，就要对进行中的物流活动进行控制和管理。具体有三个方面的内容：

（1）物流控制系统。主要由控制对象、控制目标和控制主体构成。控制对象可由人、设备组成一个基本系统单元，通过对其施加某种控制或指定，能完成某种变化。控制目标是系统预先设定的期望值。控制主体是指在一个控制系统里，目标已定，收集控制信息的渠道也已畅通，就需要一个机构来比较当前系统的状态与目标状态的差距，如差距超过允许范围，则需制定纠正措施，下达控制指令，这样一个机构就是控制主体。

（2）物流控制系统的控制方式。主要有前馈控制、反馈控制和复合控制。前馈控制着眼于对系统的未来状态的预测，事先采取措施应付即将发生的情况。它带有主动性。反馈控制是控制主体根据设定的目标，发布控制指令，控制对象根据下达命令执行规定的动作，将系统信息传递到控制主体，经过与目标比较，确定调整量，再通过控制对象来实施。复合控制是由前馈控制和反馈控制结合构成的复合控制系统。

（3）物流控制原理。各环节的物流控制基本上都是在协调环节间的衔接和减少库存水平变化的幅度。系统的稳定与采用的物流控制原理有关。物流控制原理可分为推进控制原理和拉引控制原理。推进控制原理的基本方式是根据最终需求结构，计算出各阶段的物资需求量，考虑各阶段的供应提前之后，向各阶段发出指令。它比较适用于批量生产条件下的物流管理。而拉引控制原理的基本方式是企业生产经营的最后阶段按照外部需求，向前一阶段提出物流供应要求，前一阶段按本阶段的物流需求量向上一阶段提出要求，以此类推。它比较适用于大量生产条件下的物流管理。

3. 物流评价阶段的管理

在一定时期内，人们对物流实施后的结果与原计划的物流目标进行对照、分析，这就是对物流的评价。通过对物流活动的全面剖析，人们可以确定物流计划的科学性、合理性，确认物流实施阶段的成果与不足，从而为今后制定新的计划、组织新的物流提供宝贵的经验和资料。按照物流各部门之间的关系，物流评价可分为物流纵向评价和物流横向评价。物流纵向评价是指上一级物流部门对下一级部门和机构的物流活动进行的分析结果。这种分析通常表现为本期完成情况与上期或历史完成情况的对比。物流横向评价，是指执行某一相同物流业务的部门之间的各种物流结果的对比。它通常能表示出某物流部门在社会上所处的水平的高低。

具体的物流管理实现流程如图 6-1 所示。

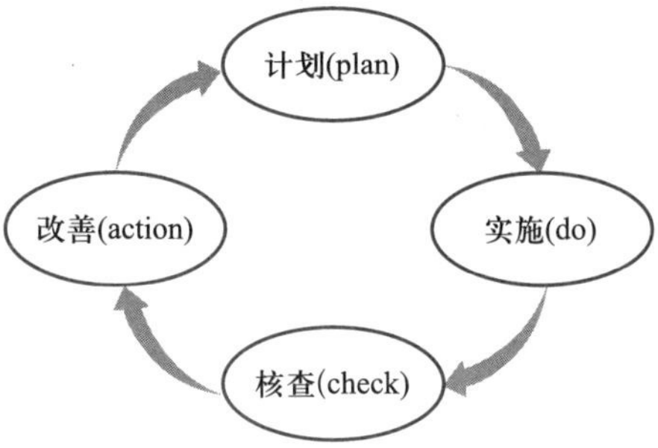

图 6-1　物流管理实现流程

（四）物流管理的内容

1. 成本管理

成本管理（cost）的目的是降低物流成本，提高物流企业收益。成本管理采取的具体管理方式主要有：及时合理地改善包括生产基地、调配基地、集约基地在内的物流网络的分布；正确地选择最佳运输方式以降低运输成本；改善包装，减少商品破损率；通过正确的人才选择及合理的劳动力分配来降低人工费；根据市场变化和客户要求，制定合理的安全在库数量，降低物流管理费用。

2. 时间管理

时间管理（time）的目的是通过缩短从商品调配到交货给顾客为止的准备时间以提高物流效率及物流企业在同行业中的竞争力。时间管理采取的具体管理方式主要有：制定详细的生产计划，以周到的生产准备来缩短生产时间；灵活运用计算机信息网络系统，正确掌握订货信息，提高快速处理能力；严格执行标准操作规程，减少重复作业，缩短发货所需要的时间。

3. 库存管理

库存管理（inventory）的目的是减少不必要的库存，因为过多的库存会造成资金滞留、商品老化。品种不全、数量不全的库存又无法及时、充足地满足顾客的需求。合理的库存数量是物流活动顺利进行的基本保障。库存管理采取的具体方式主要有：通过对市场动向及销售业绩的分析，制定合理的库存计划；设定安全库存，确保交货期；库存商品实施先入先出的管理方式，防止商品老化、变质。

4. 质量管理

质量管理（quality）的目的是在确保交货期的前提下，以较低的物流成本为顾客提供优良品质的商品。质量管理采取的具体方式主要有：选择合理的包装材料、包装方式，防止商品物理性损伤；制定严格的检查程序，通过认真检查减少不良品的发送；严格执行标准操作规则，灵活运用标签，防止错误记载、错误保存、错误品种、错误数量和错误运送的发生；通过企业内培训，提高劳动者的专业知识以及安全意识。

5. 服务及信息管理

服务及信息管理（service & information）的目的是根据客户的需求，在保证企业机密的前提下，最大限度地实现与客户的信息共有化；为客户提供热情、周到、及时的服务，从而提高客户的满意度，增强企业的竞争优势。服务及信息管理采取的具体方式主要有：制定切实可行的服务方针；注重劳动者的职业道德教育；确立顾客至上的服务宗旨，最大限度地避免由于客户对接待服务不满而引起的投诉；挖掘潜在顾客需求，提供诸如在库状况等附加服务项目，从而确立企业的绝对竞争优势。

6. 环保管理

地球环境问题是全世界共同的课题。对物流企业而言，一方面需要减少物流产业废弃物的产生，减少运输污染以保护环境；另一方面需要通过合理回收、循环利用来保证地球有限的资源得以充分利用。环保管理（environment）采取的具体方式主要有：选择低公害运输工具减少运输环境污染；选择可循环使用的包装材料，减少包装废弃物；不合格品回收后，通过修理实现再利用。

第二节 电子商务与物流

电子商务的发展向物流提出了更高的要求，这在客观上促进了物流的发展，电子商务所代表的新的信息技术，直接作用于物流活动，提高了物流运作的水平。另一方面，物流的发展为电子商务的发展创造了条件，这一点在现实的电子商务实施过程中表现得尤为突出。

一、物流在电子商务中的作用

（一）现代物流产业是电子商务的支点

如果电子商务能成为撬起21世纪传统产业和新兴产业的杠杆，现代物流产业将成为这个杠杆的支点。因为没有现代物流做支撑，电子商务的巨大威力就不能得到很好的发挥。现代化的物流，通过降低费用从而降低成本、优化库存结构、减少资金占压、缩短生产周期，保障了现代化生产的高效进行。如果没有现代化的物流，电子商务将成为无米之炊。

（二）物流现代化是电子商务的基础

电子商务通过快捷、高效的信息处理手段可以比较容易地解决信息流（信息交换）、商流（所有权转移）和资金流（支付）的问题，而将商品及时地配送到用户手中，即完成商品的空间转移（物流）才标志着电子商务过程的结束，因此物流系统的效率高低是电子商务成功与否的关键，而物流效率的高低很大一部分取决于物流现代化的水平。

物流现代化包括物流技术和物流管理两个方面的现代化。物流技术现代化包括软技术和硬技术两个方面的现代化。在物流软技术方面，现代化内容包括：无损检测和抽样检验技术，商品科学养护技术，信息处理技术，安全装载技术等；在物流硬技术方面，现代化内容包括：发展自动化程度高的仓库，运输设备的专用化、大型化，保管设备的多样化、组合化，装卸搬运设备的效率化，信息处理设备的智能化等。物流管理现代化就是应用现代经营管理思想、理论和方法，有效地管理物流，在管理人才、管理思想、管理组织、管理方法、管理手段等方面实现现代化，并把这几方面的现代化内容同各项管理职能有机地结合起来，形成现代化物流管理体系。物流管理现代化的目标是实现物流系统的整体优化。物流现代化中最重要的部分是物流信息化，物流信息化是电子商务物流的基本要求，是企业信息化的重要组成部分，表现为物流信息的商品化、物流信息收集的数据化和代码化、物流信息处理的电子化和计算机化、物流信息传递的标准化和实时化、物流信息储存的数字化等。物流信息化能更好地协调生产与销售、运输、储存等环节的联系，对优化供货程序、缩短物流时间及降低库存都具有十分重要的意义。

（三）物流是实施电子商务的关键

物流在电子商务的交易过程中实际上是以商流的后续者和服务者的姿态出现的。没有物流的参与，任何商流活动都会退化成一纸空文。在传统的交易过程中，商流伴随着相应的物流活动，即按照购方的要求将商品实体由卖方以适当的方式、途径转移给购方；在电子商务环境下，消费者通过互联网完成商品所有权的交割，商流过程到此结束。但产品的电子商务活动并未结束，只有通过物流将商品真正转移到消费者的手中，电子商务活动才真正结束。只有合理、现代化的物流才能保证电子商务的顺利进行，如果缺少了物流业的支撑，无论电子商务是多么便捷的贸易形式，仍将是无米之炊。

（四）物流是电子商务的重要组成部分

全球信息基础设施委员会（GIIC）对于电子商务给出了如下的定义：电子商务是运用电子通信作为手段的经济活动，通过这种方式人们可以对带有经济价值的产品和服务进行宣传、购买和结算。从这个概念中我们可以看到，电子商务的实施过程包括信息流、商流、资金流、物流。信息流包括商品信息的提供、商品单证的转移、技术支持、售后服务等多项内容。商流是指产品在购、销之间进行交易及其所有权转移的运动过程。资金流主要是指付款、转账等资金的转移过程。物流则是指物质实体（商品或服务）的流动过程。在电子商务环境下，四流中的前三流均可以通过计算机和网络通信实现，而作为上述四流中最特殊的物流，只有诸如数字出版物、数字音乐、信息咨询等少数商品和服务可以直接通过网络传输方式进行，其他大多数商品和服务还需借助一系列机械化和自动化的工具进行传输。从这个角度说，电子商务离不开物流，物流对电子商务的实现有着非常重要的作用。同时，物流的发展也离不开电子商务，电子商务改变了物流业的地位、组织模式以及各作业、功能环节，并促进物流业的进一步发展。

（五）物流系统是实现电子商务中跨区域物流的重点

电子商务的应用更加重视跨区域物流。要解决电子商务中跨境物流、跨区域物流可能出现的问题，有赖于完善的物流系统。借助于网络技术，电子商务将整个世界联系在一起。电子商务的推广，加快了世界经济的一体化，因为电子商务的跨时域性和跨区域性，使得物流活动必然呈现跨境性，国际物流在整个商务活动中愈来愈占有举足轻重的地位。在商业运行中，不同的交易方式会产生不同的物流模式。在电子商务这种交易方式下，物流模式的特点将是国际物流、跨区域物流不断增加，与之相应，第三方物流模式将成为一种必然选择。

从以上论述中可见，物流是电子商务重要的组成部分。发展电子商务必须摒弃原有的“重信息流、商流和资金流的电子化，而忽视物流电子化”的观念，大力发展现代物流。

二、电子商务物流

（一）电子商务物流的产生

在电子商务不断发展的过程中，人们已经意识到物流对电子商务意味着什么，电子商务物流的概念也开始受人重视了。电子商务作为数字化生存方式，代表未来的贸易方式、消费方式和服务方式，因此要求整体生态环境完善，要求打破原有物流行业的传统格局，建设和发展以商品代理和配送为主要特征，物流、商流、信息流有机结合的社会化物流配送中心，建立电子商务物流体系，使各种“流”畅通无阻。

在电子商务环境下，商家或是普通消费者通过网络查询商品信息、谈判、讨价、订货；电子商务网站受理订单，从而完成商务过程，即实现了商流过程。接着就要由物流公司实现物的物流过程。无论是商家对商家的大批量货物的直接运输仓储活动，还是商家对普通消费者的零星购物所需要的配送活动，由于互联网是一个没有空间时间限制的信息通道，物流供应商还可以在网上开拓物流服务市场，洽谈合同、客户沟通、单证流转以及物流作业等方面都有许多和传统物流不同的处理方法和处理技术。

（二）电子商务物流的特点

电子商务时代的来临，给全球物流带来了新的发展机遇，使物流具备了一系列新特点，如图 6–2 所示。

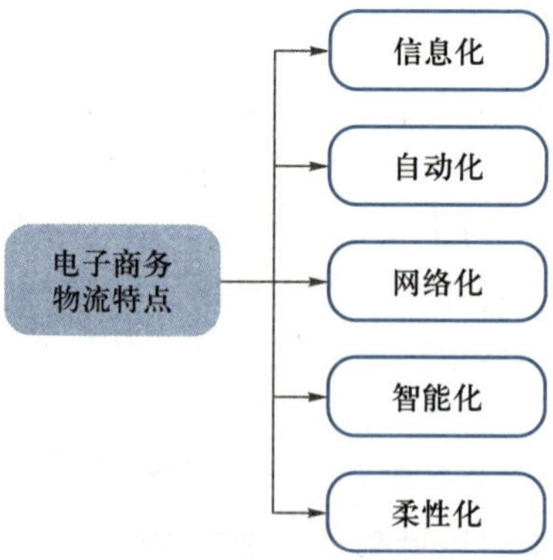

图 6–2　电子商务物流的新特点

1. 信息化

电子商务时代，物流信息化是电子商务的必然要求和基石。物流信息化是指物流企业运用现代信息技术对物流过程中产生的全部或部分信息进行采集、分类、传递、汇总、识别、跟踪、查询等一系列处理活动，以实现对货物流动过程的控制，从而降低成本、提高效益的管理活动。物流信息化表现为物流信息的商品化、物流信息收集的自动化、物流信息处理的智能化、物流信息传递的标准化和实时化、物流信息存储的数字化等。

2. 自动化

自动化的基础是信息化，自动化的核心是机电一体化，自动化的外在表现是无人化，自动化的效果是省力化。另外，还可以扩大物流作业能力、提高劳动生产率、减少物流作业的差错等。物流自动化的设施非常多，如条码 / 语音 / 射频自动识别系统、自动分拣系统、自动存取系统、自动导向车、货物自动跟踪系统等。

3. 网络化

物流网络化的基础也是信息化。这里的网络化有两层含义：一是物流配送系统的计算机通信网络。网络的应用使物流信息能够以低廉的成本即时传递，通过完善的物流信息管理系统即时安排物流过程，促使物流行业产生了革命性的变化，实现了物流行业升级和物流现代化。二是组织的网络化。比如，中国台湾的计算机业早在 20 世纪 90 年代创造出了“全球运筹式产销模式”，这种模式的基本点是按照客户订单组织生产，生产采取分散形式，即将全世界的计算机资源都利用起来，采取外包的形式将一台计算机的所有零部件、元器件、芯片外包给世界各地的制造商去生产，然后通过全球的物流网络将这些零部件、元器件和芯片发往同一个物流配送中心进行组装，由该物流配送中心将组装的计算机迅速发给订户。物流网络化是物流信息化的必然，是电子商务下物流活动的主要特征之一。

4. 智能化

智能化是物流自动化、信息化的一种高层次应用。物流作业过程大量的运筹和决策，如库存水平的确定、运输（搬运）路径的选择、自动导向车的运行轨迹和作业控制、自动分拣机的运行、物流配送中心经营管理的决策支持等问题都需要借助于大量的知识才能解决。在物流自动化的进程中，物流智能化是不可逆转的发展趋势。

5. 柔性化

柔性化本来是为实现“以顾客为中心”理念而在生产领域提出的，但要真正做到柔性化，即真正地能根据消费者需求的变化来灵活调节生产工艺，没有配套的柔性化的物流系统是不可能达到目的的。物流柔性化是指通过系统组成结构、人员组织、运作方式和装备组成等方面的动态变化，对需求变化作出快速反应，满足不同种类物流作业要求，同时消除冗余损耗，力求获得最大效益。因此，柔性化的物流正是适应生产、流通与消费的需求而发展起来的一种新型物流模式。这就要求物流配送中心根据消费需求“多品种、小批量、多批次、短周期”的特色，灵活组织和实施物流作业。

三、电子商务物流新应用

（一）物联网技术

物流是物联网技术最重要的应用领域之一，物联网技术是实现智慧物流的基础。物流业作为国民经济发展的支柱性产业，要实现进一步增长，满足越来越高的物流需求，实现智慧物流，必须依赖于物联网技术的全面应用。目前物联网技术在物流行业相对成熟的应用主要集中在以下四个方面：产品的智能可追溯网络系统；物流过程的可视化智能管理网络系统；智能化的企业物流配送中心；企业的智慧供应链。

（二）区块链技术

区块链技术是一种互联网数据库技术，其利用全新加密认证技术和全网共识机制，维护一个完整的、分布式的、不可篡改的连续账本数据库，参与者通过统一、可靠的账本系统和时间戳机制，就能够确保资金和信息安全。该技术由比特币创造者Satoshi Nakamoto开发。区块链是数字化台账，记录参与的每一笔交易。区块链中的每个信息“块”都将包含一个时间戳和一个有关前一块的链接。想象一下，每个参与货运的商家都将在创建的“块”中留下他们的“印戳”，这将显示他们所扮演的角色以及他们参与其中的时间。区块链技术将成为物流与供应链产业创新最关键的技术之一。区块链技术提供不可篡改的共享账本，由每一个物流参与方实时进行更新和验证，确保所有活动公开、透明、可追溯，其在物流中的运用主要是：建立各方信任和协同，消除欺诈和错误；快速签收和结算，实现签收后实时结算；信息流完整不可篡改，提高消费者与合作伙伴的信任度；货物全程追溯，透明监管，减少纠纷。

（三）大数据技术

大数据技术是近几年兴起的学术术语，对于大数据的概念还没有达成统一共识。但从广义上讲，大数据又称巨量资料，是无法在一定时间内用常规软件工具对其内容进行抓取、管理和处理的数据集合。

第三节 电子商务物流运作工具和组织模式

随着现代化物流的发展，人们已经越来越认识到物流管理在电子商务应用中的作用。但是，电子商务物流具体开展的效度却取决于它采取的运作方法和组织模式是否适合企业未来发展的需求。本节主要介绍物流运作的基本思想和原则、电子商务物流运作的方法以及电子商务物流组织模式等相关内容。

一、物流运作的基本思想和原则

物流运作的基本思想源于供应链管理。供应链管理（SCM）实质上是物流管理发展的第四个阶段。在这个阶段，企业把供应链作为一个系统，把物流管理延伸到企业外部，使得物流运作得以扩展和延伸。但无论以何种方式进行物流运作，其都要遵循以下原则：

充分利用现有资源的原则。由于资源的稀缺性，在进行物流运作方式选择时，必须以充分利用现有资源为前提；由于分工的社会化程度和企业生产经营的专业化程度高，企业往往在某一方面具备资源优势。结合这两方面考虑，必须以充分利用现有资源为基本原则。

前瞻性原则。企业在充分利用现有资源的前提下，必须考虑自身的未来发展。物流企业为了长远发展，必须从长计议，在合理选择物流业务的前提下，必须具有超前发展的观念，提高企业的信息化、网络化、智能化水平，提高员工的文化素质与业务素质。只有这样，才能适应电子商务发展与经济全球化的要求。

顾客至上的服务原则。顾客至上是当代企业经营的理念之一，顾客服务质量的提高是企业树立良好形象、赢得更多消费者、赚取更大利润的保证。物流的服务性更是决定了物流经营必须以顾客至上为基本原则。物流服务的对象除了最终消费者之外，在很大比重上是生产经营者，它们在市场上既是竞争对手，又是生产经营伙伴，在你死我活的竞争格局逐步被双赢乃至多赢“竞合”格局取代的前提下，企业必须以顾客至上为经营原则。

讲求效益原则。企业的根本目标在于获取最大化利润，否则企业会因缺乏利润动机而消亡。物流是“企业的第三利润源泉”“企业脚下的金矿”。在当前企业之间的竞争迫使企业全面降低成本的前提下，物流成为企业业务发展的重要选择。物流经济效益与顾客至上的服务理念之间，存在“效益背反”的关系，即提高物流服务，物流成本则上升，成本与服务之间受“收益递减规律”的支配。处于高水平的物流服务阶段时，成本增加而物流服务水平不能按比例地相应提高，与处于竞争状态的其他企业相比，在处于相当高的服务水平下，想要超过竞争对手，提出并维持更高的服务标准就需要更多的投入。因此，物流的效率必须与其服务对象的效率结合起来，不能单纯考虑单方面或单个行为的得失。

二、电子商务运作工具——供应链管理

供应链管理是物流管理的一个重要方面。因此，实现电子商务物流运作的关键是有效实现电子商务供应链管理。电子商务的发展使得传统供应链管理模式受到了很大的冲击，形成了崭新的更高效率的供应链管理模式。相比于传统供应链，电子商务供应链打破了最终用户与制造商之间的隔阂。企业与企业之间已经不是单纯链式结构关系。电子商务供应链管理与传统供应链管理的主要区别反映在如下几点（见表 6-1）。

表 6-1　电子商务供应链管理与传统供应链管理的区别

比较的方面	电子商务供应链管理	传统供应链管理
物流与承运类型	在任一给定的时间都可以沿着供应链追踪货物的下落	货物的追踪完全通过集装箱、托盘或其他包装单元来进行； 供应链各个环节之间的可见性是有限的
顾客的类型	顾客是一个未知的实体	企业服务的对象是既定的
供应链运作的模式	物流都是拉式的	物流是推式的

续表

比较的方面	电子商务供应链管理	传统供应链管理
库存、订单流	库存和订单流是双向的	库存和订单流是单向的
物流的目的地	运输的目的地是分散的	运输的目的地是集中的
供应链管理的要求	要求企业在管理物流活动中必须按照及时应对、高质服务以及总体成本最优的原则来进行	强调的是物流过程的稳定、一致
供应链管理的责任	从整个供应链的角度来实施商品物流过程以及相应的成本管理并承担责任	企业只是对其所承担的环节负责

（一）物流和承运的类型不同

在传统供应链管理模式下，物流是对不同地理位置的顾客进行基于传统形式的大批量运作或批量式的空间移动，货物的追踪完全通过集装箱、托盘或其他包装单元来进行，供应链各个环节之间的可见性是有限的。在电子商务供应链管理模式下，借助于各种信息技术和互联网，使得客户在任一给定的时间都可以沿着供应链追踪货物。

（二）顾客的类型不同

在传统供应链管理模式下，企业服务的对象是既定的，供应链服务提供商能够明确掌握顾客的类型以及其所要求的服务和产品。随着电子商务的到来，供应链运作发生了根本性的变化，要求快捷、高速、划分细致的物流和商流方式，顾客是一个未知的实体，他们根据自己的愿望、季节需求、价格以及便利性，以个人形式进行产品订购。

（三）供应链运作的模式不同

传统供应链是一种典型的推式经营，制造商将产品生产出来之后，为了克服商品转移空间和时间上的障碍，利用物流将商品送达市场或顾客，商流和物流都是推式的，物流只是起到支持的作用，本身并不创造价值。在电子商务供应链中，商品生产、分销以及仓储、配送等活动都是根据顾客的订单进行的，商流、物流、资金流都是围绕市场展开的。物流为商流提供了有力保障，因此电子商务供应链是拉式的。因其活动本身构成了客户服务的组成部分，它同时也创造了价值。

（四）库存、订单流不同

在传统供应链管理模式下，库存和订单流是单向的，买卖双方没有互动和沟通的过程。在电子商务供应链条件下，客户可以定制订单和库存，其流程是双向互动的，作为客户可以定制和监控甚至修改其库存和订单，而作为制造商、分销商同样也可以随时根据顾客的需要调整库存和订单，以使供应链运作实现绩效最大化。

（五）物流的目的地不一样

在传统供应链中，由于不能及时掌握商品流动过程中的信息，尤其是分散化顾客的信息，加上个性化服务能力不足，物流只能实现集中批量化的运输和无差异性服务。运输的目的地是集中的。而电子商务供应链完全是根据个性化顾客的要求来组织商品的流动，这种物流不仅要通过集运来实现运输成本的最低化，同时也需要借助差异化的配送来实现优质服务，其目的地是分散化的。

（六）供应链管理的要求不一致

传统供应链管理强调的是物流过程的稳定、一致，否则物流活动就会出现混乱，任何物流运作过程中出现的波动和变异都有可能造成上下游企业的重大损失。电子商务供应链管理却不同，由于其物流需求本身就是差异化的，物流是建立在高度信息管理基础上的增值活动，因此，物流必定会出现高度的季节性和不连续性，要求企业在管理物流活动中必须按照及时应对、高质服务以及总体成本最优的原则来进行。

（七）供应链管理的责任不同

在传统供应链运作环境下，企业只是对其所承担的环节负责。诸如运输企业只管有效运输和相应的成本等，供应链各个运作环节之间往往没有明确的责任人，供应链经营活动是分散的，其结果往往出现局部最优而整体绩效很差的情况。但电子商务供应链强调供应链管理是一种流程性管理，它要求企业站在整个供应链的角度来实施商品物流过程以及相应的成本管理。

三、电子商务物流组织模式

（一）企业自营物流——物流一体化

20 世纪 80 年代，西方发达国家，如美国、法国和德国等就提出了物流一体化的现代理论，应用和指导其物流发展取得了明显的效果，使他们的生产商、供应商和销售商均获得了显著的经济效益。物流一体化就是以物流系统为核心的由生产企业，经由物流企业、销售企业，直至消费者供应链的整体化和系统化。它是指物流业发展的高级和成熟的阶段。物流业高度发达，物流系统完善，物流业成为社会生产链条的领导者和协调者，能够为社会提供全方位的物流服务。物流一体化包括横向一体化和纵向一体化，实质是由电子商务企业根据业务需要在企业内部设立专门物流部门开展物流。在这一模式中，企业既是生产经营活动的组织者和实施者，又是物流活动的行为者。然而，单就某一个从事电子商务活动的企业而言，很难自己组建一个庞大的物流体系。另外，在一体化物流模式中，很难发挥分工的经济优势，要求电子商务主体具有强大的资金实力和技术能力，在物流运行过程中，企业还须处理好各业务间的关系，并且要不断加大对物流的投入以适应电子商务的快速发展。

企业自营物流的典型代表有亚马逊、京东等。

（二）专业的第三方物流

第三方物流是指由物流劳务的供方、需方之外的第三方去完成物流服务的物流运作方式。第三方就是指提供物流交易双方的部分或全部物流功能的外部服务提供者。从某种意义上可以说，它是物流专业化的一种形式。将物流活动交给专业的第三方机构办理，实质上解决了如何完善物流管理的问题。第三方物流在实践中具有更广泛的应用前景。表现为：

第一，能使电子商务企业从运输、仓储等相关业务中解脱，集中精力于核心业务。信息技术的快速发展，使电子商务企业面临更加激烈的市场竞争，受资金、技术和人员条件的限制，企业不得不将主要精力放在自己的核心业务上，第三方物流能有效满足企业的这一要求。通过物流外包，企业免除了购置运输设备、仓库和物流过程中的其他“硬件”开支，减少了电子商务企业物流投资风险，而由物流服务商为电子商务企业设计、协调和实施物流策略，降低了物流费用，改善了公司赢利状况。同时，第三方物流能够为电子商务的发展提供良好的商务活动后期环境和巨大的市场需求。电子商务企业与物流服务商在长期密切合作中建立起战略合作伙伴关系，而许多第三方物流企业在国内外都有良好的运输和分销网络，电子商务企业可以通过与第三方物流商的供应链集成，借助这些网络扩展国际市场或其他地区市场。

第二，能有效降低物流成本，取得参与各方整体最优效果。第三方物流服务综合地利用了专业化物流管理人员和技术人员以及物流设备、设施，发挥出专业物流运作管理经验的作用，使商品流通较传统的物流和配送方式更容易实现信息化、社会化和合理化。其业务开展不仅包括传统物流中的运输，还包括订单处理、库存管理、配送等配套业务；不仅实行物流操作，还提供设计物流方案等的咨询活动，从而减少生产企业库存，加速资金周转，提高物流效率，降低物流成本。

第三，能确保物流服务质量的改进，具有积极的社会意义。第三方物流企业面向社会众多企业提供专业化物流服务，可以站在比单一企业更高的角度，在更大范围内开展业务，使交易后的商品能快速进入目标市场。这一产业的兴起，有利于电子商务企业总体物流效率和专业化水平的提高，并取得较好的社会效益。

第三方物流是电子商务长期发展的必要条件，电子商务的发展推动第三方物流的发展。从发展方向来看，第三方物流必须与电子商务紧密结合，发展综合物流代理业务，实现其内部资源与社会资源配置的最优化，为客户提供定制化服务，实现第三方物流形式的多样化。

专业的第三方物流的典型代表有顺丰等。

（三）第四方物流

关于第四方物流的概念，一种定义是“指集成商们利用分包商来控制与管理客户公司的点到点式供应链运作”；另一种定义是第四方物流是一个供应链集成商，他调集和管理组织自己的以及具有互补性的服务提供商的资源、能力和技术，以提供一个综合的供应链解决方案”，这一定义似乎更为贴切而被广泛采用，有的咨询公司则开始以“有领导力量的物流提供商”的名称提供类似服务。不管如何称呼，第四方物流企业可以通过整个供应链的影响力，提供综合的供应链解决方案，也为其顾客带来更大的价值。

第四方物流成功的关键在于为顾客提供最佳的增值服务，即迅速、高效、低成本和人性化服务等。第四方物流提供了一个综合性供应链解决方法，以有效地适应需方多样化和复杂的需求，集中所有资源为客户完美地解决问题。第四方物流具有以下四个特点：供应链再建、功能转化、业务流程再造、开展多功能多流程的供应链管理。第四方物流为客户带来的效益包括利润增长和降低营运成本，即通过整条供应链整合来提高运作效率、降低采购成本，使流程一体化以达到目的。实施第四方物流，开展多功能、多流程的供应链业务，其范围远远超出传统外包运输管理和仓储运作的物流服务。企业可以把整条供应链全权交给第四方物流运作，第四方物流可为供应链功能或流程的全部提供完整的服务。第四方物流成功地影响着大批的服务者（第三方物流商、电子商务公司、运输企业等）和供应链中的伙伴。它作为客户间的连接点，通过合作或联盟提供多样化服务。第四方物流的优点可以通过迅速、高质量、低成本的运作服务得以实现。

第四方物流的典型代表有菜鸟网络等。

第四节 电子商务物流管理概述

电子商务作为一种新的数字化生存方式，代表未来的贸易、消费和服务方式。因此，要完善整体生存环境，就需要打破原有工业的传统格局，发展建立以商品代理和配送为主要特征，物流、商流、信息流有机结合的社会化物流配送体系。由于电子商务所独具的电子化、信息化、自动化等特点，以及高速、廉价、灵活等诸多好处，电子商务物流管理也有别于一般物流管理。

一、电子商务物流管理的内容和方法

（一）电子商务物流管理的内容

电子商务物流管理，包括对电子商务下的物流系统、电子商务下的物流过程、电子商务下的物流技术、电子商务下的物流费用的管理以及电子商务下的物流管理方法等内容。具体来讲，电子商务物流管理的内容主要有：

电子商务物流目标的管理。明确电子商务的销售目标，确定物流、配送的服务目标和成本目标（可用一些指标来衡量，如送货频率、反应时间、订货满足率和配送成本等）。

电子商务物流运作流程的管理。通过对可用的物流和配送资源进行正确评估以及市场的预测与定位，确定最佳的物流和配送运作流程，并在实践中不断调整和优化流程。

电子商务物流运作形态的管理。一方面是对物流、配送系统形态的选择，如委托第三方物流、自己承担或与其他企业合作物流；另一方面是对物流合作伙伴的评估、管理与控制。

电子商务物流资源的管理包括准确分析需求，合理配置物流、配送资源（送货、配货车辆及仓库资源等）。电子商务客户服务的管理包括对市场客户的需求预测、客户信息资源的收集与分析、物流配送系统的信息跟踪与查询以及用户反馈信息的管理等。电子商务物流的成本管理包括制定物流、配送系统的总成本控制指标以及对物流全过程的成本控制与管理等。

（二）电子商务物流管理的方法

电子商务物流管理要达到的目标并非仅仅是简单的送货和库存，它需要的也不仅

仅是车队和仓库，最重要的还是对整个物流的优化设计以及对物流全过程的科学管理。比如，要使物流配送能在满足电子商务销售目标的前提下花费最少的物流成本，这并不意味着要求单一的送货费用最少或者库存费用最少，而是要使整个物流的总成本最小化，这一目标只有在现代物流理论的指导下，实现对物流的科学化管理才能达到。另外，从消费者的角度看，电子商务物流管理中最敏感的方面就是物流服务质量的管理与控制。所有这些，都决定着电子商务物流管理不能采用单一的方法，而要根据要达到的管理目的采取多方法的融合，来实现有效的电子商务物流。

二、电子商务物流管理的目标

（一）高水平的企业管理

电子商务物流作为一种全新的流通模式和运作结构，要求达到科学和现代化的管理水平。只有通过合理的科学管理制度、现代化的管理方法和手段，才能确保物流配送中心基本功能和作用的发挥，从而保障相关企业和用户整体效益的实现。管理科学的发展为流通管理的现代化、科学化提供了条件，促进流通产业的有序发展。同时要加大对市场的监管和调控力度，使之有序化和规范化。总之，一切以市场为导向，以管理为保障，以服务为中心，加快科技进步是电子商务物流的根本出路。

（二）高素质的人员配置

电子商务物流能否充分发挥各项功能和作用，完成应承担的任务，人才配置是关键。为此，电子商务物流配送中心的人才配置要求必须配备数量合理、具有一定专业知识和较强组织能力、结构合理的决策人员、管理人员、技术人员和操作人员，以确保电子商务物流中心的高效运转。电子商务物流的发展需要大量的各种专业人才，从事经营、管理、科研、仓储、配送、流通加工、通信设备和计算机系统维护、贸易等业务。因此，必须加大人才培养的投入，培养和引进大批掌握先进科技知识的人才，并给他们施展才华的机会；应对现有员工进行有计划的定期培训，形成系统的学习科技知识的制度；在企业里引入竞争机制，形成能上能下的局面；要提高员工的科技创新意识，培养企业对知识的吸纳能力，促进物流产业的人力资源得到开发和利用，造就大批符合知识经济时代要求的物流配送人才，利用各种先进的科学技术和科学方法，促进物流配送产业朝知识密集型方向发展。

（三）高水平的装备配置

新型物流配送中心面对着成千上万的供应厂商和消费者以及瞬息万变的市场，需要为众多用户进行商品配送和及时满足他们的不同需要，这就要求必须配备现代化装备和应用管理系统，具备必要的物质条件，尤其是要重视计算机网络的运用。通过计算机网络可以广泛收集信息，及时进行分析比较，通过科学的决策模型，迅速做出正确的决策，这是解决系统化、复杂化和紧迫性问题最有效的工具和手段。同时采用现代化的配送设施和配送网络，将会逐渐形成社会化大流通的格局，专业化的生产和严密组织的大流通对物流手段的现代化提出了更高要求，如对自动分拣输送系统，立体仓库，水平垂直、分层、分段旋转货架，自动导向系统，商品分类系统以及悬挂式输送机这些新型高效大规模的物流配送机械系统有着广泛而迫切的需求。

三、电子商务物流管理职能

电子商务物流管理和任何管理活动一样，其职能包括计划、决策、组织、协调、指挥、激励、控制。

（一）计划职能

计划职能是指管理者预测未来、确定目标、制定实现这些目标的行动方针的过程，它涉及原因与目的、活动与内容、人员安排、时间安排、空间安排以及手段与方法的选择等问题。在电子商务物流管理中，计划主要是编制和执行年度电子商务物流的供给和需求计划、月度供应作业计划、电子商务物流各环节的具体作业计划（如运输、仓储等）、物流营运相关的经济财务计划等。

（二）决策职能

决策职能是指人们根据对客观规律及各方面条件的认识，选择实现某种既定目标及行动方案的过程。电子商务物流管理的决策更多与物流技术挂钩，如库存合理定额的决策以及采购量和采购时间决策。

（三）组织职能

组织职能是指所确定的任务由谁来完成以及如何管理和协调这些任务的过程。管理者要根据组织的战略目标和经营目标来设计组织结构、配备人员和整合组织力量，以提高组织的应变力。在电子商务物流管理中，主要工作内容有：确定电子商务物流系统的机构设置、劳动分工和定额定员；配合有关部门进行物流空间组织和时间组织的设计；对电子商务物流中的各项职能进行合理分工，使各个环节的职能进行专业化协调。

（四）协调职能

协调就是指企业的一切工作者要和谐地配合，以便于企业经营的顺利进行，并且有利于企业取得成功。协调职能对电子商务物流尤其重要，除电子商务物流业务运作本身的协调功能外，更需要进行物流与商流、资金流、信息流之间的协调，以保证电子商务用户的服务要求。

（五）指挥职能

指挥职能是按决策的要求通过组织结构对过程进行控制与对人进行激励，率领下属共同为实现决策目标而努力的活动。物流过程是物资从原材料供应者到最终消费者的一体化过程，指挥就是物流供应管理的基本保证。它涉及物流管理部门直接指挥下属机构和直接控制的物流对象，如产成品、在制品、待售和售后产品、待运和在运货物等。

（六）激励职能

激励职能是企业管理者用科学的方法调动员工的积极性和创造性，挖掘员工的内在潜力的一系列管理活动。在电子商务物流管理中，激励职能主要是在电子商务物流系统中进行员工的挑选与培训、绩效的考核与评估、工作报酬与福利、激励与约束机制的设计。

（七）控制职能

控制职能是管理者要对组织的运行状况加以监督，通过控制可发现当初的计划与实际的偏差，采取有利的行动纠正偏差，保证计划的实行，确保原来的目标得以实现。由于电子商务涉及面广，其物流活动参与人员众多、波动大，所以物流管理的标准化、标准的执行与督查以及偏差的发现与矫正等控制职能应具有广泛性和随机性。

第五节 电商物流管理新发展

随着电子商务的进一步发展，物流也呈现出新的发展方向。本书探讨了物流在跨境电商、冷链电商、农村电商等领域的应用及管理特点。

一、跨境电商物流管理

跨境电商是指分属不同关境的交易主体，通过电子商务平台达成交易、进行支付结算，并通过跨境物流送达商品、完成交易的一种国际商业活动。跨境电商物流则是在跨境电子商务的发展下产生的，旨在为国内外跨境卖家提供物流等相关服务，是指各不同关境之间物品的物流。跨境电商物流运作模式主要有三种类型：

（一）“单一”模式

从该种跨境电商物流模式运转流程来看，其起点为跨境电商企业国外物流配送中心，海外供应商会将货品送达该物流配送中心，通过该物流配送中心对商品进行实质上的备货及仓储管理。当消费者下单后，依然由该物流配送中心针对电子商务企业提交的消费者单笔订单对货物进行拣货，同时对货物进行包装和负责货物出货。该种物流模式下的包裹在形式上应由“单一”订单包装而成，所以是一种单件包裹形式，该包裹会以单件形式经国际快递公司送往不同收件国，为不同国家客户提供送货到家服务。

电子商务企业以该种跨境电商物流模式为依托，完全不需对转运物流配送中心重新加以设置，同时能够省去与收件国快递合作环节，仅仅依靠国际快递公司即可快速将包裹送至不同客户所在地。且在这种跨境电商物流模式下，国际快递企业同时会对包裹通关及报税等多种程序全权负责与处理。另外，在这种物流形式下，不需要累积包裹至一定规模，由于单件包裹也可随时发货，因此与其他运输方式相比，其配送速度更快。不过，虽然该种跨境电商物流模式比较简易、快捷，但在单件快递运费方面较为高昂，且在可以整合运输的条件下难以进行整合运输。

（二）“两段中转”模式

从该种模式流程来看，跨境电商企业货品会被海外供应商送至该国物流配送中心，在商品实际备货方面以及在商品仓储管理方面均由该物流配送中心负责。消费者下单后，由该物流配送中心针对电子商务企业提交的消费者单笔订单对货物进行拣货，并对货物进行包装和负责货物出货，同时在此基础上根据收件地相同原则对单件包裹加以整合，当货物达到整批规模要求后，由其向海外转运国进行运输。整批货品到达中转国物流中心后，由该中心实施拆封，以单件包裹形式由国际快递公司负责配送，使包裹到达指定国家收件地。

该种跨境电商物流因在运输路程上需途经转运国，整体被划分为两段。该物流模式也不需与收件国快递合作，是一种对跨国物流进行整合的跨境电商物流模式。对于各国单件包裹，能够进行有效整合，以整批形式转运，达到节省国际运费的目的。不过，该种运输方案与“单一”式模式相比相对复杂，在包裹运输过程中，除需考虑可批量运送包裹的国际物流，还需考虑能够单件运送包裹的国际快递公司。由于需经过中转国物流公司，在货品配送进度信息上也被分为两个阶段，给物流配送信息整合带来不便，且该种物流模式会增加通关检验环节，导致税费增加和时间成本增加等。

（三）“两段收件”模式

该种模式起点同样为电商企业国外物流中心，跨境电商企业货品将被配送至该物流中心，由其负责对商品进行实际备货及对商品仓储进行管理。消费者下单后，由该物流配送中心针对电子商务企业提交的消费者单笔订单对货物进行拣货，同时在此基础上根据收件地相同原则对单件包裹加以整合，进行整批包装和出货，由国际物流公司以整批发货形式运送至不同收件国当地物流中心。对于整批货品的拆封工作，将由当地物流中心负责，以单件包裹形式下发给当地快递体系，由当地快递将包裹送到指定收件地。从其运输路程来看，在第一阶段上主要为整批运输，在第二阶段上主要为单件运输，加之在转运点上为收件国，因此该种物流模式被称为“两段收件”模式。

在跨境运输过程中采用该种物流模式，可实现对运输成本的有效整合，且当到达收件国后，由收件国物流中心进行配送时可享受当地国内优惠。当订单来源国家比较明确，且收件国当地物流中心能够直接接收国外快递时，比较适用这种跨境电商物流模式。不过，该种模式下的运输方案会涉及其他国家快递公司，而各国本土快递配送效率并不统一，会导致物流整体配送速度受到影响，对于全球各地消费者来说，难以为其提供标准派送时间。与此同时，在快递信息处理上也会被分为国际运输阶段与收件人当地快递阶段两阶段条码。

二、冷链电商物流管理

冷链电商物流泛指冷藏冷冻类食品在生产、贮藏运输、销售，到消费前的各个环节中始终处于规定的低温环境下，以保证食品质量、减少食品损耗的跨部门、跨行业、跨区域的一项系统工程。其特点是环节多、供应链长。对于生鲜电商来说，冷链电商物流服务能力是开展业务的基础。

在配送环节，冷链电商物流按照包装方式分为两种模式：

第一种模式是用泡沫箱 + 冷袋的方式，一般称为“包装冷链”。这是目前冷链配送市场采取的主流模式。其特点是利用包裹本身创造出一个适合生鲜产品短时间存储的小环境。其缺点是包装属于一次性消耗品，环保性能差；好处是包装好的产品可以利用常温物流体系配送，因此在总成本上并不高。

第二种模式是真正的冷链物流体系，即产品从产地冷库直至送达最终客户手中，所有物流环节均在冷藏环境下，要保证冷链不断链。这种模式要做到对冷链全程进行温控，一般称为“环境冷链”。其优势是利用冷链环境保持温控，减少不必要的包装，十分环保；缺点是对整个冷链物流体系要求很高，难以利用普通物流体系运作。目前在市场上，拥有完善冷链物流服务能力的物流体系是稀缺和昂贵的，因此第二种模式很受限制，总体成本高。

对于生鲜电商企业如何获得冷链物流的能力，主要分为两类：一类是自建冷链物流模式；另一类是第三方冷链物流模式。

在很多早期生鲜电商创建的时候，虽然市场上也不乏从事冷链服务的第三方企业，但是其服务能力和服务质量都无法满足生鲜电商的需求。在这种不得已的情况下，很多生鲜电商企业选择了自建物流体系。自建冷链物流投入成本高，但是更贴合企业的实际需求、运营流程和节奏。

而对于选择第三方冷链物流服务体系的电商企业来说，由于省去了自建冷链物流的高投入，且第三方冷链物流的服务能力具有共享性质，服务成本相对较低，因此总体运营成本比较低。但是，使用第三方冷链物流服务，企业对第三方掌控力不高、默契程度不够，会带来服务质量不高等问题。这是该模式的弊端。但是我们应当看到一个趋势，即第三方冷链物流的整体服务能力和水平在迅速提高，尤其是很多早期生鲜电商企业的自建冷链物流体系，出于分担成本和独立壮大发展的需求，纷纷独立运营，转型为第三方，如易果生鲜旗下的安鲜达等。这都使得如今的生鲜电商企业有了更多更好的冷链物流服务选择。况且，早期进行投入的冷链物流服务商已建立了很高的行业竞争门槛，对于后进入的生鲜电商企业来说，也许选择第三方冷链物流服务是更加明智的选择。

三、农村电商物流管理

随着互联网和移动网络的飞速发展，农村网民规模迅速得到扩张，为农村电商的发展提供了坚实的基础。随着电商在农村越来越火，物流却成为农村电商发展的瓶颈。主要表现为由于村民居住地分散、每户销售和购买金额较小、单笔配送物流成本较高等原因造成的物流问题。通过对我国农村电子商务物流运作模式的深入分析，总结出目前我国农村电商物流运作的五种模式。

（一）设立超市 / 小卖部自提点

物流公司与农村各乡镇、村屯主要核心区域超市 / 小卖部合作，在该超市 / 小卖部设立货物自提点。该自提点负责提供保管快递包裹、代收货款、代签代收包裹等服务。农民通过网络下单，可选择自身方便的自提点作为收货地址，由物流公司将商品运送到村民选择的超市 / 小卖部，由该自提点代签代收货物。考虑到农民的消费特点，很多人怀疑网络支付的安全性，较少能够运用网络进行在线付款，在农民收到货物后可以将货款直接支付给自提点，由自提点提供代收货款服务。同时为了方便农产品销售，在农产品销售季节，农民通过网络发布农产品销售信息，可将售出的农产品统一存放到自提点，由运送商品下乡的车辆统一运送到城市，解决了空车返程问题，节约了物流成本。

（二）设立物流综合服务中心

考虑到农村各乡镇交通和经济情况，由多个物流公司在各乡镇交通便利地点共同建立物流综合服务中心，该服务中心负责各物流公司包裹的分类整理、集中发配及管理乡村派送员等工作。农民通过网络下单购买商品，由各物流公司将商品运送到各乡镇物流综合服务中心，该服务中心将各物流公司农村包裹按村屯或辖区进行分类整理，统一发配。在各村屯雇用熟悉当地情况的乡村派送员，由该派送员提供从物流综合服务中心到终端农家的送货上门服务，真正地解决了“最后一公里”问题，将商品直接运送到农民手中。但这种模式仅仅解决了工业品下乡的单向物流问题，而没有为农产品进城提供方便的渠道。由于该模式将物流综合服务中心建在乡镇，脱离大部分村屯的农产品生产地，无法直接实现双向流通的物流运作。

（三）与中国邮政进行合作配送模式

中国邮政已经在全国建立了邮政农村物流综合服务体系。中国邮政庞大健全的物流服务网络和多年的可靠服务，在我国农村地区得到了广泛的认可和信赖。物流公司与中国邮政合作，利用中国邮政健全的农村服务节点和可靠服务，为农民提供类似邮寄信件的包裹送货上门服务。农民在网上下单购买商品，物流公司将商品运送到县/镇邮政服务站，由各邮政服务站邮递员负责提供从服务站到农户家的物流配送服务。同样，该种模式也没有解决农产品进城销售的物流渠道问题。

（四）京东/淘宝农村物流配送模式

淘宝通过建立县级运营中心、村级网点（农村淘宝合伙人）构筑了农村淘宝“县—村”两级农村电子商务服务体系。县级运营中心主要负责拓展村级服务站、商品中转分拨、电商培训等工作。村级网点或农村淘宝合伙人负责代买代卖、农资 O2O、金融服务。农民通过淘宝网下单购买商品，由快递公司运送到县级运营中心，再借助快递公司、客运班车和农村合伙人来完成终端配送。同时，农村淘宝的村级服务站的代买代卖、淘宝特色中国地方馆低门槛的创业模式，都为农产品上行提供了便利。京东通过构筑县级服务中心 + 京东帮服务店 + 乡村推广员的模式来进入农村电商市场。京东县级服务中心由原有京东服务站进化而来，由京东自主经营。京东帮服务店采用合作运营模式，其定位是农村大家电的营销、配送、安装、维修一站式服务。京东通过乡村推广员实现村民代买服务。京东整个运作体系完全由自营物流完成。从农民在京东网上下单购买商品，商品从供应商到县级服务中心，再将其运送到农户手中，均通过京东自营物流服务实现。在农产品上行方面，京东主要通过集采的方式，选择重点县域进行直接采购。

（五）随客运班车配送模式

中国农村客运体系发展较早、覆盖范围广，网络布局完善。物流公司通过与农村客运合作，通过改造客运班车储物仓，分离出专门的快递包裹存储区存放送往农村的物流公司包裹。运输班车到达农村后，村民按照客运班车时间表到指定的客运站点按时提取货物。由于客运班车每天都有，包裹基本能够实现当天送达，使包裹的运送效率大大提高，也降低了物流公司下乡配送的运输成本。但这种方式使物流公司一定程度上失去了对包裹的控制，可能在运输过程中存在包裹丢失和损坏等风险。同时，此配送模式也没有考虑农产品上行运输问题。

本章案例

亚马逊跨境物流

2017 年 7 月 11 日，亚马逊将迎来第三届会员日（prime day）。中国首次参与当中。与其说是一场持续 46 个小时的跨时区狂欢，不如说成一场豪赌。因为狂欢背后，亚马逊将拉开一场跨境物流的接力赛，一环环接力，数百万库存需要在极短时间内跨国界调货、精准发货、最快配送——亚马逊蓄势待发。亚马逊能做到的是：

第一，亚马逊打造了一个到目前为止全球覆盖最广的跨境自建电商物流体系。

亚马逊曾提出“线上丝绸之路网”“线下电商物流洲际大陆桥”“跨境贸易直通车”的跨境电商物流理念。如今，这些已经成为现实：

（1）线上丝绸之路网。亚马逊全球 14 个不同语种的网站。

（2）线下电商物流洲际大陆桥。亚马逊在全球自建超过 140 个智能化运营中心，其中有 25 个配置了 Kiva 智能机器人，连接 14 大国际站点，可以跨国配送到 185 个国家和地区。随着亚马逊拓展至全球更多国家和地区，这个网络还在不断延伸。

（3）跨境贸易直通车。亚马逊中国在两年时间里，搭建起了连接美国、欧洲和日本的跨境直邮体系，跨境全程可以追踪，跨境空运抵达中国以后，可以无缝对接亚马逊中国 10 多个运营中心、500 多条智能运输干线，再通过各地的配送站直接送到消费者手中。

第二，智能供应链。亚马逊已经实现整个供应链自动化的管理，被称为“无人驾驶”的智能供应链。它可以完成自动采购、自动发货，以及日常库存健康的自动管理。这个系统可以自动地告诉我们，要买什么东西，从哪里买，买多少，以及库存应该放在什么地方，这些都是系统依据大数据运算的。智能供应链的下一步，就是大数据预测发货。亚马逊基于客户浏览的情况，把商品提前放置到离客户最近的库房，实现“客未下单货已在途”。

智能系统的优势在跨境上体现得更加明显。薛小林说：“亚马逊把整个的库房体系联网，比如在一个区域、一个国家乃至全球做成一个大的库房体系，库房之间的干线运输、空中运输，无异于就是一个库房中的走廊通道，整个体系的运营是靠大数据系统来进行的。”

第三，全球物流能力另一个体现是整合全球的资源、解决本地问题的能力。亚马逊 Prime 会员服务是一个佐证，亚马逊海外物流渠道是另一个佐证。细观亚马逊中国，其核心业务是亚马逊海外购和亚马逊“全球开店”，海外购是进口，“全球开店”是出口，双向的进出口已经成为亚马逊中国跨境战略的双引擎。

对于卖家来说，出海的障碍多多，包括清关的能力、降低成本的能力、海外仓储的能力，这对中小企业更是一堵厚城墙。而亚马逊物流服务能够帮助卖家出海，内部被称作 FBA，fulfillment by Amazon。针对不同的卖家所处的业务发展阶段，亚马逊提供了多样化的特色服务。比如，一个卖家要入仓，只需要在欧洲一地入仓，其他的就交给亚马逊的系统，自动根据大数据的分析决定在什么地方把他的选品分配到不同的运营中心，加快配送速度。这样可以实现在欧洲本地 48 小时配送到，欧洲境内跨国 2~3 天送达。卖家只需要承担本地的配送费用，跨境的分仓费用完全免费。

本案例主要源自搜狐网页（CNET 资讯）：亚马逊物流背后的商业逻辑。

案例分析：

电商物流的能力，直接决定了电商的市场占有率，且这个能力不可轻易复制。亚马逊深谙其道，其物流的能力主要体现在三方面：第一，全球物流网络的布局。第二，智能供应链体系的建立。第三，对全球物流资源的整合能力。亚马逊全球物流能力，已经成为亚马逊跨境电商业务持续增长的加速器。

本章小结

1. 阐述了物流和物流管理。
2. 阐述了电子商务与物流的关系和电子商务物流。
3. 阐述了电子商务物流运作和组织模式。
4. 阐述了电子商务物流管理。
5. 阐述了电子商务物流管理新发展。

复习思考题

1. 请简要介绍一下物流的定义以及物流活动的构成。
2. 物流管理的实现和主要内容是什么?
3. 请简要介绍一下物流在电子商务中的作用。
4. 电子商务物流的特点有哪些?
5. 物流运作的基本思想和原则有哪些?
6. 电子商务物流组织的模式有哪些?
7. 电子商务物流管埋的内容和目标有哪些?
8. 请简要介绍一下电子商务物流管理新发展。

第七章

电子商务商流管理

本章学习目的

1. 了解和掌握商流和商流管理

2. 了解和掌握电子商务商流

3. 了解和掌握电子商务商流管理

4. 了解和掌握电子商务市场管理

5. 了解和掌握电子商务消费者管理

第一节 商流管理概述

商流管理也是电子商务管理的一个重要组成部分。在现代企业管理中，信息流、物流的重要性越来越明显，但同时，商流作为“四流”中的重要一环，作用也日益凸显。商流管理就是对“四流”中的商流进行管理的过程。因此，在介绍电子商务商流管理之前，我们必须明确商流管理的相关概念。

一、商流概述

（一）商流的概念和内涵

商流的概念界定离不开对商品流通的概念分析。商品流通，就是指以货币为媒介的商品交换，也就是商品从生产领域向消费领域的社会经济转移。依据商品价值二重性的特点，人们将商品流通中的不同形式划分为物流与商流，即商物分离。商流的概念正是从这一基础上开始发展的。随着社会经济的日益发展，商品交易的深度和广度进一步扩展，关于商品流通过程中信息的重要性日益凸显，因而将商品流通划分为物流、商流和信息流。伴随着网络经济的到来和商务电子化进程，商流的特征中含有越来越不同于传统内涵中关于商流的资金支付方式与渠道等，因而，电子商务条件下将商品流通划分为物流、商流、资金流和信息流。

商流是指以货币为媒介，通过商品的购进与销售活动，实现商品价值形态的变化及其所有权的转移。商流的概念是个历史范畴，应该用历史的、发展的眼光来看待商流的含义。在传统经济条件下（商务电子化大规模应用之前的时期），将商品流通细分为物流、商流和信息流，把商流界定为商品价值运动的经济活动具有其积极的意义。但是在电子商务条件下，网络资金支付问题日益明显，再将商流简单地界定为商品价值运动的经济活动，似乎就有些不妥。由于资金流在电子商务条件下具有其独特的运行方式，因而在电子商务条件下，商流是指商品在购、销之间进行交易和商品所有权的运行过程，具体包括接受订单、购买等销售工作。本书就是从这个意义上使用商流概念的。

（二）商流的特点

商流的特点主要体现在以下几个方面：① 商流是买与卖的统一。商流是商品流通中分离出来的商品价值运动，表现为从货币到商品，再从商品到货币的连续不断的买卖行为的统一。以买开始，以卖告终。② 商流是商业资金运动的反映，即商品购进是由货币资金转化为商品资金，商品销售则是由商品资金转化为货币资金。如此周而复始便形成商业资金运动。商流的价值运动，必然伴随物流的商品实体运动。

（三）商流与物流的关系

商流和物流是商品流通过程的两个方面。它们既相互联系又相互区别，既相互结合又相互分离。从日常实际的商品交换中可以看出，商流和物流分离、统合的现象非常普遍。需要指出的是，这里所说的分离现象并不是单指商流和物流出现的时间先后，而且指不同的流通部门根据自己的最佳流通渠道来进行商品流通。同样，商流和物流的统合现象也不是单指商流和物流同时进行商品的权力转移和实体运送，而且指两者在商品流通的过程中互相配合、互相制约的关系。

1. 商流和物流的分离现象

在商品经济发达的现代社会，商品流通的过程也是极为错综复杂的。因此，采用商流、物流分离的行为是比较普遍的。商流与物流产生分离的最根本原因是商流运动的基础——资金，与物流运动的实体——货物，两者具有相对独立性。货物的运动是通过资金的运动来实现的，也就是说资金的分配是货物运动的前提。但是，正是由于货物受到实物形态的限制，其运动渠道、运动形式与资金运动很不相同。比如资金运转是通过财政、信贷、价格等形式进行的，而货物运动则是通过空间位移来实现的。资金的转移可以通过邮局汇款、银行转账、第三方支付等瞬息完成；货物的空间位移，则须经过运输、存储等一系列漫长的过程来实现。比较典型的是，当商品的权力转移和商品的实体运送不是同一接受者时，如商品的权力转移是在生产企业和代理商间进行的，但代理商却要求生产企业通过物流将商品运送至消费者处；当商品的权力转移和商品的实体运送不是同一生产者时，如生产企业直接和零售商进行权力转移，但商品却是从别处的某地调拨过来的；即便当商品的权力和实体的接受者和生产者都是同一主体时，商品权力转移和实体运送也会出现分离完成的现象。在这里，我们把“一手交钱一手交货”的买卖交易仅仅看作整个流通过程中的一个环节。因此采取商流和物流分离的行为，目的是确保商品权力的转移和商品实体的运送，最终在商品流通的整个过程中达到效果的最优化。

2. 商流和物流的统合现象

在商品流通过程中，对于商流的环节来说，必须清楚地知道商品的现状和在库的情况以及保有的数量，以便商品在权力转移的时候，不会因为商品本身的信息有误而出现差错。同样对物流环节来说，必须知道商品的所有权或使有权转移的对象和目的地、运送的时间和具体的数量，以便能够正确、及时地调度运输工具和安排人员配置。所以，从这个角度来分析，可以发现商流和物流两者既保持着非常紧密的联系，即谁也离不开谁，又呈现相互制约的状态，即谁都不能超越两者本身所能接受的范围。既然商流和物流是为同一目标服务的，那么，两者之间必须有密切的配合、制约和沟通，以使各自分离的流通渠道朝着正常化、合理化、规范化的方向发展。因此，具备完善、迅速、及时的信息传递功能，是连接商流和物流实现统合的前提和桥梁。

总之，商流是物流的前提，没有商品所有权的转移，即买卖活动的发生，那么实物的空间位移则无从谈起，实物运动方向与商品交易方向具有一致性的普遍规律。物流是商流的保证，如果物流条件不具备或实物运动过程受阻，商品不能到达购买者手中，那么商流则失去了保证。在现代社会的商品流通中，商流和物流的分离统合现象，能够提高商品流通的经济效益，特别是可以避免商品的重复运输和曲线运输，对优化配置、节约仓储场地、降低运输成本、减少货物的周转时间、节约人力资源，以及对道路拥堵现象的缓解都能起到很好的作用。

二、商品流通渠道

（一）商品流通渠道的含义和特点

商品流通渠道有多种表述。从世界范围内来看，有两种表述的角度：一是从宏观商业的角度表述；二是从微观商业的角度表述。从宏观商业的角度来看，商品流通渠道是指商品从生产领域向消费领域转移过程中，所经过的流转线路和经济组织。从微观商业，亦即市场营销的角度来看，商品流通渠道是指个别商业企业的销售方式或销售手段。这里，我们强调的是宏观商业立场上的商品流通渠道。

商品流通渠道的特点主要体现在以下几个方面：第一，流通渠道是一组路线。在这组路线中拥有参加商品交易过程的各种类型的机构、组织和个人。第二，流通渠道的起点是生产者，终点是用户或个人消费者。第三，商品从生产领域向消费领域转移过程中，至少要转移商品所有权一次。经过这种转移，经营者的目标才能实现。

（二）商品流通渠道的类型

1. 产销合一的渠道

产销合一的渠道，又称产销直接联系的渠道，是指商品直接从生产者手中流通到消费者手中的形式。这是一种最简单又最短的流通渠道。采取这种流通渠道的企业，一般利用派员推销、网络销售、电话销售、家庭访问等方式，直接向消费者或用户销售企业的产品和服务。消费资料中的耐用品、高级化妆品的销售适宜采用这种形式。生产资料中的大型机械设备也适宜采用这种形式。服务行业可以说只有这种流通渠道形式。此外，城乡农贸市场、集贸市场上的小生产者也主要采取这种流通渠道形式销售商品。

2. 产销分离的渠道

产销分离的渠道，又称商业渠道，是指由商业部门来组织商品流通的全过程。商品生产出来之后，首先由商业部门进行收购，经过运输、储存、加工、编配等处理活动，经由批发商业和零售商业的形式，再转到消费者手中。这种渠道形式广泛应用于一般消费品和工业品流通运行之中。

3. 产销结合的渠道

产销结合的渠道是指由生产部门和商业部门先后有序地共同组织和完成商品流通的全过程。当商品生产出来以后，先由生产部门的推销机构完成一般商品流通的过程，再由商业部门继续完成商品流通的其他过程，直到最后卖给消费者。其特点是生产者或生产企业参与商品销售。事实上，在社会化大生产专业分工愈细的情况下，生产者或企业不可能都专门从事商品销售，而是通过其专设的销售机构或代理商，或联营的形式来进行。

（三）影响商品流通渠道形式变化的因素

1. 商品因素

商品是商业经营的客体，但同时又是影响商品流通渠道形式变化的决定性因素。这是因为，流通渠道指的是商品的流通渠道，没有商品，就无所谓商品流通渠道。商品成千上万种，且不断更新，对其流通渠道要求不一，从而成就了商品流通渠道的多样性。一般来说，商品因素又包含如下几方面的内容：

（1）商品种类。不同种类的商品，其使用价值往往存在一些差异。在组织商品流通时，对于非选择性或较少选择性的商品，其流通渠道可以长些，可以选择产销分离或产销结合的流通渠道中渠道长的流通形式；对于选择性强和有强烈消费偏好的消费品，其流通渠道可以短些。

（2）商品的易腐性。商品的易腐性包含着商品实质性的易腐性和商品的流行期短两个方面的内容，对于这些商品应尽量采用较短的流通渠道，或产销合一的流通渠道形式。

（3）商品的体积和重量。对于体积庞大而笨重的商品，通常宜采取较短的流通渠道，尽量减少由生产者到最后使用者之间转运的次数；反之，则可采取较长的流通渠道。

（4）商品的技术性和服务要求。对于技术性和服务要求高的商品，一般宜采取直接联系的流通渠道；对于技术性要求少和服务不经常的商品，可以采取较长的流通渠道或多环节的流通渠道。

2. 市场因素

（1）市场性质。一般地，生产资料市场的商品宜采用不包括零售商在内的产销分离或产销结合的流通渠道形式；消费品市场的商品采用包含零售商在内的产销分离或产销结合的流通渠道形式；服务市场的服务商品则基本上采用单一的产销合一的流通渠道形式。

（2）市场容量。市场容量是指消费者数量和购买力的大小。一般地，消费者数量多与购买力大的商品，宜采用长而宽的流通渠道形式，以应付繁多的交易需求；反之，宜采用短而窄的流通渠道形式，由厂商直接供应商品给顾客。

（3）市场区域性。由于地理环境的影响，众多的消费者被分散在不同的区域，从而使得市场呈现出区域性特征。对于顾客集中程度较高的市场，可采用直接销售商品给客户的流通渠道形式；对于顾客较分散的市场，可采用经过多层中间环节的流通渠道形式销售商品给顾客。

3. 生产性因素

（1）生产力发展水平。随着生产力发展水平的不断提高，生产的社会化程度会加强，商品率也就会愈来愈高，市场流通规模会愈来愈大。这就要求商品流通渠道把产、供、销诸方面交结在一起，从而使流通渠道变宽或变长。尤其是作为生产力重要部分之一的交通运输能力，对开辟新的流通渠道起着非常重要的作用。

（2）生产者的流通政策。生产发展到一定的阶段后，生产者原有的组织商品流通的职能，已由专门组成商品流通的职能部门，如商业部门来完成。但在垄断竞争的现代市场经济生活中，由于生产者力求确保自己的市场竞争地位，也出现了极欲控制流通渠道主导权的现象，于是大量出现了生产者出资成立销售公司，直接销售产品的流通形式，从而对专业批发商和零售商造成了极大的压力。

三、商流管理

商流管理，就是对商流运行的全过程实施的管理。商流过程即商品所有权的转移过程。具体来讲，商流的流程如图 7-1 所示。实施商流管理是商务电子化顺利运行的必然保障和基本要求。从商流流程图可知，商流管理主要包括商流营销管理、商流消费管理等。这些管理贯穿在商流的流程过程中，促进企业的未来发展。

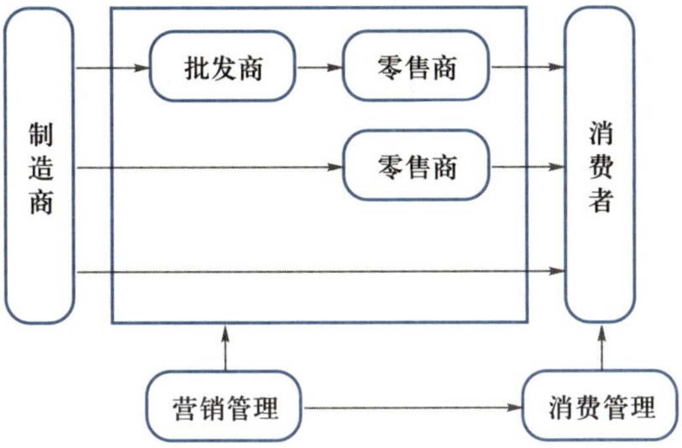

图 7-1　商流流程及商流管理

第二节　电子商务与商流

电子商务的发展对传统意义上的商品流通领域形成了巨大的冲击，商流电子化使商品流通效率得到很大的提高，商流传递更为快捷。事实上，电子商务对商流的影响，改变了传统商流，并使电子商务环境下的商流呈现出自有的特点。

一、电子商务商流的特点和意义

（一）电子商务商流的特点

电子商务商流具有与传统商流不同的特点。具体来讲，电子商务商流的特点主要体现在以下几个方面：

1. 商流仅反映商品所有权的转移

商流仅反映商品所有权的转移，并不包括资金的支付、转移等过程。这是随着电子商务的发展和网络支付的特殊性，商流与资金流进一步分离所造成的。在电子商务条件下，没有传统的面对面的交易方式，客户与商家之间的交易是通过网络进行的，各自面对的是计算机或手机屏幕，并通过移动鼠标或触摸屏幕来完成交易过程。在电子商务这种非面对面的情形下，资金支付安全问题已成为电子交易过程中的一个重要问题。因而根据资金流的独特性，将商流与其分离是很有必要的，也能保证资金支付和转移的安全性。

2. 商流方式倾向单一化

传统商品购销方式可以采取选购、订购、代购、代销、联营联销、自由购销等多种方式。在交易中，客户一般都能看到交易商品的实体或样品。在电子商务条件下，由于网络的局限性，客户在电子商务网站上看到的只是商家或电子商务服务商提供的商品内容，而不是真实的商品。客户对该商品的购买，看似直接选购，其实还是一种订购方式。只有在商家通过认证中心确认客户订单后，才能够进一步响应客户要求。而这种情况下，也可能存在实物与网站上提供商品有差异的现象。因此，在电子商务条件下商流方式倾向单一化。

3. 商流载体采用数字化形式

传统商品所有权的转移过程是依据订立经济合同（订单）来完成的，按当事人之间达成协议形式不同分为口头形式和书面形式，其中口头形式要求“即时清结”的经济关系，即经济合同（订单）的订立、履行和中止几乎同时进行，其间没有间隙。而书面形式是由当事人以文字记载方式体现合同内容的形式，需要双方当事人之间签字或以签证形式予以确认，以纸质的形式在各经济主体之间进行传递。但是在电子商务条件下，经济合同（订单）的缔结依赖于网络媒介，目前多采取数字化技术将信息按照一定的标准在网络中进行电子传输和自动处理，并通过第三方的认证中心进行认证。

（二）电子商务商流的意义

对电子商务商流进行管理具有一定的意义。具体来讲，主要体现在以下几个方面：第一，商务理念和模式的变革。电子商务的深入发展，迫使商务理念和模式发生变革。而商流作为限制商务电子化的主要瓶颈之一，显然，必须发展新的物流模式以适应电子商务的发展。第二，商流的发生才会促使物流、资金流和信息流的产生。因此，商流是物流、资金流和信息流的起点和前提。因为其他“三流”受商流制约，随着商流变化而变化。所以，在竞争激烈的商品经济社会里，为了占领市场、扩大销售、提高顾客忠诚度等，企业必须加强对商流的研究，以使企业立于不败之地。第三，商务电子化使商流信息传递更为快捷。商务电子化过程给商流所带来的优势是显而易见的，商流信息传递更为迅捷。与传统经济条件相比，商流增加了客户与商家之间信息的可获取性，消除了交易双方信息的不对称性，因而可以大量节省客户与商家之间的交易费用。在电子商务条件下，网络的高速发展给商流顺利运行带来了便利。

二、电子商务商流与传统商流的比较

电子商务商流具有与传统商流不一样的地方。具体比较来讲，电子商务商流的转变主要体现在以下几个方面：

（一）商流流程由传统的金字塔形向扁平化方向转变

传统的商流呈金字塔形，其广大的辐射能力为厂家产品占领市场发挥了巨大的作用。但是，在供过于求、竞争激烈的市场环境下，传统的商流流程存在不可克服的缺点：交易层次多、战线长，厂家难以有效地控制交易；多层次结构有碍效率的提高，也不利于形成产品的价格竞争优势；单向多层次的流通，使信息不能及时反馈。而电子商务营销呈现扁平化的结构，使交易环节扁平化。这大大提高了交易的效率，同时利用现代信息设备，实现与客户的双向互通。

（二）由传统的商流与物流合一变为商流与物流分开

传统的商流与物流合一，即商品伴随着销售渠道流转。多层次的商品流转和交易，加大了商品的运输成本和质量保护成本。而电子商务营销则真正实现了商流与物流分离，可以充分利用现代的物流设施和配送服务，利用第三方和第四方物流，大大降低了商品流通成本，提高了交易的有效性。

（三）由传统商流的以经销商为中心向以终端市场建设为中心转变

传统的营销工作千头万绪，从营销网络开发到经销商经销、从铺货到促销，内容繁多，工作重复交叉。电子商务流程直接实行终端市场建设，实际上就是抓住消费者的心理，让终端用户乐意购买，并且尽可能地进行直接交易。

（四）由传统商流的“放羊式”变为“控制式”，掌握商流交易的主动权

传统商流主要是制造商和大型分销商主宰一切，但在电子商务营销时代，谁掌握商品交易的主动权，谁就成为商流整个流程的主宰者，无论是厂家、商家还是最终用户，谁都想取得主动权。至于谁拥有主动权，则取决于实力，这种实力可能是品牌、规模、资金、经验和管理能力等。

（五）电子商务商流与信息流、资金流、物流构成一个完整的整体

商流是物流、资金流和信息流的起点，也可以说是后者的前提，没有商流一般不可能发生物流、资金流和信息流；反过来，没有物流、资金流和信息流的匹配和支撑，商流也不可能达到目的。

三、电子商务商流的挑战和应对

商务电子化过程给商流所带来的优势是很明显的，商流信息传递更为迅捷。与传统经济条件下相比，增加客户与商家之间信息的可获取性，消除交易双方之间信息的不对称性，因而可以大量节省客户与商家之间的交易费用。在电子商务条件下，网络技术的高速发展在给商流顺利运行带来便利的同时，也带来了许多新的问题，如交易信用问题、交易认证问题、电子网络交易非规范性问题等。

（一）交易信用

不管在何种交易形式下，信用问题是一直存在的。传统以书面形式签订的经济合同（订单）是通过法律手段来规范人们的经济行为和交易行为，但是现实中还存在大量不依合约行事的经济行为，这种信用意识薄弱情况不仅影响着传统条件下的交易活动，还在一定程度上影响着电子商务条件下的交易活动。在电子商务条件下由于交易双方的不可视性，客户和商家隔着屏幕，交易一方对另一方的情况知之甚少，在这种情况下，交易双方的信用程度是至关重要的，良好的信用环境能够保证网络交易的顺利进行。如果没有一个良好的社会信用基础环境，电子商务的发展必受其累。商务交易中信用的问题是极其重要的。从网站角度来说，创立品牌网站，通过其自身品牌效应，树立在客户心目中的信用地位。通过依托品牌网络建立的商务交易，有利于提高交易信用，保证商流的顺畅运行，同时也有利于电子商务的发展。

（二）交易认证

信用问题在人们交易活动中是个软约束，从道德上约束人们的经济行为。而认证系统则是一种硬约束，通过强制性的方法对交易双方的信用进行确认，以保证交易双方之间的经济合同（订单）的有效性。在电子商务活动最活跃的美国，电子商务的高速发展一直都离不开认证系统的完善化、系统化和规范化。

目前，在中国，以中国人民银行为首，联合其他几家商业银行建立的中国金融认证中心（CFCA）是一个具有权威性和公正性的网上安全电子交易认证服务的第三方机构。通过颁发数字证书、识别交易方以保证交易合同的有效性，对商流的顺畅运行提供根本性保障。同时，随着区块链技术的不断成熟与应用，也可以探讨实现去中心化的认证模式。

（三）网络立法滞后，网络交易的非规范性严重

传统的工商企业经营范围都有相应的法律进行规范，如依《中华人民共和国公司法》的规定，特定商家所经营的范围，一般需要由工商部门进行审批，其经营的商品品种等都有严格的规定。由于目前在中国，网络的交易过程还在不断发展中，网络立法滞后于实际中快速发展的网络交易活动。作为一种新生事物，必然会产生一些新的问题而不适合传统的法律规范。总之，伴随电子商务的发展，新型交易形式的产生，要求有关部门制定相关法律、法规来约束和规范网络交易行为。中国电商领域首部综合性法律《中华人民共和国电子商务法》（简称《电商法》）于 2019 年 1 月 1 日起正式实施。电商法明确规定了电子商务各方主体的合法权益，规范了电子商务行为，为网购消费者撑起了法律的保护伞。电商法的实施，标志着中国电子商务正式告别野蛮生长的幼年期并逐步走向成熟。

第三节 电子商务商流管理概述

电子商务条件下，网络的高速发展在给商流带来顺畅运行的同时，也带来了许多新的变革，这其中就包括电子商务商流管理的变革。目前来看，电子商务商流管理主要包括电子商务商流的营销管理和电子商务商流的消费管理等内容。

一、电子商务商流管理的内容

根据上述商流的流程介绍，电子商务商流管理的内容可以划分为电子商务商流的营销管理和电子商务商流的消费管理两方面的内容。

（一）电子商务商流的营销管理

电子商务作为一种全新的商务模式，正以强大的生命力冲击着传统的商业结构和贸易方式，推动着营销模式的转变。电子商务的发展将形成新的交换机制，构建新的市场规则。在线上这个全新的平台上如何开展营销活动，实行全新的营销管理，已成为企业面临的重大课题。事实上，电子商务营销是在传统营销的基础上发展起来的，因此，传统营销中的基本营销策略原理仍然适用于电子商务营销，成为电子商务营销管理中的基本策略，主要包括产品、价格、促销和渠道，即 4P 营销。但值得注意的是，作为电子商务商流的营销管理中的产品、价格、促销和渠道策略与传统营销存在较大的差异，更多行之有效的营销管理理念会被引入电子商务商流的营销管理中。本章第四节会对电子商务商流的营销管理进行具体的阐述。

（二）电子商务商流的消费管理

电子商务的出现，使消费者的消费观念、消费方式、行为模式和购物心理都发生

了巨大的变化。了解网络消费者需求特征、掌握消费者购物心理和动机，更好地满足消费者需求，是企业在电子商务环境下的市场竞争中立于不败之地的根本。同时，消费者作为电子商务商流中的最终环节，也是商流管理的一个重要方面。因此，进行电子商务商流的消费管理对商流的运行和管理也具有重要的意义。本章第五节将对电子商务商流的消费管理进行具体的阐述。

二、电子商务商流管理模块

企业应当根据自己的行业特点开展电子商务活动。由于应用系统功能与其应用领域关系密切，所以针对商流应用中比较有代表性的模块，如产品展示、价格系统、交易达成、订单合同管理系统等说明商流系统的功能。

（一）产品展示

传统企业通常需要建造店铺或办公大楼来展示企业形象，但在进行经营活动时，管理人员更关注具体的目标，这些目标通常同企业形象关联不大，一般企业只有发展到一定的规模时才会考虑形象问题。传统企业的经营场所必须满足其业务需要，所以通常其展示较难引人注目。然而，当企业开展电子商务后，企业在网上则有充分余地进行空间设计，使自己的产品展示与众不同。网站能有效地完成更多提高企业形象的任务，如网站可设置网上店铺首页、产品详情页、产品品牌页、产品直播等进行产品展示。

（二）价格系统

企业电子商务网站在签订订单、竞争投标时需要快速报出合理的价格和交货期，以便在竞争日益激烈的市场中取胜。快速报价系统可为电子商务企业提供科学、合理、快速、准确、全面的报价和交货测算。该系统参考多种报价因素，帮助企业决策者进行报价预算和制定报价方案。

价格系统的主要功能体现在：① 价格制定模块能帮助企业制定相应的产品价格和策略，如折扣处理及期限、运费支付方式等，并依据预算的成本自动计算相应的报价，快速制定合理且具有竞争力的市场价格。② 成本预算系统可定义多种预算模型，帮助用户快速完成成本预算。③ 自动报价管理。企业经过成本预算并依据价格策略，得出参考报价。然后，结合市场及同行企业等因素对参考报价进行修改，经审核确认得到报价。在报价过程中可以模拟选优，并提供同行的参考信息和指标进行计算，以达到控制成本、提高利润的目的。

价格系统提供多种预算模型模块，用户也可根据本单位的实际情况自行定义预算模型，系统可根据此模型进行扩充。如用户可以制定价格策略，系统会根据价格策略自动计算出相应的报价；预算模块包括用户可以进行合理报价的预算，也可以进行利润、成本测算，并模拟多个预算结果；系统可按照报价预算结果进行成本控制监督，跟踪实际成本投入，进行差异分析；具有较强的灵活性，能够适应变化的需求和环境。

（三）交易——招投标系统

网上招投标有许多优点，如方便快捷，杜绝了一般招投标的大量文件传送，更具公平性，有助于监督、检查招投标中的不规范行为。招投标系统的特点主要有：① 设置了委托招标和租借招标两种方式。委托招标，就是招标方将招标的一部分工作交由网站经营者负责，包括标书的建立、标箱的建立等，而招标者需提供标的和一些特殊规则以及评标，这样大大减少了招标人的工作量。租借招标，就是招投标的主要工作由招标承租，网站经营者只负责一些基础工作。② 招投标通常设置四种角色，即招标人、投标人、站点管理员、评标人。各角色之间职责划分明确、配合密切，为招投标工作按照科学合理的方式完成提供了保障。③ 投标人和招标人是多对多的关系，系统整体设计是以一个招投标站点为中心的。招标人和投标人都可以通过该站点上网进行招标和投标，很多招投标工作可交由站点监理员集中负责，减少了重复工作。此外，由于站点具有相当的开放性，投标人可以获得更多的投标机会，而招标人则由于竞争的存在而获得更主动的优惠合同条件。④ 系统为招投标各方提供了充分的交流机会。例如，投标方可就标书的有关问题在网上直接质疑，各评标人以及招标人可通过网络进行交流。⑤ 系统软件建立在群体平台基础上，可利用平台的强大功能，将招投标工作全部在网上完成。如有需要，该系统还可与其他电子商务系统和办公系统进行共享。⑥ 系统提供了双重安全保证。首先，投标人和招标人都是经过 CA 认证的，标书和投标书的传递是电子加密的；其次，借助安全机制为各类不同用户分配权限。

招投标系统总体设计说明如下：

1. 角色设计

该系统包含下列 4 类角色的企业或个人：招标人，指商品、工程、服务的供应商；投标人，指工程、项目、产品的采购和需求人；招标代理，指站点管理人；评标人，指招标人选定的为投标人的标书进行鉴定分析，向招标人提供专业建议的专家。

2. 系统总流程

系统总流程如图 7-2 所示。该流程反映了系统的主要流程以及系统中各角色之间

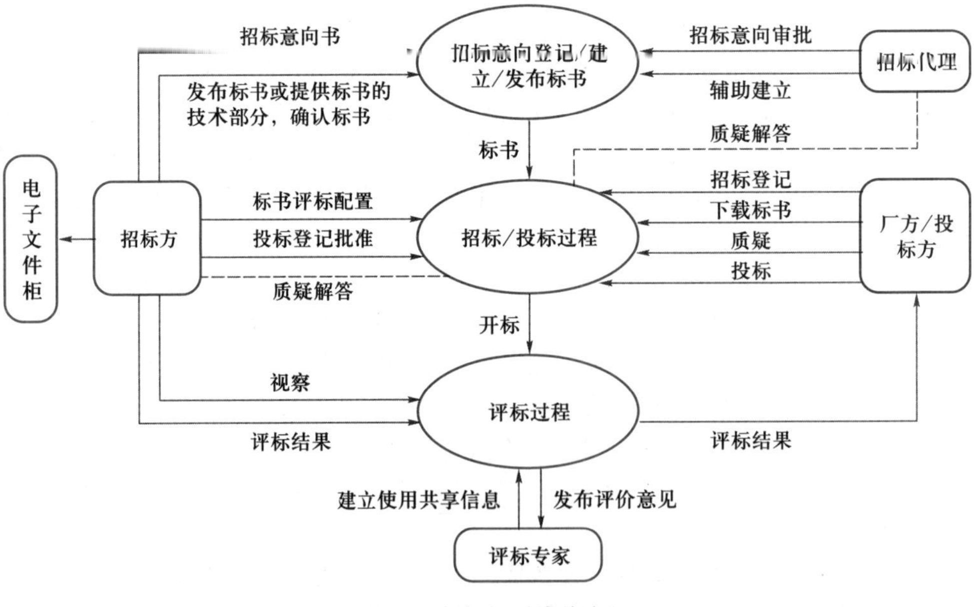

图 7-2 招投标系统总流程

的关系。其中主要流程设计分三个部分：招标意向登记及建立、发布标书，招投标，评标。系统中的四类角色围绕这三个流程展开，以网站为基础协同完成招标和投标工作。

3. 入口页面设计

作为一个网上招投标系统，一个好的页面设计是非常重要的。为此，系统以四类角色和系统功能为基础设置页面。网上招标首页提供了不同用户进入本系统的入口，协议许可页会显示要求招标人或投标人在使用系统之前必须遵循的有关规定，在招标人主页上显示了系统为招标人提供的服务和能够完成的工作。在投标人主页可了解招投标进程，并完成有关工作。

（四）交易——网上拍卖

拍卖是由拍卖人或拍卖机构受货主委托，在规定的时间和场合，按照一定的章程互相出价竞争，将货物卖给出价最高的买主的一种交易方式。电子商务的拍卖发展较快，广受网民欢迎。有人把网上拍卖归为典型的“4C”，当然这也不全面。现今拍卖已出现多种形式，除传统的增价、减价、密封递价 3 种形式外，还出现了集体议价模式。“网易”是最早从事网上拍卖活动的网站，它拍卖的商品很多。网上拍卖的经营方式定义为“竞买式交易”，指的是卖方将要出卖的物品的文字说明及图片放在网上，不定价，由网民前来竞价。“焦点网”的拉拉手模式是由用户定价，商家可以在这个价格上决定卖与不卖。在网上拍卖的各种模式中，集体议价得到许多网民的认可，且已成为各大供应商的必争之地。集体议价一方面可以实现与原来注册用户的资源共享，另一方面对于网站自身来说，具有更多的选择权。在市场活动方面，网站可以自由选择竞拍的物品，并对竞拍过程进行监测，以了解消费者的品种需求与价格承受能力。

集体议价可以采用代收货款、货到付款的方式。集体议价是在议价的这一段时间结束后，统一地进行提货与配送。

网上拍卖的功能模块主要有：拍卖产品展示说明；拍卖指南（包括法律入门）；竞投（登录）；竞投记录；成交公告；成交确认；竞投密码维护；个人信用更新；追加保证；服务等。

（五）订单合同管理系统

订单合同管理系统集成了一整套标准交易流程，当然也可按网上零售商的商业特殊要求进行定制，从而使电子商务交易系统更加稳定、高效。系统允许参照用户的需求智能定义或修改订单流程，并跟踪订单的执行过程，动态掌握订单的进展和完成情况。

系统具有独特的订单流程管理引擎，用户输入密码、订单号，可对每个订单的状态都进行监视，并按照订单在系统中执行状态调用不同的程序或代码。同时，订单处理代理可以对特殊的订单进行访问和查询，用户可以通过系统提供的工具轻松地进行定义和修改。订单合同管理系统中集成了完整的订单管理系统功能，从客户订单形成开始到网站进行订单审批，再到发送及处理订单等一系列流程，都进行了完整的整合。

第四节 电子商务市场营销管理

随着 Internet 应用的普及，企业间的商务往来模式也正在发生着迅猛的变化。短短几年，电子商务已从当初的抽象概念演变成世人皆知的事实。电子商务交易市场将在电子商务大潮中扮演重要角色。因此，有关的市场营销管理也成了电子商务管理的重要方面。

一、电子商务市场结构

电子商务时代的网站是企业的一种微观形式，又是市场的一种主要形态。因此，根据网站的基本类型进行市场结构的划分，必然能更加科学地反映电子商务市场结构的本质内涵，更能体现市场结构的基本内容。在此基础上，我们将电子商务的市场结构划分为买方主导型、卖方主导型、第三方和梯形四种市场结构形式。

（一）买方主导型市场结构

买方主导型市场（buyer-leading market structure）主要有整个产业厂商形成的行业联盟网站和行业主导厂商建立的门户网站两类，其实质是 B2B 型电子商务。在这类市场结构中，买方占据市场主导地位，市场结构是金字塔形。设立该网站的目的主要是服务于买方的生产和经营需要，因此该市场结构的顶端是一个或几个大的买家，下面是众多的零件供应商，如图 7-3 所示。

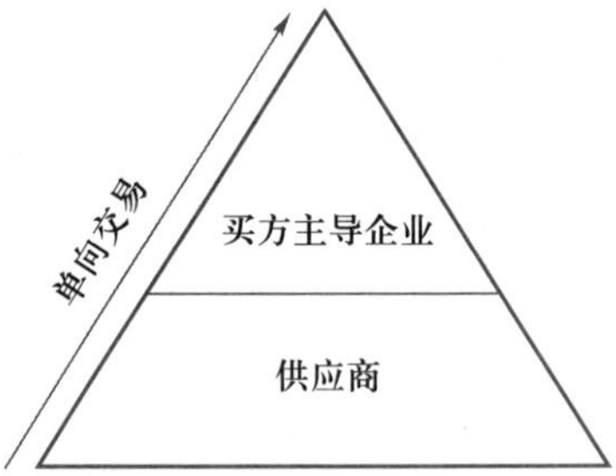

图 7-3 买方主导型市场结构

从结构上看，它类似于经济学中的买方垄断市场结构；从产业链的角度来看，这类市场结构在后向关联度大的产业最为常见；从交易的方式来看，主要是卖方来满足买方的单向交易。该类型的市场结构通常有以下特点：由于强大的产业积聚能力，买方得以凭借电子交易手段取得最满意的交易价格；由于网站的主要投资人与组建方是交易的主导方，在其将自身庞大的供应链搬上网络时，即使缺少其他买家，它也不必游说其他供应商加入其中；由于买方和卖方本身具有业务合作关系，这一市场结构的电子商务公司易于实行组建方和市场参与方共同投资的方式。

（二）卖方主导型市场结构

卖方主导型市场结构（seller-leading market structure）主要有网上证券交易、网上信息咨询、网上人才招聘等几类。其实质是 B2C 和 B2B 的组合型电子商务。这类网站的例子有猎头网站、网上婚姻介绍等。在这类电子商务网站中，卖方占据主导地位，网站本身往往由卖方或其代理人创建，其目的主要是为满足卖方需求，但常常采用众多的卖方信息来吸引买方加入网站，营业收入主要来自买方。这种网站的结构就是倒金字塔形，处于顶端的是众多的买方（如人才中心的招聘单位），而处于底端的是若干卖方（如人才交流中心或人才）。如图 7-4 所示。

从结构上看，它类似于经济学中的卖方垄断市场结构；从产业链的角度来看，这类市场结构在前向关联度大的产业最为常见；从交易的方式来看，主要是买方来满足卖方的单向交易。该类型的市场结构通常有以下特点：由于强大的信息积聚能力，卖方得以凭借电子交易手段取得较理想的交易价格和交易结果；主要投资人与组建方可能是交易活动的卖方；这类网站的方式是逆向思维，即通过市场网络建设和提供特色服务汇集一大批买主入网注册，然后以此为引力吸引更多的卖主加入网站，并最终吸引更多的卖主上网注册或进行信息咨询；由于该网站中卖方常为信息提供者，而买方多为企业，它们数目相对有限且是信息或服务的长期需求者，因此，该类网站的收入来源于买方的宣传广告、注册费、服务费，并且这类网站的收入随着网站提供的服务功能的延伸而递增。

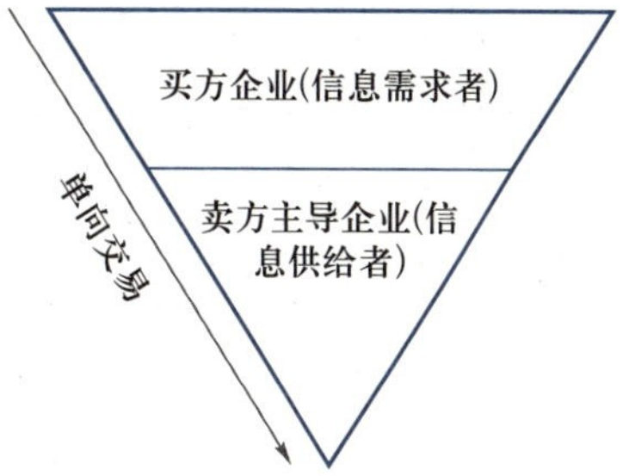

图 7-4　卖方主导型市场结构

（三）第三方市场结构

第三方市场结构（the third part market structure）可分为综合类国际贸易网站、网上交易中心、纵向行业交易中心、功能型网站。它们的例子分别有阿里巴巴、慧聪网、敦煌网、中国化工网等。这类网站的实质是 B2B 型电子商务。在这类网站中，卖方和买方均不占市场主导地位，而市场本身处于绝对的权威地位，第三方市场常常由网络公司通过整合行业资源而形成。网络公司一般不参与交易，它只提供各类贸易信息并提供双方进行交易的中介平台，网站的收入主要来源于信息服务费和佣金，有的第三方中介市场的收入来源于电子场地（空间）的租赁费和服务费。从结构上看，这类市场结构为对顶三角形。从交易方式来看，双方交易不是单向交易，而是双向交易。中间是第三方交易市场，两头是众多的买家和卖家，如图 7-5 所示。

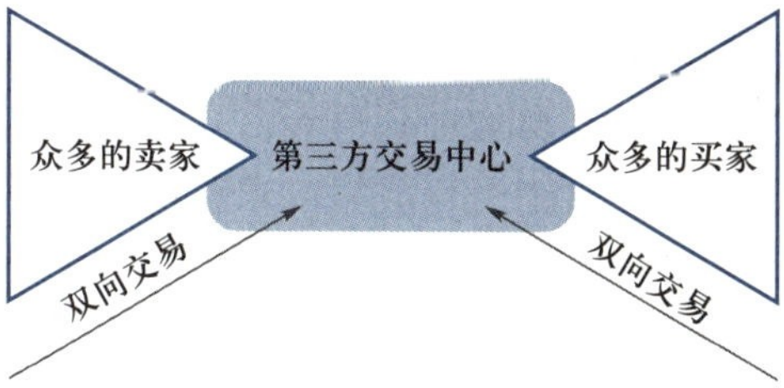

图 7-5　第三方市场结构

这类市场结构有以下显著特点：第三方市场结构适合于那些产业集中度低、买卖双方数目众多、交易相对零散、交易量小、交易次数多的消费品，例如食品业、印刷业、礼品业、农产品、养殖业；买卖双方地位平等，交易机会均等，双方进入网络的目的都是寻找到合适的交易伙伴、收集相关的贸易信息并达成最终交易；买卖双方市场分散，信息流通速度慢，信息不对称现象严重；第三方市场拥有先进的互联网技术和丰富的行业知识，信息收集和反应能力特别强，在交易过程中的作用不可忽视。

（四）梯形市场结构

梯形市场结构（trapezoid market structure）主要是针对电子零售商业而言的。由于这类商业零售网点多而广，与消费者联系相当广泛，因此，它的市场结构呈梯形，上方是网上零售商店，下方是众多的消费者，见图 7-6。从交易方式看，消费者先在网上零售商店进行货品信息价格、质量等信息查询，确认后通过网络进行订货，最后由网上零售商店委托最近的商店配送商品给消费者。

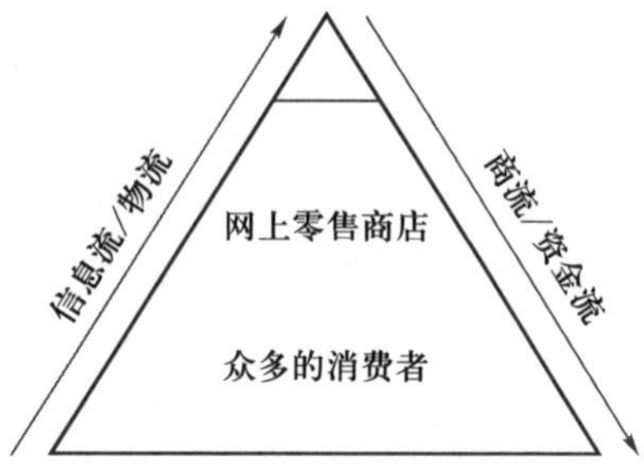

图 7-6　梯形市场结构

它主要有这样的特点：该类电子商务平台一般由零售商建立，但是，它不属于卖方主导型市场结构又不属于买方主导型市场结构，因为虽然零售商店的总体数目小于消费者的数目，但零售商店并不能主宰消费者的购物行为。过去，由于需求大于供给，因此，可以列入卖方主导型市场结构。但是现在是买方经济时代，需求大于供给已一去不复返了。另一方面，网站也不是买方建立的，买方又难以主宰零售商店的营销和经营行业；买卖双方是平等的交易主体，不存在谁主导谁的问题，这一点与第三方市场结构类似，但是，它又不同于第三方市场结构。因为在第三方市场结构中，电子商务网站的利润来源于租金、佣金、服务费，而电子零售商店的利润来源于进销差价和服务费用；该市场结构的实质是针对 B2C 型电子商务而言的，该市场结构主要适用于传统的流通产业。

二、电子商务市场细分

（一）电子商务市场细分的依据

电子商务市场细分就是根据消费者各方面的属性，按照科学的方法把市场分割为具有不同需要、性格或行为的购买者群体，使同一细分市场内个体间的固有差异减少到最小，使不同细分市场之间的差异增加到最大，从而在市场决策上，针对不同的购买者群体采取独特的产品或市场营销组合战略以求获得最佳收益。同时，通过市场细分电子商务企业可以把自己的经营重点转移到具有竞争力的业务上来。

市场细分是电子商务进入平稳增长期后的必然趋势，市场细分对企业起着重要作用。首先是有利于选择目标市场和制定市场营销策略，市场细分后的子市场比较具体，容易了解消费者的需求，企业可以根据自己经营思想、方针和营销力量，确定自己的服务对象，即目标市场。其次是有利于发掘市场机会，开拓新市场。通过市场细分，企业可以对每一个细分市场的购买潜力、满足程度、竞争情况等进行分析对比，探索出有利于本企业的市场机会，使企业及时做出科学的营销决策，更好适应市场的需要。最后是有利于发挥核心优势，通过细分市场，选择适合自己的目标市场，企业可以整合各种资源，使所推出的增值服务能够真正被目标客户认同并接受。

目前，许多电子商务企业已不再单一地向所有客户群推销类同的商品，而是在专业领域内，针对一部分具有需求共性的消费群体，为其提供极具竞争力的商品和在此基础上的一体化的网上售物服务。可见，在网上购物需求渐已饱和、市场经营趋同的现状下，细分市场已经成为电子商务的必由之路。

（二）电子商务细分市场分类

1. 专业型电子商务

专业型电子商务包括对现有专业市场的电子商务改造和电子商务市场专业化划分。其中，对现有专业市场的电子商务改造占专业型电子商务的绝大部分比重，因为电子商务本身就是传统商务的电子化改造。信息经济下，传统意义上的商圈将被打破，客户扩展到全国乃至世界，促成真正意义上的国际化市场形成。

专业市场集聚了大量某一类商品或若干类具有互补和互替关系的商品，这是其他商业形态所不能比拟的，但是仅仅靠产品的陈列来吸引客户和集散信息是不够的。如果能将专业市场与电子商务结合，可以实现优势互补，将发挥强大的市场效应。专业市场的电子商务化不仅能提高本身的经营管理能力，同时没有失去它存在的价值，还能确保专业市场本身的服务质量，从而提高知名度。在未来的时间里，肯定会淘汰那些没有竞争力的专业市场。所以，专业型电子商务是电子商务发展和细分不可或缺的一部分。

2. 地域型电子商务

地域型电子商务就是利用地域优势，针对特定地域区间内的客户开展电子商务活动。很多人可能不以为然，认为网络就是要突破传统的地域束缚，充分发挥网络的超越时间、空间的优势来追求更大的客户群和利润空间。其实，网络的确具有全球性的特点，但目前，网络电子商务在跨越地域性方面所需具备的条件不很充分，因此我们不能轻视或者无视电子商务地域划分的特点，一味地追求全国化、全球化。当然，这里所说的地域划分并不是地区性的贸易保护和贸易堡垒，而是让我们认识并充分利用电子商务所具有的地域性特点。

3. 个性化型电子商务

Internet 初期以提供大量信息和功能化产品为主，然而时至今日，为客户提供全方位的个性化服务则将占据主导地位。电子商务需要个性化，以往那种千篇一律的电子商务模式和忽视客户需求差异性的服务已经不能适应时代的需求。电子商务个性化的原因主要有三个：一是电子商务个性化是企业创造竞争优势的重要手段；二是消费者的需求个性化是企业电子商务个性化的推动力；三是电子商务个性化是电子商务自身发展的内在要求。

4. 比较搜索型电子商务

比较搜索型电子商务是一种专业化的垂直搜索引擎，其主要功能是通过对海量信息的采集整理，向消费者提供精准的商品、商家资讯，从而使他们在进行网上购物时省时、省钱又省心。同时，比较搜索型电子商务为商家提供一个高效的网络营销平台，帮助商家以极低的推广成本获得大量针对性极高的目标用户。

5. 团购型电子商务

团购型电子商务就是团购的网络组织平台，就是互不认识的消费者，借助互联网的“网聚人的力量”来聚集资金，加大与商家的谈判能力，以求得最优的价格。根据薄利多销、量大价优的原理，商家可以给出低于零售价格的团购折扣和单独购买得不到的优质服务。

三、电子商务市场营销

（一）产品策略和顾客策略

1. 网络环境下产品概念的重新认识

在网络环境下，产品演变成一个综合服务和满足需求的概念，无形产品直接在网上销售，可以提供试用；有形产品只能通过网络展示，尽管多媒体技术可以充分展示产品特色，但无法提供直接尝试，而且要通过快递公司送货或传统商业渠道分销。因此，要根据产品和服务的不同形态制定相应的营销策略。

2. 产品生命周期发生变化

在电子商务环境下，由于生产者和消费者可以在网上建立直接的联系，产品生命周期的概念将逐步淡化。从产品开始投入市场，就可以把握应改进和提高的方向，于是老产品还处在成熟阶段时企业就可开始下一代系列产品的研制，新系列产品的推出取代了原有产品的成熟阶段和衰退阶段，使产品保持了其生命力。可见，电子商务条件下加快产品创新是提高企业核心竞争力的关键。

3. 顾客策略的融合

4C 中的 customer’s wants and needs 指顾客的需要与愿望，对比第一个 P（产品），这里第一个 C 意为企业要把重视顾客放在第一位，强调创造顾客比创造产品更重要，满足顾客的需要和欲望比产品功能更重要。在电子商务下，企业可以利用网络营销，以个性化的产品和良好的售后服务来满足顾客，建立顾客的服务数据库，形成真正的“一对一”和精准化营销。在网络营销中，顾客不能触摸到产品实体，所以网上的产品以提供信息为主要内容，利用计算机的多媒体功能将产品的性能、特点、品质以及为顾客提供的服务显示出来。

（二）价格策略和成本策略

随着市场全球化的发展和互联网的普及，从事电子商务的企业越来越多，顾客选择的范围越来越广，使企业竞争对手遍布国内外，定价过程注入了更多的同类竞争产品的相关因素。4C 中的 cost to satisfy wants and needs 指消费者获得满足的成本或消费者满足自己的需要和欲望所愿意支付的成本。对比这里第二个 C 与第二个 P（价格），电子商务中的价格策略的制定，应当充分考虑每个消费者的价值观。因此，企业要充分掌握消费者购买信息，使买卖双方能充分沟通。可采取的策略是：一是提供价格查询，客观准确地提供同类产品或相关产品的不同厂商的价格目录，便于消费者比较判断。二是开发自动调价和智能议价系统，前者可根据季节、市场供求、促销状况等调整价格水平；后者则给消费者提供一个网上议价的环境，满足其需要。三是设立价格讨论区，对新上市产品，可以通过该讨论区了解消费者能普遍接受的价格，为制定和调整价格决策提供参考。

（三）渠道策略和便利策略

电子商务的发展基本上取代传统中间商的批发职能，使批发和零售出现了实质性的非中间化。产销直接见面，无须中间商的产销合一型分销渠道模式在以 Internet 为核心的技术支持下重新获得了经营优势，而传统中间商在产品分销中的地位和总份额受到削弱。4C 中的 convenience to buy 指购买的方便性，对比这里第三个 C 与第三个 P（渠道），比起传统的营销渠道策略，新的观念更重视服务环节。在销售过程中，强调为顾客提供便利，使顾客在购买产品的同时享受到便利。

（四）促销策略和沟通策略

网络的实时性为企业和顾客提供了全新的沟通方式，几乎所有传统促销方式都可能在网上找到实现的方式。网络促销除了将产品的性能、特点和品质以及顾客服务的内容充分加以显示外，更重要的是能以人性化与顾客导向为方针，针对个别需求提供一对一的促销服务。4C 中的 communication 指与客户沟通，对比这里第四个 C 与第四个 P（促销），单向的劝导顾客可能不被顾客接受，要加强与顾客的沟通，增进相互了解。影响公司和顾客沟通的因素有广告、网页和公共关系等。

（五）整合营销策略

整合营销并不是用 4C 代替 4P，而是 4C 前提下的 4P 决策，企业的最终操作还是 4P，只是该 4P 已经包含了 4C 的信息。只有这样做，电子商务营销才能实现满足消费个性化需求和利润最大化两个目标。

（六）4R 营销策略的融合

4R 理论，即"关联（relevance）、反应（reaction）、关系（relationship）和回报（retribution）"，更进一步确立了关系营销在营销学方面的核心地位。基于这个方面，我们可以从四个方面对电子商务环境下的营销作如下总结：① 互动营销——电子商务环境下的营销最显著的特点是网络互动。新的市场经营环境要求企业必须把顾客整合到整个营销过程中来，并在整个营销过程中不断与顾客交流。② 反应营销——电子商务环境下顾客对企业的要求将日益提高，主要体现在两个方面：一是希望企业能提供为自己专门设计的定制商品或服务；二是希望定制的商品或服务能尽快送达自己的手中。因此，企业需要对顾客的定制化需求作出及时反应。③ 关系营销——在电子商务环境下的营销中，企业与顾客不断交互，其营销过程是一个双向链。④ 回报营销——回报营销的主动方是客户，其成功根源在于顾客对企业产品或服务感到满意。作为对企业服务满意的回报，顾客会再次光临网站，如此重复，企业在网上的优势或劣势将被扩大。

（七）4I 营销策略的融合

随着网络媒体的发展，信息开始过剩，按照传统的营销理论，已很难适应新媒体的传播，4I 营销原则以互联网思维为前提的，强调自媒体环境下的"病毒式传播"，具体指的是：interesting（趣味原则）、interests（利益原则）、interaction（互动原则）、individuality（个性原则）。

趣味性是吸引眼球并引发关注的前提。趣味性强调营销传播过程有趣味性、有话题感，要尽量选择一些公众和网民（特别是草根阶层）关心和感兴趣的话题，策划和构思要能激发公众的想象力，激发其参与的冲动。通过这些趣味性的话题，引导公众关注产品或品牌理念、功能、价值。

利益认同是促成购买的关键因素。消费体现利益认同。顾客为什么会选择你的产品或你的服务？究其原因，不是“品牌忠诚”，而是一种利益认同。只有认同该商品带来的利益和价值，顾客才会愿意掏腰包购买。

互动是黏住客户、影响客户的手段。互动的目的就是黏住客户。只有抓住了客户的兴趣点，才能引起关注、引发共鸣和参与，才能黏住客户。只有黏住了客户，才能在客户的参与和互动中传播经营理念、引导市场。所以，互动和参与只是黏住客户的手段，目的是传播理念、影响市场和客户。

个性化让消费者心理上产生“焦点关注”的满足感。个性化营销强调以人为本，这就要求企业关注消费者的需求，建立消费者的个人数据库，及时分析了解消费者的独特品位，迎合消费者的个性化需求。

第五节 电子商务消费管理

电子商务条件下，消费者的需求和心理发生相应的变化，导致了其消费行为与传统消费行为的不一致。因此，企业经营者应采取相应的措施，进行电子商务商流管理最后环节中的消费管理。本节主要介绍电子商务消费管理的相关知识。

一、电子商务中消费者需求

电子商务通过网络将消费者带入一种全新的交易环境，消费者需求也随之发生改变。

（一）信息更加完全

电子商务由于对市场供需具有强大的匹配能力以及市场信息充分公开，竞争者之间的价格透明化，致使企业之间的价格竞争激烈。消费者经常大范围地快速比较、选择，希望所购买的商品性价比最优，各类搜索引擎也让他们成为信息更加完全的消费者。它比任何一种方式都更快、更直观、更有效地把信息传递给消费者，其传播效果是传统的传播所无法比拟的。由此，产品的定价受到了同类产品价格无形的制约。

（二）交流和互动式购买

由于网络具有可以快速进行交流和互动的特性，电子商务环境下的信息沟通是双向沟通，消费者与企业可以实现即时互动，可以实现一对一双向交互。消费者可以及时向生产商提出自己的想法和建议，自觉不自觉地参与到企业的产品开发和改进工作中。他们有着较强的管理理念，要求主动参与新产品开发与研究，进入工厂和营销部门，成为对企业有帮助的合作者，这也是 21 世纪消费者的最突出特点。

（三）个性化和趣味性并存的消费

大部分的消费者追求并易于接受新的思想和事物，在购买过程中注重产品的差别性，要求每件产品都根据他们个人爱好和需要定做，强调个性和特性。网络消费者在购买时的心态大致有两类：一类消费者由于生活节奏的快速和工作压力的增大，在网络购物时，注重的是时间和劳动成本的节省，特别是一些固定使用某些品牌商品的消费者。这种消费者通常购买的是日用品，对产品的差别性要求不同，但对价格相对比较敏感。另一类消费者由于休闲时间在网上冲浪，希望通过购买带来乐趣，满足心理上的猎奇需求。这种消费者通常购买的是一些个性化产品，对价格不敏感。

（四）购买行为趋向理性化

与传统消费者相比，网络消费者在网上购物时，目的性相对比较明确，购买行为趋向理性化。在电子商务中，消费者面对的是计算机或手机屏幕，没有了嘈杂的环境和各种诱惑，商品选择的范围也不限于少数几家商店或几个厂家。在这种情况下，消费者可以完全理性地规范自己的消费行为，不会再被现实购物中现场铺天盖地的广告和促销及他人的购买行为等因素左右，他们可以对产品的各个属性进行综合的考虑和权衡，以决定是否购买，从而使得购买行为趋向理性化。

二、电子商务消费心理与行为表现

（一）电子商务消费心理

1. 推动电子商务消费的心理因素

（1）追求文化品位心理。由于消费者消费动机受到所处国家和地区文化和社会传统的影响，因而具有不同文化背景的人会选择不同的生活方式和产品。在 Internet 时代，各国文化呈现出全球性和地方性，在这种双重特性作用下，消费者的文化品位将趋向大融合，人们的消费观念会受到强烈的冲击。作为受过良好教育、接受能力很强的年轻一代，对以文化为导向的产品和服务会产生强烈的购买动机，这也是网上消费者追求文化品位心理的体现。

（2）追求个性心理。随着社会的发展，消费不再是传统意义上的挑选和购买商品与服务的过程。现代消费者有着丰富的想象力和强烈的好奇心、渴望变化、喜欢创新，对个性化消费会提出更高的要求。因此，他们所选择的不仅仅是商品的实用价值，而是商品中能体现出的自我价值。追求个性主要表现在对时尚商品的敏感和喜欢方面，因为时尚商品能够显得与众不同，更富有个性。而时尚商品往往是变化较快的，要想及时地获取时尚商品信息，传统的消费方式往往很难满足，而电子商务可以很好地满足这种求新求变的消费者需求。

（3）追求独立心理。消费者的购买风险感会随着选择的增多而上升。在信息不对称的市场，消费者往往处于一种弱势地位，这种风险感更强烈，因而传统的“劝说式”营销方式会让消费者感到厌倦和不信任，尤其体现在大件耐用消费品的购买上，消费者往往通过各种途径获取与商品有关的信息并进行分析比较再做出购买决策，比如价格、商品的性能、提供的售后服务、消费者的权益等，从而获取心理上的平衡以减轻风险感，增强对所购商品的信任和心理满意度。而电子商务能够为消费者提供这样一个轻松购物的环境：可随意挑选自己所需要的商品并进行比较，而不会受到商家和推销人员的影响，独立作出购物的决策。

（4）追求便捷心理。选择网上购物方式，消费者可以不用花费太多的时间和精力去店铺式商店选购商品，网上购物往往只需要几分钟就可以完成，这满足了消费者方便快捷的购物心理。在生活节奏很快的现代社会，很多消费者会因为时间太紧张而选择网上购物。

（5）追求价廉物美心理。价格始终是消费者最敏感的因素之一，特别是在居民收入水平不高的国家和地区。而网上商店与传统商店相比，能使消费者更直接和直观地了解商品，货比三家，最终挑选到价廉物美的商品。

2. 制约电子商务消费的心理因素

（1）对网上商店缺乏信任感。传统的购物方式表现为“眼看、手摸、耳听”，但是当消费者选择网上购物时，传统的购物习惯将发生改变。因为在网上商店看到的只是商品的图片和文字介绍，并通过这些图片和文字来判断商品是否符合自己的需要，而图片和文字与实物之间是有一定差异的。因此，消费者在网上所购商品不一定完全符合自己的需求。同时，由于有个别网上商店存在作假现象，在相关法律建设还不是十分健全的情况下，消费者的权益很容易受到侵害，并带来消费者对网上商店的不信任。

（2）对个人隐私和网上支付缺乏安全感。随着电子商务的发展，商家之间的竞争将会更加的激烈，尤其是网上客户的争夺，现有的电子商务技术还不能很好地保障客户的隐私权。有时，不法商贩会将客户的隐私和资料贩卖给竞争对手获取利益，使网上消费者缺乏安全感。这种出于对个人隐私的保护心理，无疑会影响消费者进行网上购物消费的热情。另外，在支付过程中消费者的个人资料和信用卡密码可能被窃取和盗用，甚至还会遇到虚假订单，这些都会使网上消费者望而却步。

（3）对价格预期缺乏满足感。消费者普遍希望能够买到价廉物美的商品，他们认为网上商品的价格应该比商场的价格低20%~30%。如若消费者所享受到的价格优惠达不到消费者的心理预期，就满足不了消费者的心理需求。

（4）对低效配送缺乏保障感。消费者在网上购买了商品之后，都希望能够快速方便地获得商品。如若商品配送周期较长、费用较高、准确率较低，甚至使得消费者在网上支付后有可能得不到商品，或者不能快速地得到商品，就会妨碍电子商务的发展。

（二）电子商务消费行为表现

在网络环境和电子商务中，商品选择的范围将不再局限于少数几家商店或几个厂家。在这种情况下，消费者会完全理性地来具体表现自己的行为。具体表现如下：

（1）大范围地挑选。对个体消费者来说，购物往往“货比三家”精心挑选。那种因信息来源和地理环境所限，不得已而为之的“屈尊”购物现象将不复存在。对企业采购人员来说，其进货渠道和视野也不会再局限于少数几个定时定点的订货会议或几个固定的供应厂家，而是大范围地选择品质最好、价格最便宜、各方面最适合的产品。

（2）理智型的价格选择。对个体消费者来说，不再会被那些先是高位定价，然后优惠多少的价格游戏弄得晕头转向。他们会利用计算机迅速算出商品的实际价格是多少，然后作横向比较，以决定是否购买。对企业采购进货人员来说，各类成本分析方法和信息系统有了更充分的用途。他们会利用计算机和预先设计好的计算程序，迅速地比较购货价格、运输费用、折扣比率、时间效率等综合指标，最终选择有利的购物途径。

（3）主动表达对产品的欲望。在电子商务情况下，消费者不再是在被动的方式下接受商家或厂家所提供的某些产品或商品，而是会根据自己的需要主动上网去寻找适合的商品。如果找不到，消费者会通过电子商务系统向商家和厂家主动表达自己对某种产品的欲望，其结果是消费者不自觉地参与和影响企业的生产和经营过程。作为商品消费者，需要从事的商务活动为：对是否有某种产品的查询，发表对某种产品的质量、性能、外观等的改进意见；准备购买、正式购买、收到某种商品；获得售后服务等。

三、电子商务客户关系管理

客户关系管理（CRM）就是要通过对企业与客户间发生的各种关系进行全面管理，以赢得新客户，巩固保留原有客户，并增进客户利润贡献度。客户关系管理系统的核心是客户数据的管理，利用客户数据库，企业可以记录在整个市场与销售过程中与客户发生的各种活动，跟踪各种活动的状态，建立各类数据的统计模型，以用于后期的分析和决策支持。电子商务模式下的客户关系管理（ECRM）是依托于先进的网络技术，以客户至上的理念为指导的企业运作体系。通过网络营销、在线销售、个性服务进行交易的同时获取客户信息，通过客户互动获取更加丰富的客户关系数据，利用现代化的信息技术结合数据仓库进行各种分析；根据分析结果进行营销管理、竞争策略优选以及内部业务流程再造，将客户关系管理系统与企业的信息化系统紧密结合，实现高度统一管理，致力于客户剩余价值和企业盈利的最大化，如图 7-7 所示。

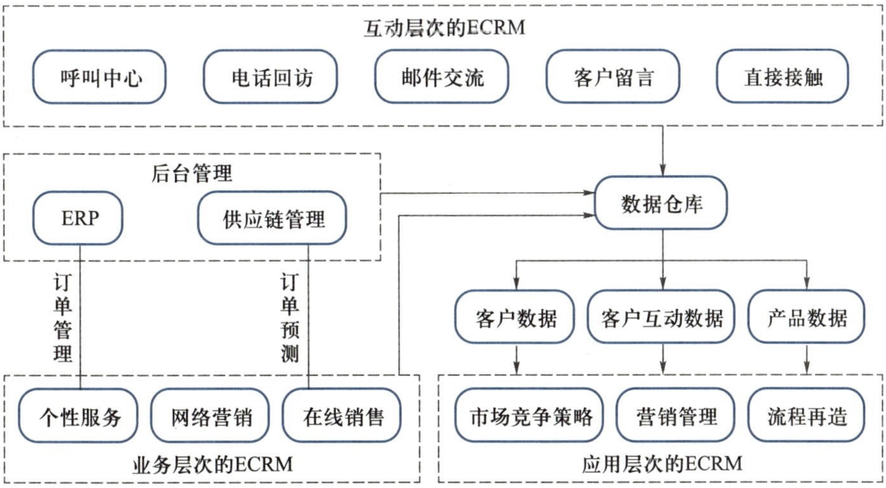

图 7-7　电子商务客户关系管理功能架构

电子商务模式下的客户关系管理有以下三个功能：

（一）提高效率

通过企业内部网络化的实现提高工作效率，减少工作差错。例如最新的餐厅点菜的电子菜单即实现了餐厅顾客点餐与财务收银和后台厨房操作间的联网，省却了服务员往来穿梭于餐厅和厨房操作间的传递菜单的时间而且减少了差错，使就餐顾客享受到了及时高效的服务。

（二）拓展市场

新的业务模式（网络）扩大了企业经营活动的对象，使更多企业了解自己的公司从而有机会建立客户往来关系，把握时机，扩展客户源。

（三）保留老客户

企业可以建立多种渠道，如利用网络、电话或者建立客户呼叫中心，与客户联系沟通，及时了解客户意见与客户抱怨，并对此做出快速反应，以保留更多的老客户并更好地吸引新客户。

四、增强客户体验的方法

针对电子商务模式下的消费者的特性，增强客户体验采取的措施有：

（一）改进网页设计，增加消费者的认同感

网页是消费者选择网上购物的门槛，优秀的网页能受到网上浏览者的青睐和关注，增加在网上逗留的时间，这样才可能把匆匆的过客变成观光客和购买者。人性化、独特的网页设计能增加顾客的认同感，是把网上的浏览者转变成购买者的第一步。消费者选择网上购物时，往往是漫游了许多网站，在经过一番比较后才决定是否购买，设计好的网站会让消费者有“蓦然回首，那人却在灯火阑珊处”之感。相反，设计不好的网页无法留住消费者的“手步”，更不用谈网上购物了。

（二）融合虚拟技术，加强消费者体验

将虚拟技术应用在电子商务领域，形成立体式交互电子商务模式是电商发展的一个全新的方向。传统电子商务模型中，消费者虽然以便捷的方式获得远超实体店购物的海量商品信息，但仍然是一种所得非所见的购物体验。虚拟现实通过沉浸式体验，改变了传统电商的呈现形式，把产品的内部构造，或者其他可以体现产品特点的细节更真实地展示给顾客，这无疑增加了顾客对产品的信任度和了解度，使购物体验更加逼真、丰富。

（三）加强品牌和质量管理

在电子商务模式下，消费者无法借助感官判断商品和服务的优劣，因此，他们只能凭借以前的购买经验和名牌产品建立起来的优质形象，决定购买他们所需要的商品和服务。所以，品牌的建立和维护在电子商务时代同样不容忽视。商品和服务的质量在传统的商务模式下是消费者特别关注的问题，在电子商务模式下，质量同样是消费者的注重之点。因此，企业要加强品牌和质量管理，这样可以减少消费者的信息搜寻成本、安全成本等隐性成本。

（四）个性化推荐系统的应用

大数据时代，信息量过载。对于信息消费者而言，从海量信息中找到自己感兴趣的信息更加困难；对于信息生产者，也很难让自己生产的信息从海量信息中被需求者提取出来。搜索引擎可以让用户通过关键词查找自己需要的信息，但当用户难以用关键字表达自己的需求或者需求不明确时，便显得捉襟见肘。个性化推荐系统是建立在海量数据挖掘基础上的一种高级商务智能平台，以帮助电子商务网站为其顾客购物提供完全个性化的决策支持和信息服务。

此外，还有健全的法律环境、社会信用体系的建立和完善以及消费者权益的保障和维护等，是从宏观的角度降低消费者的隐性成本，这不仅适用于电子商务模式下的消费者，也适合于传统模式下的消费者。

本章案例

唯品会虚拟试妆

在科技发展过程中，VR（虚拟现实）、AR（增强现实）等先进技术逐渐渗透进我们的生活中，特别是在美妆行业，AR 技术的开发和应用方面已经取得了长足的进步，多样的智能试妆模式通过摄像头精准地达到化妆效果，用户不需要在脸上直接上妆就可以体验各种完美妆容。

作为中国第三大电商，唯品会一直将不断提高消费者的网购体验作为自己最重要的使命之一。2017 年 8 月，基于 AR（增强现实）、人脸识别技术的“虚拟试妆”技术在唯品会 APP 正式上线，并在“口红”品类率先亮相，至今已经有超过 1/3 的口红产品能够让用户在购买之前先进行“试妆”。据悉，该项技术还在不断优化升级中，并将逐步扩大使用覆盖率，未来会进一步延伸到其他美妆品类。

1. 唯品会上线虚拟试妆功能 全面升级购物新体验

对于挑剔的女孩来说，单单为买到一管心仪的口红就可以是一场灾难，几十个色号试下来，嘴唇都擦破了。但有了“虚拟试妆”这样的新技术，顾客只需面对镜头挑选心仪的产品和色号就可以进行实时试妆。唯品会将手机的前置摄像头转换成一面试妆镜，利用人脸识别技术，通过捕捉人脸上的关键数据点，对嘴唇特征点做了针对性的训练和优化，使得嘴部定位更准确。并有效地抑制了特征点抖动情况，使得试妆效果更佳稳定。同时，采用光线动态跟踪和提亮等技术，研发了唇釉、滋润以及哑光的试妆效果，并根据脸部光线和位置的变化而做相应的调整，通过减小模型大小，采用并行处理等方式提高了帧处理的速度，使得试妆效果更加自然、逼真。

2. 众多美妆大牌支持在线试妆 360 度逼真展现妆容效果

不断优化升级的“虚拟试妆”技术自 8 月在唯品会 APP 正式上线以来受到了广大用户的喜爱。消费者只需打开唯品会 APP，选择喜欢的口红款式，即可点击“试妆”功能，不仅可以即刻了解什么颜色适合自己，还可以根据不同的环境和光线调节口红颜色的深浅度，改变美白度能更准确地感受素颜和不同妆感之间的差异，高精度识别的唇部和人脸，让用户可以在镜头前随意扭动头部，360 度无死角地体验各种试妆效果。目前，“虚拟试妆”技术在唯品会“口红 / 唇彩”品类中的应用覆盖率已达 35%。芭比波朗（BOBBI BROWN）、珂莱欧（CLIO）、贝玲妃（Benefit）、魅可（MAC）等众多在唯品会上线的知名名牌的唇妆商品均支持在线试妆功能，消费者可以享受到“即试即买”的购物乐趣。

传统的线下试妆总会因为各种“不合适”原因而降低好评度，而线上智能“虚拟试妆”给消费者带来的提前体验的功能，既能提高适合该产品的消费者的回购率，也能给那些犹豫的消费者一个尝试的机会。

本案例主要源自搜狐网页（唯品会）：唯品会人工智能再突破，虚拟试妆应用全面升级购物体验。

案例分析：

基于 AR 技术的体验式营销是大势所趋，美妆行业或可成为创新前沿。唯品会在“虚拟试妆”技术上的升级与优化，将 AR 技术更精准合理地运用到了用户的体验与购买过程中，为新一代电商体验创造了价值。未来唯品会将继续探索提升人工智能技术和增强现实技术，更多地思考怎样为消费者带来更好的产品和购物体验，不断满足广大用户的需求。

本章小结

1. 阐述了商流和商流管理。
2. 阐述了电子商务商流。
3. 阐述了电子商务商流管理。
4. 阐述了电子商务市场管理。
5. 阐述了电子商务消费者管理。

复习思考题

1. 请简要介绍一下商流的概念以及商流与物流的关系。
2. 什么是商品流通渠道?
3. 请简要介绍一下电子商务商流的特点和意义。
4. 电子商务商流与传统商流的区别体现在哪几个方面?
5. 电子商务商流管理的内容体现在哪几个方面?
6. 请简要介绍一下电子商务市场结构的分类。
7. 电子商务市场营销手段有哪些?
8. 请简要介绍一下电子商务消费心理。

第八章

电子商务信息流管理

本章学习目的

1. 了解和掌握信息流、信息源和信息流管理

2. 了解和掌握电子商务与信息流管理

3. 了解和掌握电子商务与企业信息化

4. 了解和掌握电子商务信息生态系统

5. 了解和掌握电子商务与大数据

第一节 信息流管理概述

随着社会经济的发展和科学技术的进步，评价一个电子商务企业成功与否，一个有效的办法就是看其信息流、资金流、物流、商流的运行情况。其中，信息流的质量、速度和覆盖范围，尤其可以映照企业在生产、管理和决策方面的特色。

一、信息和信息流概述

（一）信息的概念界定

在人们的实际生活和工作中，每个人随时都在与信息打交道，都在不断地接收信息、加工信息、利用信息。管理学家将人类与信息的关系比喻为人与空气的关系一样重要。随着社会经济和科学技术的迅速发展，信息在管理中的地位越来越重要。

事实上，信息是一个内容丰富、运用普遍、含义又相当模糊的概念，要对"信息"一词作出确切的定义是很困难的。另一方面，信息概念广泛地渗透到各门学科之中，人们可以根据各学科自身的特点为信息作出各种各样的定义。在日常生活中，人们常把信息与消息和信号等同起来，其实这样的认识并不确切。信息、消息和信号之间有密切联系，信息常以消息形式表现出来，并通过信号来传递，但是三者之间是有区别的，消息有可能包含甚为丰富的信息，但也可能信息甚少，若这种信息并未给人们带来新的知识的话，那么这种消息所包含的信息实际等于零。所以，信息是给人们带来新知识的消息，消息是外壳，信息是消息的内核。信息与信号也是有区别的，信号是携带信息的载体，信息则是这个载体所携带的内容，同一种信息可用多种信号来表示，一种信号也可能用来传递多种信息。

此外，信息和数据（Data）也是有区别的：数据是对某种情况的记录，包括数值数据（例如各种统计资料数据）以及非数值数据两种，后者如各种图像、表格、文字和特殊符号等；信息则是经过加工处理后对管理决策和实现管理目标或任务具有参考价值的数据。

（二）信息的特点

信息主要包含以下几个特点：① 可量度。信息可采用某种度量单位进行度量，并进行信息编码。如现代计算机使用的二进制。② 可识别。信息可采取直观识别、比较识别和间接识别等多种方式来把握。③ 可转换。信息可以从一种形态转换为另一种形态。如自然信息可转换为语言、文字和图像等形态，也可转换为电磁波信号或计算机代码。④ 可存储。大脑就是一个天然信息存储器，人类发明的文字、摄影、录音、录像以及计算机存储器等都可以进行信息存储。⑤ 可处理。人脑就是最佳的信息处理器。人脑的思维功能可以进行决策、设计、研究、写作、改进、发明、创造等多种信息处理活动。计算机也具有信息处理功能。⑥ 可传递。信息的传递是与物质和能量的传递同时进行的，语言、表情、动作、报刊、书籍、广播、电视、电话等是人类常用的信息传递方式。⑦ 可再生。信息经过处理后，可以其他形式等方式再生成信息。输入计算机的各种数据文字等信息，可用显示、打印、绘图等方式再生成信息。⑧ 可压缩。信息可以进行压缩，可以用不同的信息量来描述同一事物，人们常常用尽可能少的信息量描述一件事物的主要特征。⑨ 可利用。信息具有一定的实效性和可利用性。⑩ 可共享。信息具有扩散性，因此可共享。

（三）信息流

信息流是指信息的传播与流动，是物流过程的流动影像。信息流分四个过程：信息的采集、信息的传递、信息的加工处理和信息的使用。信息流通畅指信息能够快速地或在规定的时间内传递到应该接收到信息的各个地方，没有任何阻塞。各个信息流组成了企业的信息网，称为企业的神经系统。信息流畅与否，决定着企业生产经营活动是否能正常运行，也是评价企业成功与否的标准。信息流按照传递的范围大致可以分成：

1. 内部信息流

内部信息流主要是在企业的内部传递的信息流。内部信息流反映出各个企业内部的生产经营活动状况，包括横向与纵向两种流动方式。纵向信息流是指自上而下或自下而上流动的信息流。其中，自下而上流动的信息描述了建立在日常商务活动中的企业内部的状况流程；自上而下流动的信息主要是一些关于战略目标和指导性的信息，一般是从上级某一点向下级部门流动。横向信息流是指信息在企业各职能部门间流动。利用 Intranet 可以创造垂直和横向信息流，使信息在组织内自由流动，提高企业内部的工作效率，真正体现出信息的价值。

2. 外部信息流

外部信息流主要是通过各种流通方式在各个企业之间传递的信息流。外部信息流有单向和双向之分：单向的外部信息流主要完成检索、导购和促销功能；双向的外部信息流是指企业与顾客之间通过网络来完成信息交流与信息反馈，甚至完成整个营销的全过程。

二、信息源

（一）信息源的概念

信息源是人们在科研活动、生产经营活动和其他一切活动中所产生的成果和各种原始记录，以及对这些成果和原始记录加工整理得到的成品。信息源内涵丰富，它不仅包括各种信息载体，也包括各种信息机构；不仅包括传统印刷型文献资料，也包括现代电子图书报刊；不仅包括各种信息储存和信息传递机构，也包括各种信息生产机构。联合国教科文组织出版的《文献术语》把信息源定义为：个人为满足其信息需要而获得信息的来源。从广义上讲，只要是能够产生信息的“源头”都可称为信息源，包括一切产生、存储、负载信息的组织、个人、实物以及各种信息交流的场所。狭义上的信息源就是专指能够产生信息的组织和个人。随着信息技术的不断扩展以及人们生活水平的不断演变，信息源的外延和范围将不断地扩展。

（二）信息源的发展

信息源的发展可以归纳为以下四个阶段，如图 8-1 所示。

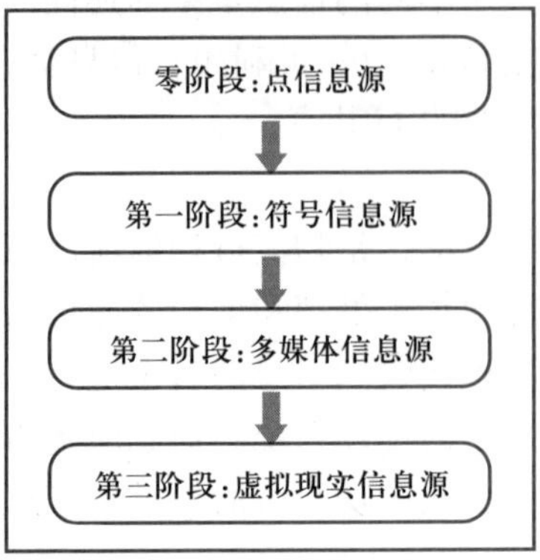

图 8-1 信息源发展的 4 个阶段

1. 零阶段：点信息源

这是信息源的萌芽阶段。当人类意识到信息的重要性，并主动或被动地接收信息时，信息源便应运而生了。它是以点信息等原始信息源为特征。例如，古代通过烽火传递军事情报便属于这一类型。早期信息源的概念比较模糊。随着社会的进步和人类社会实践活动的不断深入，信息的内容、范围越来越广泛，交流信息的方式方法越来越多样化，信息的作用也越来越大。

2. 第一阶段：符号信息源

随着人类文明进步的加强，人们获取信息的范围和能力大大加强。自从 1946 年第一台计算机诞生，信息源发展的第一阶段便开始了。这一阶段主要有三种信息源，分别是数据信息源、文字信息源和字符信息源。数据信息源也称数值信息源或数字信息源。文字信息源和字符信息源又统称为非数字信息源。数字和非数字信息源又可以统称为符号信息源。各种信息源都以符号的形式在各种计算机系统中流动和相互传递，到达接收者手中并得到各种利用。随着微电子技术的发展和微型计算机的产生，信息技术的应用得到极其广泛的普及，较重要的信息技术应用成果多达 5 000 余种。人们将其概括为 3C 革命和 3A 革命。3C 革命是指通信技术革命、计算机化革命和自动控制技术革命。3C 革命将人类社会推向了划时代的信息社会。人们研制出大量现代化的通信技术产品、计算机化产品和现代自动控制技术产品。3A 革命也称“三化”革命，是指工厂自动化、办公自动化和家庭自动化。3A 革命的深入发展，将整个人类社会全面推向自动化。

3. 第二阶段：多媒体信息源

20 世纪 90 年代是多媒体信息传送时代，也是多媒体技术迅速发展和普及推广的年代。此阶段不仅有数字、文字和字符信息源，还有声音、语音、音乐、立体声、图形、图像、画面、动画和卡通等。这些多媒体信息源的传送使人和计算机交互更加简便，关系更加密切了。人们对信息源的收集、加工处理、存取和利用更接近自然，更接近人的生活习惯和工作方式。人们利用多媒体信息传递技术，全面协调地实现了声、图、文一体化。

4. 第三阶段：虚拟现实信息源

虚拟现实信息源是信息源发展的第三阶段。人们利用虚拟现实技术创建了一个与真实世界相似的虚拟世界。虚拟现实世界中的信息源是一种虚拟的信息源吗？答案是否定的，因为我们利用计算机和信息技术确实感觉到它的存在，它正在以一种新颖奇妙的面貌为人类服务。这个时空相对于真实的世界确实又是虚幻的，它是人们模仿真实世界创建的三维电子环境，而创建这个虚幻世界的高新技术，就是虚拟现实技术。虚拟现实技术不同于可视化计算。可视化计算只能使用户或参加者通过监视器从外向内观察数据空间，无法做到身临其境，缺乏临场感和触摸感。而虚拟现实创建了一个相当逼真的三维视听、触摸和感觉的虚拟空间环境。而且这种三维环境可以随需变换，交替更迭。用户或参加者可以通过虚拟现实技术进入该环境，并通过计算机与该环境交换虚拟现实信息，从而亲身感受三维逼真环境，在虚拟现实的三维环境内进行各种活动和操作。虚拟现实技术的发展和应用从根本上改变了人类的思维方式。人们正在深入研究和探讨虚拟现实和真实现实之间的关系，发展和挖掘真与虚两种现实中的科研课题，创建各种逼真的虚拟演示系统、操作系统和应用系统。人们利用虚拟现实信息传递技术，研制开发和推出了许多虚拟现实的实用系统。在虚拟现实环境中，用户或参与者不仅仅是被动地观看，而是和虚拟的三维环境融合在一起，交互性地体验和感受虚拟现实世界中广泛的三维立体多媒体内容。

（三）信息源的特点

分析信息源的特点，可以进一步明确信息源的概念。从总体上讲，信息源具有以下特点：

第一，客观性。信息源的客观性主要表现为信息源是实实在在的客观存在，而不以人的主观意志为转移。无论信息用户是否认识到它，也不论信息用户是否去使用它，信息源总是存在于一定的时间和空间之中。

第二，共享性。大部分的信息源都是公开的，因此它不是某一组织或个人的私有财产，而是全人类的共同财富。对于同一个信息源，任何组织或个人都可以自由利用。唯一不同的是，他们从中获取的信息不尽相同。随着市场和政府作用的加强，信息源的这种共享性在相当程度上增添了人为的色彩。人们对某些信息源的使用不得不建立在付出一定成本和代价的基础上。

第三，相对性。信息源和信宿是一组相对的概念，在不同的环境下它们可以相互转化。如企业可以从网络、文献、信息机构、科研机构、专家学者那里获得信息，这些对于企业来说就是信息源；一旦信息机构为科研机构提供了相关信息之后，信息机构相对于科研机构来说就是信息源，而科研机构就是信宿。

第四，非消耗性。信息源是一种取之不尽、用之不竭的特殊源泉，它不同于一般的物质资源。物质资源和能源资源的利用表现为占有和消耗，用多少就会消耗多少，不能再生。而信息源在为用户提供了信息之后依然存在，还可以多次反复地为其他用户提供信息。

第五，广泛性。信息源无处不有，无处不在。信息源的分布范围十分广泛。自然界的各种物质无时无刻不在产生信息，几乎这个世界上存在的所有物质在一定的条件下都可以成为人类可利用的信息源。可以说，人类社会充满了信息源，社会信息化程度越高，信息源越丰富。

三、信息流管理

（一）信息流管理及其作用

信息流管理是运用当代管理理论方法，依靠涉及信息与知识活动的信息、技术、设备、人等要素，对信息流过程进行组织、控制、运用，使信息流在企业内部及外部能够合理、有序、高效地得到利用和释放，最终提高企业核心竞争力，实现企业赢利。实施信息流管理的作用主要表现在：

降低管理成本。企业信息流管理是针对显性及隐性的信息及知识，从整体来考察其获取至运用的全过程，因此它将有助于降低企业在这方面的管理成本。

获取企业利润。企业信息流管理可以将信息与知识有序化、合理化，提高信息与知识的利用效率，进而为企业获取利润。

提高企业核心竞争力。信息的运用及知识的创新是企业核心竞争力的重要内容所在，企业信息流的管理不仅可以使信息与知识得到有效利用，更重要的是在此基础上实现知识创新，提高企业核心竞争力。

调动企业员工积极性。企业信息流管理在实施过程中，通过加强其流通的非正规渠道管理，可充分调动人的因素，发挥人的潜能，融洽人际关系，为企业人力资源管理起到重要的辅助作用。

在实施企业信息流管理过程中，必须正确认识信息流管理与信息管理、知识管理三者之间的关系。首先，它们的共同点在于都是以信息知识资源的开发利用及创新为目的。其次，它们三者之间又有不同之处：一是信息流管理是一种管理方法，而信息管理与知识管理是具体的管理手段，前者不能仅仅靠软件平台来实现，而信息管理与知识管理则可借助相应的软件平台得以实现；二是信息流管理是由内及外根据企业实际情况来实施，个性化非常明显的一种管理模式，而信息管理及知识管理是企业管理发展的一种趋势，可以借助外来现成的经验实施；三是信息管理及知识管理都需要以一定的信息技术及设备为基础，而信息流管理可以在这些技术基础不是很完善时实施，适用性更广、经济性更强。

（二）信息流管理的方法和内容

1. 信息流管理的方法

根据企业拥有的资源条件不同，企业可分为资源稀缺型企业和资源充裕型企业。资源稀缺型企业是指企业拥有的人、财、物、技术等水平相对落后，高新技术及信息网络技术使用较少。针对这种企业的信息流管理，以管理信息流非正规渠道为重点，充分调动和发挥人的潜能，实现企业内外信息及知识的高效利用，达到知识创新的目的。我们称这种管理方法为企业信息流管理的资源稀缺型管理方法。资源充裕型企业则相反，这种企业拥有大批高素质的管理及技术人才，现代的高新技术及网络技术发展较快，拥有自身的网络信息平台，针对这种企业的信息流管理，以管理信息流正规渠道为重点，同时兼顾非正规渠道的管理。我们称这种管理方法为企业信息流管理的资源充裕型管理方法。不同的企业应根据实际情况选择适合企业发展的方法来实施。

2. 信息流管理的内容

信息流管理方法不同，其管理内容侧重面也不尽相同。资源稀缺型管理的主要内容包括企业的人、信息设备、组织结构、企业文化和内部激励机制，其管理的原则分别是组织结构扁平化、企业文化的外向型及多样性发展、以人为本的激励机制，以实现信息及知识的获取、利用及释放；资源充裕型管理的主要内容除了资源稀缺型所涉及内容之外，还包括企业信息平台、知识平台、企业门户等，其管理原则主要是信息与知识的收集、储存、共享、运用，最终实现知识的创新。

第二节 电子商务与信息流管理

在全部的电子商务活动中，凭借电子化或网络化而进行生产、储存、传递和管理的信息，即电子商务信息。而电子商务信息的运动过程形成信息流，就是电子商务信息流。本节主要介绍电子商务对信息流的影响，电子商务信息流的概念、分类、特点和功能以及电子商务信息管理的相关内容。

一、电子商务对信息流的影响

电子商务是以信息化为基础的，而信息流是电子商务的载体和支撑。因此，有学者把电子商务中的商品流通过程描述为信息流支持下的物流和信息流的并列流动，信息流的地位更加重要。而电子商务对传统信息流的影响体现在信息流的作用范围增大、信息流量增大、信息流的作用模式的改变、信息价值增加等很多方面。

二、电子商务信息流

（一）电子商务信息流的概念

电子商务信息流的概念解释，理论界目前还没有明确的定义。本书赞同这样的表述：电子商务信息流是指电子商务信息通过网络途径进行传输的运动过程，是对商品运动状态的直接反映。它包括电子商务信息的产生、收集、传播、运用与反馈的过程。概括地说，电子商务信息流是指商品或劳务信息的正反馈和负反馈的矛盾运动过程。

商务信息产生的根本原因，在于商品或劳务的销售过程。因为它需要供给和需求均衡，它要求供给信息和需求信息对称，这样就自然产生了供给和需求信息传输与反馈运动，形成商务信息的连续或非连续的运动。因而，商品或劳务的运动就需要反映自身的商务信息。商务信息同商品经济同生共长。与传统商务信息流所不同的是，由于电子商务时代的基本特征就是信息流在 Internet 上流动的同时驱动资金流和物流，信息流在电子商务的活动过程中占据了主导地位，成为物流和资金流的先导和基础。究其原因，这是因为，在电子商务条件下，网络成了信息的载体，使虚拟经济得以存在和发展，导致供给信息的正反馈和需求信息负反馈发生并能够双向流动，从而使需求与供给达到均衡，促进了商品（劳务）同货币的换位。

（二）电子商务信息流的分类

1. 电子商务内部信息流

源于企业电子商务内部的信息流动称为企业电子商务内部信息流。就其传递方向来看，有下行流、上行流和平行流三种。下行流，指信息在企业电子商务运作中由高层向低层的流动。下行流对于保持企业的整体性、实现企业电子商务的功能具有决定性作用。上行流，指信息在企业电子商务运作中由低层向高层的流动。上行流有助于提高企业员工的积极性和创造性，从而提高企业整体运作效率。平行流，指企业同一层次之间的信息交流，亦称横向流、水平流，是协调企业行为、解决实际问题的重要途径。

2. 电子商务外部信息流

传统的信息流管理系统建设把注意力主要放在企业内部信息流上，而忽视了外部信息流对企业的影响。随着电子商务时代的来临，企业外部信息流成为企业信息的重要组成部分。对企业电子商务有较大影响的外部信息流主要有：

（1）合作信息流。EDI 是合作信息流的方式之一。它是建立在完善的计算机处理和通信网络基础之上，不仅能够实现标准数据从一个计算机系统到另一个计算机系统的传输，而且其系统内部的计算机能够对所传输的信息进行自动识别和处理，无须人工干预。但是，EDI 系统的构建需要各合作伙伴投入大量的人力、物力和财力，这对许多中小型企业来说是可望而不可即的。而 Internet 的迅猛发展使得企业构建外联网也可以实现与合作伙伴的信息交流。而且由于企业构建外联网的成本低、效率高，外联网已经成为企业电子商务合作信息流的主流载体。

（2）客户信息流。在以客户为中心的电子商务时代，任何企业都十分重视疏通与客户的联系渠道，加强与客户的信息沟通。因此，客户信息流是企业电子商务外部信息流的重要组成部分。目前客户信息流主要有三个层次：通过 Internet 进行网上检索、导购和促销，这种信息流一般是单向的，实质上完成的是广告功能；信息流伴随着资金流，并有物流的支持，实现企业与客户之间直接通过网络完成营销的全过程；跟踪客户，与客户保持良性接触关系。

（3）竞争信息流。竞争信息流主要包括竞争者信息流和竞争环境信息流两部分。一方面，技术的融合使得原来功能单一的产品集成化，所以行业之间的服务界限趋于模糊，必然使企业所面临的竞争对手模糊、不确定；另一方面，经济的全球化和网络化使得企业的运作不再受到时空的限制，企业总是面临来自全球的竞争，所以企业面临来自竞争对手的威胁系数在不断增加。因此，企业应时刻关注竞争对手，弄清谁是直接竞争对手，谁是间接竞争对手，并且对竞争对手进行信息跟踪和分析研究，制定出适时的电子商务竞争战略。

（三）电子商务信息流的特点

电子商务中包含四种“流”，即信息流、物流、资金流和商流。信息流伴随着物流、资金流和商流的产生而产生，并伴随着物流、资金流和商流的流动而流动。因而实质上，信息流对物流、资金流和商流起着支配和控制作用，而物流、资金流和商流则是信息流的物质载体。电子商务信息流的特点可以归纳为以下几点：

1. 信息管理智能化

随着电子商务的发展，活动日益频繁，产生的信息量也与日俱增，给管理增加了一定的难度。传统的信息管理方式已不能满足人们的需求，因而将智能化管理引入系统将大大提高效率。智能化管理可以按照用户需求，查找相关信息，还可以通过使用数据挖掘技术，将数据集进行筛选分析，从而找到潜在的信息来进行预测。智能化管理不仅能储存大量的信息，还能对信息进行有效的分析和索引，提高了信息流管理的效率。

2. 信息内容更具针对性

为了增强用户的产品体验，许多电商企业将虚拟现实技术应用到产品的推广中，通过丰富形象的动态效果来全方位地展示产品，用户不需要实体体验就能对产品有较全面的了解。体验过程中产生了大量的信息，这种信息通过模拟体验产生，满足用户丰富多样的需求。在电子商务中，网络将企业与用户联系在一起，通过网络交流，信息能自由地传递，减少了许多信息流动环节，使得企业能更加确切地了解用户偏好，及时向用户提供所需信息，以满足其需求。与传统的信息传播方式相比，电子商务活动中的信息更直接、更具针对性。

3. 信息内容标准化

信息流能在电子商务的各个环节自由流通，前提之一就是有相关的标准规则和通信方式作为支持，如网络传输控制协议 / 互联网互联协议（TCP/IP）等，尤其是以电子数据交换 EDI 为核心技术的电子商务方式，包括产品订单、货运单、进出口许可证等相关文件都有统一的标准编制格式。

4. 信息传播更具广度和深度

大数据背景下，电子商务的发展是建立在开放的网络平台基础上的，无论是 Intranet 还是 Internet，信息都得到了更广泛更深入的传递。信息的广度主要指传播的范围，信息的深度主要指传播的信息量。在传统的信息传播过程中，信息的广度和深度二者之间相互制约、此消彼长。而在电子商务活动中，企业与用户在一个开放自由的平台上进行充分的信息传递与交流，使信息的广度和深度都达到了一种最佳的平衡状态。

（四）电子商务信息流的功能

1. 电子商务信息流是现代商品流通先导性的基础流

商品流通作为一个体系，它是商流、物流、信息流、资金流的有机结合并形成互动机制。但是，只有电子商务的出现与发展，才能使商品流通中信息处理的功能发生质的飞跃，由此确立了信息流在现代流通中的主导地位。这就是说，信息流已经成了现代经济活动中其他各流互动循环的基础。由于现代技术在信息处理上的重大突破，电子商务信息流将对整个商品流通形成系统控制，使商流、物流、资金流的运动建立在快速高效的信息活动的基础之上，并由此带来管理思想、商务模式的彻底改变。

2. 电子商务信息流创造新的商务模式

电子商务信息流改变了传统的商务模式，使买卖双方在网上借助于信息中介服务机构完成商品交易的主要过程，创造了新的商务模式。传统的商业运行模式是以银行为中介，以商流、物流为主导的活动，信息活动只是辅助性的，它服务于管理性的工作，这样，信息的功能并不能得到充分的发挥；电子商务信息流所支撑的商品流通模式，与传统模式有完全不同的内容和形式，如图 8-2 所示。

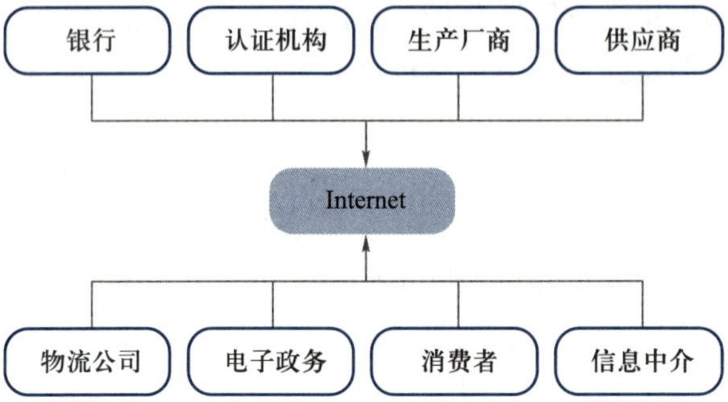

图 8-2 电子商务的创新模式

这种新的流通模式以数据库为核心，利用计算机网络与数据库技术、条码技术、RFID 等手段实现商品流通过程中的数据管理功能的自动化。在电子商务环境下，企业的商务活动主要依靠数据库来进行决策。电子商务形成的数字化、信息化经营模式，正在把企业与消费者带入网络经济数字化生存的世界。在这个世界里，人类的一切经济活动都与信息网络密切相关，依靠网络获取经济信息，从事企业经营活动。

3. 电子商务信息流是真正实现“以顾客为中心”营销理念的手段

传统的商务活动中，由于信息载体、传输渠道、信息交流方式等的局限，生产者和消费者被各种营销中介分割，无法完全相互了解，企业不能真正把握顾客的需求，提供适销对路的产品吸引和维持顾客。传统的商务活动给消费者和生产者带来的这些不便，将因电子商务信息流在全球范围内流动，信息自由快速传播和交互式共享而改变。Internet 为生产者与消费者的直接沟通提供了技术上的条件。制造商可以越过中间商直接从事网上交易；消费者也可以从互联网上直接向厂家选购自己中意的商品，甚至可以参与到制造商的生产过程，定制产品，满足自己特定的需求。在电子商务的环境中，生产者的客户关系管理（CRM）能够真正实现想客户之所想，急客户之所急。因此，电子商务信息流是实现“以顾客为中心”的根本保证；缺少了电子商务信息流，电子商务能给顾客带来比传统商务更多的价值让渡将无法实现，电子商务将没有发展前景。

4. 电子商务信息流有利于企业经济效益的提高

利用现代信息网络有效地沟通各方面的信息，特别是系统外部的信息，有利于企业不仅依靠规模经济来提高效益，而且依靠范围经济即通过经营范围的扩大、供应链的整合、业务流程的再造等来增加收入、降低成本，从而提高企业的经济效益。

三、电子商务信息流管理概述

根据电子商务信息流的分类，电子商务信息流管理可以分为内部信息流控制和外部信息流控制。

（一）内部信息流控制

内部信息流控制实质上就是利用企业的管理信息系统对信息流进行控制。现在比较先进的管理信息系统是企业资源计划（ERP），它产生于90年代初，由MRP Ⅱ发展而来。MRP Ⅱ解决的是企业内部信息集成问题。ERP则是在MRP Ⅱ基础上增加了“前端办公室”（市场与客户）和“后端办公室”（供应商）。这样就由供应商、企业和客户形成了一条供需链。ERP对内部信息流控制主要就是对这个供需链进行控制。ERP供需链上有五种基本“流”在流动，它们就是信息流、物流、资金流、价值流和工作流。这些“流”相互联系、相互影响，共同形成了一个完整的信息控制系统。其中，信息流伴随着物流、资金流和工作流产生而产生，并随其流动而流动。所以，对信息流控制和优化也是对物流、资金流和工作流的控制和优化。控制模式如图8-3所示。

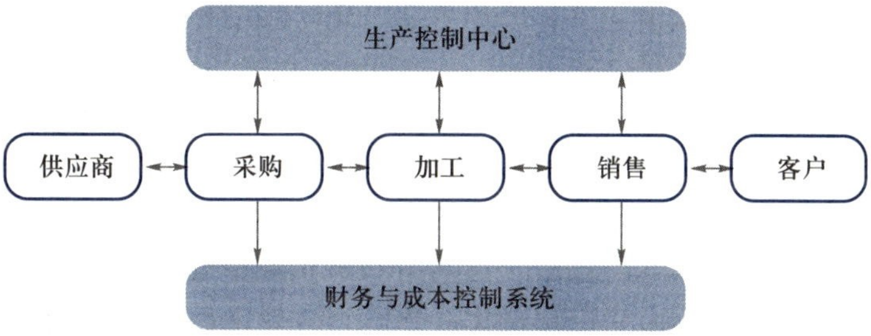

图8-3　内部信息流控制模式

首先，客户通过Web浏览器获得商品信息，再向企业发出订单。销售部门把有关商品需求信息汇总整理后，利用企业内部网络，把需求信息发送到财务部门进行成本控制，发送到生产计划控制中心进行物料需求控制。同时，企业商品也是通过销售部门销售给客户的。所以，销售部门是企业和“前端办公室”的接口，起到把无序的信息有序化以及对信息进行反馈的作用。

根据市场需求信息，企业生产计划控制中心通过计算机来计算各个车间乃至各台机床物料需求情况，再把这些物料需求信息用网络传输到采购部门。如果客户增加或减少购买量，那么生产计划控制中心根据反馈信息，相应调整其物料需求计划。对于一个大企业，它每天可能要生产成千上万种产品，那么其每个生产单元在不同时刻物料需求计划是非常复杂的。传统计算方式不可能完成如此复杂的任务，只有使用计算机，才能够精确计算出每个生产单元在不同时刻的物料需求计划。所以我们可以看出，生产计划控制中心的作用主要是对信息进行优化，使各个生产单元的物料需求都能够通过它实时更新。

采购部门根据各个生产单元的需求信息采购原料。供应商依据采购信息，按照企业的要求，把原料发送到各个生产单元。同时采购部门把有关采购原料信息，主要是原料价格和采购数量，发送到企业财务部门，以利于财务部门进行产品成本控制；当客户购买计划改变时，采购部门会根据生产计划控制中心反馈的物料需求信息改变其采购计划，这就简化了信息流程，能在一定程度上避免虚假信息产生，从而更好地控制信息流的流通质量。

原材料准备好以后，就进入了产品制造阶段。在产品制造阶段，每个生产单元必须拥有有关产品的信息，例如产品结构信息、产品设计图纸信息、相关产品制造历史经验以及客户个性化需求信息等，所有这些都必须从相关数据库中获取，如产品数据库、产品设计数据库和历史经验数据库等。完成这部分功能的是制造部门，它对有关产品制造时需要的信息进行了有序化控制，使信息流程更加规范、简捷和方便。

最后是销售产品，这样就完成了一个完整的供、产、销信息流程。所有这些都是通过由采购、生产计划、销售和制造等子系统所组成的 ERP 管理信息系统来完成的。它利用企业内部网使各个子系统有机联系起来，使得企业内部信息流更加便利、快捷、有序、畅通。

（二）外部信息流控制

外部信息流控制主要是指实现外部信息流有序化控制、外部信息流反馈控制以及外部信息流安全控制三个方面。

1. 外部信息流有序化控制

它是指把大量无序的信息流动过程改变为有序的并且按照科学的“路径”流动的信息流。从它的定义，我们可以看出信息流有序化控制的作用就是把大量无序网络信息进行整理加工，从而变成有序信息。这既有利于企业掌握市场动态，也有利于客户购买商品。控制过程如下：一个电子商务企业，首先要把自己的产品信息和收集到的其他网络信息，如同行业企业产品信息，进行整理、加工、分析，建立产品信息库。在这个过程里应该注意到，对同行业企业产品信息不可能全部收集到，那么可以收集一些在本行业中有代表性的企业产品信息。这有利于客户进行产品比较，也能提高信息的权威性。接下来就是产品信息查询，例如产品价格查询、产品性能查询和产品状态查询等，这将更加方便客户从多个方面进行产品比较。客户初步确定所购买的产品后，就会确认有关方面信息的真实性和可靠性。客户发出询价单，在收到企业报价单后，最终确定所购买的产品，并发出订货单。认证中心对交易双方和中介服务机构确认身份后，客户所在开户行根据客户提供的结算方式进行转账。最后，客户得到所需产品。

2. 外部信息流反馈控制

它是指为了确认信息源发出的信息有效而反馈给信息源的一种控制机制。反馈控制的作用就是确保信息内容安全可靠和信息流畅通。这种反馈控制应贯穿在商务交易的任何一个步骤中。例如，客户为了证实所检索到的产品信息的真实性和可靠性，必须发出询价单；认证中心对企业、客户和中介服务机构身份认证结果的反馈；在付款后，开户银行向企业发出转账通知单，向客户发出付款通知单；等等。所有这些都是信息反馈过程，正因为如此，才确保了信息在流动过程中的安全和畅通。

3. 外部信息流安全控制

它主要是指信息传输过程中对信息内容的安全可靠以及交易双方和中介服务机构身份的真实性进行控制。从它的定义我们可以知道，它的最主要作用就是保证信息内容安全、信息流畅通，以及企业、客户和中介机构的真实性。由于外部信息流的载体是 Internet，而 Internet 具有开放性的特点，所以在 Internet 上传输信息其安全性得不到很好的保证。对于电子商务来说，一方面是信息内容的安全以及信息流畅通；另一方面是企业、客户和中介服务机构身份的真实可靠。两者缺一都可能产生无法挽回的损失，所以外部信息流安全控制主要就是针对以上两方面的。为了达到信息内容安全以及信息流畅通的目标，可以采用加密技术、数字签名和电子签名技术以及 SSL 和 SET 技术。这些技术各有其优缺点。为了提高信息内容的安全性，可以综合其中几种方法，达到互补效果，从而使信息的流动更加安全、畅通。对于企业、客户和中介机构身份确认主要是由认证中心来负责的。认证中心首先会发给各个需要被认证实体相应的证书。在交易时，各个实体把原先得到的证书传输到认证中心，认证中心把收到的证书和原证书比较，从而对各方进行身份认证。尽管我们采用了这些技术来确保电子商务交易的安全，但是绝对的安全是极难做到的，所以要时刻关注与电子商务安全相关的技术的最新发展情况。

第三节　电子商务与企业信息化

电子商务与企业信息化几乎涉及国民经济与社会信息化的所有问题。企业信息化是企业运用先进的 IT 构建高效、现代化的信息系统，以信息化手段推进企业生产经营与管理的现代化，提高企业经济效益和市场竞争力。电子商务是企业信息化建设的重要一环，企业信息化应面向电子商务，以支持企业充分挖掘电子商务的潜力获取新的商机，增强企业在信息化社会和新型经济环境中的生存与发展能力。

一、企业信息化

（一）企业信息化概述

当今企业间的竞争是多方面的，竞争手段也日趋复杂。为了生存，企业间优势资源相互整合，劣势资源被淘汰出局。面对不断变化的外部环境，面对不断出现的关乎企业生存的挑战，几乎所有的企业都选择了企业信息化作为提高自己的竞争能力、保持竞争优势的基础性支撑。企业信息化是指企业利用计算机技术、网络技术等一系列现代信息技术，引进现代管理理念，通过对信息资源的深度开发和广泛利用，不断提高生产、经营、管理、决策的效率和水平，进而提高企业经济效益和企业竞争力的过程。

企业信息化是一个很广泛的概念，具体可以分为三个层次：第一层是企业在生产当中广泛运用电子信息技术，实现生产自动化。如生产设计自动化（CAD）、自动化控制、智能仪表、单板机的运用等。凡是用到电子信息技术的都是企业信息化的一部分。第二层是企业数据的自动化、信息化。用电子信息技术对生产、销售、财务等数据进行处理，这是最基础的、大量的数据信息化过程。第三层是更高层次的辅助管理和智能应用，辅助决策系统、制造资源规划（MRP Ⅱ）、企业资源计划（ERP）、管理信息系统（MIS）、客户关系管理（CRM）、商业智能（BI）等都是用来辅助管理、辅助决策的，这是更高层次的信息化。

信息时代，随着信息技术集成化和信息网络化的不断发展，企业信息化程度不断提高，信息技术、信息系统和信息作为一种资源已不再仅仅支撑企业战略，还有助于决定企业战略，并且信息战略已经成为企业战略不可分割的一部分。企业间的竞争优势也不再局限于成本、差异性和目标集聚三种形式。企业信息化形成的独特竞争优势——知识优势逐渐成为企业竞争的优先级竞争优势，企业信息化成为不可阻挡的必然趋势。信息化可以提高企业的“智商”，使之变得灵活聪明、反应敏捷。信息时代企业盈利的法则和公式是：把信息变成知识，把知识变成决策，把决策变成利润。只有在信息化的基础上，才能有目的地优化管理，改进流程、团队；只有在信息化的基础上，才能够快速协调内外部资源，为客户提供及时的服务，赢得客户的信任；只有在信息化的基础上，才能够真正固化企业的管理制度，实现由人治到法治的转变。

（二）企业信息化的作用

信息化通过优化管理结构、流程再造，实现管理创新和机制创新，打破管理的瓶颈；信息化保证了企业数据的真实性、及时性和有效性；信息化固化了企业制度管理，实现由人治到法治的转变，是管理规范化的有效手段。

企业信息化不仅提高了企业的生产效率，而且促进了企业管理模式的变革。它的实施，使传统组织结构从金字塔形朝扁平化的、非集中的管理方向发展，其显著结果是管理效率更高，组织更富有创造性，运作成本大大降低，企业的核心竞争能力更强。规模经济已经不再是企业获得经济效益的唯一途径，市场的变化也迫使企业转向多品种、小批量、个性化以及快速反应的生产和服务模式上来，信息化为此提供了必要的条件。在产品的设计、制造、供应链以及客户管理等各个环节，企业通过信息化将资金流、信息流、物流和商流集成运作，协同产业上下游，加大了企业配置资源的范围。企业通过信息化的手段对资源进行精确统筹和分配，缩短生产周期，降低库存，实现低成本、高效益，快速敏捷应对市场的变化和客户的个性化需求。企业信息化在加快反应速度的同时，还能够帮助明确企业的改进目标。任何改进都是基于可以被度量的目标进行的，信息化能将企业运作的诸多关键环节的数据量化，给我们提供明确的目标，足够快速地反馈，帮助我们明确、高效地不断改进自身的工作。

此外，信息化对企业外部形象的塑造也是大有好处的：一是企业形象效应。通过企业信息系统的建立和完善，企业绩效不仅可以迅速地传递给社会成员或企业股东，而且对外界可以更全面地体现企业的经营状况。二是企业营销效应。企业营销不仅是企业信息化最重要的推动力，也是企业信息化的主要外部效应。电子商务既是信息化的外部效应，又属于建立现代企业形象的重要领域。三是企业管理效应。信息技术渗透到企业管理的各个领域，特别是对企业管理人员的培训和职业教育，以此提高企业人力资本质量，构成企业信息化最重要的外部效应。企业借助信息系统获得外部专家支持的效果与企业雇用专家的效果一样好，甚至可以节省相当的雇佣成本。四是团队向心效应。通过信息化，企业员工会及时了解并执行公司的各项规章制度，在节省了培训成本的同时，能够让员工快速接触企业的各个方面，便于其尽快融入企业文化。另外，信息化本身也会促使企业文化向高效率、规范化转变，对干部、对员工都是一种透明的激励体系。

（三）企业信息化的过程

企业信息化的一般过程如图 8-4 所示。

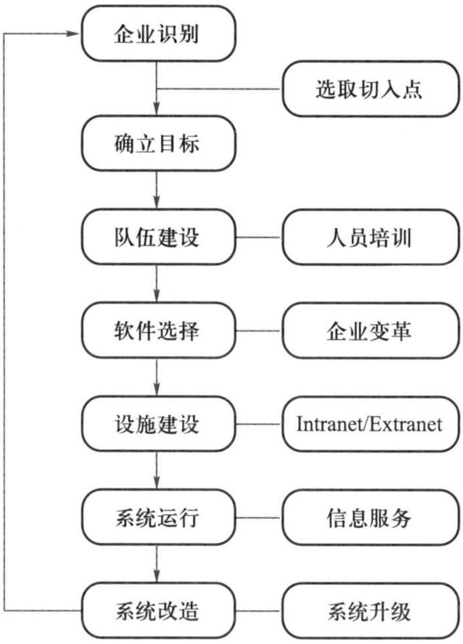

图 8-4　企业信息化的一般过程

1. 企业识别

企业识别就是要研究企业的需求，分析企业生产经营活动的瓶颈，寻找解决问题的切入点。信息化建设要选择企业管理最薄弱环节、最需要解决的环节作为突破口，这样可以带动企业整体管理水平的上升。不同企业都有自己的薄弱环节，所以，各个企业信息化建设的切入点也不会完全相同，这样就形成了千变万化的企业需求。企业自身能否正确认识自己，是信息化建设成败的关键。

2. 确立目标

企业的目标就是追求利润最大化。企业信息化的目标就是利用它得到行业信息、竞争对手信息、产品信息、技术信息、销售信息等，同时及时对这些信息进行分析，做出积极的市场反应，达到企业迅速发展的效果。企业信息化不是一种简单的技术创新，必须做好总体规划，明确工作目标。这些目标要求具有可操作性，避免孤立地设计或实施某项管理，防止形成信息孤岛和重复投资。整体规划要以企业综合性系统为重点，实现主要业务流程电子化，以及人力、物力、财力的优化配置和信息资源的高效利用。

3. 队伍建设

企业信息化的建设关系到企业中每一个成员，企业不仅要培养和建设一支具备处理信息知识和能力的专业队伍，也要在企业内部从上到下进行全面的信息化专业技能的培训工作。当前，大多数企业经营者和员工素质不能适应信息化建设的要求，通过培训来提高企业整体素质、推进企业信息化的基础工作，使企业信息化走上良性发展的道路。另一方面，建立一支专业队伍是企业信息化持续发展的必要条件，这支队伍应以在企业中从事各种业务的骨干人员为主，他们既有丰富的工作经验，又有掌握先进工具、技术的能力和渴望，是不容忽视的企业资源。

4. 软件选择

软件选择应坚持先进适用的原则，既要考虑到企业的实际，又要注意到软件的先进性。企业的信息化建设要与企业的体制和运行机制改革紧密结合，通过信息化建设促进企业变革，企业变革反过来推动信息化建设进程。由于涉及业务流程要适应信息系统的需求，在当前条件下许多企业一时还难以完全做到这点，所以软件选择应该循序渐进，从最有条件、基础最好的职能部门或业务开始，逐步形成完整的信息管理系统，最终实现企业的全面信息化。

5. 设施建设

许多企业经过几年、十几年的建设，用于信息化的设施具备了一定的基础，但是随着电子技术的快速发展，机器设备更新换代速度的加快，许多企业难以招架。所以，企业要根据自己的实际情况，选择能够承受的方案，进行基础设施的改造和建设，以尽快适应企业全面电子商务的发展。

6. 系统运行

信息系统运行实质上就是应用信息的过程。目前中国多数企业信息系统的应用只局限于替代手工操作，解决过去用手工完成的业务处理工作，在工作效率和质量上的确有了明显的提高，但还没有充分发挥信息系统的功能，特别是信息的作用。事实上，成功的信息系统对企业的最大作用就是对由此而产生的信息进行科学的分析与应用，并服务于企业的各个职能部门，这项工作还有很大的空间。

7. 系统改造

企业的信息系统理论上说是一个动态系统。企业要根据业务和外部环境的变化，识别新的企业过程和业务流程，及时更新和升级，维护系统的正常运行，满足企业业务处理的需要。

开展企业信息化工作是一项复杂的系统工程，它既需要软件和硬件设备的大量投资，又需要人力、物力、智力的投入；需要对企业的业务流程进行重组；必要时需要对企业的组织结构进行改造；需要做长期艰苦的工作。企业信息化的建设工作还有许多问题需要解决，这是企业一项长期的任务，旧的问题解决了，新的问题又会出现，周而复始，所以企业管理者和决策者们应该有打持久战的思想准备。

二、电子商务与企业信息化的关系

企业信息化是企业运用先进的 IT 构建高效、现代化的信息系统，以信息化手段推进企业生产经营管理的现代化，提高企业经济效益和市场竞争力。电子商务作为一种基于 Internet 的新兴商务活动模式，对企业经营管理产生了较大的影响，它的运作与开展必须依赖企业信息化提供的 IT 平台来充分体现本身优势。

（一）企业信息化是电子商务的基础

企业信息化是企业培育和发展以具有信息获取、信息传递、信息处理、信息再生和信息利用等功能的智能化工具为代表的新的生产力，并使之服务于企业经营活动的现代化过程。企业信息化为企业开展电子商务提供了一种全新的信息环境，并对企业组织、运作及管理观念产生了重大影响。在企业信息化的环境，企业与供应商、消费者、金融机构等相关部门建立紧密联系，并通过信息网络收集、传送商务信息，从而根据消费需求，实现产品设计、制造和销售服务的电子商务全过程。西方国家特别强调企业信息化，认为只有企业信息化加强了，有了一定的应用基础，才有对外交流"电子化"的要求，才能发展金融电子化、电子商务等方面的内容，才能促进网上银行、网上商店以及信息产业和信息服务业的发展。也就是说，信息化是实现电子商务的基础，电子商务的成功实施有赖于企业信息化的发展，企业只有在自身信息化发展到一定程度才能真正利用电子商务开展生产与经营业务。

（二）电子商务是企业信息化的重要一环

电子商务理念与方式的引入是网络技术给企业信息化带来的一次重大创新。网络时代使企业面临更激烈的市场竞争，要想在竞争中立于不败之地，企业必须提高市场反应速度、提高客户服务水平、降低产品成本，这就要求企业的信息化建设不能仅停留在企业内部，而是要通过企业信息化的建设，使企业的内部生产管理过程与外部的市场经营过程构成一个完整的虚拟环境，从而建立适应电子商务的内外部信息资源互动的企业信息化系统。这就是电子商务引发的企业信息化。

总之，企业信息化和电子商务是一种互动的关系：企业信息化建设可以为开展电子商务提供支持，实现按订单进行敏捷生产，电子商务作为企业信息化过程中的历史产物，其活动的开展必须依赖企业信息化体系提供的平台。电子商务是企业信息化体系的运作核心，企业信息化是开展企业电子商务的必要条件。电子商务必须建立在企业信息化的基础之上。可以说，企业信息化孕育了电子商务，推动了电子商务的发展，而电子商务的发展又促进了企业信息化建设的深入进行。

三、推动企业信息化和电子商务的对策

（一）以电子商务为龙头带动企业信息化

电子商务的发展已是大势所趋，关键在于企业信息化进程落后，难以适应电子商务的运作模式。企业电子商务的基础是企业 ERP 系统，这也是企业信息化的核心。企业 ERP 系统不仅是企业信息化的技术平台，而且是推动企业管理创新的应用平台。

商务活动是企业供应链管理中的重要组成部分，为此，推进电子商务首先要加强企业供应链管理。这就要求积极运用先进的管理思想和方法，对传统的企业管理模式和业务流程进行彻底变革和企业组织的再造。企业供应链管理信息化和自动化的解决方案就是建设企业 ERP 系统。它具有提供大量经营、研发、生产、库存、物流、财务和等动态管理信息，并对销售合同、物料采购、商品配送、应收账、应付款和客户服务做出处理方案的强大功能；它是计算机技术与管理科学融为一体的软件系统。

（二）制定促进企业信息化和电子商务发展的扶持政策

对转制改造的国有企业的信息化投资，国家或地方财政应按一定的比例适当投入；对用贷款进行企业信息化投资的企业，财政应给予贴息扶持；对企业信息化和电

子商务的核心技术开发和产业化，政府应给予一定的资金扶持，加快其产业化进程。此外，要抓紧建立完善的经济法规环境，对电子商务在消费者权益保护、工商行政管理、知识产权、税收、海关等方面提出的新问题，有关部门应加快研究，适时制定相应的法规予以规范。

（三）抓好企业信息化和电子商务的示范工程

选一批条件较好的大、中、小型企业，从推广企业信息入手建立企业信息化技术平台和应用平台，注入现代企业管理思想，转换企业管理模式和改造企业业务流程。在这些方面打好基础再应用电子商务，企业一定会尝到信息化和电子商务的甜头。在此基础上认真总结经验，积极推广，充分发挥“示范工程”的示范效应，激发一般企业信息化和电子商务的积极性，从而推进企业信息化的进程。

第四节 电子商务信息生态系统

电子商务信息生态系统是一个全新的经营理念，是传统互联网技术和营销手段的创新。未来电子商务的发展和竞争环境会随着时代的发展变化而变化，已经不单单是产品和技术的竞争，而是商业生态系统的整体竞争。在一定程度上，企业的电子商务信息生态系统的构建情况对于企业的发展至关重要。

一、电子商务信息生态系统概述

（一）电子商务信息生态系统的界定

从概念上来讲，电子商务信息生态系统主要是指目前相关学者把自然生态系统和商业生态系统中的相关基础理论和知识与目前的电子商务信息管理相结合。从整体上看，电子商务信息生态系统是一个相对复杂的概念，其是多个子系统和组织的有机统一，跨越了传统电子商务系统地域和空间的约束。从发展形式上看，电子商务信息生态系统以互联网技术为交流和业务发展的平台，通过虚拟网络空间实现信息和资源的共享。

（二）电子商务信息生态系统的特点

电子商务信息生态系统的特点主要表现为：

1. 整体性

电子商务信息生态系统是一个复杂的网络信息共享系统，其在内容上是由多个组织系统和构架组成的，每个组织系统中又包括了多个独立的发展要素。在其实际运行过程中，每个组织系统和组成要素之间相互影响、相互制约，共同影响着电子商务信息生态系统的整体发展，而电子商务信息生态系统的整体运行情况又直接影响着其各个组成部分。因此，从此方面来看其具有明显的整体性特点。

2. 动态性

从另一方面来看，电子商务信息生态系统在实际的发展和运行中，各个组织系统和组成要素在互相影响的同时，对互联网信息的整理和输送，是随着外部市场环境的变化而变化的，在此过程中还受到诸多外在条件的影响。因此，电子商务信息生态系统的构建和发展是一个动态的过程。

3. 协同性

电子商务信息生态系统是由多部分因素组成的复杂系统，在其实际执行和应用过程中，系统的整体构成要素之间要对其组合进行优化，合理配置，才能充分发挥其系统的优越性。在不同组成部分局部运行的过程中，各个组成部分之间要进行有效的协同和互补，弥补系统的漏洞，才能有效地保证信息资源的共享和传输。

（三）电子商务信息生态系统的优势

1. 突破了传统信息系统的竞争模式

电子商务信息生态系统是新时期电子商务快速发展的产物，在一定程度上突破了传统信息系统的竞争模式。在市场经济的快速发展过程中，传统电子商务信息系统暴露出其在电子商务领域跨地区跨行业发展中在信息处理和业务协作中的局限性。目前电子商务信息生态系统由于自身具有多元性以及广泛性的特征，在突破传统地域和空间制约的同时也打破了传统信息系统的竞争模式，面对激烈的市场竞争，高效的信息共享和传输系统，大大增强了企业整体的竞争优势。

2. 全新的管理理念和管理方式

电子商务信息生态系统是自然生态系统理论和商业系统理论在电子商务环境领域中的创新和融合，其对传统的电子商务理论进行了有效的创新和发展。另一方面，其在新时期融合了时代发展的潮流元素，无论是其管理理念还是其管理方式都较过去有了很大程度上的创新和发展。与此同时，电子商务信息生态系统以其动态的、系统的发展理念，针对外部市场经济的变化来制定科学有效的发展战略，在信息资源共享和协同方面，其高效的管理和运作也是传统系统的管理方式所不能实现的。

二、电子商务信息生态系统架构

对于电子商务信息生态系统这个复杂系统而言，必须采用大系统理论的系统分解法对其进行研究。首先，根据整个生态环境系统的要求，将电子商务信息生态系统按一定的标准分解成若干子系统；然后，结合与邻近子系统的相互影响及关系将各了系统经过综合协调构造成一个总体系统——信息生态系统。电子商务信息生态系统的构架如图 8-5 所示。

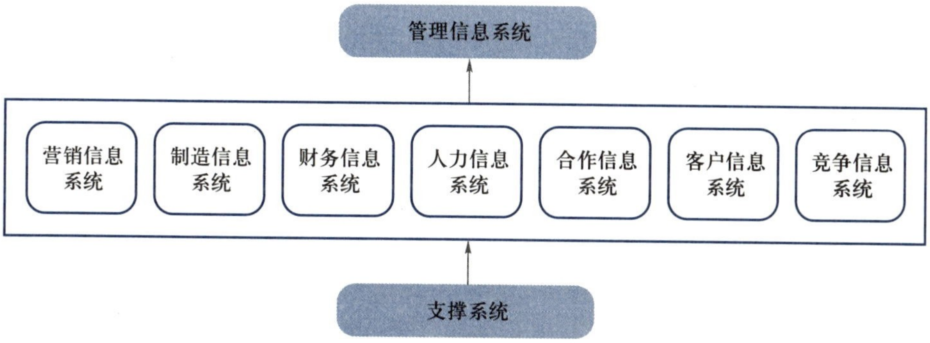

图 8-5　电子商务信息生态系统构架

如图所示，整个信息生态系统是一种扁平化结构，由上而下共分为三层。第一层就是管理信息系统，是企业高层管理人员决策时使用的信息系统。第二层有七个子系统：营销信息系统、制造信息系统、财务信息系统、人力信息系统、合作信息系统、客户信息系统和竞争信息系统，它们共同支持着管理信息系统。最下一层就是支撑系统，它负责对整个信息流管理系统的监测反馈，提供电子商务“动态联盟”的信息流接口。

三、电子商务信息生态系统解析

（一）管理信息系统

管理信息系统是向企业高层主管提供企业整体绩效信息的一种信息系统。与中层信息系统结构化程度较高的问题相比，管理信息系统在信息流管理系统中处于高层地位，是专门为企业高层管理人员进行战略决策而设计的信息系统。因此，可以将其功能定位于提供高层主管决策可参考的综合信息和分析平台。

（二）营销信息系统

一般而言，具体的市场营销活动包括市场营销研究、市场细分、市场需求预测、产品定价与组合、分销、物流、促销以及最后的销售服务等。与传统的市场营销活动不同的是，企业电子商务的营销活动大部分是通过网络完成的。企业通过计算机通信系统、在线网络和相互作用的各种数字媒体进行市场需求预测、产品促销、智能定价等一系列的营销活动。区别于“一对多”的传统营销模式，企业电子商务营销的突出特征就是“一对一”“交互式”。有鉴于此，营销信息系统的功能应定位于利用组合一体化的系统模型实现企业市场情报收集、市场细分、产品组合、流通渠道、促销和定价信息的智能化输出，辅助营销管理者进行决策。例如，当消费者进入企业电子商务平台后，消费者就会对企业产品的包装、送货、付款方式和售后服务等方面提出自己个性化的要求。营销信息系统就需要对这些信息系统进行识别。对于一般性业务，营销信息系统就可以自行处理；对于特殊业务，营销信息系统可以启动报警系统，交由营销部门处理。

（三）制造信息系统

计算机在生产领域中应用是从两个方面入手的：其一就是硬的物理制造系统，如计算机辅助设计、计算机辅助制造、智能制造等；其二就是软的企业信息系统，如利用计算机制定生产计划、控制库存、控制成本、控制质量以及技术进步等，这实际上就构成了企业制造信息系统。对于信息流管理系统而言，制造信息系统的功能定位就是能把握生产情况、库存情况、质量检测、成本情况和技术进步情况，专门提供信息帮助解决企业制造方面出现的问题。由此，在制造信息系统中就必须包含生产子系统、库存子系统、质量子系统、成本子系统以及技术进步子系统。其中，生产子系统主要是辅助制造管理部门管理日常生产过程，保证企业制造过程中各种基础数据的提供、保证内部工作团队的衔接、保证各种制造资源的供应等；库存子系统的职能具体包括接货管理、库存管理、盘点管理、发货管理、拣货管理、配送管理、产品返库、产品退厂、库存分析等；质量子系统的主要功能就是对企业制造过程实施全面质量管理；成本子系统就是用于降低成本的工具，包括指定周期性的和特殊性的报告；技术进步子系统的内容包括科技投入管理、技术水平统计、技术改造管理和技术进步的经济效益分析等方面。

（四）财务信息系统

财务管理总是依赖于其生存发展的环境，有什么样的理财环境，就会产生什么样的理财模式。因此，寻求适应于电子商务的理财模式，实现企业价值最大化，便成为财务信息系统存在的基本依据。它的任务就是在详细而且充分可靠的核算会计数据的基础上，对生产经营和财务活动进行预测、监督和分析。由此，财务信息系统的功能至少应定位于财务预测、资金管理和财务分析三个层次之上。财务预测就是根据企业电子商务的发展战略，对企业生产中所需的资金、预期的成本使用科学有效的方法进行预测，为企业制定以后的财务计划提供依据；资金管理，即向管理者提供有关资金短缺与过剩的情况以及相关的财务信息，并提出几种合理的资金管理方案，以便决策者做出适时的判断，全面把握企业的资金流；财务分析，即根据企业财务计划规定的目标，结合企业生产实际反馈的数据，对计划执行情况进行监控，分析企业财务计划的完成情况及其差异，找出造成差异的原因，进而提出补救的措施，保证财务计划按规定的范围超额完成。

（五）人力信息系统

随着电子商务时代的来临，人力资源越来越成为企业实现持续发展的关键资源。不论是什么类型的企业，也不论企业的规模是大还是小，也不论企业是否实施电子商务运作，人力资源都将决定着企业的兴衰与成败。根据人力资源管理实践的基本内容，我们可以将人力信息系统的功能定位于辅助企业人力资源计划、工作分析、招聘、员工培训、绩效评估、工资管理以及员工个人能力评估等。具体就包括：预测完成企业电子商务战略计划所需要员工的数量和知识结构；提供闲散人员和稀缺人才的报警工作；进行员工的心理需求和个人偏好分析；提供在线人力资源招聘系统、企业员工在线培训系统、在线企业绩效评估系统和在线企业工资发放系统；进行企业员工个人能力的合理定位等。人力信息系统不仅对企业管理中对人力资源的优化配置提供依据，而且直接影响个人心理能量的聚集和企业集体创新能力的培养。在电子商务条件下，利用网络技术，建立直接服务于本企业的人力信息系统，对企业电子商务信息流系统和企业电子商务这个大系统来说意义都是极为重要的。

（六）合作信息系统

在传统商务环境下，市场环境较为稳定，市场机会延续的时间较长，市场机会一般可以作为企业独自的战略机会加以利用。此时，企业的基本竞争理念就是“垄断式竞争”“商场如战场”，因此，它们没有必要构建合作信息系统。但是，随着电子商务时代的到来，企业所面临的市场环境变得异常的动荡与复杂，存于这种环境下的市场机会是稍纵即逝的，任何企业都没有足够的时间来重组和调整自身的资源条件使之成为企业独自的战略机会。可能的途径就是企业与企业之间形成“动态联盟”，在产品开发、原材料采购和销售渠道共用等方面采取广泛的联合，以整体利益的最大化来体现局部利益的最大化。

电子商务只是为企业获取更多的市场机会提供了一种有效的途径，而企业能否最终将市场机会转化为战略机会则同企业采用何种商务模式并没有必然的联系。所以，在企业电子商务运作中也需要积极同其他企业合作，而为了提高企业合作的效率、降低企业之间的交易费用，构建合作信息系统成为必然。据此，合作信息系统必须具备以下功能：收集各种能和本企业形成能力互补关系的优秀企业名录，记录这些企业的核心能力、信誉状况以及其合作伙伴的相关信息等；记录合作项目的相关信息，包括项目的基本信息、合作伙伴、负责人及其各自承担的任务以及具体的合作合同等；对正在合作的项目进行控制与协调，包括合作进程状态记录、项目调度计划、日志归档等；对已经完成的合作项目进行评价，提出相关建议和意见。

（七）客户信息系统

从理论上分析，客户信息系统应该从属于营销信息系统。但是，从实践上看，客户已经成为企业生产的起点和企业价值的重要创造者，客户关系资源已经从一般意义上市场信息上升为企业重要的战略资源，企业的经营理念也由“以生产为中心”转变为“以客户为中心”，因此有必要在企业电子商务信息流管理系统中单独构建客户信息系统。客户信息系统是一个专门用于建立并维系企业与客户之间关系的系统，它通过向企业的销售、市场、服务等部门提供全面、个性化的客户信息，并强化跟踪服务和信息分析能力，使各部门能够协同建立和维护一系列与客户之间卓有成效的“一对一关系”，从而使企业得以提供更快捷和周到的优质服务，提高客户满意度，吸引和保持更多的客户。由此，客户信息系统的主要功能就可以定位于以下几方面：① 客户信息收集。把时间上、空间上分散的原始客户信息集中起来。② 客户信息分析。在根据客户的商业价值与需求对客户群进行分类的基础上，对企业现有的客户信息进行挖掘和差异分析，预测市场的需求趋势。③ 消息发布与订阅。针对不同客户，发布企业的重要消息、产品和服务信息等。④ 客户关系生命周期系统。确定客户关系所处的生命周期，以便企业采取不同的服务与支持策略。为了保证客户信息系统这些功能的实现，客户信息系统必须构建以下四种数据库：① 个人客户数据库。包括个人客户的姓名、出生年月、性别、婚姻状况、地址、家庭结构、受教育程度、收入水平、工作方式、生活方式、心理特征以及购买行为数据等。② 企业客户数据库。包括企业客户的名称、经营领域、企业规模、经营状况、主要产品或服务、信用状况以及主要领导人的相关信息等。③ 企业产品数据库。产品信息的分类组织，支持分层次查询和关键词检索、全文检索服务。④ 知识库。将客户问题、原因及解决方案分类组织，形成知识库，为用户提供快速有效的帮助。

值得指出的是，在很多企业中，客户信息系统往往还集成了在线电子商务交易系统，使得企业能建立和维护网上商店，从而在网络上销售产品和提供服务，而客户也可以实现在线支付。

（八）竞争信息系统

虽然企业之间的竞争关系已由“垄断式竞争”转变为“合作式竞争”，但是企业所面临的竞争还是存在的，而且日趋白热化。竞争信息系统就是专门用于辅助管理者收集并分析各种竞争信息、制定电子商务竞争战略的信息系统。其基本功能我们可定位为识别竞争对手、竞争对手分析、竞争环境监测以及竞争策略支持四种。① 识别竞争对手。这是竞争信息系统最基本的功能，即根据企业决策者的设置自动搜寻企业的竞争对手，辅助决策者明确企业的竞争对手。② 竞争对手分析。收集和分析竞争对手的基本信息。这些基本信息具体包括竞争对手所处行业的特性、竞争对手当前的地位、人力结构、设备结构、经营规模、市场占有率、客户群体特征、管理水平、生产效率、情报信息能力、主要领导人的经营哲学与价值观等。③ 竞争环境监测。指对企业外部环境的事件、趋势和相互联系等有关信息的收集和利用，具体来讲就是对达夫特教授划分的 10 种环境信息的收集与利用。其中，原材料、市场、资金资源、人力资源等方面的信息收集工作可以由制造信息系统、营销信息系统、财务信息系统以及人力信息系统等其他子系统来完成。④ 竞争策略支持。它是竞争信息系统的核心功能，即根据竞争对手的竞争策略以及竞争环境的发展趋势为决策者提供几种参考方案。

（九）支撑系统

支撑系统的主要任务包括两个方面：一方面是监测整个信息流管理系统的运行状况，确保信息流管理软件及硬件正常运行；另一方面就是提供企业电子商务“动态联盟”的信息流接口。因为企业在其电子商务运作中同其他企业进行合作的概率非常大，为了保证信息流通渠道的畅通，各企业的信息流管理系统必须互联，这就需要支撑系统的支持。据此，支撑系统的功能定位应该是对整个信息流管理系统的监测反馈以及提供企业电子商务“动态联盟”的信息流接口。在企业信息流管理系统的运作中，支撑系统的维护和监测功能可以通过监测分析信息流管理系统的软硬件安装、维护、升级、例外操作等运行信息，提出预防措施和紧急处理方案。至于接口功能则需要利用面向对象的数据库技术。面向对象的数据库提供了显式的对象接口方法，各合作伙伴可以互相调用。同时，面向对象的数据库所提供的信息隐藏机制使得各个对象的状态和行为被封装，对外完全透明，彼此无法知晓对象内部的实现。

第五节　电子商务与大数据

信息流作为电子商务中的一大构成要素，对电子商务的发展起着至关重要的作用。随着电子商务的不断发展，数据信息量也呈几何级增长，在大数据背景下如何更好地管理和利用信息流已成为电子商务中的一个突出问题。

一、大数据概述

数据价值的凸显和数据获取手段、数据处理技术的改进是大数据爆发的根源。而随着数据生产要素化，数据科学、数据科技的不断发展和数据价值的深度挖掘及应用，一场大数据革命正在进行，它将带动国家战略及区域经济发展，智慧城市建设，企业转型升级，社会管理及个人工作、生活等各个领域的创新和变革。如何真正应用好大数据，发挥大数据的威力，是当前所有人都在共同研究和探索的问题。

（一）大数据的定义

对于大数据的定义，不同行业不同专家从不同角度给出了不同的表述：

世界知名咨询企业 Gartner 给出的定义是：大数据是需要新处理模式才能具有更强的决策力、洞察发现力和流程优化能力来适应海量、高增长率和多样化的信息资产。

麦肯锡全球研究所给出的定义是：一种规模大到在获取、存储、管理、分析方面大大超出了传统数据库软件工具能力范围的数据集合，具有海量的数据规模、快速的数据流转、多样的数据类型和价值密度低四大特征。

还有一些机构是这样表述的：大数据是指无法在一定时间范围内用常规软件工具进行捕捉、存储、共享、分析和处理的海量的、复杂的数据集合。

（二）大数据的特征

大数据是指无法用现有的软件工具提取、存储、搜索、共享、分析和处理的海量的、复杂的数据集合。通常用 4 V（volume、variety、value、velocity）来概括大数据的特征。

volume，数据体量巨大。如果单单从存储量方面来考量的话，从最小的数据存储单位 bit 开始，按顺序往上 Byte、KB、MB、GB、TB、PB、EB……那么截至目前，人类生产的所有印刷材料的数据量可达数百 PB，而历史上有记载开始人类说过的所有的话的数据量大约要以 EB 来衡量。截至目前，人类生产的所有印刷材料的数据量是 200 PB，而历史上全人类说过的所有的话的数据量大约是 5 EB（$1\ \text{EB} = 2^{10}\ \text{PB}$）。

variety，数据类型繁多。类型的多样性使数据分为结构化数据和非结构化数据。相对于以往便于存储的以文本为主的结构化数据，非结构化数据越来越多，包括网络日志、音频、视频、图片、地理位置信息等。这些多类型的数据对数据的处理能力提出了更高要求。

value，价值密度低。价值密度的高低与数据总量的大小成反比。数据总量越大，无效冗余的数据则越多，如何通过强大的机器算法迅速地完成数据的价值“提纯”是目前大数据背景下亟待解决的难题。

velocity，处理速度快。这是大数据区分于传统数据挖掘的最显著特征。根据 IDC“数字宇宙”的报告，预计到 2020 年，全球数据使用量将达到 35.2 ZB。在如此海量的数据面前，处理数据的效率就是企业的生命。

（三）大数据的类型

大数据主要包括三种类型：

传统企业数据（traditional enterprise data）。包括 CRM 系统的消费者数据、传统的 ERP 数据、库存数据以及账目数据等。

机器和传感器数据（machine-generated/sensor data）。包括呼叫记录（call detail records）、智能仪表、工业设备传感器、设备日志（通常是 digital exhaust）、交易数据等。

社交数据（social data）。包括用户行为记录、反馈数据等。如 twitter、facebook 这样的社交媒体平台。

二、大数据技术

根据大数据的生命周期特性，大数据技术处理的关键技术有大数据采集技术、大数据存储技术、大数据分析技术、大数据可视化技术等。具体如下：

（一）大数据采集技术

在大数据的生命周期中，数据采集处于第一个环节。大数据的采集主要有 4 种来源：管理信息系统、Web 信息系统、物理信息系统、科学实验系统。对于不同的数据集，可能存在不同的结构和模式，如文件、XML 树、关系表等，表现为数据的异构性。对多个异构的数据集，需要做进一步集成处理或整合处理，将来自不同数据集的数据收集、整理、清洗、转换后，生成到一个新的数据集，为后续查询和分析处理提供统一的数据视图。针对管理信息系统中异构数据库集成技术、Web 信息系统中的实体识别技术和 DeepWeb 集成技术、传感器网络数据融合技术已经有很多研究工作，取得了较大的进展，已经推出了多种数据清洗和质量控制工具，例如，美国 SAS 公司的 Data Flux、美国 IBM 公司的 Data Stage、美国 Informatica 公司的 Informatica Power Center。

（二）大数据存储技术

传统的数据存储和管理以结构化数据为主，因此关系数据库系统（RDBMS）可以一统天下而满足各类应用需求。大数据往往是半结构化和非结构化数据为主，结构化数据为辅，而且各种大数据应用通常是对不同类型的数据进行内容检索、交叉比对、深度挖掘与综合分析。面对这类应用需求，传统数据库无论在技术上还是功能上都难以为继。因此，近几年出现了 oldSQL、NoSQL 与 NewSQL 并存的局面。总体上，按数据类型不同，大数据的存储和管理采用不同的技术路线，大致可以分为 3 类。

第 1 类主要面对的是大规模的结构化数据。针对这类大数据，通常采用新型数据库集群。它们通过列存储或行列混合存储以及粗粒度索引等技术，结合 MPP（massive parallel processing）架构高效的分布式计算模式，实现对 PB 量级数据的存储和管理。这类集群具有高性能和高扩展性特点，在企业分析类应用领域已获得广泛应用。

第 2 类主要面对的是半结构化和非结构化数据。应对这类应用场景，基于 Hadoop 开源体系的系统平台更为擅长。它们通过对 Hadoop 生态体系的技术扩展和封装，实现对半结构化和非结构化数据的存储和管理。

第 3 类面对的是结构化和非结构化混合的大数据，因此采用 MPP 并行数据库集群与 Hadoop 集群的混合来实现对百 PB 量级、EB 量级数据的存储和管理。一方面，用 MPP 来管理计算高质量的结构化数据，提供强大的 SQL 和 OLTP 型服务；另一方面，用 Hadoop 实现对半结构化和非结构化数据的处理，以支持诸如内容检索、深度挖掘与综合分析等新型应用。这类混合模式将是大数据存储和管理未来发展的趋势。

（三）大数据分析技术

在大数据时代，人们迫切希望在由普通机器组成的大规模集群上实现高性能的以机器学习算法为核心的数据分析，为实际业务提供服务和指导，进而实现数据的最终变现。与传统的在线联机分析处理 OLAP 不同，对大数据的深度分析主要基于大规模的机器学习和深度学习技术，一般而言，机器学习和深度学习模型的训练过程可以归结为最优化定义于大规模训练数据上的目标函数并且通过一个循环迭代的算法实现。

传统的分布式计算框架 MPI（message passing interface，信息传递接口）虽然编程接口灵活功能强大，但由于编程接口复杂且对容错性支持不高，无法支撑在大规模数据上的复杂操作，研究人员转而开发了一系列接口简单、容错性强的分布式计算框架服务于大数据分析算法，以 MapReduce、Spark 和参数服务器 ParameterServer 等为代表。

（四）大数据可视化技术

数据可视化是研究数据展示、数据处理、决策分析等一系列问题的综合技术。目前正在飞速发展的虚拟现实技术也是以图形图像的可视化技术为依托的数据可视化技术。可视化能够把大数据变为直观的、以图形图像信息表示的、随时间和空间变化的物理现象或物理量呈现在研究者面前，帮助数据挖掘模拟和计算。微软公司在其云计算平台 Azure 上开发了大规模机器学习可视化平台（azure machine learning），将大数据分析任务以有向无环数据流图方式向用户进行展示，取得了比较好的效果。在国内，阿里巴巴旗下的大数据分析平台御膳房也采用了类似的方式，为业务人员提供了互动式大数据分析平台。

三、电子商务与大数据概述

（一）电子商务大数据

电子商务大数据伴随着消费者和企业的行为实时产生，广泛分布在电子商务平台、社交媒体、智能终端、企业内部系统和其他第三方服务平台上。电子商务大数据多种多样，既包含消费者交易信息、消费者基本信息、企业的产品信息与交易信息，也包括消费者评论信息、行为信息、社交信息和地理位置信息等。对电子商务数据进行挖掘、创造价值，将成为电子商务企业的主要竞争力。

（二）大数据技术对电子商务的影响

在大数据背景下，电子商务的价值创造方式呈现出新的变化：

1. 电子商务营销精准化和实时化

电子商务平台、社交网络、移动终端、传感设备等促进了消费者数据的快速增长，整合来自不同渠道的消费者数据形成了消费者的全面信息，为及时、全面、精准地了解消费者需求奠定了基础。云计算、复杂分析系统的出现提供了快速、精细化分析消费者偏好及其行为轨迹的工具。移动智能终端的快速发展让随时随地向消费者有针对性地提供相关产品和服务成为可能。移动智能终端一方面提供了用户的地理位置数据，使得提供基于地理位置的服务成为可能；另一方面智能手机通常为个人所独有，使得一对一的定制化服务成为可能。因此，大数据、云计算、移动智能终端促进了数据收集、智能分析、精准推送产品和服务的一体化，实现了营销精准化和实时化。

2. 产品和服务高度差异化和个性化

大数据的产生在很大程度上降低了消费者和企业之间的信息不对称程度。一方面，企业通过多元化的信息获取渠道掌握消费者的全面信息，提供的产品和服务更具针对性；另一方面，分散孤立的消费者同样通过多种渠道了解产品的各种信息，需求逐步呈现出个性化和多样化趋势。交易双方信息的愈加透明促进消费者与生产企业之间更加互动，消费者的个性化需求成为生产企业关注的核心。因此，大数据等新一代信息技术的发展使得消费者的地位日益重要，推动电子商务的价值创造方式发生转变，生产企业以消费者为中心创造高度差异化的产品和服务，并且引导消费者参与产品生产和价值创造。

3. 价值链上企业运作一体化和动态化

大数据时代快速满足消费者需求成为企业的核心竞争力。大数据等新一代信息技术推动来自各个渠道的跨界数据进行整合，促使价值链上的企业相互连接，形成一体。地理上分布各异的企业以消费者需求为中心，组成动态联盟，将研发、生产、运营、仓储、物流、服务等各环节融为一体，协同运作，创造、推送差异化的产品和服务，形成智能化和快速化的反应机制。大数据时代企业间通过信息开放与共享、资源优化、分工协作，实现新的价值创造。

4. 新型增值服务模式不断涌现

新一代信息技术在电子商务中的应用产生了消费、生产、物流、金融等多方面的大数据。来自不同领域的数据进行融合推动产生新的增值服务模式。买卖双方的交易数据与物流、金融数据的整合为确切地掌握消费者与企业的信用奠定了基础，拥有大数据的公司积极开展信用服务，进而推动了供应链金融、互联网金融等增值服务的快速发展，为中小企业的发展提供了帮助。

（三）大数据在电子商务领域的典型应用

1. 应用于客户体验

电子商务平台网站的界面结构和功能是吸引大量客户的关键。多数电商企业为提高客户在交易过程的第一体验，根据大数据技术分析客户消费行为的历史记录并建模，然后在此基础上使用 Web 挖掘技术改进关键字加权法，有效地将用户输入的关键字合理地拓展延伸，提高商品信息检索功能的精准率，并且针对不同的消费习惯，动态地调整页面布局，全方位地把握客户的实际需求，实现对商品的合理聚类和分类，呈现商品信息的初步浏览效果，如淘宝网根据客户关心某些产品的访问比例和浏览人群的分类来决定广告的排版布局，增加广告的投资回报率。通过大数据技术的应用，电商能满足消费者个性化的需求，改善了客户的购物体验，有利于提高客户的购物满意度。

2. 应用于市场营销

电商企业引进了先进的大数据技术，在市场营销各环节最大限度地降低人力、财力以及时间成本。技术部门可构建分布式存储系统，运用 Web 数据挖掘技术将客户在不同网络平台上的个人信息以及动态的浏览习惯贴上标签，根据不同格式的数据选取不同的存储策略，再针对性、大范围地对潜在的客户进行商品与服务推销。

3. 应用于库存管理

在零售业中，库存销量比是一种重要的效率指标，数据仓库可以使管理人员实时追踪商品库存的流入与流出，并通过在线的市场供求变化数据分析，准确把握预期的市场供求动态，制定合理的生产计划，降低库存积压风险，提高企业的资金周转能力。

4. 应用于客户管理

客户管理的实质是为消费者提供可持续的产品和服务。运用大数据分析的优势，电商可以划分出普通用户群和核心用户群，并且建立会员信誉度级别。在各大电商平台的领军企业，技术人员利用大数据技术根据买家的消费行为定量定性地评定买家信用，同时也能够通过跟踪商家的服务质量和产品销量来评定商家的信用，这样买卖双方都能尽可能遵守交易的规范，以此促进电商交易平台的良性发展。

本章案例

阿里巴巴大数据信息管理系统

数据技术时代，人们比以往任何时候收集到的数据都多。据 IDC 报告，预计到 2020 年，全球数据总量将超过 40 ZB（相当于 40 万亿 GB），这一数据量是 2011 年的 22 倍。正在爆炸式增长的数据，其潜在巨大价值有待发掘。它作为一种新的能源，正在发生聚变，变革着我们的生产和生活，催生了当下大数据行业的热火朝天。但是，我们如果不能对这些数据进行有序、有结构的分类组织和存储，如果不能有效利用并发掘它，继而产生价值，那么它也是一个数据灾难，它犹如堆积如山的垃圾，给我们企业带来的是极大的成本。

现实情况是：阿里集团的数据存储已经逼近 EB 级别，部分单张表每天的数据记录数高达几千亿条；阿里内部，离线数据处理每天面对的是百万级规模的作业，每天有数千位活跃的工程师在进行数据处理工作，加上阿里大数据的井喷式爆发，给数据模型、数据研发、数据质量和运维保障工作增加了难度。

面对阿里内部成千上万对数据有着深刻需求的员工，以及外部千万级对数据有迫切渴望的商家和合作伙伴，如何有效满足他们的需求，提高他们对数据使用的满意度，是数据服务、数据产品面临的更大挑战。

1. 数据采集层

阿里巴巴是一家多业态的互联网公司，几亿规模的用户（如商家、消费者、商业组织等）在平台上从事商业、消费、娱乐等活动，每时每刻都在产生海量的数据，数据采集作为阿里数据体系第一环尤为重要。因此，阿里巴巴建立了一套标准的数据采集体系方案，致力于全面、高性能、规范地完成海量数据的采集，且将其传输到大数据平台。

阿里巴巴的日志采集体系包括两大体系：Aplus. JS 是 Web 端日志采集技术方案；UserTrack 是 APP 端日志采集技术方案。在采集技术之上，阿里巴巴有面向各个场景的埋点规范，来满足通用浏览、点击、特殊交互、APP 事件、HTML5 及 APP 里的 HTML5 和 Native 日志数据打通等多种业务场景。同时，建立了一套高性能、高可靠性的数据传输体系完成数据从生产业务端到大数据系统的传输；在传输方面采用 TimeTunnel（TT），它既包括数据库的增量数据传输，也包括日志数据的传输；TT 作为数据传输服务的基础架构，既能支持实时流式计算，也能支持各种时间窗口的批量计算。另一方面，通过数据同步工具（DataX 和同步中心，其中同步中心是基于 DataX 易用性封装的）直连异构数据库（备库）来抽取各种时间窗口的数据。

2. 数据计算层

从采集系统中收集了大量的原始数据后，数据只有被整合和计算才能洞察商业规律、挖掘潜在信息、实现大数据价值，达到赋能商业、创造商业的目的。面对海量的数据和复杂的计算，阿里巴巴的数据计算层包括两大体系：数据存储及计算云平台（离线计算平台 MaxCompute 和实时计算平台 StreamCompute）和数据整合及管理体系（OneData）。

MaxCompute 是阿里巴巴自主研发的离线大数据平台，其丰富的功能和强大的存储及计算能力使得阿里巴巴的大数据有了强大的存储和计算引擎；StreamCompute 是阿里巴巴自主研发的流式大数据平台，在内部较好地支持了阿里巴巴流式计算需求；OneData 是数据整合及管理的方法体系和工具，阿里巴巴的大数据工程师在其体系下，构建统一、规范、可共享的全域数据体系，避免数据的冗余和重复建设，规避数据烟囱和不一致，充分发挥阿里巴巴在大数据海量、多样性方面的独特优势。借助 OneData 方法体系，构建了阿里巴巴的数据公共层，并可以帮助相似大数据项目快速落地实现。

从数据计算频率角度来看，阿里数据仓库可以分为离线数据仓库和实时数据仓库。离线数据仓库主要是传统的数据仓库概念，数据计算频率主要以天（包含小时、周和月）为单位——如 T−1，则每天凌晨处理上一天的数据。但是随着业务的发展特别是交易过程的缩短，用户对数据产出的实时性要求逐渐提高，所以阿里的实时数据仓库应运而生。双 11 实时数据直播大屏，就是实时数据仓库的一种典型应用。

阿里数据仓库的数据加工链路也是遵循业界的分层理念，包括操作数据层（operational data store，ODS）、明细数据层（data warehouse detail，DWD）、汇总数据层（data warehouse summary，DWS）和应用数据层（application data store，ADS）。通过数据仓库不同层次之间的加工过程实现从数据资产向信息资产的转化，并且对整个过程进行有效的元数据管理及数据质量处理。

在阿里大数据系统中，元数据模型整合及应用是一个重要的组成部分。主要包含数据源元数据、数据仓库元数据、数据链路元数据、工具类元数据、数据质量类元数据等。元数据应用主要面向数据发现、数据管理等，如用于存储、计算和成本管理等。

3. 数据服务层

当数据已被整合和计算好后，需要提供给产品和应用进行数据消费。为了拥有更好的性能和体验，阿里巴巴构建了自己的数据服务层，通过接口服务化方式对外提供数据服务。针对不同的需求，数据服务层的数据源架构在多种数据库之上，如 MySQL 和 HBase 等。后续将逐渐迁移至阿里云云数据库 ApsaraDB for RDS（简称 RDS）和表格存储（table store）等。

数据服务可以使应用对底层数据存储透明，将海量数据方便高效地开放给集团内部各应用使用。现数据服务每天几十亿的数据调用量，如何在性能、稳定性、扩展性等多方面更好地服务用户？如何满足应用各种复杂的数据服务需求？如何保证双 11 媒体大屏的数据服务接口的高可用？随着业务的发展，数据服务也在不断前进。

数据服务层对外提供数据服务主要是通过 OneService 平台。OneService 以数据仓库整合计算好的数据作为数据源，对外通过接口的方式提供数据服务，主要提供简单数据查询服务、复杂数据查询服务（类似用户画像（user profile）等复杂数据查询服务）和实时数据推送服务三大特色数据服务。

4. 数据应用层

数据已经准备好，需要通过合适的应用提供给用户，让数据最大化地发挥价值。阿里对数据的应用表现在各个方面，如搜索、推荐、广告、金融、信用、保险、文娱、物流等。商家，阿里内部的搜索、推荐、广告、金融等平台，阿里内部的运营和管理人员等，都是数据应用方，各种应用产品百花齐放；ISV、研究机构和社会组织等也可以利用阿里开放的数据能力和技术。

本案例主要源自阿里云网页："NASA"计划背后，阿里巴巴大数据系统架构概述。

案例分析：

在电子商务环境下，企业要想保持永久的竞争力，很关键的一点就是要充分掌握信息资源。阿里巴巴就是看到大数据应用的重要性而进行基于大数据的信息化管理改进的。阿里巴巴基于数据的应用有很多。我们相信，数据作为新能源，为社会注入的改变是显而易见的。我们对数据新能源的探索也不仅仅停留在狭义的技术、服务和应用上。我们正在挖掘大数据更深层次的价值，为社会经济和民生基础建设等提供数据层面的解读。

本章小结

1. 阐述了信息流、信息源和信息流管理。
2. 阐述了电子商务与信息流管理。
3. 阐述了电子商务与企业信息化。
4. 阐述了电子商务信息生态系统。
5. 阐述了电子商务与大数据。

复习思考题

1. 请简要介绍一下信息的特点。
2. 信息源的发展经历了哪几个阶段？请简要阐述。
3. 请简要介绍一下电子商务信息流的概念和分类。
4. 电子商务信息流管理可分为哪几类？请简要阐述。
5. 请简要介绍一下电子商务与企业信息化的关系。
6. 请简要阐述一下电子商务信息生态系统及其特点。
7. 请简要阐述电子商务信息生态系统架构。
8. 请简要介绍一下大数据的概念和特点。
9. 请简要介绍一下大数据的相关技术。
10. 大数据在电子商务中的典型应用有哪些？

第九章

电子商务资金流管理

本章学习目的

1. 了解和掌握资金流和资金流管理

2. 了解和掌握电子商务与资金流

3. 了解和掌握电子商务资金流管理

4. 了解和掌握电子商务支付管理

5. 了解和掌握电子商务融资管理

第一节 资金流管理概述

资金是企业进行经营活动的必备条件，没有资金，企业就不能有效运行。因此，在现代社会，对企业的资金流进行管理就显得日益重要。本节主要介绍资金流和资金流管理的相关内容。

一、资金流概述

企业拥有一定数量的资金，是进行生产经营活动的必要条件。企业的资金总是处于不断的运动中。企业的生产经营过程，一方面表现为物资（实物）运动，另一方面表现为资金（价值）运动，资金的流入与流出统称为资金流。

企业为了进行生产经营活动，必须拥有一定数量的财产物资。这些再生产过程中的财产物资的货币表现就是资金。在市场经济体制下，要求企业的资产必须价值化、货币化、社会化，以价值衡量，以货币体现，因而现代企业资金流具有更广泛的领域、更丰富的内涵，对现代企业的生存和发展具有更加重要的作用。在现代企业生产经营活动中，资金流在企业运营经营中起着支配作用，决定着企业经营状况和盈利水平，对资金流的管理是现代企业管理的重要内容。在计划经济体制下，物资是按计划安排的，有了物资就有了资金；在市场经济体制下，资源是按市场需求配置的，有了资金就有了物资，物资跟着资金走。企业的再生产过程，也是资金不断运动的过程，随着企业再生产过程的不断进行，企业的资金从货币形态开始，顺次通过采购、生产、销售三个阶段，分别表现为储备资金、生产资金、成品资金等各种不同形态，然后回到货币资金形态，具体运动过程如图 9–1 所示。

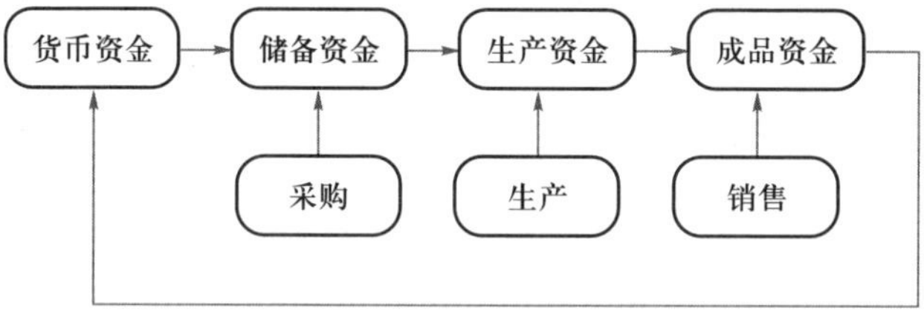

图 9–1　资金流运动过程

资金的运动表现为资金的循环，周期反复的循环就是资金的周转。但是，企业资金的循环运动不是一种简单的循环，它既有平行运动又有串行运动，既有前向运动又有后向运动，既有同步运动又有异步运动。并且，良性的资金循环过程是一种增值过程。资金随着现代企业生产经营活动的进行而不断在形态上发生变化，形成企业的资金流动，它随着企业生产经营活动的进行而流动，随着生产经营活动的中断而停止。资金只有顺利地从一种形式转变为另一种形式，顺利地通过供应过程、生产过程和销售过程三个阶段，才能生产并实现剩余价值即利润。

二、资金流管理

（一）资金流管理的内容

企业的资金运动沿着供应、生产、销售三个过程的顺序不断地循环周转，分别表现为资金的筹集、使用、消耗、控制、回收和分配六个环节。资金筹集是指企业根据国家规定，通过一定的渠道和方式筹集资金，这是资金运动的起点。资金使用是指企业为了进行生产经营活动，要运用已经筹集的资金，购置各种生产资料，包括劳动手段和劳动对象，为企业的生产经营活动创造了物资条件。资金消耗是指企业在生产过程中劳动者使用劳动手段对劳动对象进行加工，生产社会需要的产品。在这一过程中，劳动者通过劳动除了将已消耗的劳动手段和劳动对象的价值转移到完工产品上去之外，还创造了新的价值。资金控制是指对资金运动进行指导、组织、督促和约束，确保财务计划实现的管理活动。它强调对资金的全过程进行全面管理，其工作贯彻于资金运动实际发生前、资金运动过程中、资金运动发生之后，针对资金运动的事前、事中和事后来管理，如进行相关的财务预测、决策、计划预算和分析等。值得强调的是，资金控制的目标不仅仅是要控制财务活动的现实的合规性、有效性，还要使企业资产价值最大化，促进企业战略目标的实现，所以资金流控制过程必须是围绕着企业战略的制定、实施、控制而采取的一系列措施的全过程，要致力于将企业资源加以整合优化，使资源消费最小，资源利用效率最高。资金回收是指企业在产品销售过程中，将生产出来的产品销售给购货单位，并按产品的价格通过一定的结算程序取得销售收入。价格是价值的货币表现，所以按产品价格收回销售收入意味着实现了产品的全部价值，完成了从成品资金形态向货币资金形态的转化过程。资金分配是指企业要把所取得的销售收入，按照国家的有关规定进行分配。首先是将一部分资金用于补偿生产中的资金耗费，重新购买劳动对象和支付职工的劳动报酬等，保证企业再生产过程的不断进行；另一部分资金则形成折旧基金，作为固定资产更新的准备金，其余部分就是企业的纯收入。

资金流管理工作就是针对资金运动的这六个环节，开展对资金的管理。资金流管理的重点是企业资金均衡、有效的流动，因此对于企业资金流进行全局性和长期性的谋划是资金流管理的主要内容。企业中的资金筹集、资金使用、资金消耗、资金控制、资金回收和资金分配等活动都会引起资金流入或流出企业，影响企业资金均衡、有效的流动。相对而言，资金筹集、资金控制和资金分配三个环节最重要，因为资金筹集、资金控制和资金分配方面的决策一般不属于经常性或日常性的财务决策。它们对企业的未来具有较重要的影响，需要考虑的内外环境因素也更多和更复杂。其次从资金流动的影响看，这三个环节的影响也要更大一些。资金筹集不仅是外部资金注入企业的最主要途径，而且对以后较长时期内企业的资金流动模式产生重大影响。资金控制则是资金流出入企业的主要方式，而且资金控制的经济效果如何，对企业长期的资金流动更具有第一位的重要影响。资金分配则主要解决企业纯收入中有多少留在企业进行再生产，有多少以不同形式退出生产经营。在留存盈余是企业重要资金来源之一的情况下，收益资金如何分配对企业资金流动无疑具有重要影响。它们与企业的发展战略紧密相连，资金筹集是企业战略实施所需资金的前提条件；资金使用则是企业战略由规划到实施的首要步骤；资金分配则关系到企业资金的再筹集与再投入，不仅关系到企业战略当前的实施，还关系到企业战略的未来。

从上述分析可以看出，为了使企业正常运转，不仅要作好物料的供应、生产、销售计划，而且要作好资金的筹集、使用和回收计划，不仅要保证企业供、产、销中物流的平衡，而且必须实现资金收支中资金流的平衡。企业资金流管理工作的另一个重要组成部分就是处理资金运动过程中所体现、产生的各种财务关系，如企业在经营过程中对外部、内部的不同财务关系，包括与投资者、与税务部门、与政府有关部门、与被投资企业、与债权人、与往来客户、与职工个人等的财务关系。这对于创造良好的内外部环境，使企业的生产经营顺利进行是至关重要的，因此是企业资金流管理不可忽视的重要内容。

（二）资金流管理的意义

企业资金流管理的目的就是使资金按照某种计划流动。因为企业资金的均衡、有效流动是企业生存和发展的基本要素。资金的均衡流动是指资金流入和流出之间要有适当的配合。例如，当企业需要发生资金流出时，必须有足够数量的资金流入与之相配合，否则就会出现资金周转不灵的状况，轻则导致企业受损，重则招致企业破产；当企业取得相当的资金流入后，又应及时地为这些资金寻找可行的利用机会，不然就会出现资金闲置、浪费的状况，长期下去，无疑会给企业带来损失。在当前电子商务在全球迅猛发展的信息时代，竞争更加激烈，企业的经营如同逆水行舟，不进则退。当然资金流的均衡并不是要求企业必须处处实现资金的流入等于流出，但在一定的时间和空间范围内，则必须达到基本平衡。实际上，企业资金流动的不均衡是经常出现的现象，正因为如此，才需要加强资金流的管理，使其在不均衡中实现相对的均衡，否则任何企业都难以为继。

资金的有效流动是指资金在其流动的过程中，必须产生必要的或尽可能多的增值，取得可观的经济效益。使资金增值是企业的根本目标之一，如果不能使资金产生必要的增值，企业不仅难以健康发展，而且在长期竞争中会被其他优秀企业击垮，失去生存的基础。所以资金的有效流动，同资金的均衡流动一样，都具有关系到企业生死存亡的战略意义。事实上，使资金均衡地、有效地流动并不容易。因为资金流动受到企业外部和内部许多因素的影响，如经济周期、金融市场状况、技术发展、消费者行为、企业经营状况等因素都会以不同的形式和程度影响企业资金的流动状况。企业环境的复杂多变，使资金流动变得更加难以准确预测和控制。

由于资金流动的起点和终点是现金，其他的资产都是现金在流动过程中的转化形式，因此资金流动也可说即是现金流动。资金流管理在企业经营管理活动中占据极其重要的地位。资金流管理是现代企业管理的一项重要内容。围绕企业生存、发展、获利的很多问题都和资金流管理相关。比如如何降低库存是管理中极为关键的问题，降低库存的一个主要目的就是盘活资金。为了获得更多的资金用于企业的发展，向银行贷款几乎是每一个企业的必经之路，但银行贷款的利息却又使企业的财务费用急剧上升。即便是股份制企业，可以通过公开市场筹措到大量资金，但是面对资本市场，却仍然存在一个投资回报的问题。如何平衡自有资金和借贷资金之间的关系，是企业面临的一大课题。企业一方面要保持资金适当的流动性以应付到期的债务，另一方面必须有效地降低资金占压成本。在商贸企业中，高效的资金流管理和物流管理构成了企业的核心竞争力。

（三）资金流控制管理

资金流管理的中心内容是对资金的全过程进行全面的管理，其工作贯彻于资金实际运动发生前、资金实际运动过程中、资金实际运动发生之后。资金流管理应该针对资金运动的事前、事中、事后来管理，如进行相关的财务预测、决策、计划预算和分析等，在这整个管理过程中，资金流的控制管理起到了重要的作用。

资金流控制管理是指对资金运动进行指导、组织、督促和约束，确保财务计划实现的管理活动。它是财务管理的重要环节。在财务管理作为价值增值的主要手段，财务状况事关每个企业的命脉，财务技术备受社会各界和每个企业关注的今天，资金流控制的功能及其在整个资金流管理系统中的地位日益重要。现代企业的资金流控制是在“产权清晰、权责明确、政企分开、管理科学”的现代企业制度和法人治理结构的基础上，完善和健全企业内部财务管理制度，按责、权、利相结合的原则，按照财务管理的总目标，制定出具体的控制标准以及一系列考核、奖惩等具体工作内容并加以执行。

现代资金流控制管理已不仅是财务部门或企业经营者的职责，而是出资人对企业财务进行的综合的、全面的管理。一个健全的企业财务控制体系，实际上是完善的法人治理结构的体现。反过来，财务控制的创新和深化也将促进现代企业制度的建立和公司治理结构的完善。

资金流控制的实现方法是一系列激励措施与约束手段的统一。为了降低代理成本，实现财务目标，必须设计一套完善的激励和约束机制。如解雇或替换表现不佳的经营者；通过董事会下设的各类委员会完善公司董事会对经营者的监控职能，清晰界定股东大会、董事会、经理之间的决策权、控制权的界限；推行经营者、员工的报酬与经营业绩挂钩的激励制度，包括年薪制、利润分享制、认股计划等；实行预算管理，通过组织机构的设计和重整，完善内部组织控制和责任控制、业绩评价制度。

资金流控制要以消除隐患、防范风险、规范经营、提高效率为宗旨和标志，建立全方位的财务控制体系、多元的财务控制措施等多道财务控制防线。全方位的财务控制是指财务控制必须渗透到企业的法人治理结构与组织管理的各个层次、生产业务全过程、各个经营环节，覆盖企业所有部门、岗位和员工。多元的财务控制措施是指既有事后的监控措施，又有事前、事中的监控手段、策略，既有财务上资金流量、存量预算指标的设定、会计报告反馈信息的跟踪，也采用人事委派、生产经营一体化、转移价格、资金融通的策略。对企业采购、生产、营销、融资、投资、成本费用的办理与管理必须由两个人、两个系统或者两个职能部门共同执掌，如是单人单岗处理业务更需要相应的后续监控手续。在上述制度的基础上，还应建立相关的票据、合同等业务文件在相关部门和相关岗位之间传递的制度、预算和目标。另外，财务、审计部门应能独立对各岗位、各部门、各项活动尤其是财务活动全面实施监督、检查、控制和调节。

第二节 电子商务与资金流

电子商务是以Internet为平台，通过商业信息、业务流程、物流系统和支付结算体系的整合构成的新的商业运作模式，是信息流、资金流、商流和物流的有机统一。其中，资金流在电子商务环境下呈现出了新的变化。

一、资金流在电子商务中的作用

资金流在电子商务中的作用主要表现在以下几个方面：

（一）资金流的简便快捷有利于实现电子商务中信息高速运转

电子商务信息化使商务交易整个过程速度加快，传统的支付方式由于票据传递迟缓和手工处理落后，交易双方的资金周转速度慢，造成大量的在途资金，银行间很难做到当天结算。而采用在线支付，利用电子支付系统可以全面实现无纸化交易，原有纸质文件的邮寄变为通过通用数据通信网进行传递，加速资金的周转率和周转速度，缩短了付款时间，符合电子商务信息高速运行的要求。

（二）资金支付环节低成本运营有利于降低电子商务的成本

电子商务借助网络改变了信息流的传播方式，商流、资金流和物流的交换也随之发生变化，形成了新的商务流通模式，其优势之一在于减少流通环节，节约各运行环节成本。事实上，采用在线支付较传统支付方式成本更为低廉。

（三）资金流通的全球化有利于扩大电子商务的市场范围

电子商务是在Internet开发的网络环境中生成的，具有全球性特质。传统支付手段面对电子商务交易的跨国性业务时，往往履行手续复杂、时间滞后。而在线支付采用信用卡、电子现金、电子钱包、电子支票和数字化货币等电子支付工具，以金融电子化网络为基础，以商用电子化机具和各类交易卡为媒介，以电子技术和通信技术为手段，用电子数据形式存储在银行的计算机系统中，并通过计算机网络的信息传递实现电子货币流通，实现金融活动全面自由和金融市场全球开放，适应电子商务活动无国界的货币传输、支付和结算要求。

二、电子商务资金流

（一）电子商务资金流的内涵

在电子商务活动过程中，企业财产物资的货币表现就是资金，而这些资金总是处于不断的运动之中，资金的流入和流出统称为资金流。融资是企业资金运动的第一步。它可分为内源融资和外源融资。前者是指企业以内部积累的方式实现融资，包括利润提成和折旧；后者则是指企业通过出让股权或从银行贷款实现融资。经过融资后，货币资金就有两种运作方式。其一就是转化为金融资本形态，即进入资本市场进行金融投资，这类处于金融资本形态的资金可随时在资本市场上转化为货币资金。其二就是转化为储备资金形态，准备投入生产。在生产过程中，随着生产费用的支出，资金就从储备资金形态转化为生产资金形态。产品制成以后，资金又从生产资金形态转化为成品资金形态。在销售过程中，企业出售产品并取得销售收入，这时企业资金又从成品资金形态转化为货币资金形态。

不论资金如何流动，其追求增值的目的始终不会变。所以，与传统企业资金的流动相比，企业电子商务的资金流动不会有本质的变化，只是在流动的形式上有所改变，即支付形式的变化。无论是对于传统商务，还是对于电子商务，资金的支付都是完成交易的重要环节，所不同的是电子商务更强调速度，强调支付过程和支付手段的电子化和网络化。若电子商务时代的资金支付过程仍然采取传统的运转方式，势必严重影响企业电子商务的效率。由此，以信息流网络为基础将支付网关、收单银行、发卡银行等金融专用网络联结起来，形成局部金融网络，在此基础上通过互联网将CA认证中心、消费者、生产商、供应商、网络券商以及各种风险投资商联结起来，以构建完善的资金流网完成网上资金流通，成为电子商务时代资金支付必然的运转方式。

（二）电子商务资金流的特点

根据以上分析，电子商务资金流的一个最显著特点就是支付形式的网络化。由此，电子商务资金流的外在表现形式就是信息流。所以，电子商务资金流就具备电子商务信息流的一般特点，如数字化、全球化、标准化、直接化、透明化等。当然，电子商务资金流除具有信息流的一般特点之外，它还具有不同于一般意义上的电子商务信息流和传统商务环境下资金流的特点。

1. 资金周转速度快

在电子商务支付平台的支撑下，由于企业、银行、税务、消费者等都在网上有自己的平台，信息传递速度和办理交易与结算手续速度加快，从而会使资金周转速度加快。

2. 资金流通范围广

在电子商务环境下，电子贸易的发展必将促进资金在世界范围内的流动，并且加快统一的世界货币的形成。世界货币的产生又会反过来促进资金在全球范围内的流动，从而推动世界经济朝全球化方向发展。

3. 资金支付轻便性、成本低、安全性高

与电子商务环境下的电子货币相比，一些传统的货币如纸质货币和硬币则愈发显示出其不足。有了电子商务支付平台的支撑，资金支付的成本很低，很多公司都从中收益。而且，电子商务的支付协议充分借用了尖端加密与认证技术，设计细致，安全可靠，交易双方不会被非法支付和抵赖或者是冒名顶替。

三、电子货币

（一）电子货币概述

电子货币，也称数字货币，是以电子信息网络为基础，以商用电子化机具和各类交易卡为媒介，以电子计算机技术和通信技术为手段，以电子数据（二进制数据）形式存储在银行的计算机系统中，并通过计算机网络系统以电子信息传递形式实现流通和支付功能的货币。电子货币是采用电子技术和通信手段的信用货币。广义电子货币可以是由某一经济组织（如商业银行、电话公司等）发行。在一定范围内，电子货币具有存款、取款、消费、支付、转账、汇兑、授信等多种功能或单一功能。它的主账户在发行的经济组织。狭义电子货币是指商业银行发行的，在一定范围内，以电子技术、电子计算机技术和通信技术为手段，具有存款、取款、消费、支付、转账、汇兑、授信（或无授信）等多种功能的流动的辅助资金结算账户。它的主账户在发行的商业银行。

密码技术的发展和进步使电子货币产生和应用成为可能。可以说，密码技术支撑着电子货币的信用。电子金融体系中应用广泛的密码技术就是将信息变换成为第三者无法解读的数码，运用特殊的“钥匙”能够将加密的数据再还原成可读信息的技术。密码技术在过去相当长的时间里一直被用于国家的外交和军事领域，而现代的密码技术则越来越多地应用于金融等服务领域，用以提高计算机网络的安全性。电子货币能否真正得以成功运用，从信息保密的角度看，关键就在于密码技术是否过硬。

（二）电子货币的主要特征和职能

1. 电子货币的主要特征

电子货币是在传统货币基础上发展起来的，与传统货币在本质、职能及作用等方面存在许多共同之处。如电子货币与传统货币的本质都是固定充当一般等价物的特殊商品，这种特殊商品体现在一定的社会生产关系。二者同时具有价值尺度、流通手段、支付手段、储藏手段和世界货币五种职能。它们对商品价值都有反映作用，对商品交换都有媒介作用，对商品流通都有调节作用。

电子货币与传统货币相比，二者的产生背景不同，如社会背景、经济条件和科技水平等；其表现形式为，电子货币是用电子脉冲代替纸张传输和显示资金的，通过微型计算机处理和存储，没有传统货币的大小、重量和印记；电子货币只能在转账领域内流通，且流通速度远远快于传统货币的流通速度；传统货币可以在任何地区流通使用，而电子货币只能在信用卡市场上流通使用；传统货币是国家发行并强制流通的，而电子货币是由银行发行的，其使用只能宣传引导，不能强迫命令，并且在使用中，要借助法定货币去反映和实现商品的价值，结清商品生产者之间的债权债务关系；电子货币对社会的影响范围更广、程度更深。

电子货币通过电子脉冲传输结算资金，流通速度远远快于传统货币，可以加快资金周转，提高资金使用效益，促进商品经济发展。电子货币通过微型计算机转账系统处理各项业务，不需动用纸币。这样可以减少印刷开支，节约流通费用，节省社会劳动，增加营业收入，增加其他行业劳动力，促进经济全面发展。

2. 电子货币的主要职能

电子货币的职能主要表现在以下几个方面：

从本质上讲，电子货币仍是商品交换的一般等价物，是真实货币的代表或符号，它以全新的形式完成货币的各项职能。

从价值尺度看，电子货币以一定的货币单位及其倍数通过电子脉冲显示商品的价格及其价格总额。同时，这种显示也广泛地扩展到非商品价值领域，一笔商品价款、一项债权债务、一笔货币结存等项资料，均可简明无误地通过计算机及其他存读器具显示出来。

从流通手段看，通过电子货币媒体的使用，以及在计算机网络上发生货币信息的传输，实现商品和货币的对流，这种货币信息的不断传输并引起转账划拨活动，正体现了电子货币的流通手段职能。通过电子货币系统作为中介，还可以促使现金与非现金存款的相互转化；提取现金，使存款向现金转化；存入现金，使现金向存款转化。但从主流方面看，电子货币更多地吸纳和回笼了流通中现金量，从而加大了非现金流通的比重。

从支付手段职能看，电子货币不仅能以电子信号形式将客户存款记录在银行系统的记录介质上，而且可按照客户指令在不同账户间实现转账划拨，这种利用电子脉冲信号完成的转账结算，不仅方便快捷，而且安全可靠。另外，非商品性支付，更是电子货币的拿手项目。由于电子货币是信息存储、处理、传输、显示的有效工具，持有人可以通过计算机进行账户查询、其他金融信息查询等咨询活动，以便及时做出自己的理财安排。

从储藏手段职能看，电子货币的储藏和积累不仅表现在持有人账户的保证金、备用金上，也反映在各种结算收款上，当客户的电子货币账户同普通存款（主要是活期存款）能够实现自动转账时，这种储藏手段的范围将更为扩大。

从世界货币职能看，具有外汇支付功能的电子货币，尤其是基于跨国计算机联网的电子货币可以便捷地通过汇率换算模式在计算机上实现不同货币的兑换，在国际网络上进行跨国收付和结算，正所谓“一币在手，走遍全球”。

（三）电子货币在电子商务中的应用

面对已经到来的数字化时代，随着金融电子化和 Internet 的迅猛发展，网络作为一种新的贸易领域正在逐渐成为商务的一大发展趋势。电子货币系统是电子商务活动的基础，只有正确认识电子货币的优势，建立和完善电子货币系统，才能真正开展电子商务活动。

1. 电子商务流程的简单描述

电子商务是一种采用最先进信息技术的买卖方式。整个电子商务过程并不是工业经济阶段商务活动的翻版，电子商务是将“通信服务”“数据管理服务”“安全服务”三项基本服务融为一体的商业服务。在电子商务过程中，消费者和商家（买卖双方）将自己的各类供求意愿按照一定的格式输入电子商务网络，电子商务网络便会根据消费者的要求，寻找相关信息并提供给消费者多种买卖选择。一旦消费者确认，电子商务就会协助完成合同的签订、分类、传递和款项收付等全套业务。同时，为保证交易过程的安全认证机构对在互联网上交易的买卖双方进行认证，确认其真实身份，电子商务实质上形成了一个虚拟的市场交换场所。

2. 电子货币与电子商务

电子货币与电子商务之间有着十分密切的关系。在电子商务中，网上银行、在线电子支付和数据加密、电子签名等方面都发挥着重要的、不可缺少的作用。其中，作为支付工具的电子货币应用的深度和广度直接影响电子商务的发展。通过电子商务的流程可以看到，电子商务不仅包括商品流、信息流、物流，同时也涵盖了资金流的范畴。在支付过程中，不可避免地需要通过网络进行货币支付或资金流转，利用电子货币可以安全、灵活地把货币采用匿名的形式存储在自己的硬盘上，并在支付过程中使用。

3. 应用中出现的问题及解决方案

电子货币的应用和发展使网络上现货、现金交易成为可能，促进了企业营销结构、营销方式、结算方式的创新，而方便、快捷、轻松的购物方式，也将极大地刺激消费、扩大需求，给零售商带来了无限商机。同时，由于实施开放式的网络经营，大大加剧了市场竞争，促使企业为市场提供质优价廉的商品、优质高效的服务。

在电子商务中，使用电子货币进行支付与传统的货币支付方式相比有许多的优势。首先，在同样的空间内，电子货币可以存储的面值是无限的，而传统货币面值是有限的；其次，电子货币受时空的限制比较小，能够通过通信系统在短时间内进行远距离传递；再次，电子货币可以采用计算机进行管理，弥补了传统货币管理成本高的缺憾；最后，电子货币的匿名性比传统货币要强，避免了面对面的交易。

但是，就目前而言，作为支付工具的电子货币应用于电子商务仍然存在一些缺陷。在这一问题上，普遍存在很多观点。比如，安全问题、网络基础设施建设不完善、电子商务的发展不很成熟、系统可靠性与安全性以及数字认证技术等。这些问题的出现都将会对电子货币的发展产生极大的影响。要使电子货币能够迅速、健康地发展，必须尽快解决出现的这些问题。不仅要加强网络基础设施的建设，提高互联网络的普及率，同时要积极发展电子商务，进而带动电子货币的发展。另外，也要尽快出台并且完善相应的法律、法规，给网络安全提供相应的法律保障，规范网上交易程序，正确使用数字证书。

（四）去中心化的电子货币——比特币

比特币（bitcoin）的概念最初由中本聪在 2008 年 11 月 1 日提出。根据中本聪的思路设计发布了开源软件以及建构其上的 P2P 网络。比特币是一种特殊的货币，它不依靠特定货币机构发行，而是依据特定算法，通过大量的计算产生。比特币经济使用众多节点构成的分布式数据库来确认和记录所有的交易行为，并使用密码学的设计来确保货币流通各个环节的安全性，这种特殊的分布式数据库技术被称为区块链技术。

比特币的安全性同样基于区块链，并且体现在两个方面：第一，安全性体现在分布式数据库，即每个区块都同步所有的信息，因此数据不会丢失或遗漏；第二，安全性体现在信息的加密，这得益于区块记录信息的方式。区块包含两个部分：区块头和区块体。区块头记录当前区块的元信息；区块体则包含了实际数据。其中，区块头包含了当前区块的多项元信息：生成时间、实际数据的散列、上一个区块的散列等。这里，我们需要理解什么叫散列。散列是一类复杂的函数，它可以将任意长的输入信息串转化成固定长度的输出串，同时输入与输出是一一对应的关系，且不同的区块具有不同的散列函数。因此，对于比特币来说，币的数量或者交易的信息在被散列函数处理过后记录到区块链当中是十分安全的。

比特币的特点主要表现为：

（1）去中心化。比特币是第一种分布式的虚拟货币，整个网络由用户构成，没有中央银行。去中心化是比特币安全与自由的保证。

（2）全世界流通。比特币可以在任意一台接入互联网的计算机上管理。不管身处何方，任何人都可以挖掘、购买、出售或收取比特币。

（3）专属所有权。操控比特币需要私钥，它可以被隔离保存在任何存储介质。除了用户自己之外无人可以获取。

（4）低交易费用。可以免费汇出比特币，但最终对每笔交易将收取约 1 比特分的交易费以确保交易更快执行。

（5）无隐藏成本。作为由 A 到 B 的支付手段，比特币没有烦琐的额度与手续限制。知道对方比特币地址就可以进行支付。

（6）跨平台挖掘。用户可以在众多平台上发掘不同硬件的计算能力。

第三节　电子商务资金流管理概述

在现代企业管理中，资金流占有极其重要的地位，对资金流进行综合管理是企业的本质活动之一。当前，随着电子商务在全球范围内迅猛发展，加强资金流管理对于企业的存在和发展都具有重大意义。

一、电子商务对资金流管理的影响

（一）财务预算作为资金流管理中的基础性环节得以加强

在电子商务环境下，各公司有时甚至竞争对手之间，通过采用信息技术提供各自的核心优势而进行合作，即由最合适的制造商生产产品，最合适的市场销售商来销售产品等以达到共同的目标。同时负债经营和风险经营在企业中更为突出，企业需把握适度的负债与风险。在这种环境下，就要求企业须以战略的眼光从事企业的综合协调管理。它强调企业计划、采购、控制等职能的一体化，使所有子公司、职能部门的子目标与企业整体目标相趋同，这样多层委托代理关系下的累加代理成本才能最小。这就需要资金流管理有一条“事前计划—执行过程中控制—事后分析”的主线，各个部门都围绕这条主线展开，而事前分析、财务预算作为基础性工作更显重要。

财务预算将依据企业年度目标利润按“目标利润—销售预算—成本预算—采购预算—现金流量预算”等进行编制，改变了过去一味地以生产为中心的编制方法。财务预算一经确定，由于财务业务在线操作，网络将像一只无形的手在监督着企业财务预算的执行情况，同时由于网络具有高速传递性，对财务预算管理中出现的“例外管理”“特殊异常业务”将可迅速传达到高级责任人例外审批。这样既确保了财务预算在企业内部所具有的约束力，又可依据市场情况而适时予以调整。

（二）资金流管理走向集中式管理

过去，企业缺乏支持集中式管理的技术手段，企业的发展受到物理地域的限制，许多大型企业不得不采取分散管理。由于监管信息反馈滞后，从而导致对下属机构控制不力、企业出现危机的例子屡见不鲜。基于 Internet 的电子商务的发展，小企业变成了“大企业”，桌面管理转化成非桌面化的网络方式，这使得集中式管理成为可能。企业可以综合运用各种现代化的电子信息工具，为整合企业财务资源、加强对下属机构的财务监控、降低运营成本、提高效率创造有利条件。集中式管理又可分为三种情况：

1. 会计核算的集中化

财务数据处理的适时性，是电子商务环境下资金流管理的一大特点。业务一旦确认都将存入相应的服务器并主动送到资金流信息系统随时检测，业务信息实时转化且自动生成反映各种经营业务的动态报表。

2. 资金流控制的集中化

减少中层管理人员，会计核算信息直接送达高层，最高决策层可与最基层人员直接联系，对资金流进行控制，这样就可以达到提高闲置资金的使用效率、增强内部资金余额调剂能力、更好地杜绝腐败等目的。

3. 财务决策的集中化

由于各种财务数据时刻处于高级管理人员控制之中，管理人员就可以根据需求进行决策。

（三）信息理财在资金流管理中日趋重要

由于电子商务活动可以在线进行，如在线订货、在线资金调度、异地转账、在线证券投资、在线外汇买卖等，因而产生的会计信息都是动态的，更具有不可捉摸性。同时，市场需求信息的公开化，会计信息公平、均匀分享，形成了多层次、立体化的信息格局。谁能占领信息的制高点，谁就将在市场竞争中占优势。企业资金流信息系统将建立在Internet、Extranet和Intranet基础之上。会计信息传递模式将变为“报告主体—信息通道—信息使用者”的网络方式，从企业内部财务信息孤岛直接转向客户、供应商、政府部门及其他相关部门。财务管理信息系统，则以价值形式综合反映企业人力、物力和财力资源运动的事前、事中、事后控制与实际生产经营过程及其业绩的全部信息。在电子商务环境下，信息理财将综合运用计算机网络的超文本、超媒体技术，使信息更形象、直观，提供多样化的各类信息，包括数量信息与质量信息、财务信息与非财务信息、物资层面的信息和精神层面的信息。

（四）现金管理方法有了很大的变化

首先，电子商务改变了传统的现金管理策略。现金管理策略主要体现在现金的收款和付款两个方面。在电子商务环境下，采用电子付款方式将大大减少企业对于现金浮存的利用与管理。纸面付款系统与电子付款系统在运作上存在极大的差异，纸面付款方式主要包括纸硬币、支票。以企业间交易最常用的票据方式为例，假若就直接支付部分的票据而言，这部分通过票据进行支付的现金常被用来作为延迟支付、形成企业可利用之现金浮存的一个主要手段。但在电子付款方式日益普及，即在假设收款企业不必要再迫于客观条件而不得不接受票据作为唯一可选择的付款方式的情况下，势必要求采用更直接、快捷的电子付款方式。

其次，电子商务促进了日常现金管理的调度能力。现金管理中的另一项措施就是将现金的流动进行良好的调度，使现金占用量达到最低。然而，由于企业生产经营过程中的不确定性，要实现这一目标并不容易，因此，传统的现金管理模式下对现金流量的预测只能是建立在估计的基础之上。而由于基于数据分析的网络系统平台对企业的购销计划安排具有极好的预报功能，因而在相当大程度上克服了这一缺陷。网络系统平台除了一般的信息披露，提供在线浏览外，很重要的一个功能就是进行广泛的客户联络，如通过电子公告牌、在线聊天室、视频会议进行联络、建立共享信息等。此外，还可以根据观察、跟踪客户的浏览和购买习惯建立客户描述。通过上述努力，减少在产品生产及采购、供应环节的盲目性，增加市场的把握能力，并进一步在此基础上提高采购与销售的计划、调度与预测能力，实现现金流的对接安排。信息加速传递的结果必然是对预测能力的改进与提高，因而将改善企业的现金预算管理。

再次，电子商务降低了资金的划转成本。商务离不开资金的流动，电子商务也不例外。但电子商务具有无纸化、无固定的交易地点等特点，加之交易对象、交易方式的不确定，增加了其资金流动的不安全因素。一种商务模式的发展，势必需要相应的支付、结算体系的完善。随着电子支付和网上银行的兴起，对于广大的银行客户来说，网上银行的建立提供了新型的金融服务。任何一笔成功的商务最终都要归结到资金的支付与结算上来。电子商务的特点之一，也是其不可或缺的组成部分就是交易双方在网上的资金流动，网上支付与结算是完成资金流动的关键。

最后，电子商务缩短了现金流转期限，从总体上提高了现金流转效率。电子商务除了上述对现金管理方面的直接影响之外，对企业财务管理的其他方面也产生着重大影响，而财务管理总体水平的改进，又反过来促进现金管理的提高。比如，电子商务对企业资金运营及周期具有很大的影响，主要表现在刺激企业销售、加速账款收回、缩短采购周期并减少存货占用等方面。充分的信息沟通与交流使客户能够获得更快和更可靠的服务，从而方便了客户自身的调度、安排与打算（当然，就企业本身来说，还可以减少支票、产品目录、日用纸张等文件办公费用，节省一定的管理费用开支）。

二、电子商务资金流管理的体系

从事电子商务运作的企业，必须自主筹资、用资，使企业对资金运动的管理处于电子商务管理的重要地位。因此，现代企业资金流管理是资金的筹集和有效运用的管理活动，是资金的规划和控制，它既要理顺企业资金流转程序，确保生产经营顺利进行，又要理顺各种经济关系。资金流管理包括计划、筹集、运用管理和效益，是一项系统工程。强化资金管理，提高资金运营效益，建立现代企业资金管理体系，需要从以下几方面入手，如图 9–2 所示。

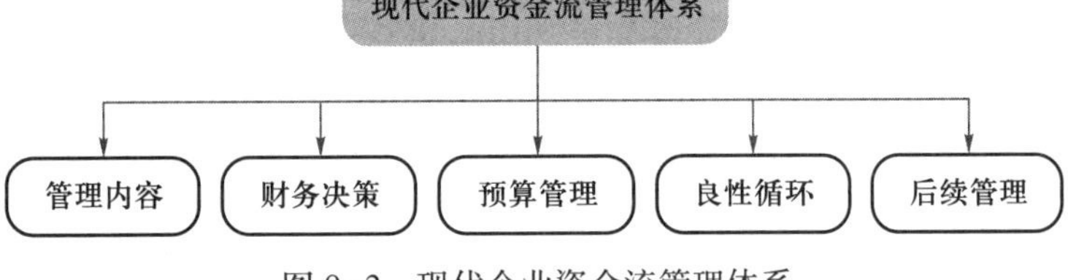

图 9–2 现代企业资金流管理体系

（一）把资金流管理作为电子商务管理的重要内容

把资金流管理作为电子商务管理的重要内容，这是市场经济体制将企业推向市场的要求，是资金流管理本质和特点所决定的。市场经济是效益经济，资金的投入效果是经济效益的集中表现。电子商务管理中的诸多矛盾最终将会通过资金流管理活动反映出来，资金流管理是电子商务管理中矛盾的重要集合点。电子商务中的采购、生产、销售和各项投资都是资金的不断运动，如何安排生产、销售和效益实现等一系列活动不能离开资金流，资金运动的好坏很大程度上反映电子商务财务管理是否到位，是否发挥财务在资金的控制、运作和监督方面的主导作用。因此，资金流成为电子商务发展的重要因素，资金流管理则成为电子商务管理的重要内容。

（二）科学做出财务决策

财务决策是企业资金流管理的主要职能，它可分为投资决策、金融决策和股利决策。要通过对市场的调查、研究、分析和预测以及企业生产经营管理活动是否为市场所需求，建立可行性研究决策机制，建立财务、业务、开发等部门组成的投资决策层，确定资金投入的大小、比例、结构、为整体产品协调生产与产品销售配套的销售成本（如广告费、促销费等），防止品种发展不平衡以减少生产盲目性。通过可行性研究、协调性分析、综合效益分析和风险评估分析等，搞好科学决策。

（三）加强资金计划预算管理

在市场经济的条件下，企业的经济活动受市场变化的影响，对资金的筹集使用必须搞好资金的计划预算，多方收集企业外部的信息，主动研究市场，用科学方法对事物发展变化和发展趋势进行分析、判断。资金计划是财务计划的重要组成部分，企业应根据资金来源对生产经营活动所需资金、固定资产、投资资金等进行综合平衡，分清轻重缓急，统筹运用，保证重点项目资金的需要。资金筹集要根据生产、销售、其他投资等需要及早计划、预测，财务在这过程中主要是拟订以上各项资金的运用，对实物投资或金融投资等作充分考虑，使资金与正常生产经营的比例合理。对本行业来讲主要是资金计划应考虑安排到行业产品生产、经营上，对外投资只作补充性来对待。通过计划、预测可以发现资金是否充足，同时，研究采取什么措施解决资金管理中存在的问题，建立健全科学的资金管理制度，加强资金的监督检查。建立相应制度用好用活资金，并对其进行监督与检查，使资金正常运行。

（四）优化资金结构，建立资金的良性循环机制

要建立起优化资金结构的约束机制，控制好企业资金结构。以合理的资金运用结构来保证资金发挥最大效能，确定最佳的资金结构，扭转企业在资金轨道上的不稳定状况，加大对资金运筹的调控力度。不定期召开财务牵头的经济活动分析会，剖析企业对资金的使用情况要结合实际确定资金占用的重点和辅助点。建立活而不乱的资金良性循环机制，抓好企业资金的流程管理，强化资金集中管理，加速资金周转。企业的资金要由财务部门集中管理、集中调度，这样才能保证企业的资金投向和回收的准确性，保证企业资金的使用效益。

（五）建立资金的补偿积累机制，抓好资金的后续管理

要监控企业资金的合理分流，防止单边流向，尽可能增加扩大再生产的资金，促

进企业自我滚动发展。不要过多将资金积聚在一些非经营性不动产方面，防止资金过多投入办公楼房或福利性场所，将最大的资金用于发展生产和可行性投资，取得更大效益。

三、电子商务资金流管理模式

（一）电子商务资金流管理模式及其特点

电子商务环境下的企业是适应产品多样化的需求，采用定制技术进行生产的企业，内部采用扁平化的组织结构及网络化的信息结构。组织结构的变化必然引起企业管理方式包括财务管理模式的变化。新的组织结构高度分权化，若不加强对下一层级的财务监控，企业很容易出现危机。同时，网络技术为新的资金流管理模式——集成化资金流管理提供了基础，因为网络技术使得资金流管理在空间上、时间上和效率上都发生了改变，极大地延展了资金流管理的能力和质量，使资金流管理能达到原来不可企及的水平。集成化资金流管理是利用现代网络技术和信息集成方法，将财务与业务、与供应链集成起来，追求整体效率和效益的提高，实现缩短生产前置时间，提高产品质量和服务质量、提高企业的整体柔性、减少库存等战略性好处，使企业具有低能耗、低物耗、高效益、高应变能力，实现企业物流、资金流和信息流的高度统一以及财务的实时管理，以适应柔性生产、组织扁平化和产品个性化的市场要求。这种资金流管理模式与传统资金流管理模式的主要不同点在于它利用现代网络技术，将业务管理融合进资金流管理中，实行从源头管理，通过远程处理、在线管理，实行对资金的动态管理，真正实现事前计划、事中控制和事后反馈，实现对业务的全过程管理。这种管理模式有三个基本的特点：

集成化管理。它不仅对企业资金进行管理，而且对库存、生产、销售等业务方面进行管理，不仅管企业内部，而且与整个供应链管理相集成。

直接管理。通过网络技术减少了传统资金流管理中的许多中间环节，高层领导能直接对底层员工进行管理。

实时管理。整个供应链通过网络联系在一起后，总部的财务主管根据动态会计信息，可以及时做出财务安排，并通过网络传达下去，实现资金流的在线管理。

（二）电子商务资金流管理的步骤

实现从传统资金流管理模式到集成化资金流管理模式的演变，一般要经历以下几个步骤：

1. 实现企业内部资金流的集成

企业内部资金流的集成是集成化资金流管理的最初阶段。在企业内部所有财务部门实现联网后，企业总部的财务部门可以随时了解下属机构的资金信息，将所有下属机构的资金信息集中到总部统一核算、集中管理，下属机构则成为一个财务报账单位，从而可以减少基层单位财会人员和会计费用支出。通过网络在整个企业内调度资金只是一瞬间的事，使暂时闲置的资金随时可以找到用途，极大地提高了资金的使用效益。实现这一步目标，实际是要求企业实现财务的集中核算，因此企业应对等级式的财务结构进行重组，建立扁平化的财务部门。

2. 实现企业内部资金流与业务的集成

企业内部资金流与业务的集成是集成化资金流管理的第二阶段。在网络社会，各部门之间的分工界限日益模糊，资金流管理与业务管理出现融合趋势。同时，会计是从价值方面综合反映和监督企业的财务状况和经营成果的。企业供、产、销各个环节经营的好坏，人、财、物各项消耗的节约与浪费，都直接影响企业的资金状况和经营成果。因此，要管好资金，不仅需要资金信息，而且需要供、产、销、人、财、物等各个方面的信息。资金流管理要与上述各个方面的管理紧密结合，运用各项管理提供的信息，管理好资金，实现资本的保值、增值，并不断提高经济效益。集成化资金流管理的第二阶段实际是将资金流管理与业务管理相结合，实现对企业内部供应链的管理。要实现第二步目标，需要对企业内部工作流程进行重组，精减中间环节，建立跨职能型群体。

3. 实现企业与整个供应链的集成

对整个供应链进行管理是集成化资金流管理的最高目标。在网络社会，全球网络已将供应链上的所有企业联系在一起，市场已不再仅仅是单个企业之间的竞争，而是一个企业供应链同其他企业供应链的整体竞争。只有站在全局供应链的高度上管理企业，才能降低经营成本、减少资金周转期、提高生产率、改进客户满意度，以适应新时代的企业竞争。资金流管理已不再仅仅是企业内部的事情，要收集有关于资金的全面信息，就需要对整个供应链进行管理，促进整个供应链一同进步。要实现第三步目标，需要对整个供应链进行业务流程再造，这中间会涉及许多复杂的问题。但实现这一目标，有利于企业的长期稳定发展。

第四节 电子商务支付管理

电子商务支付管理是电子商务资金流管理的一个重要组成部分，也是电子商务资金流管理不同于传统资金流管理的特色部分。因此，本节主要介绍电子商务支付系统、电子商务支付的基本流程以及电子商务支付解决方案等与电子商务支付管理有关的内容。

一、电子商务支付系统

（一）电子商务支付系统的基本构成

基于 Internet 的电子商务支付体系的基本构成如图 9–3 所示，其中主要涉及七大构成要素。

客户是指在 Internet 上与某商家有交易关系并且存在未清偿的债权债务关系（一般是债务）的一方。客户用自己拥有的网络支付工具（如信用卡、电子钱包、电子支票等）来发起支付。

商家是拥有债权的商品交易的另一方，可以根据客户发起的支付指令向金融体系请求获取货币给付，即请求结算。商家一般设置专门的后台服务器来处理这一过程，包括协助身份认证及不同网络支付工具的处理。

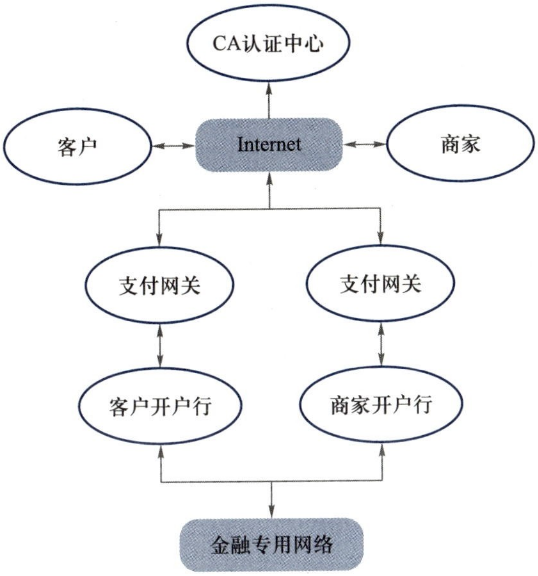

图 9-3 电子商务支付体系构成要素

客户开户行是指客户在其中拥有账户的银行，客户所拥有的网络支付工具主要是由开户银行提供的。客户开户行在提供网络支付工具的同时也提供一种银行信用，即保证支付工具是真实并可兑付的。在利用银行卡进行网络支付的体系中，客户开户行又被称为发卡行。

商家开户行是商家在其中开设账户的银行，其账户是整个支付结算过程中资金流向的地方。商家将收到的客户支付指令提交其开户行后，就由开户行进行支付授权的请求，以及进行商家开户行与客户开户行之间的清算等工作。商家开户行是依据商家提供的合法账单（客户的支付指令）来工作的，因此又称为收单行或接收行。

支付网关是公用网和金融专用网之间的接口，支付信息只有通过支付网关才能进入银行支付系统，进而完成支付的授权和获取，支付网关的建设关系着支付结算的安全以及银行自身的安全，关系着网上支付结算的安排以及金融系统的风险，必须十分谨慎。因为电子商务交易中同时传输了两种信息：交易信息与支付信息，必须保证这两种信息在传输过程中不能被无关的第三者阅读，包括商家不能看到其中的支付信息（如信息卡号、授权密码等），银行不能看到其中的交易信息（如商品种类、商品总价等），这就要求支付网关一方面必须由商家以外的银行或其委托的卡组织来建设，另一方面网关不能分析交易信息，对支付信息也只是起保护与传输的作用，即这些保密数据对网关而言是透明的。

金融专用网络是银行内部及银行间进行通信的专用网络，具有很高的安全性。如中国国家金融通信网，其上运行着中国国家现代化支付系统、中国人民银行电子联行系统、工商银行电子汇兑系统、银行卡授权系统等。银行的金融专用网发展迅速，虽然不能直接为基于 Internet 平台的电子商务进行直接的支付与结算，但是它为逐步开展电子商务提供了必要的条件，它是电子商务网络支付平台的重要组成部分。

CA认证中心应该说是网上商务的准入者和市场的规范者，它与传统商务中工商局的作用有点类似，是个第三方的公正机构。它主要负责为参与电子商务活动的各方（包括客户、商家、支付网关、银行）发放与维护数字证书，以确认各方的真实身份，也发放公共密钥及提供数字签名服务的支持等，保证电子商务支付的安全。同时，CA认证中心还必须确认参与者的资信状况（如通过其在银行的账户状况、与银行交往的历史信用记录等来判断），因此也离不开银行的参与。

除以上参与各方外，网上支付系统的构成还包括支付中使用的支付工具以及遵循的支付协议，网上支付系统是参与各方与支付工具、支付协议的结合。其中目前经常被提及的网上支付工具有银行卡、电子现金、电子支票等。银行卡的发展已有一段时间，但多只用在专用网络中，公共网络上的银行卡支付还有待发展。电子现金常被称为全新的网上支付工具，能离线操作，但其实质是对传统现金交易的模拟。电子支票也是对传统纸基支票支付的全部处理过程的电子化，目前在专用网上的应用已较为成熟。除此之外，还常将网络银行看作一种网上支付方式，通过网上银行，可以模拟资金转账、汇兑委托收款等业务。它还可以有不断的金融创新，是十分有潜力的一个领域。

在网上交易中，消费者发出的支付指令，在由商户送到支付网关之前，是在公用网上传送的。这一点与持卡POS消费有着本质的区别，因为从商户POS到银行之间使用的是专线。而互联网交易就必须考虑公用网上支付信息的流动规则及其安全保护，这就是支付协议的责任所在。目前已经出现了一些比较成熟的支付协议（如SET），一般一种协议针对某种支付工具，对交易中的购物流程、支付步骤、支付信息的加密与认证等方面做出规定，以保证在复杂的公用网中交易双方能快速、有效、安全地实现支付与结算。

（二）电子商务支付的基本流程

电子商务网络支付流程与传统支付的流程是类似的，其基本流程如图9-4所示。

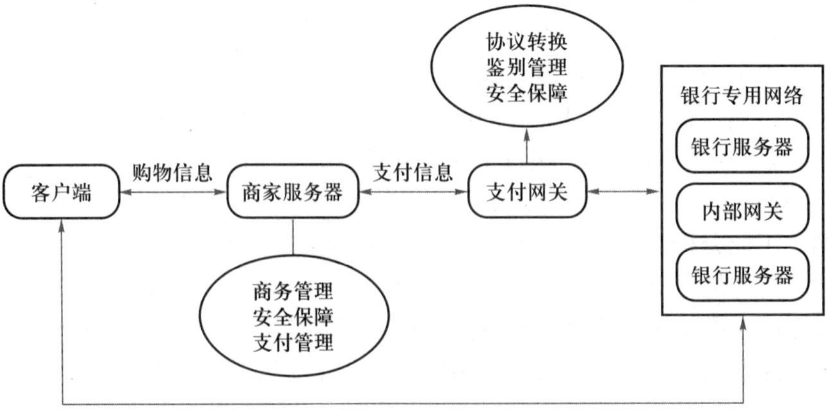

图9-4 电子商务网络支付基本流程

客户通过客户机连接 Internet，用 Web 浏览器进行商品的浏览、选择与订购，填写网络订单，选择应用的网络支付结算工具，并且得到银行的授权使用，如信用卡、电子钱包、电子现金、电子支票或网络银行账号等。客户通过客户机处理相关订单信息，如对支付信息进行加密，并在网上提交订单。商家服务器对客户的订单信息进行检查、确认，并把相关的、经过加密的客户支付信息等转发给支付网关，直至银行专用网络的银行后台业务服务器确认，以期从银行等电子货币发行机构验证得到支付资金的授权。银行验证确认后，通过建立起来的经由支付网关的加密通信通道，给商家服务器发送确认及支付结算信息，同时为了进一步的安全，给客户也发送支付授权请求。银行得到客户传来的进一步授权结算信息后，把资金从客户账号转拨至开展电子商务的商家银行账号上，借助金融专用网络进行结算，并分别给商家、客户发送支付结算成功信息。商家服务器收到银行发来的结算成功信息后，给客户发送网络付款成功信息和发货通知。这样，一次典型的网络支付结算流程结束。商家和客户可以分别借助网络查询自己的资金余额信息，以进一步核对。

如图 9-6 所示的网络支付一般流程只是对目前各种网络支付结算方式的一种典型模式。它适用于数目众多的较小额度金额的电子商务业务，对客户与商家来讲都是方便的。对较大金额的资金支付结算，如大企业与大企业间的电子商务，实现 Internet 上的立即支付并不现实。传统上采用的独立于商务交易环节的金融 EDI 或银行专业 EFT 系统是目前比较普遍采用的支付结算方式。

二、电子商务典型支付方式

（一）网上银行支付

网上银行又称网络银行、在线银行或电子银行，它是各银行在互联网中设立的虚拟柜台，银行利用网络技术，通过互联网向客户提供开户、销户、查询、对账、行内转账、跨行转账、信贷、网上证券、投资理财等传统服务项目，使客户足不出户就能够安全、便捷地管理活期和定期存款、支票、信用卡及个人投资等。

1. 网上银行的特点

（1）大大降低银行经营成本，有效提高银行盈利能力。开办网上银行业务，主要利用公共网络资源，不需设置物理的分支机构或营业网点，减少了人员费用，提高了银行后台系统的效率。

（2）无时空限制，有利于扩大客户群体。网上银行业务打破了传统银行业务的地域、时间限制，具有 3A 特点，即能在任何时候（anytime）、任何地方（anywhere），以任何方式（anyhow）为客户提供金融服务，这既有利于吸引和保留优质客户，又能主动扩大客户群，开辟新的利润来源。

（3）有利于服务创新，向客户提供多种类、个性化服务。通过银行营业网点销售保险、证券和基金等金融产品，往往受到很大限制，主要是由于一般的营业网点难以为客户提供详细的、低成本的信息咨询服务。利用互联网和银行支付系统，容易满足客户咨询、购买和交易多种金融产品的需求，客户除办理银行业务外，还可以很方便地进行网上买卖股票、债券等，网上银行能够为客户提供更加合适的个性化金融服务。

2. 网上银行实现技术

（1）电子钱包系统。电子钱包是电子商务购物（尤其是小额购物）活动中常用的一种支付工具。电子钱包用户通常在银行里都有账户。在使用电子钱包时，先安装相应的应用软件，然后利用电子钱包服务系统把自己账户里的电子货币输进去。在发生收付款时，用户只需在计算机上单击相应项目即可。系统中设有电子货币和电子钱包的功能管理模块，称为电子货币钱包管理器。用户可以用它来改变口令或保密方式等，以及用它来查看自己银行账户上电子货币收付往来的账目、清单及其他数据。系统中还提供了一个电子交易记录器，顾客通过查询电子交易记录器，可以了解自己购物的记录。

（2）支付网关。支付网关是银行金融系统和互联网之间的接口，是连接银行内部网络与互联网的一组服务器。其主要作用是完成两者之间的通信、协议转换和进行数据加密、解密，以保护银行内部网络的安全。离开了支付网关，网上银行的电子支付功能也就无法实现。随着网络市场的不断增长，网络交易的处理将成为每一个支付系统的必备功能。今天的商户在数据传输方面常常是低效率的，有了支付网关，这个问题便可得到有效的解决。它使银行或交易商在网络市场高速发展和网络交易量不断增长的情况下，仍可保持其应有的效率。

（3）安全认证。电子商务认证机构（certification authority，CA）是为了解决电子商务活动中交易参与各方身份、资信的认定，维护交易活动的安全，从根本上保障电子商务交易活动顺利进行而设立的。它对于增进网上交易各方的信任、提高网上购物和网上交易的安全、控制交易风险、推动电子商务的发展都是必不可少的。

（二）第三方支付

第三方支付，是指具备一定的实力和信誉保障的独立机构，与各大银行合作，借助一定的计算机科学技术，使用户通过网络接入银行支付结算系统并完成支付的方式。

在第三方支付模式，买方选购商品后，使用第三方平台提供的账户进行货款支付（支付给第三方），并由第三方通知卖家货款到账、要求发货；买方收到货物，检验货物，并且进行确认后，再通知第三方付款；第三方将款项转至卖家账户。

1. 第三方支付的特点

（1）第三方支付平台提供一系列的应用接口程序，将多种银行卡支付方式整合到一个界面上，负责交易结算中与银行的对接，使网上购物更加快捷、便利。消费者和商家不需要在不同的银行开设不同的账户，可以帮助消费者降低网上购物的成本，帮助商家降低运营成本。同时，还可以帮助银行节省网关开发费用，并为银行带来一定的潜在利润。

（2）较之 SSL、SET 等支付协议，利用第三方支付平台进行支付操作更加简单而易于接受。SSL 是应用比较广泛的安全协议，在 SSL 中只需要验证商家的身份。SET 协议是基于信用卡支付系统的比较成熟的技术。但在 SET 中，各方的身份都需要通过 CA 进行认证，程序复杂，手续繁多，速度慢且实现成本高。有了第三方支付平台，商家和客户之间的交涉由第三方来完成，使网上交易变得更加简单。

（3）第三方支付平台本身依附于大型的门户网站，且以与其合作的银行的信用作为信用依托，因此第三方支付平台能够较好地突破网上交易中的信用问题，有利于推动电子商务的快速发展。

在通过第三方平台的交易中，买方选购商品后，使用第三方平台提供的账户进行货款支付，由对方通知卖家货款到达、进行发货；买方检验物品后，就可以通知付款给卖家。第三方支付平台的出现，从理论上讲，杜绝了电子交易中的欺诈行为。

2. 第三方支付的实现技术

按支付方式的实现逻辑，第三方支付大致可以分为网关通道模式和账户支付模式。前者实现银行账户之间的直接交易，后者的支付交易则借助独立于银行账户的第三方支付平台账户，而银行账户的作用是实现对平台账户的充值与提现。若按第三方支付平台是否提供担保交易，账户支付模式又可细分为非监管型账户支付模式和监管型账户支付模式。

（三）移动支付

移动支付也称手机支付，就是允许用户使用其移动终端（通常是手机）对所消费的商品或服务进行账务支付的一种服务方式。单位或个人通过移动设备、互联网或者近距离传感直接或间接向银行金融机构发送支付指令产生货币支付与资金转移行为，从而实现移动支付功能。移动支付将终端设备、互联网、应用提供商以及金融机构相融合，为用户提供货币支付、缴费等金融业务。

1. 移动支付的特点

移动支付属于电子支付方式的一种，因而具有电子支付的特征，但因其与移动通信技术、无线射频技术、互联网技术相互融合，又具有自己的特征。

（1）移动性。随身携带的移动性，消除了距离和地域的限制。结合了先进的移动通信技术的移动性，随时随地获取所需要的服务、应用、信息和娱乐。

（2）及时性。不受时间、地点的限制，信息获取更为及时，用户可随时对账户进行查询、转账或进行购物消费。

（3）定制化。基于先进的移动通信技术和简易的手机操作界面，用户可定制自己的消费方式和个性化服务，账户交易更加简单方便。

（4）集成性。以手机为载体，通过与终端读写器近距离识别进行的信息交互，运营商可以将移动通信卡、公交卡、地铁卡、银行卡等各类信息整合到以手机为平台的载体中进行集成管理，并搭建与之配套的网络体系，从而为用户提供十分方便的支付以及身份认证渠道。

2. 移动支付实现技术

移动支付实现技术有以下几种方式。

（1）短信支付。短信支付是手机支付的最早应用，将用户手机 SIM 卡与用户本人的银行卡账号建立一种一一对应的关系，用户通过发送短信的方式在系统短信指令的引导下完成交易支付请求，操作简单，可以随时随地进行交易。短信支付服务强调了移动缴费和消费。

（2）扫码支付。扫码支付是一种基于账户体系搭起来的新一代无线支付方案。在该支付方案下，商家可把账号、商品价格等交易信息汇编成一个二维码，并印刷在各种报纸、杂志、广告、图书等载体上发布。用户通过手机客户端扫描二维码，便可实现与商家支付宝账户的支付结算。最后，商家根据支付交易信息中的用户收货、联系资料，就可以进行商品配送，完成交易。

（3）指纹支付。指纹支付即指纹消费，是采用目前已成熟的指纹系统进行消费认证，即顾客使用指纹注册成为指纹消费折扣联盟平台会员，通过指纹识别即可完成消费支付。

（4）声波支付。声波支付则是利用声波的传输，完成两个设备的近场识别。其具体过程是：在第三方支付产品的手机客户端里，内置有“声波支付”功能，用户打开此功能后，用手机麦克风对准收款方的麦克风，手机会播放一段“咻咻咻”的声音。

第五节 电子商务融资管理

随着电子商务企业的不断发展，单一的公司治理结构和融资模式已很难满足企业发展的需求，更优化的产权结构和较大的资金缺口迫使电子商务企业不得不选择更高效的外部融资模式。因此，电子商务融资管理也体现出了新的特点。

一、电子商务企业融资方式

当前金融机构对电子商务的信贷支持远远不能满足电子商务主体的融资需求。为扭转传统融资模式资金乏力的局面，多种形式的融资模式不断产生，通过加强与第三方平台的合作，充分借鉴供应链融资产品，盘活了企业物流和现金流，同时，引入贷款利率的风险定价机制，充分满足电子商务合理的融资需求。由此可见，电子商务企业要打破局限性投资的限制，不仅要采取直接融资模式，还要拓展间接融资模式，开发二级资本市场融资，拓展海外融资渠道，根据自身的内部和外部因素，量力而行地选择适合自己的多种融资方式，这样才能使企业得到有效的资金支持，在激烈的市场竞争中处于优势地位，获得长远的发展。

中国电子商务企业经过二十余年的发展，不仅已成为高新技术产业的核心力量之一，同时也推动传统商业经营模式向信息化进程转变。但电子商务企业发展并非一帆风顺，其中不乏波澜，尤其是近几年，在表面的繁荣之下，难以掩饰危机的凸显：一方面我国网上交易量屡创新高，传统企业不断向电子商务领域扩张；另一方面则是电子商务企业总体亏损，相关电商创新应用由热转冷。这些问题归根结底是由我国电子商务企业高成本低利润的扩张式经营模式造成的，这样的经营模式需要有大量资金的支持，然而随着非理性投资的减少，不少实力较弱的电子商务企业纷纷遭到了资本无情的抛弃而倒闭。因此，电子商务企业如何在自身不同的发展阶段根据资金需求来确定适当融资模式，就成为决定企业经营成败的关键。

电子商务企业依据自身所处的阶段，往往采用不同的融资方式。具体为：

（一）自筹资金奠定电子商务企业基础

初创期的电子商务企业其融资渠道可为创业者自筹资金、政府提供的科研创新基金、风险投资和创业投资基金等。但从实践的角度看，大多数电子商务企业初创时是民营企业，由企业自筹资金成为主要的融资模式，即依靠企业创办者的自有资金和向他人借贷，以及企业自有资金的滚动式积累。由于电子商务企业主自行入资，注册资金有限，规模较小，实力较弱，经营成本较高，而销售额增长缓慢，经营利润经常为负值，企业经营不稳定，市场竞争力较差，与之形成鲜明对比的是现金流为负值，企业的资金缺口较大，急需大量资金的支持。同时，由于初期电子商务企业发展信息的相对不透明性，发展前景不够明朗，使得外部投资者很难对企业未来的发展前景进行预测，再加之民营企业家族式的股权结构，也成为阻碍初创期电子商务企业外部融资的另一道沟壑。与之相比，低成本、低风险、易于实现的内部融资对于处于初创期的电子商务企业更具吸引力。许多电子商务企业的发展都是依赖于自有资金的不断积累，企业一点一点发展壮大。另外，初期电子商务企业一般是民营的家族式企业，单一的股权结构和“家长制”的管理模式是这些企业独有的特点，尤其是对于外部投资者的警惕性，会使得经营者更倾向于从企业内部融资来解决资金问题。

（二）风险投资助力电子商务企业成长

成长期的电子商务企业随着企业不断发展，企业销售渠道已打开，经营成本得到有效控制，服务质量提高，产品逐步被市场认可，销售额不断增加，企业逐步走向正轨，经营利润转变为正值，企业竞争力增强。企业为了得到规模经济，加快销售，扩大生产，资金需求开始加大，如果不能获得有效的资金支持，不少企业就会面临着被淘汰的危险。在这个阶段，电子商务企业一般都是依靠一些风险投资机构得到资金支持。一方面，成长期电子商务企业不仅能得到风险投资机构在资金方面的支持，而且能够借助引入风险投资机构的机会来优化股权机构，为日后的上市直接融资打好基础。另一方面，风险投资机构对于这些有一定知名度的电子商务企业也是由衷地青睐，动辄上百万美元甚至上千万美元的投资屡见不鲜。

（三）股权融资加速电子商务企业成熟

处于成熟期增长的电子商务企业的产品和服务已趋于标准化，销售持续上升成本得到有效的控制，规模效应优势逐步凸显，利润趋于最大化，企业现金流入逐步增加。在加速扩大经营规模，抢占市场的过程中，企业经营周转会出现较大的资金缺口。这时已具有一定客户资源和品牌知名度的电子商务企业，与一般企业在此时期主要选择通过金融机构来融资不同，电子商务企业一方面会选择以改变股权结构来获得风险投资机构资金支持的外部融资模式；另一方面会通过上市向资本市场直接融资，已获得更大规模的资金支持。与此同时，银行等金融机构也将这些电子商务企业视为优质客户，愿为其提供多元的融资方案，电子商务企业也会在资金缺口和融资成本之间进行权衡，选择一定规模的债权融资。

二、电子商务融资平台——股权众筹

（一）股权众筹概述

股权众筹融资模式起源于美国。与非股权众筹不同，它是一种风险较高、期限较长的投资行为。广义的股权众筹是指通过中介机构撮合融资企业和投资者的权益性融资方式。狭义的股权众筹是指初创企业通过众筹网络平台（下称众筹平台）将所需融资项目情况、融资需求及出让股份公布在众筹平台上，由注册的合格投资者认购股份，支持创业项目的发展，投资者获得一定的股权（而非实物）作为回报。互联网股权众筹降低了融资成本，提高了融资效率。

我国的股权众筹融资模式在互联网金融浪潮的推动下近年来才开始出现。2015 年 7 月份，股权众筹迎来了政策转折点。央行等十部委的《关于促进互联网金融健康发展的指导意见》的发布，放弃了“私募股权众筹”的概念，将股权众筹定义为通过互联网形式进行公开小额股权融资的活动，必须通过股权众筹融资中介机构平台进行。股权众筹“公开、小额、大众”的特点明确了其发展方向。从此，股权众筹从业者从“无法可依”进入“有政可循”的阶段。

（二）股权众筹架构

股权众筹运营过程中至少有项目融资人（创业者）、公众投资人和众筹平台三个主体，大多数还具有资金托管机构。

1. 项目融资人

项目融资人一般是试图通过众筹平台为自主具有但缺乏资金支持的项目进行融资的小微企业创业者，其融资的项目具有高新技术、创新商业模式和高市场成长预期等特征，并处于种子期或初创期。同时，项目融资人必须成立公司，遵循现代公司治理制度，建立可对外售股权的制度，还必须具备众筹平台规定的条件，如国籍、年龄、资质和学历等，且必须在众筹平台注册并签订服务合约，明确权利和义务之后，经众筹平台审核通过才能进行项目融资。

2. 公众投资人

公众投资人是众筹平台上注册的众多“草根天使”，通过众筹平台选取项目。但是投资之前，只有通过众筹平台的资格审核，成为合格的投资者，才能对中意的项目进行规定额度内的投资并获得项目公司的对应股份，享受普通股东的权利，甚至对创业者的决策施加影响，如果公司盈利就能获得回报。

3. 众筹平台

众筹平台是平台的搭建者和运营方，又是项目融资人的审核者、辅导者和监督者，还是公众投资人的重要利益维护者，同时为投融双方提供如财务审核、技术咨询、法律文档、交易撮合等各种支持服务。因此，众筹平台的多重身份特征决定了其流程复杂、功能全面、责任重大。

4. 资金托管机构

资金托管机构是众筹平台的战略合作伙伴。其功能类似于互联网信托 P2B 中的资金托管机构，全程为公众投资人的资金进行第三方托管及分期支付，对投资者的资金安全提供全程保障。

（三）股权众筹的优势

股权众筹的优势是：

第一，增加融资渠道，一定程度上降低融资成本和门槛，推动普惠金融的发展；

第二，小微企业可以把募集到的资金全部用于产品创新，支持小微企业等实体经济的发展，优化国家的经济结构；

第三，由于股权众筹的低门槛和低成本，普通民众可以通过众筹平台直接参与小微企业的股权投资，与企业共担风险和共享收益，拉近了生产者与消费者之间的距离，促进了小微企业的创新，形成一个创新创业的良性循环生态；

第四，股权众筹平台完成了传统融资渠道所无法完成的事情，必将成为发展我国多层次资本市场的重要内容和补充，提高了直接融资和股权融资的比例，推进多层次资本市场体系建设。

本章案例

京东：互联网时代的敏捷资金管理

京东集团作为中国最大的自营电商及全球 TOP10 互联网企业、全球 500 强企业，业务涉及电商、金融、物流、技术四大板块。京东集团的未来战略布局是打造成为“包括智能商业、智能金融、智能保险业务在内的全球领先的智能商业体”。京东集团的“智能商业体”布局将紧紧围绕云计算、大数据和人工智能展开，商品转型为智能化商品，物流升级为智能化物流，甚至金融和保险服务也全部智能化，运用大数据分析后，“比你自己还了解自己”。这背后需要灵活、敏捷的资金管理体系，兼顾企业战略布局，以资金管理为核心进行管控渗透来支撑。

1. 架构，资金管理各司其职、环环相扣

伴随京东集团业务的不断发展，围绕业务和资金的特性，京东集团设定了相应的资金管理框架。为了更好地支持集团全球业务扩展与适应互联网企业的行业特点，京东集团资金管理部下设资金业务部、资金共享中心、海外业务部、资金分析部、资金运营部、银行业务部、融资管理部，并制定了清晰的业务职责和流程。在此管理框架下，各职能板块各司其职，又环环相扣，确保资金稳健运营，强化资金分析规划，实现集团资金管理集中化、精细化与流程化，以此致力于形成京东集团业务高速增长的资金基础。

单独从资金的交易、分析、运营这一视角来看，资金业务部、资金共享中心、资金分析部和资金运营部形成了京东资金管理从规划、执行、分析到内控等诸多资金交易环节的闭环。

具体来看，资金业务部按照集团业务板块分类，将商城、物流、金融、技术等的资金交易以统一原则进行管理，通过资金管理系统生成自动化解决方案。资金共享中心将每日资金数据的加工、基础报表的梳理等可以流程化、标准化的工作，用统一的流程、标准来定义，提高工作效率。资金分析部根据资金共享中心的数据报告，结合预算、投资与业务板块等规划数据，借助资金管理系统，实现现金流滚动预测，让管理决策层清晰地实时地了解资金动态。它是京东资金管理强化战略规划的基础职能。资金分析部根据历史数据报告，基于预算及业务部门联动机制，形成每日、每周及每月等不同层次与维度的现金流滚动预测体系，确保集团流动性的有效管理，实现

“618”“双 11”等重大时点与交易事项提供的有效预判，有效的资金分析体系将提供准确的流动性管理决策基础。资金运营部以企业内控为目标，基于资金管理原则，实现制度、流程的梳理、制定和更新；日常跟踪各项资金相关流程的有效执行；确保资金业务的合规，实施内外部审计、SOX 对接，跟进新业务培训等。

2. 技术，为互联网化的资金管理赋能

互联网公司具有技术的先天优势和数据意识。京东集团资金管理传承技术的基因，充分发挥诸如大数据、BI（商务智能，business intelligence）在资金管理上的价值。

借助自身技术研发优势，京东集团自主开发了完整的资金管理系统，连接集团各业务系统与各大银行收付平台，能够支持万亿元的交易规模，确保高效与准确的日常资金运营。同时，配备专业的系统模块研发和运维人员，确保系统功能的拓展能够跟上业务发展的步伐。

从资金管理的角度而言，资金管理因素有确定性的和不确定性的之分。确定性的要强调流程化、标准化，通过系统固化流程，加强对数据的挖掘；不确定性的借助系统提前预警，加强风险控制，不断更新数据的分类，使得资金报告的维度更加精细。IT 系统就能在其中充分为资金管理赋能，提升管理效率和能力。

资金管理系统的数据抓取，对大数据的分析，提高了数据的准确性，对资金的精度和可控性有了更大的把握，让京东集团在面对市场波动和业务波动时也能够从容应对。目前，借助商务智能，京东集团资金管理系统将 B2C 货款周期、采销、交易等各种数据信息转化为可视化报告，确保不同板块、不同业务系统之间具有统一的理解和联动。

3. 人才，以人为本构建面向未来的资金管理

人才是构建敏捷资金管理体系的保障。在构建敏捷资金管理体系时往往将焦点放在资金管理框架和业务流程的调整和优化、信息技术的搭建和应用上面。实际上，人才同样重要，如企业的人才理念和战略、人才的管理和培养、企业文化等。这些因素是构建敏捷资金管理体系最具挑战性的内容。

无论是针对资金管理部每个员工还是整体的资金管理框架，要提高工作效率和敏捷性，就需要将合适的人放到合适的位置上，并且让适当的人在适当的时间获得必要的知识和经验。资金管理具有很强的跨界属性，融合了财务、金融、技术，还需要跟业务场景结合。

在人才培养方面，京东集团资金管理部下设的资金运营部有一个职责是绩效管理和人才培训规划。一方面，通过充分利用集团的培训资源和机构，包括京东大学，设定相应的维度，结合工作需求做一些培训。另一方面，从运营管理的角度，运用轮岗的机制培养团队的业务能力。

此外，京东资金管理部强调内部各职能部门的协同合作。资金管理部内部建立了项目管理制度，当一个项目需要多个部门共同参与的时候，某个员工作为项目管理者，其他参与者相互协同。这种模式培养并强化了员工的沟通和学习技能。

本案例主要源自 360 图书馆网页：“京东：互联网时代的敏捷资金管理，专访京东集团资金总监俞剑锋先生。”

案例分析：

科技进步和应用改变了消费行为、交易方式和企业经营方式，也促使企业提高组织灵活性和敏捷度。京东通过架构、技术、人才三个方面构建了敏捷资金管理体系。敏捷资金管理体系是资金合规与流程管理、资金运营、资金分析、流动性管理、投融资管理等资金管理活动得以实现的基础。系统化、电子化工具能够清晰呈现集团所有的交易脉络，勾勒出清晰的交易账户视图，对资金管理的效率和能力的提升有支撑作用，从而更有效地助力资金管理发挥战略支持作用。

本章小结

1. 阐述了资金流和资金流管理。
2. 阐述了电子商务与资金流。
3. 阐述了电子商务资金流管理。
4. 阐述了电子商务支付管理。
5. 阐述了电子商务融资管理。

复习思考题

1. 请简要介绍一下资金流的运动过程。
2. 资金流管理的内容和意义有哪些?
3. 资金流在电子商务中的作用体现在哪些方面?
4. 电子商务资金流的特点有哪些?
5. 电子货币的主要特征与职能是什么?
6. 比特币的特点有哪些?
7. 电子商务资金流管理主要有哪些步骤?
8. 请简要介绍一下电子商务支付的基本流程。
9. 请简要介绍电子商务典型的支付方式有哪些。
10. 请简要介绍一下电子商务企业的融资方式有哪些。

第十章

电子商务管理新发展

本章学习目的

1. 了解和掌握电子商务时代变革
2. 了解和掌握电子商务知识管理
3. 了解和掌握电子商务管理新技术
4. 了解和掌握电子商务管理发展对策
5. 了解和掌握电子商务管理新趋势

第一节　电子商务时代变革

电子商务已不局限在企业内部，而是贯穿在社会经济的各个方面。电子商务企业在电子商务发展的大浪潮中，呈现出时代发展的印记。

一、电子商务时代的趋势变革

（一）价值化服务变革

高价值的商品（服务）不能用于低价值的应用，这是“增值商业”的定义，也是未来商业不变的定律。经济学讲究投入产出要成正比。如果是小投资，少风险，却有高回报率，则绝对是一笔好买卖。事实上，大多数的高回报，都仅限于高投入与高风险并存之间。那么，对于 Internet 而言，要创造经济价值，实现电子商务盈利，并不异于传统商业模式，可以轻易回避高成本高投入。就拿亚马逊为例，它以销售图书为主，兼营杂志和音像制品等其他产品。如果它所卖的产品只片面注重低价和优惠，以此吸引更多的顾客，这并非上策。亚马逊的成功不仅在于它能全面、及时、有效地满足读者所需要的图书，而且能通过用户画像、推荐系统、意见评论、信息链接等互动板块提供高质的消费体验。“通过互联网向购书者提供最快捷、最便利、最愉悦的服务和享受”，亚马逊要实现这个宗旨，保持并不断改善个性化要求都是需要高投入的，而低价策略将直接导致低产出，或者说是入不敷出。因为，在图书的交易成本中，书价只占很少一部分（这是最容易被人们忽视的）。对于懂得买书的人来说，书价虽然会刺激购买行为，但终究改变不了消费目的。对于商家来说，其真正要实现的价值不在于仅仅用书来换取读者手中的货币，而是有效地传达作者的著书思想，也就是引导消费，让书的作用发挥出来。所以，传递手段不能是简单地陈列书的内容提要，而必须结合网络的作用以产生高附加值。这一点，可以从健康产业部分直销企业的营销模式看到类似的东西。

因此可以断言，“增值商业”将是未来电子商务发展的大势所趋。它的核心是“增值”，主要表现为降低交易成本，提升商品（服务）价值，两者缺一不可，互为关联。“整合营销”是增值的关键，这对电子商务经营商提出了较高的要求，即它必须始终坚持客户需求为导向，在充分掌握其个性化需求的基础之上，通过各种资源的结合关联，把客户整合到由信息商、供应商、销售商、配送商、服务商共同组成的一条龙服务（营销过程）中，做到将合适的产品以合适的方式提供给合适的客户，并帮助客户产生真正的、持久的价值，从而形成一种综合化、价值化的服务体系。

（二）产业链共享变革

随着电子商务时代的到来，全新的商业模式正在迅速形成。企业不再像过去那样采用人工办法购买和销售它们的产品。随着买主和卖主通过电子网络而联结，商业交易开始变得具有无缝性。其所带来的改变是具有革命性的：交易过程很大程度上都变为自动化；供应商关系通过电子网络而紧密联结；服务品质得到改善；大额成本得以削减。一些处于前沿的组织，甚至开始从关注成本向增加收入过渡。与此同时，从全球宏观角度来讲，传统的以国家为基准的产、供、销体系逐步瓦解，取而代之的是以行业全球采购巨头们所形成的纵向买方市场和跨行业区域服务与制造商所形成的横向卖方市场所组成的类似于风车结构的共享式发展。

（三）全息式互动变革

流通与流通行业的发展变化从来都是经济发展的重要标志，同时也为社会经济的发展创造着日益完善的循环条件。流通领域所发生的每一次重大变革，从来都是与流通物质技术手段的发展更新紧密相连的，技术手段的更新往往与流通物质技术手段的发展更新紧密相连，高新的技术手段使流通效率大大提高，生产消费进入更广阔的发展空间。电子商务作为信息技术变革的产物，为流通提供了一个高效的运作环境和强大的技术支持体系，将在以往组织技术、营销技术和物流技术的基础上引发全方位的创新，从而爆发更深层次的流通革命。有别于传统的流通方式，“新流通革命”不仅在交易方式、区域合作、商务效率上有所改变，更重要的是，它直接带来了流通业内部作业流程和经营管理的一系列深刻变革。例如，电子商务技术的使用大大提高了流通行业的技术构成和资本构成，流通行业正显示出“技术密集型”的特征，将流通行业视为“劳动密集型”行业的观念正在成为历史。过去，中国市场经济程度不高，整个社会的生产能力还比较有限，生产出来的产品通过适当的方式总是能够找到市场。但在今天，市场经济高度发达、社会生产远大于社会需求，企业的生产就不得不完全听命于市场，按需求组织生产。从生产与流通关系来看，也就是“流通引导生产”。在这个意义上，消费者已不仅仅是企业产品的购买者，或者服务的接受者，同时还是企业产品（服务）和营销方案的设计者、经营活动的直接参与者和决策者。企业和消费者在主动性方面的一减一加，恰恰是电子商务构建公平、开放的平台后所引起的观念转变。

二、电子商务时代的经济变革

（一）经济全球一体化变革

在传统贸易中，许多企业缺乏进出口渠道，从事国际贸易是可望而不可即的。Internet 是一个面向全球的开放性网络，正成为新的经济运作平台。它遍布世界各个角落，打破了传统的疆土概念。同时它 24 小时全天候地敞开门户。因此，它打破了时间和距离等限制市场机会的壁垒。无论企业在任何一个地方上网，它的影响范围都可以是全球的，业务范围并不受地区和国界的限制，使交易活动可以在任何时间、任何地点进行。电子商务被赋予了全球性的特征，意味着小企业和大企业之间竞争的机会均等，使竞争更为公平。电子商务为企业打开了一条进行国际贸易的通道，有利于全球性的、统一的、开放型的市场体系形成。

（二）行业变革

电子商务活动过程具备高效率的特性，减少了不必要的中间环节。传统的制造业借此进入了小批量、多品种的时代，使得厂家努力追求的“零库存”成为可能；传统的零售业和批发业开创了虚拟商店、虚拟柜台等营销模式，在线服务为传统服务业提供了全新的服务方式。另外，为配合电子商务活动出现了一些新兴行业，如电子出版社、电子咨询公司、物流公司、大数据分析公司等。

（三）市场结构变革

1. 电子商务降低了资本介入市场的门槛

电子商务的形成提高了市场的开放性，降低了资本介入市场的门槛，尤其是知识资本的投入越来越显得重要，知识可以帮助中小企业直接进入国际市场，谋求发展壮大。借助于Internet，一些小企业无须庞大的商业体系，无须高昂的广告费用，无须众多的销售人员，就可以加入到全球国际大市场，参与市场竞争，接触这个市场中的广大客户，企业只要花费很小的成本便可建立起基于Internet的“全球贸易网”，一步到位成为“跨国公司”。

在Internet上，机会是均等的，任何一家小公司都可能获得与大企业一样的机会与地位。网上的客户关心的不是企业的大小，而是企业给他们提供的产品或服务的价值，如果企业有绝对的竞争优势，不管企业的大与小，客户都会选择该企业的产品或者服务。这对小公司来说极为有利。在传统的产业经济中，这是不可能的。

这种市场介入方式的变化，改变了传统资本运作的模式，企业不再只沉迷于实物资本规模的扩大，而可以充分利用电子商务的优势，以巧取胜，以特色取胜。如果不建立一个具有竞争优势的电子商务方案，想在当今市场中保持绝对的优势是很困难的。

2. 电子商务对市场运作的影响

电子商务对市场运作的影响往往体现在工业经济向信息经济的变革过程中。与1880年的农业经济转变为工业经济的变革和20世纪70年代工业经济向知识经济的变革相比，这一次变革的影响要长远、广泛得多。在这个转换过程中，电子商务是一种重要的、非常关键的手段和措施，因为它是信息技术与传统经济的桥梁，它对整个世界的市场运作产生了巨大的影响。主要表现在以下几点：

（1）市场运作空间。工业经济的市场运作空间是以某一个国家或某经济区域为主体的，而信息经济则是以信息技术的广泛应用为前提的各种立体空间，渗透并改造着整个领域，乃至覆盖全球或宇宙空间。传统的市场观念认为市场是二维的，企业的市场营销活动受地理环境和交通工具的限制；Internet的出现带给人们的是一个没有地理约束和空间限制的三维市场，这就大大地突破了原有商品销售范围、消费者群体、地理位置半径和交通条件的限制。

（2）市场运作模式。工业经济的市场运作模式有许多的中间环节，企业的生产、流通都需要一个很漫长的过程。信息经济的市场模式取消了工业经济的市场运作模式的中间环节，从间接的中间渠道销售到直接的网络销售，从有生产办公室到虚拟办公室，从纸币到电子货币，从中间管理制度到知识管理，从依靠硬件到依赖知识，从普通服务到网络增值服务，市场运作模式变得更加直接。

因此，电子商务大大拓展了市场运作空间，改变了传统的市场运作模式。从电子商务的交易方式可以看出，电子商务缩短了生产厂家与消费者之间供应链的距离，企业可以跳过传统的经销商而与客户直接联系，客户的需求直接转换为企业生产的指令。它大大地加强了企业与消费者的联系，并且由于减少了中间环节而大大降低了企业的经营管理成本。这种市场运作空间与模式的转变是工业经济向信息经济的一种变革。

三、电子商务时代的社会变革

（一）社会信息化变革

电子商务的广泛开展将加快社会信息化的进程。对于产生新业务来说，出现了虚拟超市和商品目录、电子出版物、家庭银行等。对于就业而言，电子商务的出现将增加从业者转变技能的要求，将形成庞大的信息服务业市场，需要大量的计算机网络技术人才和电子商务管理人才，增加新的就业机会，同时还将促进劳动力市场的全球化。对于交易中的物流来讲，电子商务可以实现电子商品的电子配送，易于实现实物商品、物资的优化配送，提高运输效率，减少运输费用，同时还将促进物流专业化水平的提高，推动第三方物流的发展，为最终实现物流一体化奠定基础。电子商务将促进国民经济信息化，主要体现在以下四个方面：促进信息基础设施的建立与完善；促进信息设备硬件、软件和相关信息服务的发展；促进电信网、计算机网、广播电视网的一体化；促进信息产业与金融、证券、教育、医疗等相关产业的融合。

（二）工作和生活方式变革

伴随着电子商务的不断发展，其给我们的生活、工作、学习乃至娱乐都带来了直接与间接的影响。主要有以下几个方面。

1. 信息传播方式

Internet 是一个具有交流特性的网络，它不仅可以作为个人传递信息的工具，也是企业间传递信息的媒体。与传统的印刷出版物相比，网上出版有着不可比拟的特点。首先，网上出版成本低廉；其次，网上的读者面广泛；最后，网上查找信息方便。所以，无论对信息传播者还是信息受众，网上信息的传播都是最佳的选择。这也是电子商务受欢迎的原因之一。由于网络的信息传播的优点，网络广告也越来越受广告主欢迎。

2. 生活方式

由于 Internet 的流行和电子商务的兴起，人们的生活也发生了变化。以前，总要花费大量的时间去商场或者百货商店购物，几个商场逛下来，累得人都散了架；现在，待在家里，轻松地点击鼠标，就可以在 Internet 的虚拟商场里挑选、购买物品。在网上商场里逛累了，去音乐站点或者其他娱乐站点逛一逛，放松一下心情。总之，Internet 实质上已形成了一个范围广阔、没有国界的虚拟社会，不同年龄的人们都可以在网上找到适合自己活动的领域，发表自己的意见，参加聚会，购物，看电影，玩游戏，进行阅读、收藏、旅游等活动。Internet 已经在人们的生活里占据着越来越重要的位置。

当然，Internet 与电子商务给人们带来了方便，也带来了新的问题：青少年的上网问题、信息污染问题、家庭隐私问题、电子商务的安全问题等。这些问题给我们带来了新的挑战。如何正确地处理这些问题也是我们在生活中必须考虑的。

3. 工作方式

由于应用电子商务方式进行交易可以保证及时通信和处理大部分的业务，因此在电子商务环境下办公，其方式是灵活的，无论在什么地方、什么时间都可以进行办公处理。对于执行独立任务的管理人员来说，可以方便地在家中及时处理事务，从而不必花更多时间在路上和进行面对面的交流，因此电子商务使人们在家里办公成为可能。在电子商务全面开展的当下，尤其是社会上有公共事件发生的时候，在家里办公是最好的方式。

4. 消费方式

网上购物的最大特征是消费者的主导性，购物意愿掌握在消费者手中。同时消费者还能以一种轻松自由的自我服务的方式来完成交易，消费者主权可以在网络购物中充分体现出来，消费者再也不用将时间花在商场选择、排队等待上面，在家里就可以利用电子商务系统完成整个购物过程。在线购物、电子支付、送货上门等给21世纪的消费者们提供了最佳的消费选择。

5. 教育方式

随着Internet应用的扩展，在网上开设网络大学进行远程教育已为国内外的众多大学所采用。它以计算机通信技术和网络技术为依托，采用远程实时、多点、双向交互式的多媒体现代化教学手段，实时传送声音、图像、电子课件和教师板书，使身处两地的师生能像在现场教学一样进行双向视听问答，这是一种实现跨越时间和空间的教育传递过程。网络大学需要的管理机构和人员很少，进行网上教育成本低、效果好，可以最好地发挥好的师资和教材的优势，可以低投入、高产出地完成高质量的教育。同时，现代社会要求对人们进行终身教育和培训，各个年龄层次、各种知识结构、各种需求层次和各个行业的从业者，均可以通过网络大学完成继续教育，数字化的课堂让很多没有时间的专业学生和在职的工作人员的教育问题得到解决。

第二节 电子商务知识管理

在电子商务模式中，知识是最重要的生产力因素。电子商务的实施为企业实行知识管理创造了条件，而只有通过知识管理才能适应新的发展要求。电子商务与知识管理被人们认为是有关企业未来竞争成败的关键。因此，本节主要介绍知识管理、知识管理与信息管理的区别和联系，以及电子商务与知识管理的关系和电子商务知识管理实施等相关内容。

一、知识管理

知识管理诞生于知识经济逐渐兴起、信息技术飞速发展、商业竞争日益加剧的环境中。知识管理与信息技术密不可分，共同构建企业商务智能，并成为企业核心竞争力的源泉。知识管理的对象是知识、信息以及知识的生产、创新、交流、共享、应用等过程，简而言之，知识管理就是对知识及知识过程的管理，即确认和利用已有知识资产，以满足现在和未来的需要，开拓新的机会。知识管理是以知识和知识活动为核心的综合管理。它撇开了物质过程，把知识活动过程作为考察对象，研究知识活动的规律并以此构建管理原理与相应的方法和体系，通过知识管理过程实现企业的各种管理职能。知识管理包括几个方面工作：建立知识库；促进员工的知识交流；建立尊重知识的内部环境；把知识作为资产来管理。

二、知识管理与信息管理

（一）知识管理与信息管理的区别

1. 产生的背景不同

信息管理是为解决社会信息现象的复杂多样性和社会信息的无序性与人类需求的特定性之间的矛盾而产生的。简言之，信息管理的目的就是使人们能够在特定时间获取所需要的特定信息。从严格意义上讲，自从人类有了信息交流行为，社会信息管理活动就产生了。从信息管理的三个发展阶段来看，它们各自显示出不同的特征：传统信息管理时期，以图书馆为主要阵地，重在文献信息的收集、整理、保存与传播，这一时期的管理活动集中在微观层次，属公益型事业，即主要满足人们对信息需求的不断增长；二战以后，由于科技生产力的迅猛发展，以电子计算机通信技术为核心的现代信息技术为解决大量信息的处理、检索和传递使用提供了强有力的支持，信息管理进入了以信息系统为特征的技术管理时期；20 世纪 70 年代以来，随着发达国家从工业经济向信息经济的演进，信息资源作为经济资源、管理资源和竞争资源的观念深入人心，人们认识到现存问题必须依靠技术、法律、政策、伦理道德等因素结合起来协同解决，这一时期是以信息资源管理为主要特征的资源管理时期。

而知识管理则是基于知识在当今社会经济发展中的特殊重要地位而提出来的。它的出现大致有以下三个方面的原因：第一，知识成为社会经济发展的重要资本和动力，是促使知识管理产生的外部因素。知识经济时代，强调物质生产和知识生产相结合，而知识的作用尤为明显。第二，经济的全球一体化是知识管理出现的直接原因。科技的发展，人类的进步，使国际交往日益增多，经济的发展要求每个国家都以国际大舞台为阵地展开竞争、谋求发展。因此，不断地进行创新，培养高素质的、富有开拓进取精神的人才就显得尤为重要。在这种环境下，知识管理自然成为关注的焦点。第三，信息技术的发展为知识管理提供了技术保障。知识来源于信息，信息的获取又在很大程度上依赖于信息技术，因此，知识管理有了信息技术的发展作为保障，便如虎添翼。正是基于以上原因，知识管理成为现代企业的新型管理模式，使企业的知识创新形成自给机制，并成为企业重组的依据。

2. 内容范围不同

不同的研究者对信息管理和知识管理研究的内容范围也存在分歧。有些学者认为，信息管理就是研究社会信息现象的科学，如研究社会信息现象与规律、信息组织与管理、信息服务与用户、信息政策与法律等。而其他学者则将信息管理分为三个层次，即过程管理、网络管理、宏观政策管理。其中，过程管理包括用户需求分析、信息源管理、信息采集、组织、检索、开发、传播与利用等；宏观政策管理主要体现在政策法规主导的调控管理，如信息政策、法规、市场、产业、基础设施和信息教育等。就知识管理而言，有些学者认为，它的研究内容范围应该包括理论研究和应用研究两部分。理论研究包括对知识的特性和运动规律的研究、对知识组织管理的研究、对知识信息管理的研究、对知识管理方法体系的研究；应用研究则主要是各行业各学科领域的知识创新和管理在本领域的应用。

从两者的概念和内涵可以看出，知识管理与信息管理在所研究的对象、领域、基点等方面都存在较大的差异。知识管理的核心问题在于强调知识创新，由此而形成整个知识管理的思想体系，而信息管理的一切问题都是围绕信息的组织控制和利用展开的。

（二）知识管理和信息管理的联系

1. 知识管理是信息管理的延伸和发展

前面谈到了信息管理的三个发展阶段。其实，知识管理在历史上曾被视为信息管理的一个阶段，由于经济发展和管理实践的需要，知识管理开始从信息管理中孵化出来，正在逐步形成一个新的管理领域。

2. 知识管理是对信息管理的批判性继承

这主要表现在三个方面：第一，传统的信息管理以提供一次、二次文献为主，而知识管理不再局限于利用片面的信息来满足用户的需求，而是对用户的需求进行系统分析，向用户提供全面、完善的解决方案，帮助用户选择有用的文献，提高知识的获取效率。第二，传统的信息管理仅局限于对信息的管理，而忽视对“人”的管理。其实在信息获取的整个流程中，“人”才是核心。知识管理认为对人的管理既可以提供广泛的知识来源，又可以建立良好的组织方式用以促进知识的传播，这适应了知识经济时代的要求。第三，知识管理通过对知识的管理，抛弃了信息管理中被动处理信息资源的工作模式，它与企业的知识交流、共享、创新和应用的全过程相融合，实现企业业务流程的重组，从而使之能够成为企业知识创新的核心推动力，给企业带来新的活力。

三、电子商务与知识管理

（一）电子商务与知识管理的关系

电子商务是一项新生事物，它的实施必然要求企业不断积累、开发、利用和创造知识。同时，成功的知识管理必将推动电子商务的顺利进行，共同为提升企业的竞争力、提高经济效益服务。

1. 电子商务有助于知识管理目标的实现

电子商务的实施为企业实行知识管理创造了条件，同时也传达给企业这样的信息：只有通过知识管理，才能适应新的发展要求。一方面，电子商务使企业获取知识、应用知识的能力大大增强，企业可以借助网络收集到企业所需的有用信息，并可通过网络进行知识的传播和交流，使员工的个人知识方便地转变成可以在企业内部广泛共享和恰当利用的“企业知识”；另一方面，电子商务使得企业从市场和客户那里获得信息和知识，以及建立知识和信息的共享机制变得十分重要，企业必须把知识管理和电子商务紧密结合起来，以谋求更大的发展。

2. 知识管理有效促进电子商务的发展

在电子商务实施的全过程中，每一个环节都会对知识管理提出不同的要求。只有加强知识管理与电子商务的融合，才能使电子商务真正发挥作用，产生出应有的效益。电子商务实施的不同阶段与知识管理的关系可概述如下：

（1）规划设计阶段。在规划设计阶段，企业必须根据自身的实际，考虑产品、服务和客户的特性，结合业务流程和公司的发展战略，围绕市场需求，全面规划设计企业的电子商务实施方案。

（2）信息发布和简单交易阶段。在信息发布阶段，要求网站管理部门动态地向外部发布有关产品、服务的各种信息和知识。尽管这一阶段对公司业务的运行影响较小，但同样要求网站管理人员掌握基本的网络技术，及时从企业内外获取各种相关信息和知识，并在网站中予以集中反映。在简单交易阶段，企业将利用网站来接受、处理顾客的订单，顾客也可以在网站浏览信息及订货，网站将及时收集各种客户数据，经处理后存入企业的知识库，这时要求企业高度重视来自客户的各种个性化的需求信息与对产品、服务的意见和建议。将这些信息经过专业化的处理后，纳入知识管理体系，将会大大提高电子商务交易的有效性。

（3）交易集成阶段。在这一阶段，电子商务交易将扩展到企业内部，企业将通过网站与客户、供应商和合作伙伴共同形成闭环的价值链，与各个成员形成知识共享体系，并将这些获得的知识用来更有效地管理业务，为顾客提供更多的增值服务。

（4）电子化管理阶段。电子商务发展的更高阶段应是企业业务流程的电子化运作。在这一阶段，企业内部各个环节的职能将直接通过网络来实现，营销、财务、设计研发、采购、生产、库存管理等将通过网络构成全新的电子化业务流程，这将显著降低成本，大幅度提高经营效率。

（二）电子商务知识管理的实施

当市场优势逐渐向高知识含量的产品和服务集中时，越来越多的企业开始认识到实施知识管理提升企业竞争力的必要性。实际上，电子商务和知识管理可以同时展开，相互促进，因为二者的技术要求相似，比如共同需要采用数据库技术、搜索引擎技术等，而且，二者均可在相同的网络平台实现。电子商务发展中的知识管理实施具体可分成以下几步进行：树立知识管理思想；设立知识主管；选择知识管理策略；创建知识共享体系；完善知识激励机制；创建学习型组织。如图 10-1 所示。

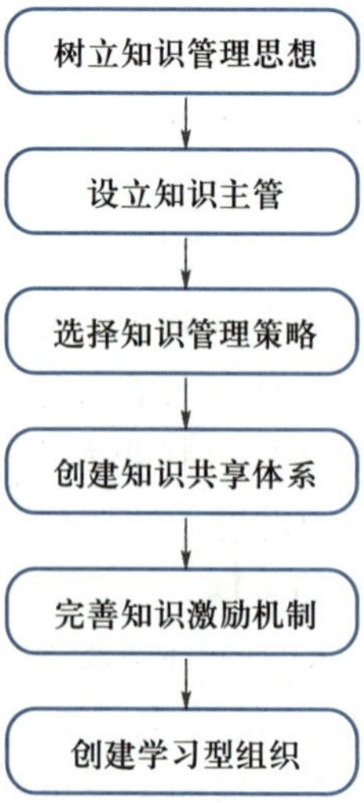

图 10-1　电子商务知识管理实施过程

1. 树立知识管理思想

树立知识管理思想，必须让全体员工认识到企业知识在市场竞争中所起的决定性作用。只有充分认识到企业知识与企业命运乃至个人利益的密切关系，员工才会自觉地维护企业知识，促进知识管理的顺利进行。企业领导应积极引导和鼓励企业员工把自己的知识贡献出来，成为企业的共同财富。同时，还应消除传统的员工与上司之间、员工与员工之间知识和信息交流沟通的障碍，营造良好的知识共享环境，建立民主、透明、公开化的决策机制，充分尊重员工的知识价值，形成良好的知识管理环境，使知识管理落到实处，发挥出实实在在的作用。

2. 设立知识主管

从国外企业知识管理的实践来看，设立知识主管——CKO（chief knowledge officer，首席知识官）是较普遍的做法，而且知识主管的作用和地位在不断上升。知识主管是介于首席执行官（CEO）和首席信息官（CIO）之间的一种职位，它的主要职责可概括为“制定知识政策，提供决策支持和帮助员工成长”三个方面。

3. 选择知识管理策略

知识管理策略可分成编码化策略和人格化策略两种。对一个特定的企业来说，究竟应选择何种知识管理策略并不简单，应根据以下几点来选择适合企业应用的知识管理策略：

（1）员工主要依靠内隐知识还是外显知识解决问题。外显知识可以进行系统化的编码、储存且不容易失真，如简单的软件代码和市场数据都属于外显知识；内隐知识是高度个体化的，难以用系统、规范的方式实现共享，需要通过个人的长期努力来获取的知识。

（2）本企业提供的是标准化的还是个性化的产品和服务。若企业提供的是标准化的产品和服务，相对来说，技术难度较小，使用的知识内容基本相同，可重复使用经过编码的知识，因此，适宜采用编码化知识管理策略；若企业提供的是个性化的产品和服务，其工作重点在于满足特定顾客的独特需求，由于这些需求存在较大的差异，编码化知识管理策略显然起不了多大作用，应该考虑采用人格化知识管理策略。

（3）企业提供的产品和服务属于成熟型还是创新型。企业提供的如果是成熟型产品和服务，因其包含的知识成分相对明确和稳定，开发和销售过程所需要的知识也是大家熟悉的、系统化的、可编码的知识，所以可直接考虑采用编码化知识管理策略；如果企业提供的是创新型产品和服务，因其需要由拥有不同知识的员工交流、沟通各自的知识，需要寻求灵感的碰撞和创新思想的开发，因此，宜采用人格化知识管理策略。

（4）选择知识管理策略应注意的问题。知识管理策略应有所侧重，不应主次不分，否则既不能像编码化知识管理策略那样降低顾客享用知识的成本，也不能像人格化知识管理策略那样向顾客提供艰深复杂的知识。但同时也不应绝对化地只采用一种策略，而应使二者保持合适的比例。

领导层应从全局出发看待知识管理的作用。只有当知识管理与人力资源、信息技术和企业竞争战略相协调时，企业才能收到最大效益，而要实现这种协调，必须有公司领导层的积极参与和坚强领导。

应选择不同的信息技术方案。两种知识管理策略需要提供不同的软硬件设施和支持水平。在编码化知识管理策略中，企业需要采用与传统图书馆非常相似的系统，它必须带有很大的文件存储空间，并兼备搜索引擎，以便人们查询和使用所需的知识；在人格化知识管理策略中，最重要的是必须有一个系统，使人们通过它能够找到真正掌握知识的人，从而获得帮助。

4. 创建知识共享体系

知识共享是实施知识管理的重要条件和基本目标，特别是对内隐知识来说，知识共享的程度直接决定了知识的价值和企业的知识竞争力。因此，对每一个实施知识管理的企业而言，采取得力措施促进知识共享都显得十分必要。具体的措施可参考以下几点：

（1）创建促进知识共享的组织结构。知识共享与组织结构关系十分密切，在一个等级森严、部门壁垒严重的企业，要实现充分的知识共享是不可能的。新型的有利于知识共享的组织结构应具有以下特点：有宽松、民主、适合创造的管理体制，上下级之间没有明显的等级界限，员工之间可以相互学习、相互影响、共同提高；有利于企业更好地对外部环境的变化做出反应，不需要经过复杂的决策程序即可与外界沟通；有助于增强企业员工的团队合作精神；有利于企业集中资源完成知识的商品化，使知识发挥最大的效益；有利于企业创建学习型组织，不断提高企业的学习、创新和适应能力；有不同层次的专门人员负责企业的知识管理工作。

（2）构建适合知识共享的知识网络。知识网络是实施知识管理的基本载体，也是保证员工实现知识共享的物质基础。完善的知识网络对知识的吸收和创新、维护与应用、传播与共享起到了极为重要的作用。因此，企业一方面要加强物理网络基础设施建设，逐步完善网络的功能；另一方面，必须加强网络的应用，特别是要注意与客户、供应商、销售商、合作伙伴、政府部门、专家机构等形成网络体系，尽可能地拓展知识网络的空间，共享更丰富的知识财富。

（3）设置企业内部知识交易市场。为了更有效地实现知识共享，企业也可考虑设置内部知识交易市场。当然，企业内部知识交易市场的价格形成机制有其特殊性，因为知识的卖方会考虑到与他人互惠互利、建立信任、树立威望、帮助别人、企业发展等因素，因此企业内部知识交易市场知识产品的报价必然会远低于外部市场的交易价，但这种模拟外部市场的做法对形成尊重知识、尊重人才的风气，调动员工贡献知识的积极性是大有好处的。

（4）培育适应知识管理的企业文化。不适宜的企业文化是阻碍企业知识管理实施的最主要因素，因此，培育与知识管理相一致的企业文化是推动知识管理良性发展的重要任务。

（5）强化员工知识交流制度。知识作为一种特殊的无形资产，它的价值一定程度上取决于它的传播范围。在企业内部，强化员工之间的知识交流，对充分发挥知识的作用，更好地创造知识的价值有重要的作用。可以通过以下三种方式促进员工之间的知识交流：实行导师制；利用各种传播媒体；多种形式的交流、研讨等。

5. 完善知识激励机制

完善知识激励机制是实施知识管理的重要内容。只有设计出科学、合理、能真正反映知识价值的、有效的知识激励机制，才能使知识管理产生出应有的效果。知识激励机制所包含的内容较为广泛，主要包括以下几个方面。

（1）知识创新失败宽容机制。知识创新成功的意义不言而喻，但知识创新失败的可能性也相当大。如果一个企业允许成功的创新，而不能容忍创新的失败，必然会导致人人害怕创新、人人不愿创新的局面。

（2）知识权益激励机制。知识权益激励机制要求企业明确员工的知识成果，对其成果做出恰如其分的评价，并在此基础上通过增发薪水、酬金、股票、股票期权等形式反映员工知识成果的价值。

（3）知识署名机制。知识署名机制是指对于那些取得了较重要的知识成果，对经济利益的刺激不太敏感但对名望较重视的员工采用知识署名的方法予以激励，以表彰他们为公司发展做出的贡献。

（4）知识竞争机制。知识竞争机制是指企业把员工的知识成果和知识创新能力作为晋升、加薪、荣誉奖的考虑因素，充分体现知识的价值，形成尊重知识、尊重人才的良好风尚，鼓励员工更好地参与管理，提高企业知识管理的水平，培育出“知识促效益，效益催知识”的良性循环机制。

（5）知识培训机制。对知识型员工来说，培训是最好的激励。科学、合理、有针对性的培训将会大大调动员工参与知识创造的积极性，使员工和企业更好地共同发展，实现“双赢”。

6. 创建学习型组织

（1）电子商务为组织学习提供了先进的信息获取手段，无论从企业内部还是从企业外部获取信息，网络都是高效、便捷、低成本的知识来源。

（2）信息传播方式的改变使组织学习的吸引力大大上升。因为传统的信息传播方式基本上都是单向的，如广播、电视、报纸杂志等，都不具有交互功能；网络是具有双向交互功能的媒体，并且可以文本、图形、动画、声音和影像等超媒体形式传递信息，显著提高了员工参与学习的积极性。

（3）电子商务提高了组织学习的记忆能力。因为基于超媒体的信息系统在处理大型的、复杂的以及多参照系的信息时具有独到的功能，对提高组织记忆能力可起到重要作用。

电子商务为创建学习型组织提供了良好的条件，而学习型组织又必然会推动电子商务的发展。二者是相辅相成、互为促进的。

第三节　电子商务管理新技术

电子商务管理随着信息技术的不断发展而发展。新技术的产生，使电子商务管理产生新的内涵和外延，同时也扩展了现有的电子商务管理视角和思维。未来电子商务必然和物联、人工智能等新技术融合在一起，形成电子商务管理新领域。

一、物联网技术

（一）物联网概述

根据ITU的描述，在物联网时代，通过在各种各样的日常用品上嵌入一种短距离的移动收发器，人类在信息与通信世界里将获得一个新的沟通维度，从任何时间、任何地点的人与人之间的沟通连接扩展到人与物和物与物之间的沟通连接。物联网是在计算机互联网的基础上，利用RFID、无线数据通信、全球定位系统、传感器等技术，构造一个覆盖世界上万事万物的“Internet of things”。在这个网络中，物品（商品）能够彼此进行“交流”，而无须人的干预。

2005年11月17日，在突尼斯举行的信息社会世界峰会（WSIS）上，国际电信联盟（ITU）发布了《ITU互联网报告2005：物联网》，正式提出了“物联网”的概念。报告指出，无所不在的“物联网”通信时代即将来临，世界上所有的物体从轮胎到牙刷、从房屋到纸巾都可以通过互联网主动进行交换。射频识别技术（RFID）、传感器技术、纳米技术、智能嵌入技术将得到更加广泛的应用。

2009年1月28日，奥巴马就任美国总统后，与美国工商业领袖举行了一次“圆桌会议”，作为仅有的两名代表之一，IBM首席执行官彭明盛首次提出“智慧地球”这一概念，建议新政府投资新一代的智慧型基础设施。

中国科学院基于传感器网络的物联网定义为：随机分布的集成有传感器、数据处理单元和通信单元的微小节点，通过一定的组织和通信方式构成的网络，是传感网，又叫物联网。

物联网用途广泛，遍及智能交通、环境保护、信息安全、智慧工业、智慧医疗、智慧农业、智慧物流等多个领域，被称为继计算机、互联网之后的“第三次信息技术革命”。

（二）物联网的原理

物联网的实质是利用物联网技术，通过计算机互联网实现物品（商品）的自动识别和信息的互联与共享。在物联网中，RFID标签中存储着规范而具有互用性的信息，通过无线数据通信网络把它们自动采集到中央信息系统，实现物品（商品）的识别，进而通过公开性的计算机网络实现信息交换和共享，实现对物品的“透明”管理。其主要工作过程可由以下三个步骤构成。

步骤1：对物体属性进行标志，属性包括静态属性和动态属性，静态属性可以直接存储在标签中，动态属性需要先由传感器实时探测；

步骤2：识别设备完成对物体属性的读取，并将信息转换为适合网络传输的数据格式；

步骤3：将物体的信息通过网络传输到信息处理中心（信息处理中心可能是分布式的，如家里的计算机或者手机，也可能是集中式的，如中国移动的IDC），由信息处理中心完成物体通信的相关计算。

传感网是感知的网络，是物和物的互联；移动通信网是信息传输网络，是人与人的互联；互联网是连接虚拟信息共享的网络；物联网是连接现实物理世界的网络。实质上，物联网是传感网、互联网和移动通信网三网高效合一的产物。

“物联网”概念的问世，打破了之前的传统思维。过去的思路一直是将物理基础设施和IT基础设施分开：一方面是机场、公路、建筑物，而另一方面是数据中心，如个人计算机、宽带等。而在物联网时代，钢筋混凝土、电缆将与芯片、宽带整合为统一的基础设施，在此意义上，基础设施更像是一块新的地球工地，世界的运转就在它上面进行，其中包括经济管理、生产运行、社会管理乃至个人生活。

（三）电子商务与物联网技术

电子商务出现后，凭借着其独特的优势与蓬勃的生命力呈现了快速增长的趋势。然而在电子商务发展的过程中，电子商务的上下产业环节也对电子商务提出了全新的需求。在实际应用中，运用物联网技术则可以利用物联网的优势来改善电子商务的运营过程。物联网是电子商务物流、资金流和信息流的一体化整合纽带。物联网技术的发展将对电子商务的交易主体和各交易环节有很大影响，也将在企业的运营管理、供应商渠道、消费者购物体验、客户关系管理等领域发挥重要的作用。

在电子商务中运用物联网技术可以更加高效、妥善地借鉴电子商务运营管理中的问题。物联网在电子商务中的应用，对电子商务企业经营管理、消费者购物等方面将具有十分重要的作用。具体表现如下：

第一，可以使用物联网技术中的无线射频技术对库存数量进行实时监控管理，形成商品信息自动化传输。然后，仓储管理系统与企业的管理系统对接实现数据同步处理，给企业的经营者决策提供科学的决策依据，以此实现决策最优化目的。这样既可以降低库存、提高商品的流动速度、减少管理成本，还可以对消费者的需求快速反应，带给消费者最大的购物满足感。

第二，在物流领域，GPS技术和传感器的精密结合用来实现智能化物流配送。智能化物流配送可以利用物联网的终端来获得详细而完整的信息，并且将收集到的数据利用网络传输到数据中心，进而由数据中心进行判断以及最后的调整，以实现物流配送产品的信息化与规范化，消费者、销售商户与物流公司都可以通过这一平台来对商品的流动信息和运输商品的车辆状态进行实时监控管理。

第三，创新支付方式，给用户更好的支付体验。物联网可以使商家、银行和消费者及第三方支付平台更加紧密地结合起来，探索更加方便和快捷的商业支付模式，发展多样化的移动支付业务，增加支付操作的便捷性，降低电子商务用户的使用门槛。

第四，在产品方面，可建立产品动态管理系统。首先可以为产品建立唯一的识别标志，顾客可以通过物联网对这个有唯一标志的产品进行辨别，更加清楚地了解商品的具体来源、加工和销售等情况，这样就大大降低用户被骗的风险，进一步提高用户消费的积极性。

二、人工智能技术

（一）人工智能概述

1956年，麦卡赛、明斯基、罗切斯特等科学家在聚会上共同探讨、交流机器模拟智能等设想，首次提出了“人工智能”，就此“人工智能”这门新兴学科正式诞生。

20 世纪中晚期，人工智能已经成为世界三大尖端技术之一。

尼尔逊教授对人工智能下了这样一个定义：“人工智能是关于知识的学科——怎样表示知识以及怎样获得知识并使用知识的科学。”

美国麻省理工学院的温斯顿教授认为：“人工智能就是研究如何使计算机去做过去只有人才能做的智能工作。”

这些说法反映了人工智能学科的基本思想和基本内容。即人工智能是研究人类智能活动的规律，构造具有一定智能的人工系统，研究如何让计算机去完成以往需要人的智力才能胜任的工作，也就是研究如何应用计算机的软硬件来模拟人类某些智能行为的基本理论、方法和技术。

人工智能的主要基础就是计算机。人工智能是研究使计算机来模拟人的某些思维过程和智能行为（如学习、推理、思考、规划等）的学科，主要包括计算机实现智能的原理、制造类似于人脑智能的计算机，使计算机能实现更高层次的应用。人类的思维不仅仅是数学逻辑，还有细腻的情感思维、生动的形象思维，以及迸发的灵感思维。计算机技术拥有强大的计算能力、丰富的数据储备能力、高效的运转速度，它给了人工智能实现逻辑思维的目的，但是要想真正模拟人类智能，必须借助数学工具扩展研究领域。人工智能与思维科学的关系是实践和理论的关系，人工智能是处于思维科学的技术应用层次，是它的一个应用分支。除了计算机科学，人工智能研究还涉及生物学、心理学、信息论、自动化控制、数学逻辑、语言学、医学等多门学科，多门学科相互交错，促进人工智能的研究发展。现今，人工智能的学术理论和实际研究已经十分丰富，应用领域也在不断扩大。

（二）电子商务与人工智能技术

众所周知，电子商务的导购服务、仓储物流往往需要耗费大量的人力、物力，由此带来的成本不容忽视。要想对这部分成本进行压缩，就必须大量使用机器来替代人工，而时下如火如荼的人工智能或许会成为解决此问题的关键。当然，人工智能的应用不会局限于上述层面，它对电商行业的价值将是全方位的。

1. 人工智能有助于提升服务品质、降低人工成本

通过人工智能助手（聊天机器人），能自动回复顾客问题，对简单的语音指令作出响应，并通过采用自然语言处理系统提供产品推荐。电子商务网站和移动端页面上的聊天对话框正是基于机器学习的算法，以个性化方式与客户通信。聊天机器人能够帮助消费者找到合适的产品，检查产品供应情况，并比较各种产品，最后帮助消费者付款；如果有任何投诉或疑问，聊天机器人也可以帮助客户联系相应的服务人员。消费者可以通过文字、语音甚至图片与这些机器人进行“交谈”。2017 年 3 月，阿里巴巴发布了智能服务机器人，即是淘宝商家的聊天机器人。经过商家授权和调试后，聊天机器人可以取代一些客户服务，从而减少了人工客户服务的工作量，同时能够增添个性化风格。

2. 智慧物流方面，人工智能大有用武之地

智慧物流是指利用信息技术使装备和控制智能化，从而用技术装备取代人的一种物流发展模式。与传统物流模式相比，智能物流可以大大提高服务质量和运营效率。

人工智能最直接的影响是后端供应链和物流链，面对快速变化的需求和竞争市场，预测库存并非简单，而人工智能和深度学习的算法可以在订单周转预测中派上用场，可以确定订单周转的关键因素。机器学习系统的优势在于它们可以随着时间的推移不断学习而变得更加智能，使商家预测库存需求变得更加准确。目前，在智能物流仓储领域，阿里巴巴和京东都已经发布了无人值守的自动化智能存储系统。

3. 人工智能将“镜像”消费者喜好

人工智能对电子商务还有一个重要价值，就是“镜像”消费者喜好。简单来说，人工智能的相关技术就像是一面镜子，对于海量消费者的喜好、反馈等信息进行汇总、统计，然后进行用户画像和个性化推荐。人工智能对推荐系统最深刻的变革，就是不再把推荐系统看作独立的推荐结果组合，它是整个人机交互行为，通过引入时间维度来实现系统和用户的动态维度。许多电商公司，例如亚马逊、阿里巴巴淘宝网、京东商城等都使用推荐引擎来识别其产品的目标受众。和一般的大数据分析所不同的是，人工智能具备一定的学习能力和思考能力，其分析出的结果往往更接近消费者的真实想法。

第四节 电子商务管理发展对策

目前，电子商务管理还存在各种各样的困难。但是，不可否认的是，电子商务管理的开展是不可逆转的趋势。因此，在推动电子商务管理的过程中，针对电子商务管理发展中可能存在的问题，要采取相应的对策，促进电子商务的全面发展。本节主要介绍电子商务管理的企业和政府战略，开展电子商务管理的具体策略以及中国电子商务管理发展所应采取的相关对策。

一、电子商务管理发展战略

科学的战略规划是电子商务管理发展的必要条件，企业必须明确电子商务管理的挑战和机遇。

（一）企业电子商务管理发展战略

电子商务管理的核心是企业，电子商务能否成功关键是看它能不能为企业节约成本，为企业赚钱，让企业更方便地发展业务。

企业战略规划是指企业制定的、使企业的经营目标与它的经营能力及变化中的营销机会相适应的一系列计划，战略也从以往的经历中总结出发展模式。未来的成败取决于塑造市场的能力，总体战略设计就变得至关重要。在电子商务管理发展之路中，企业需要在掌握电子商务有关信息的基础上，及时抓住机会，确立目标、采取行动。

战略是企业长期适应性的调整，特别是企业电子商务管理发展战略，它取决于市场方向，需要有整体思考和长远目标。具体来讲，企业在推动电子商务管理发展的过程中，要注意以下的战略原则。

1. 追求经济效益

要注重企业的实际应用，为企业创造价值。电子商务带给企业的效益是显而易见的。Internet 与商务活动的结合为服务提供商创造了新的商业机会，使之能够根据客户的位置和个性提供服务，从而建立和加强其客户关系。有了电子商务技术及相关管理，就可以大大节约成本，提升企业或个人的营运作业效率。

2. 加强教育培训

目前有些企业把电子商务看作是好的，但并不是必不可少的。即使已经开始使用电子商务的公司也有很多在抱怨没有得到应有的回报，部分公司甚至还感到非常失望。出现这种情况的主要原因是企业没有看到这种服务的需要，认为投资太高，没有把这种服务摆在足够高的优先位置，导致企业采用电子商务非常谨慎。

3. 注重应用普及

电子商务不仅要注重企业应用，也要从大众化的应用入手，才能全方位地推动电子商务管理的发展。不少 IT 业界人士也开始关注电子商务管理的发展之路。虽然中国已经开始了电子商务管理服务，但是这些服务主要还是试验或试用性质的，不是完全成熟的服务。在这个阶段，电子商务管理在很大程度上还是个新兴的市场。因此，发展电子商务不仅要注重企业应用，注重大众化的应用也是启动电子商务管理的关键。

（二）政府电子商务管理发展战略

电子商务管理的发展，除了相关企业的努力和通力合作外，政府也应该大力扶持整个产业。政府和企业共同密切关注和重视电子商务管理的发展，分别制定出相应的科学战略规划是电子商务管理健康发展的必要条件。

政府电子商务管理发展战略主要是做好电子商务管理的发展规划和宏观指导，建立电子商务管理框架，培育电子商务管理的环境，组织并参与国际合作等。

二、推动电子商务管理发展的具体策略

（一）加大信息技术开发和基础设施建设的力度

电子商务管理首先以先进技术和一大批基础设施作为保障，这笔投入非常巨大，许多企业可能无法承受这笔投入和潜存的风险。所以，可以由政府牵头，采取股份制经营的形式，联合一些有实力的企业共同开发先进技术，共同完成基础设施的建设。

（二）相关的法律法规

法律法规不只保护电子商务企业的利益，还保护普通消费者的利益。电子商务的法律法规管理的制定是一个过程，对于发展过程中出现的新问题，应该及时进行补充。法律法规的制定要与时俱进，适应电子商务管理发展的新形势。

（三）加快物流配送环节的建设和电子商务支付技术的革新

建立全国性物流配送中心，在各中小城市设立分支配送机构，将物流仓库转变成为智能仓库。还可以采取邮局和企业共同经营等多种配送方式，充分发挥现有配送中心的潜力，提高物流配送的效果和效率。同时，加快电子商务金融体系的建设，完善电子商务支付的手段，提高电子商务支付的安全便捷性。

三、推动我国电子商务管理发展的对策

为了促进电子商务管理在中国的发展，我国的各级政府出台相关的政策，使电子商务管理的发展取得了一定的成效。我国对电子商务管理发展的主要措施是：

（一）推动政府信息化

从中国开始实施“政府上网工程”以来，各级政府机关完成或正在进行政务办公的信息化改造，应用项目的实施进入了良性循环。政府信息化建设的普及，树立了各级政府的高效办公、透明管理的新时代形象，同时为广大人民群众提供了极大的便利，也丰富了网上中文信息资源，拉动了 IT 行业的需求并带来巨大的商业机会，为中国信息产业的健康发展营造了一个良好的“生态环境”，对于推进社会信息化进程具有十分重大而深远的意义。

（二）制定和完善电子商务的有关政策法规和技术标准

为了建立健康的电子商务应用环境，保障电子商务有关政策、法规和标准的连续性和一致性，需要联合包括政府有关部门、科研机构、企业在内的有关力量，制定和完善电子商务的有关政策法规和技术标准，构造适合电子商务发展的法制环境。为保证电子商务的规范化操作，应组织有关企业、研究单位进行电子商务的标准制定，这些标准应符合中国的实际情况，并积极向国际通用标准靠拢，以便今后与国际接轨。

（三）扎扎实实地抓好企业信息化

电子商务的发展为企业开展业务提供了最佳的机会和舞台，但企业内部信息系统的建设是开展电子商务管理的基础，没有企业信息化的基础，电子商务的实现是不大可能的。企业利用信息化改变着自己的战略思考与视野，推动经济直接化、虚拟化，拓展自己新的生意空间。在这个过程中，企业转变传统的商务观念是非常重要的，要把电子商务管理技术应用到企业的生产、销售、客户服务和供应链管理的全过程，升级计算机基础设施，开发网络支持系统和内部技术潜力，满足客户对新增信息供应的要求，以转换和扩展业务流程来适应电子商务时代的发展需求。

（四）大力推动信息基础设施与 Internet 的应用发展

在 Internet 等信息技术和跨国公司的推动下，贸易自由化、生产国际化、经济一体化突破国家和地域的限制，商品、服务、生产要素与信息的跨国界流动的规模与形式不断增加，国际分工不断深化，世界市场范围内配置资源的效率不断提高，因此必须建立电子商务基础设施平台，进一步打破信息基础设施特别是信息网络的垄断，保证公平接入和互联互通，反对信息服务的行业垄断。

（五）加强电子商务的安全保障体系的建设

科学技术进步为全球各国的法律体系带来很大的挑战。隐私就是一个问题，它影响了 Internet 在全球各地的普及，人们通过无线设备（如 PDA、手机）进行通信时，个人隐私更容易遭到威胁，传输的信息会被中途截获，用户会被精确定位。所以，一方面，提供更有效的无线通信技术防止个人信息被盗，制定更详细的标准用于避免个人隐私泄露；另一方面，应建立优质的安全移动交易系统，加强移动安全系统专人管理。除隐私问题外，立法机关在为 Internet 和无线通信制定法规时，还必须解决与知

识产权、网络犯罪和垃圾邮件有关的法律问题。

（六）加快支撑电子商务的物流配送体系和金融体系的建设

目前我国经济发展已具备了发展物流与配送的经济环境和市场条件。只要定位准确、运作合理，我国邮政在电子商务的大潮中必将获得新的生机，其前景十分可观。从近期来看，以下发展机遇是十分值得重视的：第一，在外国投资企业中，发展物流和配送的市场需求仍将保持快速发展的势头；第二，在市场竞争中规模逐步扩大的优势电子商务企业，发展物流和配送的市场需求开始萌生；第三，以中小型零售企业为服务对象的社会化物流中心和配送中心、正在快速发展的连锁商业企业内部的物流配送事业，开始起步并进入规范发展阶段。

在金融体系支撑方面，电子商务金融业务服务推动了金融体系快速发展。为适应国内客户对电子商务金融服务的迫切需要，电子商务金融的各项服务为企业和消费者提供了极大的方便。同时，应加快完善电子商务的支付系统的建设，尽快制定中央银行在电子商务中的总任务、目标、职责法规，以及商业银行和其他金融机构在中央银行的方针、政策、法规指导和约束下开展网上支付业务。

（七）各行业联合互补，形成供应链

为支持电子商务在金融、电信、邮政、航空、医药、制造业、交通业等重点领域的应用和发展，各行业必须走联合互补的道路，从码头、车站、机场、仓库、集装箱、转运配送站和车辆等的总体建设和配套设施来考虑建立与之协调和相适应的现代化物流体系，树立与竞争对手既有竞争又有合作的观念，把各行业集成在一起，形成完整的供应链，使参与电子商务运作的企业得到一个集中的局域网环境，为电子商务的开展创造一个低成本的实物流转和配送平台。

（八）建立电子商务的示范工程

通过建立电子商务的示范工程，提高企业管理层及公众对电子商务的认知程度，推动企业参与电子商务，扩大电子商务市场的规模。该工程旨在重点解决电子商务发展的瓶颈问题，优化电子商务环境，提高电子商务交易数量和额度。我们可以在一些管理和经营特点比较适合电子商务发展的领域推行电子商务，例如旅游业、金融业、零售业、出版发行业等。让这些领域中的企业先行动起来，获得成功，在取得经验的基础上，再带动其他企业。对于那些经济比较发达、信息化程度较高、领导重视、对电子商务有需求和有效益的地区，应鼓励他们不失时机地发展各种方式的电子商务以发挥其示范效应，以便在电子商务与传统商务的结合中逐步扩大电子商务比重的做法。对于积极开展电子商务试点的单位，应在资金、税收、宣传等方面给予大力的支持，积极帮助企业解决困难，以保证中国电子商务实现良性发展。

（九）发展电子商务与产业结构调整和升级紧密结合

电子商务的发展必将带来社会经济的大调整，为此，应及时进行产业结构的调整和升级。要未雨绸缪，减少对可能衰退的行业的投资，尤其是要防止重复建设，将这一部分节约下来的资金投入到有发展前景的新兴产业和老企业的技术改造和革新上去。大力发展企业与企业之间电子商务，即 B2B，促进电子商务企业和传统企业的结合，发挥各自的资源优势，实现互补。还要大力鼓励企业创新，重视企业的核心竞争力的培育和经营，培育中国的品牌企业和支柱企业，开发具有特色和优势的产品，不断加强企业在电子商务时代的竞争力。

（十）对发展电子商务实施一定的鼓励和优惠政策

为了促进全社会电子信息化的进程和电子商务的发展，在一定时期内可采取一些优惠政策和鼓励措施。在企业实施电子商务采用供应链优化管理取得成本降低效果以前，政府与有关方面减少其经营电子商务的税费，以利于电子商务的发展。

（十一）加强人才培养，鼓励创新与学术自由发展，形成一个良好的环境

电子商务实现的关键最终仍然是人。从整个社会看，电子商务首先是个社会系统，社会系统的中心是在其中活动的人；从行业的角度看，商务系统实际上是由围绕商品交易的各方面的代表和各方面利益的人所组成的关系网；从电子商务本身看，虽然我们充分强调网络技术和通信技术对交易活动的促进作用，但归根结底起关键作用的仍然是人。所以，我们必须重视人在电子商务中的决定性作用。电子商务是现代通信技术、网络技术和商务的有机结合，所以能够掌握、运用电子商务理论和技术的人必然是掌握现代通信技术、掌握现代商贸理论与实务的复合型人才。而一个国家、一个地区能否培养出大批这样的复合型人才，就成为该国、该地区发展电子商务的最关键因素。

（十二）加强国际交流

中国政府和企业要积极参与国际对话，在建立一个国际社会能够普遍接受的电子商务国际框架的努力中发挥自己的影响和作用。目前的电子商务国际谈判主要集中在少数发达国家之间，这样的国际磋商机制与 Internet 的基础原则是不符的，对形成电子商务的国际框架也是不利的。我们应当力争在电子商务的对话中吸收更多的国家参加，尽可能地呼吁在电子商务框架的制定中听取不同区域组织、不同国家政府和不同规模企业的意见。

第五节　电子商务管理新趋势

在电子商务时代，呈现出了新的管理现象和新的管理模式，也为企业和社会的发展带来了新的机遇和挑战。本节主要介绍电子商务时代管理新规则、电子商务时代管理的机遇和挑战以及电子商务时代管理的必然趋势。

一、电子商务时代管理新规则

21 世纪的电子商务给企业管理带来了前所未有的挑战，企业要想立于不败之地，就必须遵守以下管理法则：

（一）摩尔定律（Moore’s law）

Internet 在 20 世纪 60 年代是美国国防部为防卫原子战争而开发的计算机信息传播系统，当时 Intel 公司的创始人之一摩尔（Gordon Moore）曾预言计算机芯片功能每 18 个月翻一番，而价格下降 50%，这就是著名的摩尔定律。50 多年来，从 286、386……到奔腾，计算机芯片技术沿着摩尔定律的轨道突飞猛进，已成为信息产业持

续高速发展和新经济奇迹的重要推动力。

摩尔定律揭示了企业建立定时出台机制是迎接新经济挑战的基本前提。企业最根本的危机是创造力危机，因此不仅要把创新作为企业管理永恒的主题，更重要的是要加强对创新的时效管理，主动地、科学地确定创新步伐，这种观念称为定时出击（time pacing）。定时出击与企业进入新市场、推出新产品的工作计划是有区别的。

（二）梅特卡夫法则（Metcalfe's law）

3Com 公司的创始人罗伯特·梅特卡夫（Robert Metcalfe）提出，网络的价值等于网络节点数的平方，这说明网络效益随网络用户的增加而呈指数增长。Internet 的用户约每半年翻一番，通信量大概每百天翻一番。这种爆炸性的增长造成了对网络预期效益的“牛气”冲天和 Internet 企业概念股的虚火上升。在虚拟空间里的“跑马占地”“眼球大战”近似疯狂，追求“注意力经济”超过了对眼前实际盈利的关注，思科公司、微软公司股票市值超过了物质实力雄厚、销售额连年居世界第一的通用汽车公司。这种趋势启示人们，评价企业的标准有很多，而新经济更看重市场价值，或称为市场增值能力，正如俗话所说：“大市场、大老板；小市场、小老板；没市场，就破产。”

（三）马太效应法则（Matthew law）

效应是人们心目中的一种观念、一种心理感受，但对行为有着巨大的影响。在信息时代，由于人们的心理反应和行为惯性，在一定条件下，优势或劣势一旦出现，就会不断加剧，滚动累积，出现强者越强、弱者越弱的马太效应。在网络经济中，考虑人性的效益管理日益重要，效应已成为企业竞争制胜的一种重要的无形资源。

（四）边际标准法则（margin law）

边际值表示自变量每变化一个单位引起因变量变化的数值，即因变量的变化率。这种用投入增量与产出增量的比值衡量经济效益的标准，完全符合集约经营的要求，这对于扭转把投入与产出割裂开来的粗放经营是大有好处的。

在传统经济条件下，在技术不变等情况下，当产量很低时，每增加一个单位的产量，边际成本会比前一个单位小，即边际成本随产量增加而下降；当产量超过一定的数量后，每增加一个单位的产量，边际成本会比前一个单位大，即边际成本随产量增加而上升，这种现象称为边际成本递增法则。在新经济中，知识成为创造价值的主体。土地、人工、原料，甚至资本都可以视为有限的资源，但知识是取之不尽、用之不竭的。知识成为最具活力的生产要素，知识不仅可以节约物质生产过程中的人力、原料、金钱、时间……而且可以用知识生产更多的知识。用知识创造财富，只有知识的开发费用而没有其他追加成本，知识的应用范围越大，共享程度越高，创造的财富就越多，从而知识的复制所分摊给单位产品的边际成本不是递增而是递减，并趋向于零。与传统经济相比，新经济的边际成本规律发生了根本性的变化。

（五）互动整合法则（mutual aid law）

新经济与传统经济是对立统一体，相比较而存在，没有泾渭分明的界线。美国财政部长萨默斯提出“新经济须建立在旧价值上”的观点；美国未来学家托夫勒认为把“传统经济与新经济对立起来”，论争的双方都有错误。网络经济有泡沫，但不是主流，所以国外现在流行用“鼠标＋水泥”来形容新经济与传统经济的整合关系，这才是正确的认识。中国企业要深化对加号（＋）即整合的认识，要把加号升级为双向箭号，要突出抓好新经济与传统经济的良性互动，以求实现企业超常规的跳跃式、倍增式发展。

（六）迈克尔·波特法则（Michael Porter law）

美国哈佛商学院教授迈克尔·波特（Michael E·Porter）教授认为，竞争优势是竞争性市场中企业绩效的核心。将竞争优势归结为企业为客户所能创造的价值，并运用其称之为“价值链”的方法，将企业作为一个整体来认识竞争优势。“价值链”将企业分解为若干相关的战略性活动。

在传统经济条件下，企业基本价值链被分为基本活动（内外后勤、生产、销售、服务等）和辅助活动（企业基础设施、人力资源管理、技术开发、采购等），企业活动主要围绕着资本价值的创造和分配来进行，由此形成了按“资”分配或按“劳”分配，人力资源仅作为辅助活动的一个要素。在新经济条件下，原有的传统经济规律将不再适用，知识所占的比重越大，其共享程度越高，创造的财富就越大。人才是企业唯一决定性的财富（而非企业成本），人成为企业管理的核心要素，如何调动人的积极性、主动性和创造性直接关系到企业的竞争优势能否建立。企业活动主要围绕着知识价值的创造和分配来进行，由按“知”分配逐步向按“智”分配过渡，这样，传统经济就过渡到新经济，实现资本—知本—智本的过渡，出现了资本家—知本家—智本家的替换及资本所有者、知本所有者、智本所有者的分离，“智”体现的不仅仅是知识数量的多少，更重要的是创造性的应用。

二、电子商务时代管理的机遇和挑战

由于电子商务的出现，传统的经营模式和经营理念将发生巨大的变化。电子商务将会创造巨大的效益和机会，会将市场的空间形态、时间形态和虚拟形态结合起来，将物流、现金流、信息流、商流汇集成开放的、良性循环的环路，使经营者以市场为纽带，在市场上发挥最佳的作用，得到最大的效益。可以肯定，电子商务的发展会将我们带入一个经济更加繁荣的时代。电子商务的发展，不仅将有力地推动 Internet 的发展，对社会的进步和经济的变革产生深远影响，更重要的是它本身的发展和成熟为我们提供了许许多多的机会。对于传统商业来说，确实面临一场新的革命。原有的商业格局有可能重组，商业企业和商业流通将出现变革，在变革过程中，有可能打破原有的差距，使大家站在同一起跑线上。尤其是对于发展中的中国商业来说，通过电子商务实现飞跃的确是难得的机遇，如果抓住了机会就有可能较快地缩短我们与发达国家的距离。

电子商务给中国企业提供了千载难逢的历史机遇。中国的商用 Internet 建设比国外只晚了 2~3 年，无论美国还是中国，在新的信息产业革命中都面临着同样的挑战，机会是相对平等的。而中国的经济改革实际上面临着双重挑战。第一，中国还不具备工业文明所要求的一些特征，如规模、质量与资本的积累；第二，信息经济又不以人的意志为转移。美国是一步步从工业经济走向信息经济的。而中国的改革，一方面，要完成工业经济的建设，建成世界上最有规模、最有质量、最有资本竞争力的现代工业体系；另一方面，中国的企业为了成为真正有国际竞争力的企业，必须面对追求效率、标准与智慧的信息经济的挑战。

客观地讲，信息技术对于世界各国的企业来说都是一种发展机遇、一种完全平等的机遇，但对于中国的企业来说，这个机遇就更加珍贵、更加重要了。古代的中国人凭借自己的勤劳双手创造出了灿烂辉煌的农耕文明，近代的中国人却由于“闭关锁国”丢掉了再次领先的机遇。中国新一代领导人的“改革开放”政策解除了中国经济发展的锁链，重新把中国企业推向世界经济舞台的前沿。中国经济在近几年中的进步是有目共睹的，外国人也正是看到了中国的发展才认为世界的经济中心会转移到亚洲。但中国企业近几年的发展并没有从根本上改变世界经济的格局，中国还不具备工业文明所要求的一些特征。中国的企业还缺乏竞争力，还缺乏雄厚的资本、广阔的市场。正因为如此，我们面前的这次机遇才算得上是真正的千载难逢，因为它带来了新的企业运营方式，这些方式使我们的企业不必具备工业文明的特征也能达到同样水平的竞争力。

三、电子商务管理的必然趋势

（一）电子商务管理是世界经济发展的必然趋势

电子商务管理是国际贸易发展的必然趋势。中国要想成为21世纪贸易大国、强国，就必须顺应潮流，创造条件，建立和发展属于自己的电子商务和电子商务管理模式。

中国的电子商务管理首先要面对国内的大市场，不断完善贸易方式和商务水平，逐步实现与发达国家的接轨。信息技术对于世界各国的企业来说都是一种发展机遇、一种完全平等的机遇，但对于中国的企业来说，这个机遇就更加珍贵、更加重要了。随着这几年中国移动商务的技术基础得到蓬勃发展，一大批高科技信息管理价值规律得到了培养和锻炼，还有中国政府和有关主管部门的积极态度，这一切都是在中国推动电子商务管理的有利条件和保证。

（二）电子商务管理是历史发展的必然趋势

电子商务经过二十多年的发展，在世界上经济发达的国家里已经生根、发芽，并开始结出丰硕的果实。精明的企业家们不断利用先进文明带来的科学技术，为人们营造着越来越广阔的“电子空间”，在人们感受到由此带来的种种便捷和愉快的同时，也勾画出企业新时代的发展蓝图，酝酿着信息时代的经济腾飞。在中国，虽说已经取得了众多突破性的成果，但还只是一个“小部分人关心、大部分人观望”的局面，而这中间最令人担心的还是中国的企业，因为它们在这场“革命”面前显得有些无动于衷。中国古代人信奉的是“中庸”之道，深谙此道的人从不愿意轻易去做任何被他们认为是冒险的事，但是，电子商务管理的确是一场革命，是一场可以扭转乾坤的革命。

（三）电子商务管理是知识经济发展的必然趋势

世界正在进入知识经济时代，因而“流”的作用日显重要。在国内外商贸活动中，应用电子信息技术加强对信息流的有效管理和利用，已成为提高竞争力的一个重要手段。信息技术和与之相关的移动商务已经成为中国企业的真正机遇。发展国际电子商务，是当前中国商贸工作的重点之一。最近几年，绝大多数产品都发展成买方市场，流通的重要地位不断上升，经济合理化的速度不断加快。客观形势给经贸工作带来了机遇和挑战，迫使我们大力发展国际电子商务，促进流通，加强贸易，以保证国民经济不断发展。

从诸多层次来看，电子商务为我们创造了崭新的市场机会。在机会面前，谁把握得及时，谁就能成功。那么也可以预见，在未来的几年中，基于电子商务的产品和技术一定会非常明显地占据市场。相应地，及时调整方向、基于电子商务而进行投资，进行产品技术开发的企业也许可能走出市场困惑，找到新的生存基点。电子商务是我们这一代人献给新世纪的一份厚礼。考虑到中国美好的经济前景、巨大的贸易额以及辽阔的疆域，电子商务在中国的前程无限，它必将在中国发展壮大并有力地推动中国经济的迅猛发展。这是一个不可逆转的大趋势。

任何新事物都代表着一种趋势，那些符合人类进步的趋势必然会得到大家的认同。电子商务管理就是这样一种事物，它对人类社会进行着全方位的改造，在企业竞争、政府部门、公共研究机构、教育以及娱乐等方面改变着人类相互交往的方式，为人们展示了一个全新、璀璨的世界。开展电子商务管理是一种国际大趋势，在未来全球竞争面前，一个企业如果跟不上，就无法生存下去；一个国家如果跟不上，将会被越落越远。

无论如何，在电子商务时代，进行相关的电子商务管理是世界经济发展、历史发展和知识经济发展的必然趋势。

本章案例

物联网改造电商：京东来点

2015 年 10 月中旬，京东智能在“智联 We 来”战略发布会上推出中国第一个智能购物平台“京东来点”，包括用户端终端硬件、云端后台系统、京东 APP 功能模块。通过京东来点，消费者按下按钮即可一键购物，实现购物的智能化。

京东来点终端是一款智能购物硬件，携手众多优秀品牌，像只小巧的服务铃，一键即可获得用户需要的商品或服务。其设计风格极简，整个产品就是一个按钮，白色外壳，圆润无棱角，可以非常自然地融入家居环境中。它的壳体材料为聚碳酸酯，高强度耐冲击，耐候性好。每个产品采用镭雕工艺单独标记专属序列号，是产品识别和追溯的身份证。京东来点采用了“支点设置中心、杠杆呈十字分布”的结构，无论用户按到哪里，都会触发中央的开关，从而完成一键购物的极致简捷体验。

从技术实现路径来看，京东来点用光识别技术来实现配对，用户只要把京东来点放在手机上，利用光波编解码技术就可以快速配对，而且可以把无线路由器的密码传递给京东来点，最终实现手机屏幕和京东来点按钮对话，你不需要再去考虑怎么设置无线路由参数，也不需要打开蓝牙去做设备配对了，这些通过 APP 都在后台自动完成了。

京东来点实现了情景购物，当日常用品有需求时，再也不必通过烦琐和重复的订购动作补货，而是一键按下，即可轻松等待常用的品牌商品送货上门。对于消费者而言，京东来点创造了更便捷的一键触发式的情景购物体验，用户可随意将产品放置在冰箱上、餐桌边、洗衣机上……当常用商品即将耗尽时，可提醒激发用户购买。对于品牌厂商而言，京东来点是品牌直达消费者的新通道。专属通道能够直达每一个终端消费者，拉近品牌商与消费者之间的关系。此外，京东来点也是一种创新营销方式，可以避开传统媒体及网络媒体的注意力竞争，借助新技术成为先行者。将品牌长期植入用户家居环境，随时随地传递品牌信息，长期影响用户。

业界专家认为，京东来点创造了一种全新的、基于物联网的智能购物体验，是对传统购物方式的革命式颠覆，意义重大。它开启了“智能购物”的全新时代，提升了重复消费产品的购物效率，节约了消费者购物时间和精力，为消费者带来极致简约的购物体验，是京东“让生活更加简单快乐”价值观的体现。除此之外，京东来点缔造了贴近用户日常场景的购物方式，实现了对消费者与品牌产品 / 服务的更高效、更精准的连接，将极有可能颠覆传统营销方式，带来一场购物 3.0 时代的营销革命。

本案例主要源自站长之家网页：京东推出中国第一个智能购物平台“京东来点”。

案例分析：

京东来点的出现，使未来购物的方式显现出了最基础的雏形。未来的电商时代，一定是拥抱物联网和大数据的时代。商品的生产、销售、配送都可以通过物联网变得可追溯、可信赖。在大数据的帮助下，商家不但可以知道消费者的喜好和习惯，还能够准确地预测出消费者未来的消费规模和品种，这会让整个生产、流通环节变得更有计划性和更高效率。

本章小结

1. 阐述了电子商务时代变革。
2. 阐述了电子商务知识管理。
3. 阐述了电子商务管理新技术。
4. 阐述了电子商务管理发展对策。
5. 阐述了电子商务管理新趋势。

复习思考题

1. 电子商务时代变革体现在哪几方面？请简要阐述。
2. 请简要介绍一下电子商务知识管理体系。
3. 电子商务新技术有哪些？
4. 中国电子商务发展应采取的对策有哪些？
5. 请简要介绍一下电子商务时代管理的新规则。
6. 为什么说电子商务时代管理是必然趋势？

参考文献

[1] 白羽. “互联网 +”时代电子商务项目管理新模式 [J]. 通信企业管理，2017（7）：69.

[2] 蔡俊芳，黄耕. 跨境电商物流发展模式研究 [J]. 商业经济研究，2017（14）：86-88.

[3] 陈锡德. 电子商务概论 [M]. 北京：北京师范大学出版社，2012.

[4] 陈拥军. 电子商务与网络营销 [M]. 北京：电子工业出版社，2012.

[5] 陈竞千，陈济彪. 浅谈电子商务的管理与创新 [J]. 现代商业，2009（6）：21.

[6] 陈雷辉. 我国电子商务应用现状及其发展策略的研究 [J]. 学术探讨，2009（3）：207-208.

[7] 蔡剑，叶强，廖明玮. 电子商务案例分析 [M]. 北京：北京大学出版社，2012.

[8] 丁冬. 互联网思维下的新媒体营销 [J]. 中外企业家，2017（3）.

[9] 杜江萍. 电子商务管理 [M]. 广州：华南理工大学出版社，2005.

[10] 杜念欣. 大数据时代电子商务个性化推荐服务研究 [J]. 中国管理信息化，2016，19（10）：137.

[11] 戴夫 · 查菲. 电子商务管理 [M]. 大连：东北财经大学出版社，2011.

[12] 邓顺国. 电子商务运营管理 [M]. 北京：科学出版社，2011.

[13] 方磊. 电子商务物流管理 [M]. 北京：清华大学出版社，2011.

[14] 方真，于巧娥. 电子商务教程 [M]. 北京：清华大学出版社，2011.

[15] 樊世清. 电子商务 [M]. 北京：清华大学出版社，2012.

[16] 冯剑红，李国良，冯建华. 众包技术研究综述 [J]. 计算机学报，2015（9）：1713-1726.

[17] 冯晓晋. 极速变革时代，从行动学习到敏捷管理 [J]. 清华管理评论，2018，59（3）：64-70.

[18] 高进锋，钟肖英，顾金徽. 第四种电子商务形式的兴起 [J]. 中国电子商

务，2011（2）：8.

[19] 顾雅珍，陈海红. 浅谈电子商务技术 [J]. 赤峰学院学报，2010（26）：50-51.

[20] 洪菁. 大数据时代的思维特点研究 [J]. 计算机科学，2016，43（s2）：472-473.

[21] 黄成明. 数据化管理：洞悉零售及电子商务运营 [M]. 北京：电子工业出版社，2014.

[22] 黄继梅，陈进强. 浅谈电子商务对企业管理的影响 [J]. 现代经济信息，2013（19）：114.

[23] 黄振雷. 农村电子商务物流运作模式分析 [J]. 商，2016（23）：149.

[24] 惠毅. 浅谈大数据在物流企业中的应用 [J]. 物流工程与管理，2016，38（1）：68-69.

[25] 纪玲珑. 谈股权众筹的运营模式及其风控机制 [J]. 商业经济研究，2016（10）：176-178.

[26] 贾丽平. 比特币的理论、实践与影响 [J]. 国际金融研究，2013（12）：14-25.

[27] 姜培培. 大数据背景下电子商务信息流优化研究 [J]. 创新科技，2018，18（1）：86-88.

[28] 李海刚. 电子商务管理 [M]. 北京：中国人民大学出版社，2011.

[29] 李丽洁. 浅谈电子商务对企业管理的影响与创新 [J]. 商场现代化，2014（12）：76.

[30] 李平，余运伟，陈林. 第三方支付研究综述 [J]. 电子科技大学学报（社会科学版），2016（6）.

[31] 李若沂. 敏捷项目管理中的成本和时间管理研究 [J]. 无线互联科技，2017（15）：119-120.

[32] 李晓峰. 虚拟现实技术在电子商务领域的应用 [J]. 科技视界，2013（34）：311.

[33] 廖建新. 大数据技术的应用现状与展望 [J]. 电信科学，2015，31（7）：1-12.

[34] 林剑宏. 浅析人工智能技术在电子商务领域中的应用 [J]. 中国商论，2019（2）：19-20.

[35] 刘冰涛. 我国电子商务发展现状研究 [J]. 产业经济，2010（10）：161.

[36] 刘林，吴金南. 传统企业的电子商务组织模式选择 [J]. 安徽工业大学学报（自然科学版），2010（3）：316-320.

[37] 刘抗. 物联网对电子商务的影响 [J]. 合作经济与科技，2017（5）：120-122.

[38] 刘伟，刘宏韬，蒋志宏. 增强现实技术及其在电子商务中的应用 [J]. 电子商务，2015（5）：56-57.

[39] 刘云浩. 物联网导论 [M]. 北京：科学出版社，2013.

[40] 刘杨，杨明川. 推荐引擎原理及发展综述 [J]. 电信技术，2015，1（6）：16–20.

[41] 刘志超，陈勇，姚志立. 大数据时代的电子商务服务模式革新 [J]. 科技管理研究，2014，34（1）：31–34.

[42] 龙茂雄，张润彤. 电子政务与政府行政流程再造 [J]. 北京航空航天大学学报（社会科学版），2003（8）：36–41.

[43] 吕明凡. 股权众筹的发展及其风险研究 [J]. 合作经济与科技，2015（4）：80–81.

[44] 米林. 大数据实例及未来发展前景 [J]. 软件工程，2013（6）：22–24.

[45] 倪小丹，呼格吉勒，李珍，等. 融合“互联网 +”的农村电商物流新兴业态探析 [J]. 物流科技，2017，40（3）：56–59.

[46] 默德威娜 · 里斯 – 莫格. 众筹：探索融资新模式 开启互动新时代 [M]. 北京：中国华侨出版社，2015.

[47] 邱勋，陈月波. 股权众筹：融资模式、价值与风险监管 [J]. 新金融，2014（9）：58–62.

[48] 任芳. 物联网技术在物流领域应用前景广阔 [J]. 物流技术与应用，2017，22（6）：84–87.

[49] 邵飞. 电子商务信息系统需求特点 [J]. 电子技术与软件工程，2017（16）：156.

[50] 孙宝文，王天梅. 电子商务战略管理一体化分析方法研究 [J]. 经济管理，2007（10）：81–86.

[51] 石声波，张润彤，樊宁. 网格计算环境下的虚拟组织管理模型研究 [J]. 北京交通大学学报，2007（9）：64–68.

[52] 谭前进，蔡增玉. 物联网对电子商务的影响研究 [J]. 价值工程，2015，34（8）：269–270.

[53] 谭志勇，赵微. 区块链技术在中国商品交易市场的应用与发展 [J]. 清华金融评论，2017（4）：48–51.

[54] 王学东. 电子商务管理 [M]. 北京：电子工业出版社，2011.

[55] 吴清烈. 电子商务管理 [M]. 北京：机械工业出版社，2009.

[56] 王会，唐国强. 电子商务应用 [M]. 北京：清华大学出版社，2015.

[57] 王惠敏. 大数据背景下电子商务的价值创造与模式创新 [J]. 商业经济研究，2015（7）：76–77.

[58] 王佳琦. AI 人工智能的发展领域与展望 [J]. 电子技术与软件工程，2018（4）.

[59] 王娟. 电子商务信息生态系统的构建探究 [J]. 商场现代化，2017（13）：71–72.

[60] 王喜富. 大数据与智慧物流 [M]. 北京：清华大学出版社，2016.

[61] 汪永华，电子商务物流管理 [M]. 北京：机械工业出版社，2013.

[62] 王志宏，杨震. 人工智能技术研究及未来智能化信息服务体系的思考 [J]. 电信科学，2017，33（5）：1-11.

[63] 吴晓君. 互联网时代传统企业组织架构的改革方向 [J]. 商情，2017（45）.

[64] 席酉民，葛京，韩巍，等. 和谐管理理论的意义与价值 [J]. 管理学报，2005（4）：397-405.

[65] 徐赐发. 论比特币的性质和对金融业的启示 [J]. 金融科技时代，2015（2）：87.

[66] 许艳. 电子商务信息生态系统的构建研究 [J]. 市场论坛，2017（11）：70-72.

[67] 杨克岩. 电子商务信息生态系统的构建研究 [J]. 情报科学，2014（3）：37-41.

[68] 余水平. 跨境电子商务物流的运作特点及发展建议 [J]. 经贸实践，2016（13）.

[69] 袁孟雪. 国内股权众筹模式对比分析 [J]. 现代经济信息，2016（7）.

[70] 袁勇，王飞跃. 区块链技术发展现状与展望 [J]. 自动化学报，2016，42（4）：481-494.

[71] 袁荃，余小卉，李松梅. 敏捷项目管理适用性分析 [J]. 商业经济研究，2013（24）：100-101.

[72] 于冀春，董晓娟. 电子商务理论与实务 [M]. 北京：北京理工大学出版社，2012.

[73] 曾筝. 企业电子商务信息管理模式的构建研究 [J]. 信息系统工程，2016（11）：65.

[74] 张锋军. 大数据技术研究综述 [J]. 通信技术，2014（11）：1240-1248.

[75] 张润彤，朱晓敏. 电子商务 [M]. 北京：北京出版社，1999.

[76] Runtong Zhang, Yannis A. Phillis. and Kouikoglou, S. Vassilis, Fuzzy Control of Queueing Systems [M]. Springer-Verlag, London, UK, 2004.

[77] 张润彤，蓝天. 知识管理教程 [M]. 北京：高等教育出版社，2005.

[78] 张润彤，樊宁. 网格就是商务 [M]. 北京：清华大学出版社，2006.

[79] 张润彤，周建勤. 电子商务物流管理 [M]. 大连：东北财经大学出版社，2008.

[80] 张润彤. 移动商务概论 [M]. 北京：北京大学出版社，2008.

[81] 张润彤，石声波. 电子商务管理 [M]. 北京：首都经贸大学出版社，2009.

[82] Runtong Zhang, Zhang J., Zhang, Z., Filipe, J. and Cordeiro, J., Enterprise Information Systems [M]. Springer-Verlag, Heidelberg, Genmany, 2012.

[83] 张润彤，朱晓敏，耿建东. 国家科技创新系统与可持续发展 [M]. 北京：北京交通大学出版社，2014.

[84] 张润彤，朱晓敏. 服务科学概论 [M]. 2版. 北京：电子工业出版社，2016.

[85] 张润彤，田佳丽. 移动商务安全 [M]. 2 版. 北京：经济管理出版社，2017.

[86] 张润彤，朱晓敏. 电子商务概论 [M]. 3 版. 北京：中国人民大学出版社，2018.

[87] 张书娟. 浅谈我国电子商务的发展现状及前景 [J]. 财经视点，2010（12）：121-122.

[88] 张卫. 历时五年终于出台电子商务法给电商领域戴上“紧箍咒” [J]. 中国食品，2018（18）.

[89] 张文君. 电子商务中的项目管理 [J]. 企业技术开发，2011，30（13）：112-113.

[90] 张志统. 物流新时代大数据的应用价值——“大数据与智慧物流” [J]. 物流技术与应用，2017（12）：154-155.

[91] 赵冬梅. 电子商务 [M]. 北京：机械工业出版社，2012.

[92] 赵芳. 电子商务概论 [M]. 大连：东北财经大学出版社，2015.

[93] 赵怀明，余志伟. 电子商务发展中的信用问题研究 [J]. 中国商论，2011（3）：113-114.

[94] 赵勇，等. 大数据革命 [M]. 北京：电子工业出版社，2014.

[95] 周香. 我国生鲜电商冷链物流配送中存在的问题及对策分析 [J]. 物流工程与管理，2017，39（5）：112-113.

[96] 朱晓敏，张润彤. 知识管理概论 [M]. 北京：高等教育出版社，2010.

郑重声明

数字课程资源使用说明

1. 通过计算机访问 http://abook.hep.com.cn/ 1878810，或用手机扫描二维码，下载并安装 Abook 应用。

2. 注册并登录，进入“我的课程”页面。

3. 输入封底数字课程账号（20 位密码，刮开涂层可见），或通过 Abook 应用扫描封底数字课程账号二维码，完成课程绑定。

4. 单击“进入课程”按钮，开始本数字课程的学习。

课程绑定后一年为数字课程使用有效期。受硬件限制，部分内容无法在手机端显示，请按提示通过计算机访问学习。

如有账号问题，请发邮件至：abook@hep.com.cn。